# 인조이 **크로아티아**

**인조이 크로아티아**

지은이 맹지나
펴낸이 최정심
펴낸곳 (주)GCC

초판  1쇄 발행  2017년  1월  5일
2판  8쇄 발행  2018년  3월 15일

3판  1쇄 발행  2019년  6월  5일
3판  2쇄 발행  2019년  6월 10일

출판신고 제 406-2018-000082호
주소 10880 경기도 파주시 지목로 5
전화 (031) 8071-5700  팩스 (031) 8071-5200

ISBN 979-11-89432-71-3  13980

저자와 출판사의 허락 없이 내용의 일부를
인용하거나 발췌하는 것을 금합니다.

가격은 뒤표지에 있습니다.
잘못 만들어진 책은 구입처에서 바꾸어 드립니다.

www.nexusbook.com

여행을 즐기는 가장 빠른 방법

# 인조이
# 크로아티아

자그레브·플리트비체·자다르
스플리트·두브로브니크

## CROATIA

맹지나 지음

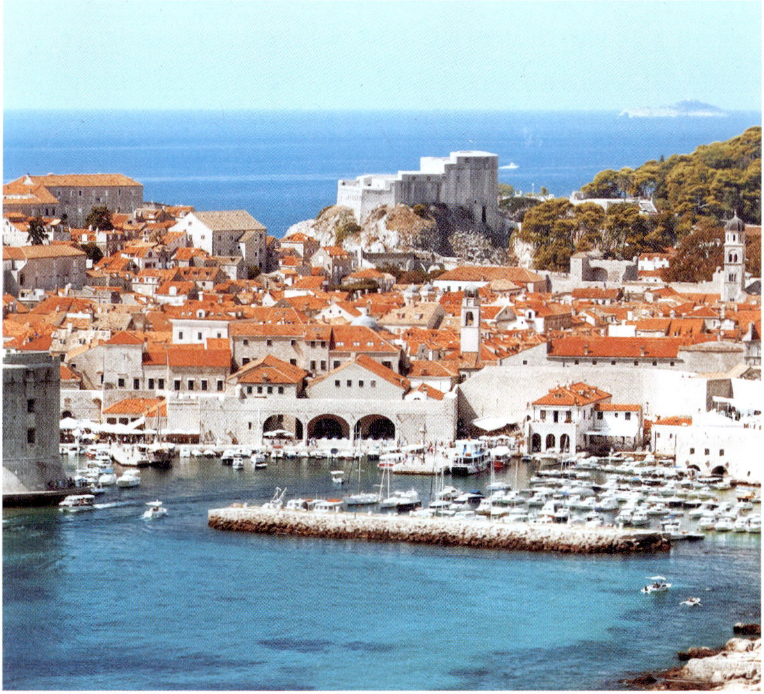

넥서스BOOKS

## 여는글

★   모든 여행자에게는 아무리 공허한 마음으로 떠난다 할지라도, 새로운 길 앞에서 품게 되는 저마다의 기대와 바람이 있다. 여러 번 불러 보아도 생소하고 낯선 이름이었던 크로아티아를 여행함에 앞서 솟구치는 기대감을 눌러 보려 했다. 기대가 크면 어쩐지 실망을 하게 될 것 같아서. 아직 충분히 대범하지 못한 나그네의 기우는 자그레브 공항에 도착하는 순간 사라졌다. 오랜 역사와 고유한 문화, 숨이 막힐 듯 아름다운 자연과 순수한 미소와 열린 마음으로 환영해 주던 사람들 덕분에 긴 여정의 매 순간은 벅차오르는 감동과 함께였다.

크로아티아에는 모든 것이 있다. 예술, 유적, 하늘, 바다, 산, 우연함과 온정 그리고 과거와 현대와 미래가 있다. 오래 머물고, 깊숙이 파고들수록 더 다양한 모습을 볼 수 있다. 알람 시계가 울리기 전에 일어나 만나는 어슴푸레한 아침과 환한 반짝임이 있는 깊은 밤의 거리, 호기심과 미각을 동시에 자극하는 현지 와인과 음식을 만나며 한 점의 때도 남기지 않고 마음을 정화시킬 수 있었던 여행이었다.

기원전부터 사람이 살던 땅, 긴 역사를 가진 크로아티아를 여행하노라면 이곳 사람들은 자신의 뿌리를 항상 상기하고, 이를 무척 자랑스러워 하는 것을 알 수 있다. 불과 30년 전까지 내전을 치른 고통을 딛고 빠르게 회복할 수 있었던 것도 지켜야 하는 소중한 유산 때문이 아니었을까 싶다. 도시마다 고대 유적들이 훌륭히 보존되어 있고 지역마다 고유한 문화의 색 또한 진하다. 그래서 여행을 마치고 떠날 때면 신속한 현대화보다는 느릿하고 견고한 보전과 발전을 중시하는 이 나라가 계속해서 같은 모습으로 남아 주기를 절로 소망하게 된다.

지중해에서 가장 아름다운 나라를 소개하는 책을 쓸 수 있어 즐거웠다. 아주 작은 마을이라도 그곳에서만 경험할 수 있는 특별함이 잘 드러날 수 있도록 신경 쓴 부분이 독자들에게 고스란히 전달되었으면 한다. 지면의 제한으로 미처 전하지 못한 개인적인 벅찬 감정은 크로아티아로 여행을 떠난다면 자연스레 나누게 될 것이라 믿는다.

긴 호흡과 세심함으로 작업해야 하는 가이드북을 위한 취재 중 더 많은 곳을 보려 이렇게 바지런히 다닌 적이 없었다. 여러 매체를 통해 한껏 가까워졌지만 아직은 생소하고 먼 나라인 크로아티아가 궁금하여 《인조이 크로아티아》를 선택한 여러분 모두가 머지않아 크로아티아를 직접 만날 수 있기를 바란다.

인조이 독자들을 위한 많은 정보와 현지 안내를 도와 주신 크로아티아 관광청과 아늑한 현지 숙소를 제공해 준 에어비앤비, 책이 만들어지는 과정 내내 꼼꼼히 살펴 주신 김지운 팀장님과 넥서스에 큰 감사를 표합니다.

맹지나

※ Special Thanks to Croatian National Tourist Board

## ✈ 미리 만나는 크로아티아

크로아티아는 어떤 매력을 지닌 나라인지 대표적인 관광지와 음식과 디저트,
쇼핑 아이템을 사진으로 보면서 여행의 큰 그림을 그려 보자.

## ✈ 추천 코스

어디부터 여행을 시작할지 고민이 된다면 추천 코스를 살펴보자. 저자가 추천
하는 코스를 참고하여 자신에게 맞는 최적의 일정을 세워 본다.

## 지역 여행

크로아티아의 주요 도시부터 매력적인 근교 도시까지 구석구석 소개한다.
꼭 가 봐야 할 대표적인 관광지를 소개하고, 상세한 관련 정보를 담았다.

도시별 특징과 교통편을 소개한다.

주요 관광지 소개는 물론 문화적 배경 지식과 팁이 곳곳에 숨어 있다.

상세한 지도와 도시별 베스트 코스를 실었다.

### 가이드북 최초 자체 제작 맵코드 서비스

**인조이맵** enjoy.nexusbook.com

★ '인조이맵'에서 간단히 맵코드를 입력하면 책 속에 소개된 스폿이 스마트폰으로 쏙!
★ 위치 서비스를 기반으로 한 길 찾기 기능과 스폿간 경로 검색까지!
★ 즐겨찾기 기능을 통해 내가 원하는 스폿만 저장!
★ 각 지역 목차에서 간편하게 위치 찾기 가능!

##  테마 여행

여행의 즐거움을 배가시켜 줄 크로아티아의 음식과 와인, 달콤한 디저트와 차, 축제와 레저까지 크로아티아에서 경험할 수 있는 특별한 테마를 소개한다.

## 여행 정보

여행 전 준비 사항부터 출국과 입국 수속까지 이미 알고 있는 내용이지만, 출국 전 다시 한 번 챙기면 좋을 유용한 정보들을 담았다.

### 찾아보기

이 책에 소개된 관광 명소, 레스토랑, 쇼핑 스폿, 숙소 등을 이름만 알아도 쉽게 찾아볼 수 있도록 정리해 놓았다.

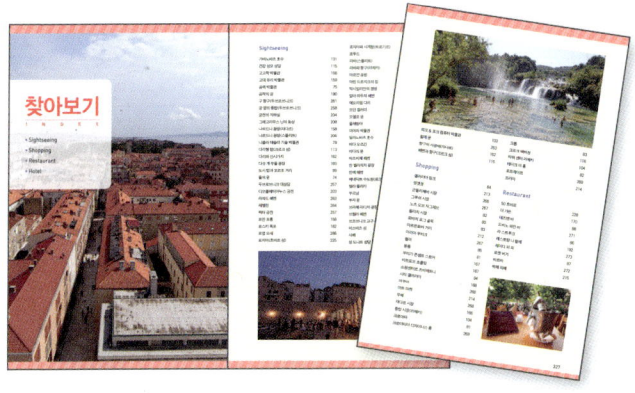

### 〈특별 부록〉 휴대용 여행 가이드북

각 지역의 지도가 담겨 있으며, 간단하게 손에 들고 다니며 볼 수 있다.
여행 시 유용하게 쓰일 간단한 크로아티아어 회화도 정리되어 있다.

**Notice!** 현지의 최신 정보를 정확하게 담고자 하였으나 현지 사정에 따라 정보가 예고 없이 변동될 수 있습니다. 특히 요금이나 시간, 교통 등의 정보는 시기별로 다른 경우가 많으므로, 안내된 자료를 참고 기준으로 삼아 여행 전 미리 확인하시기 바랍니다.

## Contents

**미리 만나는 크로아티아**
- 크로아티아의 **아름다운 자연** • 014
- 크로아티아를 **대표하는 건축물** • 016
- 크로아티아의 **유네스코 세계유산** • 018
- 크로아티아의 **음식** • 022
- 크로아티아의 **특별한 기념품** • 024

**추천 코스**
- 크로아티아 **핵심 여행 7일** • 028
- 크로아티아 **구석구석 여행 14일** • 030
- 크로아티아 **꼼꼼 일주 20일** • 033
- 크로아티아 **초핵심 여행 4일** • 037

**지역 여행**
- 크로아티아 기본 정보 • 042
- 크로아티아 렌터카 이용하기 • 046
- 크로아티아에서 운전하기 • 050

**자그레브** • 054
리예카 • 094
크르크 섬 • 108

**플리트비체 국립 호수 공원** • 122
라스토케 • 142

**자다르** • 146
크르카 국립공원 • 176
파그 • 187

**스플리트** • 194
흐바르 섬 • 220
트로기르 • 232
프리모스텐 • 238

**두브로브니크** • 242
엘라피티 섬 • 278
로크룸 섬 • 282

## 테마 여행

미식가를 위한 크로아티아의 전통 맛 • 290
여행의 즐거움을 한껏 높여 줄 크로아티아 맥주와 와인 • 294
여유로운 오후, 카페 타임 in 크로아티아 • 298
에너지 넘치는 여행자를 위한 크로아티아의 축제 • 303
크로아티아의 레저와 액티비티 • 306

## 여행 정보

여행 준비 • 312
출국 수속 • 319
크로아티아 입국 • 321
집으로 돌아가는 길 • 322

찾아보기 • 324

톡톡 크로아티아 이야기

나이브 예술 • 073
자그레브의 매력적인 광장과 공원 • 079
크로아티아의 쇼핑 체인 • 085
플리트비체에서의 승마 체험 • 137
자다르의 재건 프로젝트 • 163
자다르의 특산물, 마라스키노 • 172
파그의 특산물, 치즈와 소금 • 193
바다를 사랑하는 사람이라면, 브렐라 해변 • 211
흐바르 섬에서 즐기는 레저 • 227
두브로브니크의 문 • 253
두브로브니크의 해변 • 263
왕좌의 게임의 도시 • 265

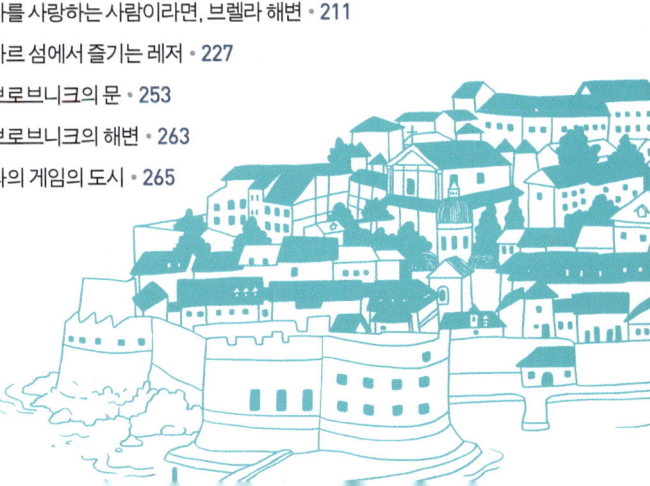

# 미리 만나는
# 크로아티아

- 크로아티아의 아름다운 자연
- 크로아티아를 대표하는 건축물
- 크로아티아의 유네스코 세계유산
- 크로아티아의 음식
- 크로아티아의 특별한 기념품

## PREVIEW
## 크로아티아의 아름다운 자연

천혜의 자연환경을 지닌 크로아티아는 바다와 대륙, 해안가와 하늘이 모두 맑고 깨끗하여 아무리 일정이 바빠도 건강해지는 기분이 드는 여행지다. 최고의 경관으로 손꼽히는 곳들은 반드시 직접 두 눈으로 보고 그 아름다움을 느껴 보자.

### 크르크 섬
자그레브에서 찾아가기 쉽고, 때묻지 않은 자연 그 자체를 만날 수 있는 섬이다. 크르크 안의 여러 개의 작은 마을들이 제각각 도시 구조와 분위기가 다르다. p.108

### 자다르 해안가
시원하게 쭉 뻗은 해안가를 산책하다 내키면 바다로 뛰어들 수 있다. 자다르를 대표하는 명소 태양의 인사와 바다 오르간이 해안가 끝 길에 있어 자연스레 걸으며 파도 소리와 비다에 반사되어 사방으로 흩어지는 햇빛을 감상할 수 있다. p.164

### 플리트비체 국립 호수 공원
요정들이 사는 곳이라 불릴 정도로 동화 속의 한 장면과 같은 플리트비체. 위와 아래 호수로 구분되어 폭포 외에도 수도원, 섬 등 볼 것이 많은 크로아티아 최대, 최고의 국립공원이다. p.122

### 크르카 국립공원
크르카 국립공원의 맑은 폭포는 에메랄드 보석들이 쏟아지는 듯하다. 폭포수를 온몸으로 맞으며 수영을 즐길 수 있다. p.176

### 흐바르 섬
스플리트 근교 여행지로 가장 인기 있는 곳으로, 셀 수 없이 많은 아름다운 해변으로 둘러싸여 있다. 보트를 타고 나가 근교 섬의 더 작고 친밀한 모래사장 위에 누워도 좋다. p.220

**PREVIEW**

# 크로아티아를 대표하는 건축물

14세기가 넘는 시간 동안 크로아티아인들이 이 땅에 거주하며 쌓아 올린 건축물들은 감사하게도 지금까지 온전히 보존되어 왔다. 도시의 상징처럼 여겨질 정도로 정체성이 뚜렷한 건축물들은 여행자를 압도한다.

### 두브로브니크 성벽
두브로브니크 시가지와 구 항구 너머 아드리아해까지 내다볼 수 있는 약 2km 길이의 견고한 성벽. 하루 종일 수많은 사람들을 등에 태우고도 끄떡없는 튼튼한 성채는 도시 구석구석으로 뻗어 있다. p.252

### 자그레브의 성 마르크 성당
지붕의 원색 모자이크 타일이 인상적인 성당이다. 작고 아담하지만 내부의 벽화와 프레스코화가 아름다워 대성당보다도 인기가 있다. p.070

### 자다르의 로만 포룸
이 고대 로마의 흔적은 얼마나 오래 전부터 자다르에 사람들이 거주했었는지를 가늠케 한다. 시내와 해변 사이에 위치하여 자연스럽게 도시와 어우러져 있다. p.156

## 스플리트의 디오클레티아누스 궁전과 열주 광장

과거 황제가 사용하던 건물들이 오늘날 스플리트 사람들의 휴식 공간이자 만남의 광장으로 쓰이는 진귀한 모습을 볼 수 있다. 수천 년 전으로 돌아가 과거를 여행하는 기분이 드는 위엄 있는 공간이다. p.203

## 자다르의 태양의 인사와 바다 오르간

가장 최근의 작품으로 역사는 오래되지 않았지만 크로아티아의 뛰어난 현대 건축 기술과 비전을 대표한다. 태양열 에너지와 바닷바람을 인공 건축물, 구조물과 조화를 이루도록 한 기술은 그 아름다움만큼이나 놀랍다. p.164

**PREVIEW**

## 크로아티아의 유네스코 세계유산

엄정한 기준으로 선별하여 지정하는 유네스코의 세계유산은 사전 정보가 없더라도 가볼 마음을 자아내는 남다른 명소들이다. 크로아티아에는 이러한 세계유산이 7곳이나 있다. 특정 명소가 아니라 시가지나 도시 전체, 평야 일대도 포함되어 있어 더욱 특별하다.

### 스플리트의 디오클레티아누스 궁전과 역사 건축물 1979년

3~4세기에 지어진 로마 황제의 궁터. 고대 로마 왕궁의 터 안에 고딕, 르네상스, 바로크 양식의 건축물들이 모여 있다. p.203

### 두브로브니크 구시가지 1979년·1994년

1667년 지진과 1990년대 내전의 피해에도 불구하고 고딕, 르네상스, 바로크 양식의 옛 모습을 간직한 성당과 수도원, 궁전 건물들이 보존되어 있다. 유네스코의 도움으로 성공적으로 복원되어 여전히 아름다운 모습을 뽐내고 있다. p.242

**플리트비체 국립 호수 공원** 1979년, 2000년

수천 년에 걸쳐 조성된 크로아티아의 자연유산으로, 그 어떤 인공적인 아름다움과도 비교할 수 없는 아름다움을 보여 준다. 호수, 폭포, 동굴이 어우러진 자연미와 희귀한 동식물을 볼 수 있다. p.122

**트로기르 역사 도시** 1997년

고대 그리스와 로마 도시의 터에 세워진 중세 도시에는 아름다운 로마네스크 성당과 베네치아 시대의 르네상스와 바로크 건축물들이 잘 보존되어 있다. 훌륭한 도시 계획을 인정받아 유네스코 세계유산에 등재되었다. p.232

## 포레치 역사 지구의 에우프라시우스 성당 1997년

4세기부터 기독교가 자리잡았고, 그 흔적이 잘 보존된 역사 지구이다. 특히 에우프라시우스 성당의 모자이크가 인상적이다. 크로아티아 최동쪽에 자리한 포레치 지역은 자그레브 근교 리예카에서 버스나 자동차로 1시간 30분 정도소요된다.

### 시베니크의 성 제임스 성당 2000년

15~16세기 북이탈리아와 달마티아, 투스카니 지방 간의 문화적 교류를 보여 주는 성당 건물이다. 시베니크의 시민들을 표현한 71개의 프리즈 장식이 특징이다. 시베니크는 자다르 또는 스플리트에서 버스나 자동차로 1시간 30분 정도 소요된다.

### 스타리 그라드 평야 2008년

흐바르 섬에 위치한 기원전 4세기 고대 그리스인들이 점령하였던 땅. 포도와 올리브 나무를 기르기 위해 땅을 24개 구역으로 구분한 고대 돌벽이 거의 완벽하게 보존되어 있다. 흐바르 타운에서 차로 20분 정도 걸린다. 평원까지 길이 험하여 자동차보다 스쿠터나 자전거로 이동하거나 자동차로 스타리 그라드 타운까지 이동하여 주차 후 걷거나 자전거로 이동하는 편을 추천한다.

## PREVIEW
# 크로아티아의 음식

크로아티아의 음식들은 여러 인접 국가들의 영향과 함께 주어진 자연환경과 문화와의 어우러짐으로 고유한 특징을 갖는다. 현지의 음식과 음료를 맛보는 것은 여행의 또 다른 묘미! 여행지에서의 건강하고 맛있는 한 끼는 허기를 달래는 끼니 이상의 의미를 갖는다.

### 크로아티아 와인 Vino

수출이 많지 않아 아직 우리에겐 생소하지만 크로아티아에서는 그 어떤 수입 와인보다도 각 지방에서 난 와인이 가장 인기가 높다. 자국 와인에 해박한 현지 사람들의 조언을 따라 크로아티아 요리와 어울리는 맛있는 와인 한잔을 마셔 보자.

### 파스티차다 Pašticada

달마티아 지방의 소고기 스튜. 준비 시간이 무척 길어 정성을 요하는 요리다. 생일, 결혼식 등 달마티아 지방의 모든 축제에 빠지지 않는다. 송아지 살코기를 며칠 동안 식초에 절여 자체 육수와 레드 와인으로 몇 시간 푹 삶은 후 뇨끼와 서빙한다. 당근, 정향, 육두구, 프루스트 햄 등 가정마다 조금씩 다른 요리법에 따라 각종 보조 재료를 넣고 함께 요리한다. 레드 와인과 무척 잘 어울린다.

### 자그레브 스트루클리 Zagorski Štrukli

슬로베니아에서 처음 만들어졌으며 자그레브에서 특히 많이 먹는 따뜻한 요리. 식사로도, 간식으로도 좋다. 코티지 치즈와 사워 크림을 넣어 뜨겁게 오븐에서 구워 내거나 끓여 먹는데, 달콤한 잼이나 과일, 초콜릿 등 속으로 쓸 수 있는 재료가 다양하다.

### 프루스트 Prsut
가공한 돼지고기로, 달마티아 지방에서 많이 생산하고 애피타이저와 와인 안주로 인기가 많다. 고기를 훈제할 때 사용되는 크로아티아 북부 지방의 바람 부라(Bura)가 프루스트의 맛에 기여를 한다고 한다.

### 생선구이
크로아티아에서는 도미, 농어, 쏨뱅이 등 여러 종류의 생선을 쉽게 구할 수 있어 가정에서도, 식당에서도 가장 흔히 볼 수 있는 메뉴이다. 올리브유와 소금, 후추로 간단히 간을 해 구워 먹는데 재료의 신선도가 좋아 무척 맛있다.

파스타 면

### 푸쉬 Fuži
트러플 산지로 유명한 이스트리아의 대표 요리. 화이트, 블랙 트러플 버섯을 홈메이드 파스타에 넉넉히 뿌려 만든다. 이스트리아 와인과 잘 어울린다.

트러플

## PREVIEW
### 크로아티아의 특별한 기념품

여행지에서 산 기념품은 여행을 추억하게 하고, 주변 사람들에게 좋은 선물이 되기도 한다. 기왕이면 크로아티아의 색깔을 담고 있는 물건들을 골라 친구와 가족들에게 선물해 보자. 그 나라의 특색을 반영하는 부담 없는 선물들은 의미도 깊다. 행복했던 여행의 기억을 나누고 싶다면 기념품 예산도 준비해 가자.

### 라벤더
크로아티아의 향기를 한국까지 가져오고 싶다면 라벤더로 만든 다양한 기념품을 골라 보자. 어느 도시에서든 쉽게 살 수 있다. 특히 흐바르 섬에서 파는 작은 라벤더 포푸리는 향이 오래간다.

### 넥타이
크로아티아는 최초의 넥타이가 만들어진 곳이다. 명품 브랜드는 아닐지 몰라도 전통과 장인 정신이 깃들어 있다. 자그레브에 본사가 있는 크로아티(Croata) 상섬에서는 각자에게 어울리는 타이 매는 법도 알려 준다.

### 올리브유
크로아티아는 여러 종류의 올리브를 섞지 않고 단일 품종으로 만드는 싱글 소트(Single Sort) 올리브유로 유명하다. 풍부한 일조량으로 열매를 맺는 건강한 올리브에서 짜낸 오일은 집으로 돌아가 크로아티아 요리를 재현해 볼 때도 유용하다. 트러플(송로 버섯) 오일도 인기가 좋다.

### 와인, 주류

크로아티아가 그리운 밤에 이보다 더 좋은 것이 있을까? 가격도 부담 없고 지역색도 강한 크로아티아 와인과 로컬 주류를 추천한다. 크로아티아 전통주 중 유명한 것으로 라키야(Rakija)와 트라바리차(Travarica)가 있다. 로즈메리, 캐모마일, 라벤더, 로즈힙, 주니퍼, 타임 등 다양한 맛으로 만들어진다.

라키야

### 리치타르 Licitar

16세기부터 사랑하는 사람에게 마음을 표현하기 위해 주었다던 북부 크로아티아의 생강 쿠키. 하트 모양의 생강 쿠키를 빨간색으로 칠하고 단어나 그림을 그려 꾸민 것이다. 이 제빵 기술은 2010년 유네스코 무형문화재로 등재되었다. 자그레브에서 쉽게 볼 수 있다. 크로아티아의 크리스마스 트리 장식으로 인기가 많고, 먹을 수는 있지만 맛은 정말 없다고.

### 자수와 레이스

유럽 여러 왕실에서 오래 전부터 수입했다는 크로아티아의 정교하고 아름다운 자수와 레이스 공예품도 인기 기념품이다. 테이블보, 스카프, 앞치마 등 크로아티아 디자인이 수놓인 다양한 제품을 판매한다.

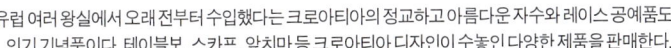
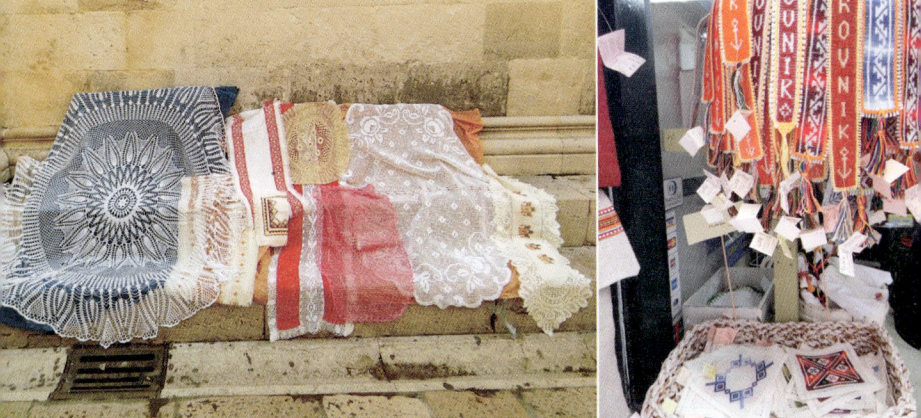

※ 도시별 세부 일정은 각 도시 본문에 정리되어 있습니다.

# 추천코스

- 크로아티아 **핵심 여행 7일**
- 크로아티아 **구석구석 여행 14일**
- 크로아티아 **꼼꼼 일주 20일**
- 크로아티아 **초핵심 여행 4일**

# 크로아티아
## 핵심 여행 7일

**짧은 기간 크로아티아 전역을 보고 싶은, 욕심 많은 여행자를 위한 코스**

한 달을 머물러도 충분히 보지 못해 아쉬움이 남는 매력 많은 크로아티아. 가장 인기가 많고 보편적인 주요 도시들을 엄선하여 이들을 가장 효율적으로 여행할 수 있는 루트이다. 근교 여행지는 본인이 원하는 다른 근교 여행지로 대체 가능하다. 한 도시에서 1박을 더 하여 이동을 최소화하는 일정으로 변경해도 좋다.

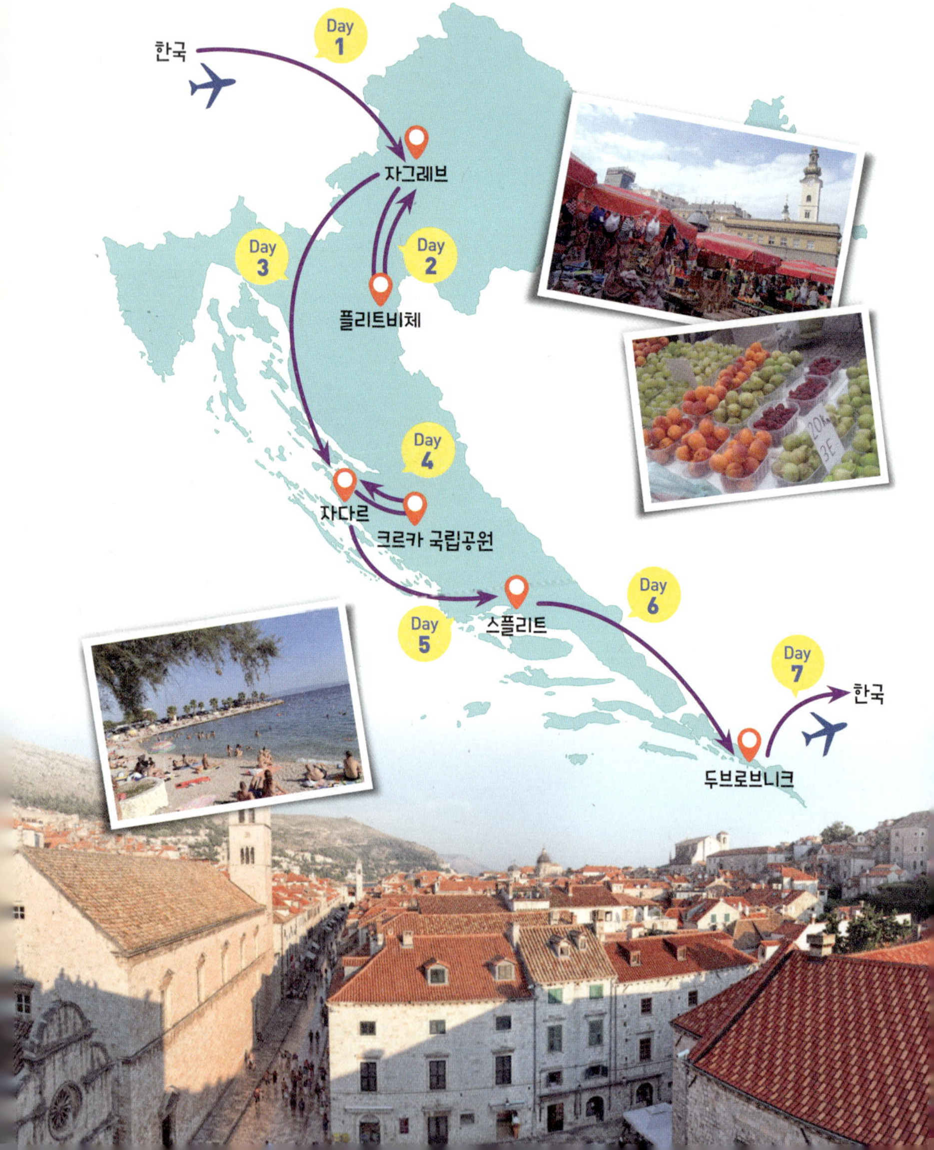

- 한국 → Day 1 → 자그레브
- Day 2 → 플리트비체
- Day 3 → 자다르
- Day 4 → 크르카 국립공원
- Day 5 → 스플리트
- Day 6 → 두브로브니크
- Day 7 → 한국

| 일정 | 이동 경로 | 이동 수단 | 이동 시간 |
|---|---|---|---|
| Day 1 | 한국 ➡ 자그레브 1박 | ✈ 비행기 | 12시간 이상 (경유 시간에 따라 상이) |
| Day 2 | 자그레브 2박 ⬅➡ 플리트비체 | 🚗 자동차<br>🚌 버스 | 약 2시간<br>약 2시간 15분 |
| Day 3 | 자그레브 ➡ 자다르 1박 | 🚗 자동차<br>🚌 버스 | 약 1시간 30분<br>약 2시간 30분 |
| Day 4 | 자다르 4박 ⬅➡ 크르카 국립공원 | 🚗 자동차<br>🚌 버스<br>🚐 투어 업체 이용 | 약 1시간<br>약 1시간 |
| Day 5 | 자다르 ➡ 스플리트 5박 | 🚗 자동차<br>🚌 버스 | 약 1시간 40분<br>약 3시간 30분 |
| Day 6 | 스플리트 ➡ 두브로브니크 6박 | 🚗 자동차<br>🚌 버스 | 약 3시간<br>약 5시간 |
| Day 7 | 두브로브니크 ➡ 한국 | ✈ 비행기 | 12시간 이상 (경유 시간에 따라 상이) |

### 🛫 교통 Tip

❶ 플리트비체를 갈 때는 4인 이상의 가족이나 친구들끼리의 여행인 경우 렌터카를 이용하는 것이나 투어를 신청해서 버스로 이동하는 것이나 가격은 거의 비슷하다. 본인의 계획대로 공원을 돌아보고 싶은 여행자거나 드라이브를 즐기고 싶은 여행자라면 렌터카를 추천한다. 이동 시간에 휴식을 취하고, 공원 내 효율적인 관람을 가이드에게 맡기고 싶은 여행자는 자그레브에서 떠나는 당일치기 플리트비체 투어를 이용하는 것이 좋다. p. 126

❷ 자동차로 여행하는 경우 프리모스텐, 트로기르를 지나 스플리트로 이동할 수 있다. 크로아티아 해안가의 훌륭하다고 소문난 경치와 유네스코 세계유산으로 등재된 마을도 볼 수 있는 보람찬 이동 경로다.

**크르카 국립공원** 일정 내 두 곳의 국립공원이 포함되어 있는데, 두 곳이 뭐가 그리 다를까 싶기도 하겠지만 크르카 국립공원에 도착하는 순간 그 차이를 알 수 있다. 폭포에 뛰어들어 수영을 할 수 있다는 것이 가장 큰 장점! 17개의 작은 폭포로 이루어진 스크라딘스키 폭포는 크르카 공원 초입에 있어, 빠듯한 일정이지만 크르카에 꼭 가 보고 싶은 사람들은 이곳에서 수영을 즐기고 사진만 찍고 바로 떠나기도 한다. 자다르에서 출발하는 크르카 당일치기 투어를 신청해도 좋다. p. 178

# 크로아티아 구석구석 여행 14일

## 크로아티아를 대표하는 도시와 주변 소도시들을 빼놓지 않고 돌아보는 알찬 2주

일주일은 아쉽고 한 달 남짓한 장기 여행은 현실적으로 어렵다면 알찬 2주 일정을 고려해 보자. 조금만 서두르면 크로아티아의 대표적인 도시는 물론, 당일로 다녀올 수 있는 근교 여행지까지 두루 돌아볼 수 있다.

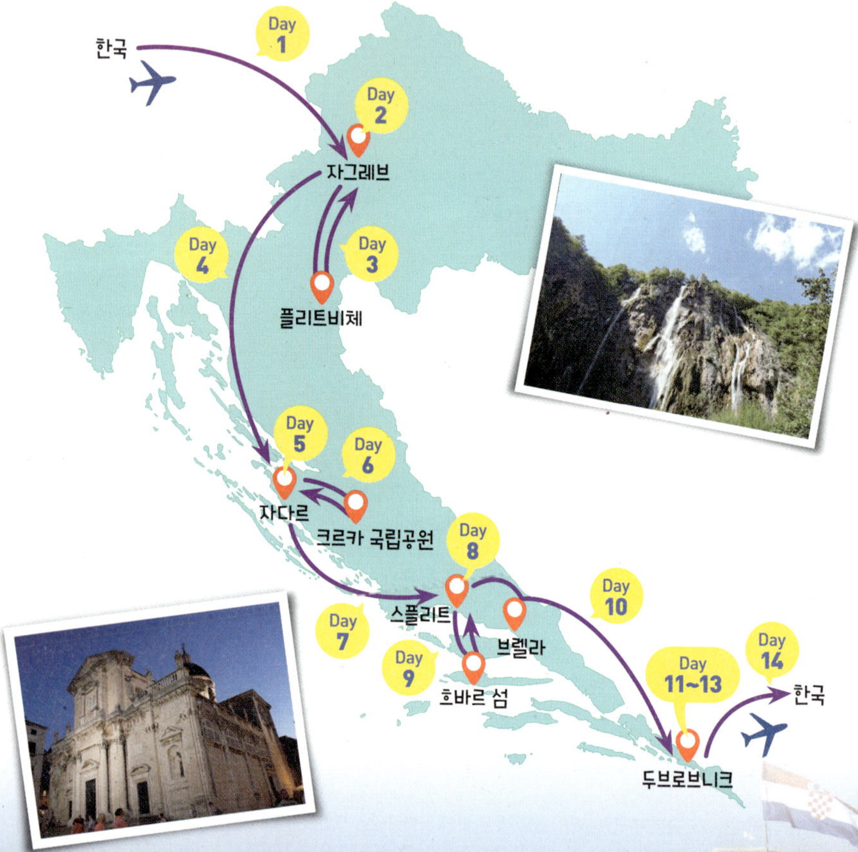

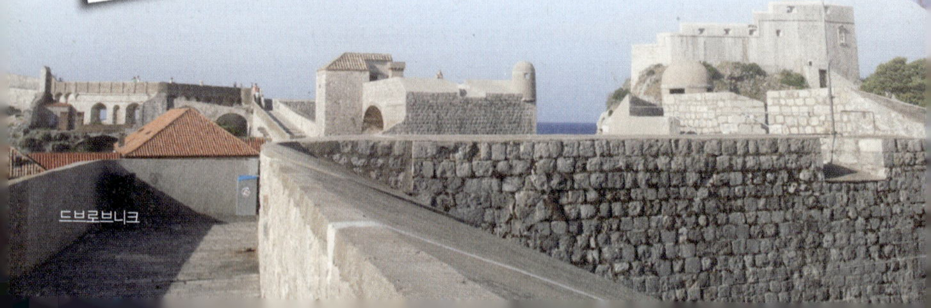

- 한국 → Day 1
- Day 2 자그레브
- Day 3 플리트비체
- Day 4
- Day 5 자다르
- Day 6 크르카 국립공원
- Day 7
- Day 8 스플리트
- Day 9 호바르 섬
- Day 10 브렐라
- Day 11~13 두브로브니크
- Day 14 → 한국

드브로브니크

흐바르 해변

| 일정 | 이동 경로 | 이동 수단 | 이동 시간 |
|---|---|---|---|
| Day 1 | 한국 ➡ 자그레브 1박 | ✈ 비행기 | 12시간 이상 (경유 시간에 따라 상이) |
| Day 2 | 자그레브 2박 | | |
| Day 3 | 자그레브 3박 ⬅➡ 플리트비체 | 🚗 자동차<br>🚌 버스 | 약 2시간<br>약 2시간 15분 |
| Day 4 | 자그레브 ➡ 자다르 1박 | 🚗 자동차<br>🚌 버스 | 약 1시간 30분<br>약 2시간 30분 |
| Day 5 | 자다르 2박 | | |
| Day 6 | 자다르 3박 ⬅➡ 크르카 국립공원 | 🚗 자동차<br>🚌 버스<br>🚐 투어 업체 이용 | 약 1시간<br>약 1시간 |
| Day 7 | 자다르 ➡ 스플리트 1박 | 🚗 자동차<br>🚌 버스 | 약 1시간 40분<br>약 3시간 30분 |
| Day 8 | 스플리트 2박 | | |

| Day 9 | 스플리트 3박 ⇄ 흐바르 섬 | 🚤 스피드 보트 약 1시간 15분<br>⛵ 보통 배 약 3시간 |

| Day 10 | 스플리트 → 브렐라 → 두브로브니크 1박 | 🚗 자동차 약 1시간 + 약 2시간<br>🚌 버스 약 1시간 + 약 3시간 30분 |

| Day 11 | 두브로브니크 2박 |

| Day 12 | 두브로브니크 3박 엘라피티 섬 또는 로크룸 섬 보트 투어 |

| Day 13 | 두브로브니크 4박 왕좌의 게임 투어 |

| Day 14 | 두브로브니크 → 한국 | ✈ 비행기 12시간 이상<br>(경유 시간에 따라 상이) |

### ✈ 교통 Tip

여행하는 도시가 많기 때문에 변수도 많다. 성수기의 경우 교통편 예약은 필수인데, 평일/주말, 극성수기에 따라 교통편의 시간표가 달라질 수 있으니 미리 확인하고 예약하도록 한다. 한 번 놓치면 하루를 날릴 수도 있다. 특히 성수기 흐바르 섬 보트편의 경우 금방 표가 매진되니 유의할 것.

해변과 국립공원을 방문하는 날들이 많은데, 가급적이면 해당 지역과 도시의 일기 예보를 확인하고 일정 중 가장 날씨가 좋은 날에 해변이나 공원을 찾는 것이 좋다. 한 도시에서 하루 이상 머물기 때문에 도시 내 세부 일정은 날씨의 영향을 많이 받는 여행지를 고려하여 변경할 수 있다.

# 크로아티아 꼼꼼 일주 20일

## 크로아티아를 제대로 여행했다 할 수 있는 깊이 있는 일정

비행시간을 계산하면 한국에 정확히 3주 후 도착하는 일정으로 여유 있어 보이지만 주요 도시들과 가 볼 만한 근교 여행지들을 구석구석 다니다 보면 허투루 보내는 날은 하루도 없다. 가장 인기가 많고 보편적인 근교 여행지를 넣었으나 여행자가 원하는 근교 여행지로 대체 가능하다. 또는 근교 여행을 생략하고 주요 도시에서 1박을 더 하며 이동을 최소화하여 좀 더 여유로운 일정으로 변경해도 좋다.

- Day 1 한국
- Day 2~4 두브로브니크
- Day 5 스플리트
- Day 6 호바르 섬
- Day 7 호바르 섬
- Day 8 스플리트
- Day 9 파그
- Day 10 크르카 국립공원
- Day 11 자다르
- Day 12 크르크 섬
- Day 13~14 리예카
- Day 15 자그레브
- Day 16 자그레브
- Day 17 플리트비체
- Day 18~19 자그레브
- Day 20 한국

호바르 섬

자그레브 대성당

플라차(스트라둔)

리바

| 일정 | 이동 경로 | 이동 수단 | 이동 시간 |
|---|---|---|---|
| Day 1 | 한국 ➡ 두브로브니크 1박 | ✈ 비행기 | 12시간 이상 (경유 시간에 따라 상이) |
| Day 2 | 두브로브니크 2박 엘라피티 섬 또는 로크룸 섬 보트 투어 | | |
| Day 3 | 두브로브니크 3박 왕좌의 게임 투어 | | |
| Day 4 | 두브로브니크 4박 | | |
| Day 5 | 두브로브니크 ➡ 스플리트 1박 | 🚗 자동차<br>🚌 버스 | 약 3시간<br>약 5시간 |
| Day 6 | 스플리트 ➡ 흐바르 섬 1박 | 🚤 스피드 보트<br>⛵ 보통 배 | 약 1시간 15분<br>약 3시간 |

| Day | 일정 | 이동수단 |
|---|---|---|
| Day 7 | 호바르 섬 2박 | |
| Day 8 | 호바르 섬 → 자다르 1박 | 스피드 보트나 배로 스플리트 이동 후<br>🚗 자동차  약 1시간 40분<br>🚌 버스  약 3시간 30분 |
| Day 9 | 자다르 2박 | |
| Day 10 | 자다르 3박 ↔ 크르카 국립공원 | 🚗 자동차  약 1시간<br>🚌 버스  약 1시간<br>🚕 투어 업체 이용 |
| Day 11 | 자다르 4박 ↔ 파그 | 🚗 자동차  약 1시간<br>🚌 버스  약 1시간 |
| Day 12 | 자다르 → 리예카 → 크르크 섬 1박 | 🚗 자동차  약 2시간 30분 + 약 30분<br>🚌 버스  약 4시간 + 약 1시간 |
| Day 13 | 크르크 섬 2박 | |
| Day 14 | 크르크 섬 3박  브르비니크 | 🚗 자동차  약 10분<br>🚌 버스  (크르크타운→브르비니크) |
| Day 15 | 크르크 섬 → 자그레브 1박 | 🚗 자동차  약 2시간<br>🚌 버스  약 4시간 (리예카에서 환승) |

리바와 항구

**Day 16** 자그레브 2박

 **Day 17** 자그레브 3박  플리트비체 🚗 자동차  약 2시간
🚌 버스  약 2시간 15분
🚐 투어 업체 이용

 **Day 18** 자그레브 4박

 **Day 19** 자그레브 5박

 **Day 20** 자그레브 ➡ 한국  ✈ 비행기  12시간 이상
(경유 시간에 따라 상이)

### 교통 Tip

자동차로 스플리트에서 자다르로 이동한다면 가는 길에 프리모스텐, 트로기르에 들러 보자. 해변과 언덕 위 성당, 중세 시가지가 인상적인 두 마을은 30분~1시간 남짓 짧게 머물러 금방 둘러보고 떠나기 좋은 휴게소 같은 곳이다. 바다와 시가지가 너무 예쁘니 자다르 이동 시간을 넉넉히 잡고 두 곳 모두 가 보자.

### 여행 Point

① 두브로브니크의 밤은 와인과 함께 하자. 드비노(p. 271)를 비롯하여 여러 와인 바가 있으며 몇 곳은 자체 와인 투어나 테이스팅 이벤트를 진행한다. 크게 알려지지는 않았지만 품질이 우수한 크로아티아 와인을 접해 볼 절호의 기회다.

② 파그  노발리야 마을의 츠르체 해변 등에서 성대하게 열리는 여름 시즌 파티로 유명하다. 레이스와 치즈로 유명한 파그 시내를 구경하며 맛좋은 현지 음식도 먹어 보고 바닷가로 이동하여 새벽까지 이어지는 신나는 파티에 참석하면 된다. 파그의 겨울은 여름과 무척 달라 조용하고 특별한 행사가 거의 없어 시내 구경을 일찍 마치고 평온한 해변에서 쉬다 일찍 자다르로 돌아올 수도 있다.

# 크로아티아 초핵심 여행 4일

### 다국가 여행 중 크로아티아에 들르는 여행자를 위한 3박 4일 일정

크로아티아만 여행하기에는 아쉽다거나 또는 주변 국가 여행 중 크로아티아에 잠깐 들른다면 고려해 볼 수 있는 짧은 일정 두 가지를 소개한다. 앞뒤 일정에 따라 중북부, 중남부를 여행할 수 있도록 주요 여행지를 포함하며 동시에 이동을 최소화하는 3박 4일의 스케줄이다.

## ❶ 자그레브 + 자다르 3박 4일

바다보다는 문화와 음식을 중시한다면, 또 크로아티아 최남단까지 내려갔다 오기엔 여행 일정이 여유롭지 않다면 자그레브와 중북부 여행을 추천한다. 유명한 해안가 도시들까지 이동하지 않아도 아드리아해를 만날 수 있다. 기대 이상의 즐거움이 있는 핵심 일정이다.

| 일정 | 이동 경로 | 이동 수단 | 이동 시간 |
|---|---|---|---|
| Day 1 | 타 도시 ➡ 자그레브 1박 | 비행기 또는 기차 | 출발지에 따라 상이 |
| Day 2 | 자그레브 ➡ 플리트비체 1박 | 🚗 자동차<br>🚌 버스 | 약 2시간<br>약 2시간 15분 |
| Day 3 | 플리트비체 ➡ 자다르 1박 | 🚗 자동차<br>🚌 버스 | 약 1시간 30분<br>약 2시간 30분 |
| Day 4 | 자다르 ➡ 다음 도시 | 비행기, 기차<br>버스, 자동차 | 목적지에 따라 상이 |

### 🛫 교통 Tip

자다르에서 다음 여행지로 이동할 때는 자다르 공항에서 비행기로 이동하는 것이 가장 용이할 것이다. 자다르 공항에서 원하는 도시로 가는 항공편이 없다면 자그레브 공항에서 아웃이 가능한지 알아본다. 인, 아웃이 바뀌는 편이 전체 여행 경로에 더 적합하다면 여행지 순서를 바꾸어 자다르에서 자그레브로 올라가며 여행한다.

셋째 날, 플리트비체 국립 호수 공원에서 시간을 더 보내도 좋지만 해가 지기 전에는 자다르에 도착하는 것을 추천한다. 해가 지며 빛을 뿜기 시작하는 자다르의 대표 명소 태양의 인사를 꼭 봐야 하기 때문이다. 그러려면 플리트비체에서 얼마나 시간을 보낼지 계획을 세워 두는 것이 좋으니 미리 공원 여행 정보를 살펴보도록 한다.

## ❷ 스플리트 + 흐바르 + 두브로브니크 3박 4일

날씨가 좋다면 여름에 여행하는 사람에게는 꿈과 같을 여행이다. 아드리아 해안가의 달마티아 지방을 집중적으로 여행하며 크로아티아의 축복받은 여름 날씨를 즐기자. 맑은 날씨가 대부분이지만 혹시 모르니 일기 예보를 확인하고 일정을 짜는 것이 좋다.

Day 1 스플리트
Day 2 
Day 3 흐바르 섬
Day 4 두브로브니크

스플리트

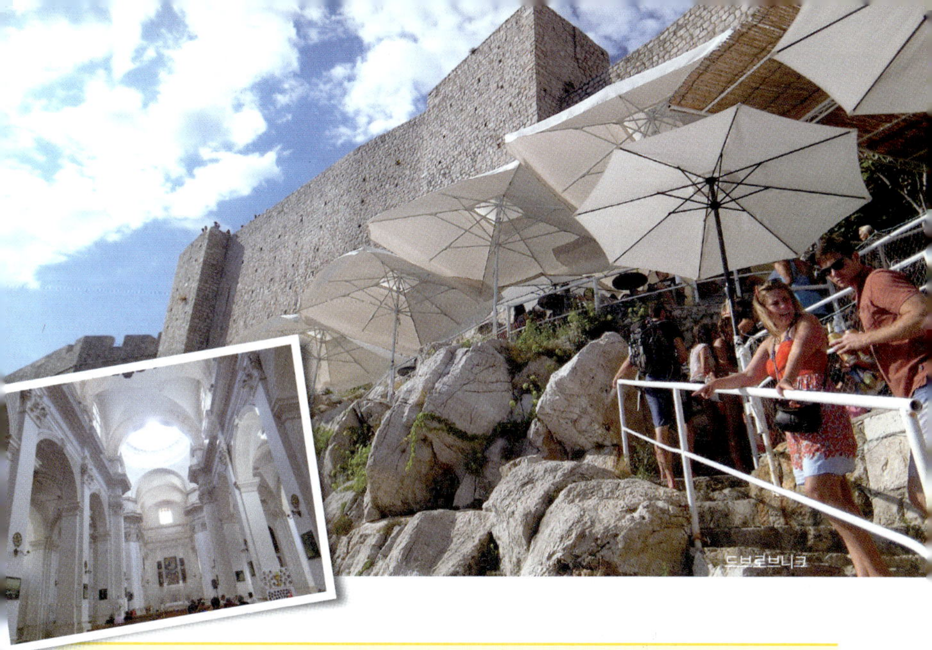

두브로브니크

| 일정 | 이동 경로 | 이동 수단 | 이동 시간 |
|---|---|---|---|
| Day 1 | 타 도시 → 스플리트 1박 | 비행기, 버스, 기차 | 출발지에 따라 상이 |
| Day 2 | 스플리트 → 흐바르 섬 1박 | 스피드 보트<br>보통 배 | 약 1시간 15분<br>약 3시간 |
| Day 3 | 흐바르 섬 → 두브로브니크 1박 | 스피드 보트나 배로 스플리트 이동 후<br>자동차<br>버스 | <br>약 3시간<br>약 5시간 |
| Day 4 | 두브로브니크 → 다음 도시 | 비행기, 기차<br>버스, 자동차 | 목적지에 따라 상이 |

### 교통 Tip

1. 첫 도시 스플리트를 찾아가는 방법으로는 이탈리아 앙코나에서 스플리트로 보트를 타고 이동하거나, 타 유럽 도시에서 스플리트 공항으로 이동하는 방법 등이 있다.
2. 두브로브니크를 떠날 때는 렌터카로 여행하거나 버스편이 있는 경우 스플리트나 자다르로 이동하여 비행기 또는 기차를 이용한다. 교통편에 따라 마지막 날 두브로브니크에서 보낼 수 있는 시간이 결정되니 아웃 교통편을 가장 먼저 알아본다.

### 여행 Point

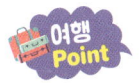

취향에 따라 일정을 조정할 수 있다. 렌터카로 여행하거나 섬보다 폭포가 더 보고 싶다면 흐바르 섬 대신 트로기르, 프리모스텐을 거쳐 크르카 국립공원 당일치기 여행도 좋다. 또 이동 없이 스플리트에서 시간을 더 보내고 싶다면 마르얀 공원과 카수니 해변에 가 보자.

# 지역 여행

- **자그레브** 근교 리예카 | 크르크 섬
- **플리트비체 국립 호수 공원** 근교 라스토케
- **자다르** 근교 크르카 국립공원 | 파그
- **스플리트** 근교 흐바르 섬 | 트로기르 | 프리모스텐
- **두브로브니크** 근교 엘라피티 섬 | 로크룸 섬

# Information

| | |
|---|---|
| 국가명 | 크로아티아 공화국(Republike Hrvatske) |
| 수도 | 자그레브(Zagerb) |
| 통화 | 쿠나(Kuna) |
| 전압 | 220V, 50Hz |
| 국가번호 | +385 |
| 종교 | 로마가톨릭교(87.8%), 기타(12.2%) |
| 언어 | 크로아티아어, 공용어는 독일어와 영어 |
| 인구 | 약 440만 명. 크로아티아인(90%), 세르비아인, 보스니아인, 슬로베니아인, 헝가리아인, 체코인, 이탈리아인, 알바니아인(10%) |
| 시차 | 유럽 중심 시간대 CET(UTC +01:00) 기준 한국보다 8시간, 서머타임 시 한국보다 7시간 느리다. |

## 국가 정보

이탈리아 동쪽에 위치한 크로아티아는 지중해의 일부인 아드리아해의 동쪽 연안에 가장 많이 닿아 있는 나라이다. 북쪽으로 헝가리, 동쪽으로 세르비아, 서쪽으로 슬로베니아, 남쪽으로는 보스니아-헤르체고비나와 국경을 접한다. 좁고 높은 디나라(Dinara) 산맥이 중앙 유럽 대륙과 크로아티아를 구분 짓는다. 국토 56,594km², 영해 31,067km², 총 1,244개의 섬이 있고 사람이 살고 있는 섬은 50개이다. 가장 큰 섬은 크레스(Cres)와 크르크(Krk)이다. 행정 구역은 20개 주(Zupanija)와 1개의 시(Grad)로 나뉜다.
농업, 철강, 화학, 정유, 섬유, 조선, 식품가공 등이 주요 산업으로, 1991년까지 해안가 도시들의 가장 큰 산업이었던 관광 역시 여전히 큰 역할을 하고 있다.

## 기후

내륙은 대륙성 기후로 겨울이 춥고 여름이 더우며 충분한 강수량이 있다. 북동쪽 산맥 부근은 이따금 알프스성 기후를 보이기도 한다. 달마티아 지방 해안가의 여름은 습도가 낮고 뜨거우며 겨울은 온화하고 눈이 아닌 비가 내리는 지중해성 기후다. 내륙 1월 평균 기온은 0~2℃, 8월 평균 기온은 19~23℃. 해안가 1월 평균 기온은 6~11℃, 8월 평균 기온은 21~27℃이다. 바다 수온은 겨울 평균 12℃, 여름 평균 25℃이다.

## 공휴일

1월 1일 새해 첫날
1월 6일 공현제
4월 부활절, 부활절 월요일
5월 1일 노동절
5월 말~6월 초 성체축일 (오순절 다음 일요일인 성삼위일체 대축일 다음 주 목요일)
6월 22일 반파시스트 저항의 날
6월 25일 건국 기념일
8월 5일 승리의 날, 크로아티아 추수감사절
8월 15일 성모승천대축일
10월 8일 독립기념일
11월 1일 만성절
12월 25일 성탄절
12월 26일 성 스테판의 날

> **Tip**  **박물관의 밤** Noc Muzeja
>
> 1월 말 즈음 열리는 크로아티아 박물관의 밤은 18:00~다음 날 01:00 동안 참가 도시의 대다수의 박물관이 개방되는 특별한 날이다. 온 도시가 잠들었을 때 전시를 감상하는 재미가 남다르다. 해마다 주제가 바뀌어 특정 예술인이나 미술 사조에 집중한다. 참가 도시는 자그레브, 스플리트, 자다르, 두브로브니크, 리예카, 오시예크, 풀라, 세스베테, 카를로바츠, 바라즈딘, 시베니크, 벨리카 고리카, 시사크, 슬라본스키 브로드.
> 홈페이지 nocmuzeja.hr

## 영업 시간

상점의 경우 보통 성수기에는 평일 08:00~20:00까지 운영하고, 대표 관광 도시들의 경우 주말에도 문을 연다. 공공 기관과 일반 사무실, 기업의 보통 운영 시간은 월~금 08:00~16:00이다.

## 우편

보통 평일 운영 시간은 07:00~14:00이며, 몇몇 도시들은 쉬는 시간 몇 시간을 포함하여 더 오래 문을 연다. 대부분의 관광 도시에서는 주말에도 문을 연다.

홈페이지 www.posta.hr

## 전화

전화 카드는 모든 공중전화에서 사용 가능하며 우체국과 신문 가판대에서 구입 가능하다. 그러나 로밍이나 현지 유심 카드 구입이 더 저렴하다.

## 치안

크로아티아의 범죄율은 유럽 평균보다 훨씬 낮다. 전국이 안전하고 치안도 좋아 소매치기 등의 범죄를 경험할 가능성이 거의 없지만 혹시 모를 상황에 대비하는 것이 좋다. 짐을 꼭 끌어안고 가방 지퍼마다 옷핀을 걸어 놓을 필요는 없지만 소지품을 아무 곳에나 두고 한눈팔지 말자.

## 응급 시 112

유럽 연합 어디든 24시간 이용 가능한 응급 번호는 112이며, 무료로 전화를 할 수 있다. 크로아티아에서는 영어, 독일어, 이탈리아어, 헝가리아어, 슬로바키아어, 체코어를 지원한다. 긴급 상황, 화재, 경찰의 도움이 필요할 때, 산악 구조가 필요할 때, 기타 응급 서비스와 수색, 구조가 필요할 때 112에 전화한다.

## 크로아티아 관광청

크로아티아 관광청은 유럽의 어느 나라보다도 여행자들에게 많은 정보와 자료를 빠르게 전달한다. 국가 기본 정보와 교통, 호텔, 쇼핑, 축제, 이벤트 등의 소식을 알려 준다.

안타깝게도 한글 지원은 하지 않지만, 크로아티아 여행을 준비 중이라면 관광청 홈페이지에 들어가 미리 정보를 얻도록 하자.

홈페이지 croatia.hr

## 세금 환급 Tax Refund

세금 환급 제도는 외국인이 여행 중인 국가에서 'Tax Free'라는 문구가 쓰인 상점에서 일정 금액 이상을 구매할 시 여행 중 구매한 물품을 현지에서 사용하지 않고 자국으로 가져간다는 조건으로 여행 중에 구매한 물품에 붙은 부가가치세 및 특별소비세를 환급해 주는 제도이다. 쇼핑 비용의 상당 부분을 줄일 수 있으므로 꼭 돌려받도록 하고, 귀국할 때 공항에 충분한 시간을 두고 도착하여 세금 환급 절차를 진행한다. (여행정보 참고 p.322)

## 크로아티아의 역사

**3세기** 선조 일리리아족
**7세기** 현재의 슬라브족이 자리 잡은 것으로 추정.
**925년** 토미슬라브(Tomislav)에 의해 지금의 크로아티아로 통일 왕국을 이루었다. 오스만 제국, 이탈리아, 오스트리아-헝가리 등 주변 국가의 지배를 받았으며, 제1차 세계 대전에서 패배한 오스트리아 대신 세르비아 왕조 중심의 유고슬라비아 왕국의 일부가 되기로 선택하였다.
**제2차 세계 대전 이후** 티토(Tito)가 이끄는 유고슬라비아 연방 공화국(크로아티아, 세르비아, 슬로베니아, 보스니아-헤르체고비나, 몬테네그로, 마케도니아로 구성된 사회주의 국가)의 일원이 되었다. 이후 50년간 불안하게 공화국이 존속되다가 1980년 티토의 사망과 소련의 붕괴, 민주주의 운동으로 각각 독립과 해체되었다.
**1991~1994년** 1991년 6월 독립 선언 후 세르비아가 크로아티아 내 세르비아인의 학대를 우려하여 연방 탈퇴를 반대함으로써 전쟁 상태에 돌입하였고, 유고슬라비아의 경제를 이끈 국가들의 불만과 문화적 갈등, 복잡한 역사로 인한 증오심도 이에 가세하여 20세기 최악의 내전을 겪었으며.
**1994년** 휴전 선언
**2013년 이후** 2013년 7월 EU 가입 후 친서방정책을 펼치고 관광 사업으로 높은 수익을 올리며 빠른 발전을 이룩하였다.

## 크로아티아의 문화와 관습

크로아티아 사람들은 자국 문화와 역사, 전통에 대한 자부심이 강하다. 크로아티아 사람들은 조국을 '우리의 아름다운 조국(Lijepa Naša)'이라 부르며, 이는 크로아티아 국가의 제목이기도 하다.

크로아티아는 지리적으로 네 개의 문화권에 접해 있어 로마 제국(서양)과 비잔틴 제국(동양)의 문화는 물론 지중해 및 중부 유럽의 영향을 받았다. 14세기 동안 크로아티아에 살아온 크로아티아인들은 굴곡 많은 역사를 견디며, 여러 번의 침략과 지배를 겪으면서 독립을 위해 처절하고 힘겨운 투쟁을 해왔다. 크로아티아의 문화와 관습을 알고 더 유익하고 즐거운 여행을 떠나 보자.

### 언어

크로아티아어와 남부 슬라브어는 구 유고슬라비아에 정착한 슬라브족들의 언어에서 파생된 것으로, 역사적으로 크로아티아어는 그리 널리 사용되지 않았다. 합스부르크 왕가 치하에서는 독일어를 사용하였고 정부 공식 언어는 라틴어였다.
19세기 민족 운동으로 크로아티아어가 제자리를 찾기 시작했다. 현재의 크로아티아어는 지방마다 역사적으로 영향을 받은 지역의 언어를 반영한다. 예를 들어 이스트리아는 이탈리아어, 자그레브는 독일어의 영향을 받았다. 또한 달마티아 지방 사투리도 따로 있다. 크로아티아어는 세 갈래로 크게 나뉘는데, '무엇'을 뜻하는 단어로 어느 지방 사람인지 알아볼 수 있다. 그 예가 슈토(Što), 카이(Kaj), 차(Ča)이다. 1945~1991년 동안 공식 언어는 세르보-크로아티아어였다. 하지만 공산주의 시대에도 크로아티아 사람들은 자신들의 언어를 크로아티아-세르비아어라고 부르거나 크로아티아어라 칭했다. 크로아티아와 세르비아의 언어는 다른 언어로 인식되어 왔으며 다른 알파벳 체계를 사용하기 때문이다. 독립 후에는 전혀 다른 두 언어로 인정되었다. 공산주의 시대에 사라진 크로아티아의 고유 단어들을 찾아 복원시키는 등 정부에서 다양한 노력이 진행 중이다.

### 첫 만남과 인사

보통 비즈니스 관계로 만나거나 혹은 처음 만나는 사람에게 성별에 따라서 남자는 고스포딘(Gospodin), 여자는 고스포디아(Gospodja, Mrs) 또는 고스포디체(Gospodice, Miss)라는 호칭과 성을 붙여 부른다. 인사는 아침, 오후, 저녁, 밤 인사를 나누며 악수를 한다. 친한 사이만 이름을 부르고, 친구나 친한 사이는 만나면 서로를 안고 양 볼에 한 번씩 뽀뽀를 하며 인사를 나눈다. 여러 사람이 있다면 여자→남자, 연장자→가장 어린 사람 순서로 소개를 한다.

### 선물을 줄 때
와인이나 꽃이 일반적이며 국화는 상례식장 또는 묘지에 가져가는 꽃으로 선물로는 주지 않는다. 그리고 꽃은 항상 홀수로 준비한다. 꽃을 짝수로 선물하는 것이 좋지 않다는 미신이 있기 때문이다. 선물은 받으면 그 자리에서 바로 열어 본다.

### 달마티아의 피야카
충분히 행복하여 여유롭게 나른함과 늘어짐을 즐기는 기분을 달마티아 사람들은 피야카(Fijaka)라 부른다. 눈부신 햇살이 내리쬐는 바닷가에서 신선한 재료로 요리한 맛 좋은 음식과 와인을 마시니 피야카는 크로아티아인의 일상과도 같다.

## ❯ 전통문화
크로아티아 전통문화의 특징은 지역에 따라 차이가 크다는 것이다. 또 오늘날에는 거의 찾아볼 수 없는, 사라진 관습들이 많으며 남아 있어도 시골 마을 몇 곳에서만 행하고 있어 전통문화의 경우 배경지식으로만 참고하자.

### 전통 결혼 문화
요즘은 거의 찾아볼 수 없으나 크로아티아에는 무척 독특한 결혼 풍습들이 있었다. 먼저 크로아티아의 전통 프러포즈는 반지가 아니라 동전이나 사탕을 꽂은 사과인 오빌리예즈(Obiljezje)로 했다고 한다. 그리고 음악가들과 들러리, 친구들과 함께 신랑이 신부 집 앞으로 찾아가 신부와 결혼하고 싶다고 소리를 지르면 문이 열리고 신부 가족들이 나와 신부를 두고 흥정을 하는 문화도 있었다. 물론 돈으로 사는 것이 아니라 온 마음을 다해 평생 사랑하겠다고 맹세를 하면 신부를 내어 주는 것으로 이 의식이 마무리된다. 때로는 세레나데를 부르거나 힘자랑을 하고, 또는 직접 만든 라키아주를 가지고 와 신부 가족들이 마셔 보고 맛이 좋으면 신부를 보내 주기도 했다고 한다.

결혼식 중 크로아티아 국기를 들고 휘저으며 결혼식장으로 가는 신랑 신부 앞에서 행진하는 바르야크타르(Barjaktar)라는 역할도 있었고, 무척 오래 전에는 결혼식 날 악귀가 신부에게 저주를 내린다는 미신도 있어서 신부를 보호하기 위해 베일을 씌우거나 결혼식 하객 중 몇 명이 가면을 쓰고 큰소리를 지르거나 공포탄을 쏴 악귀를 쫓기도 했다.

부부 중 누가 주도권을 잡느냐를 알아보기 위해 결혼식이 끝난 후 신랑 신부가 서로의 발을 밟고 올라가는 놀이를 하기도 했다. 또 신혼집에 도착해서는 신랑이 신부를 안고 들어갈 때 신부는 라키아 잔 또는 사과를 지붕 위로 넘어가도록 던지는 풍습도 있었다. 만약 지붕을 넘지 못하고 떨어지면 이혼한다고 믿어 신부는 있는 힘껏 던져야 했다고 한다.

### 전통 장례 문화
크로아티아에서 무척 중시하는 문화 중 하나가 장례 문화이다. 죽은 이의 집을 꾸미는 것으로 시작하며 묘지로 시신을 운반하기 위해 떠나면 집에서는 종을 조용히 울린다. 시신을 관에 넣기 전에는 가족들이 모두 죽은 자의 이마에 입을 맞추고, 다시 돌아오지 못하도록 다리를 곧게 펴서 관에 넣는다. 집안의 남성들만이 시신을 운반할 수 있으며, 아이가 죽는 경우 아버지만 아이를 관에 넣을 수 있다. 어머니는 아이의 장례식에 참석하지 않는 것이 대부분이다. 장례식이 끝나면 장례를 치른 집은 요리를 하지 않고 창문을 걸어 닫으며, 8일간 빨래를 하지 않는다. 오늘날에는 8일 대신 2~3일간 빨래를 하지 않는 것으로 대신한다. 가족들은 집이 아니라 밖 또는 친구들의 집에서 식사한다.

## ❯ 축구
1998년 프랑스 월드컵에서 4강을 차지한 크로아티아의 축구는 인기 스포츠다. 체크무늬 유니폼이 특징이며 많은 기념품 상점에서 축구 유니폼을 판매한다. 실력 있는 유명 축구팀이 많은 유럽에서도 실력을 인정받고 있으며 자국 리그도 인기가 높다.

# 크로아티아에서 렌터카 이용하기

크로아티아의 도시를 잇는 대중교통은 잘 되어 있는 편이 아니다. 가장 인기가 많은 관광 도시 두브로브니크도 기차역과 공항도 없고, 버스로만 이동하기는 이동 시간도 굉장히 길고 스케줄을 잘 지키지 않는다는 여행자들의 후기도 꽤 많다. 크로아티아 관광청에서도 크로아티아를 여행하는 가장 좋은 방법으로 렌터카를 추천한다. 길이 잘 닦여 있고 차도 많지 않아 크로아티아에서의 운전은 어렵지 않다. 국가 면적은 우리나라의 반 정도 되고 인구는 부산 인구와 비슷하여 차가 아무리 많아도 한국에서 겪는 교통 체증과는 비교도 되지 않는다.

## 렌터카 예약 어디서 할까?

다른 나라에서 차를 빌리고, 운전하는 것이 쉽지 않게 느껴지겠지만 몇 가지 사항만 유의한다면 차량 렌트부터 반납까지 어렵지 않게 해결할 수 있다. 현재 한국에도 대형 국제 렌터카 회사들이 들어와 있기 때문에 한국어 사이트를 통해서 쉽게 예약할 수 있다.

### ▶ 대형 렌터카 업체

특정 지역에서만 영업하는 렌터카 회사도 있겠지만 이러한 경우 차량 인수와 반납이 한정된다. 또한 보통 대형 업체가 사고 대처 능력이 가장 빠르며, 차량도 새것이 많아 상태가 좋은 차들이 많다. 저가의 렌터카 회사의 경우 차량이 오래돼 고장이 잦거나 사고 처리가 미숙한 경우가 많으므로 반드시 확인이 필요하다. 각 회사와 사이트마다 요금 체계와 예약 방식이 다르므로 미리 확인하고 자신의 여행 스타일에 맞게 선택하도록 하자. 대형 렌터카 회사의 경우 한국어 홈페이지가 있어 직접 자신이 차량을 선택할 수 있다. 미리 결제하지 않아도 돼 부담이 없다. 현지에서 예약하는 것보다 15~20% 정도 저렴하다. 또 렌터카 업체 회원으로 가입하면 추가 할인이나 옵션을 받을 수 있기도 하다. 복잡한 보험을 패키지로 묶어 합리적인 가격으로 제공하는 등 혜택이 다양하므로 홈페이지를 확인해 보자.

현재 한국 크로아티아 여행자들에게 가장 인기가 많은 업체는 유니렌트다. 여러 해 동안 많은 여행자들의 경험에 의하면 가격면에서 유니렌트가 경제적이기 때문에 인기가 높다. 홈페이지(영문)에서 원하는 일정과 차종을 선택하여 견적서를 보내면 최대 일주일 안에 답변을 받고, 이를 확인한 후 결제하면 여행자가 선택한 장소에서 차량을 받고 돌려주기만 하면 된다.

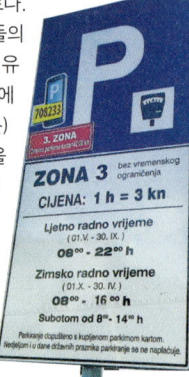

### 허츠 Hertz
전화 1600-2288  Email
reskorea@hertz.com  홈페이지
www.hertz.co.kr(한국어 지원)

### 식스트 Sixt
전화 1588-3373, 02-3452-0001
Email sixt@sixt.co.kr  홈페이지
www.sixt.co.kr(한국어 지원)

### 유니렌트 Unirent
홈페이지 www.uni-rent.net(한국어 미지원 영문)

### 아비스 Avis
홈페이지 www.avis.com(한국어 미지원 영문)

## ● 현지 렌터카 사무소에서 직접 예약하기

현지에 도착해서 렌터카를 빌릴 수도 있지만 성수기의 경우 원하는 조건의 차를 빌리지 못할 수도 있다. 또 대부분의 렌터카 회사는 예약을 하는 경우 훨씬 저렴한 요금을 제시하기 때문에 예약하는 것이 좋다. 자그레브, 리예카, 스플리트, 자다르 등 크로아티아의 공항 도착층에는 여러 렌터카 업체의 사무소가 있다.

로컬 업체 중에서 평이 가장 좋은 곳은 아반트(Avant : www.avantcar.hr/en, 한국어 미지원, 영문 홈페이지)다. 시내 지점은 찾아가기가 쉽지 않으나 주요 도시 공항(두브로브니크, 자다르, 스플리트, 자그레브, 풀라)에는 모두 사무실이 있다.

## 예약 시 주의사항

렌터카 가격의 차이는 보통 보험 때문인 경우가 많다. 기본적으로 유럽에서 렌트를 할 때는 자차와 대인 대물, 도난 보험이 포함되는데, 사고 시 운전자 본인의 치료비가 포함되어 있지 않고, 차량 손상에 대해 고객이 일정 금액을 부담해야 한다. 기본 보험은 보통 CDW라 하고, 도난은 TW라고 표기한다.

## ● 확인해야 할 사항

**오토·스틱** 유럽은 대부분 우리나라 1종 면허로 운전하는 수동 차량을 이용하기 때문에 2종 면허 소지자는 반드시 차량이 오토인지 확인해야 한다. 예약을 권하는 이유도 오토메틱 차량이 많지 않다는 점 때문이다. 오토로 예약을 해도 막상 차량을 받으러 가면 스틱을 받는 경우가 굉장히 많으니 차를 받기 전에 다시 한 번 확인하자. 또 직원이 스틱밖에 없다고 해도 오토가 아니면 아예 운전할 수 없으니 다른 곳에서 차량을 가져오라고 말하면 마법같이 오토 차량이 나타나기도 한다.

**개인 상해 보험** 운전자와 동승자의 병원 치료비와 휴대품 도난 시 보상해 준다.

**슈퍼커버(SCDW)** 업체마다 이름이 다를 수 있다. 음주 운전과 같은 중대 과실이 아닌 이상 고객의 잘잘못을 따지지 않고, 차량 손상에 대한 전액을 보상한다. 보통 슈퍼커버에 가입되어 있는 차량은 반납 시 직원이 차량을 살펴보지도 않고 키만 돌려받는 경우가 많다.

**타이어와 유리창 보험** 보통 보험을 들기 전에 필요 없다고 생각하여 많이 빼는 옵션인데, 타이어 펑

---

> **Tip 렌터카 가격 비교 사이트**
>
> 렌터카 가격 비교 웹사이트에서 여행지와 날짜, 차종 등을 입력하여 검색하면 모든 업체의 요금을 한눈에 비교할 수 있어 편리하다. 하지만 최저 요금 위주로 안내해 주기 때문에 예약 전 차량 상태와 보험의 유무 등 세부 조건을 반드시 확인해야 한다. 렌터카로 즐겁게 운전하고 아무런 사고가 나지 않는다면 가장 저렴한 곳으로 선택하는 것이 좋지만 외국에서 운전을 하다 보면 돌발 상황은 언제든지 발생할 수 있으니 잘 판단하고 업체를 선택하는 것을 권한다. 또 이러한 가격 비교, 검색 사이트에서 바로 예약을 하게 되면 회원 가입 등 절차가 복잡하고 선 결제를 해야 하는 경우 신용카드 결제 등에 불편 사항이 있을 수 있다. 렌터카 업체와 직접 예약하는 것보다 가격이 비쌀 수 있다는 점에도 유의한다. 대형 업체가 아닌 로컬 업체 가격의 경우 아래와 같은 비교 사이트 견적이 종종 더 저렴하기도 하다.
>
> 렌탈카스닷컴 www.rentalcars.com (언어 설정 한국어로)
> 렌탈카그룹 www.rentalcargroup.com (언어 설정 한국어로)
> 이지렌트 www.izzirent.com/country/croatia (언어 설정 한국어로)

크나 예상치 못한 사고로 유리가 깨지는 경우가 드물게 발생하기도 한다.

**편도 반납(One-Way Fee)** 차량 인도, 반납 장소가 다를 경우 추가 요금을 지불해야 한다.

**연료 옵션 PR(Pre-paid Fuel)** 차량 반납 시 잔여 연료량을 신경 쓰지 않고 반납하는 조건의 옵션이다. 반납 시 연료가 많이 남아도 환불해 주지 않는다. 이 옵션을 선택하지 않은 경우는 반드시 연료를 가득 채워서 반납해야 한다. 그렇지 않을 경우 추가 비용을 내야 하는데 일반 주유 가격보다 조금 높은 편이다. 공항에서 반납을 하는 경우 시내에서 연료를 가득 채웠지만 공항에 도착했을 때 연료가 조금 부족하여 추가 비용을 전부 지불하는 억울한 경우도 있으니 최대한 공항에서 가까운 주유소를 이용하도록 하자. PR 옵션 비용이 크지 않다면 연료를 거의 소진하고 반납하며 추가 비용을 내는 것도 나쁘지 않다.

**과금** 업체마다 시간으로 추가 요금을 계산하는지 일별로 계산하는지 살펴본다. 한 시간만 추가 사용하여도 1일 요금을 추가 부과하는 경우도 있기 때문이다.

**기타** 운전자 추가, EU 미가입국 방문, GPS 내비게이션, 휴대용 무선 인터넷 라우터, 베이비 시트 등의 추가 유료 옵션이 있다. 또 두브로브니크에서 스플리트로 이동하는 경우 국경을 넘어가야 하기 때문에 사량이 그린 카드(차량 보험증)를 보유하고 있는지를 확인한다.

## 차량 인도와 반납

회사에 따라 절차가 조금씩 다르긴 하지만 일반적인 과정은 다음과 같다. 한국 운전면허증과 국제 운전면허증, 신용 카드를 꼭 챙기도록 하자.

### ▶ 인도 장소로 이동

예약을 했다면 인도 장소를 설정할 수 있어, 공항 또는 시내 지점에서 차량을 인도받는다. 출국 수속을 마치고 나오면 출구 쪽으로 여러 렌터카 업체들의 표지판이 보인다. 시내 지점에서 인도받는 경우 시

내 중심과 거리, 대중교통으로 쉽게 찾아갈 수 있는지 미리 구글맵 등 지도로 확인해 본다.

### ▶ 카운터 수속하기

예약 확인서나 확인 번호가 있다면 빠르게 수속을 할 수 있다. 우리나라에서 취득한 면허증은 그대로 통용되지만 한국어로 되어 있는 까닭에 사본격인 국제 운전면허증을 지참해야 한다. 물론 한국 운전면허증 또한 필수로 가지고 있어야 한다. 국제 운전면허증만으로는 효력이 발생하지 않으며 렌터카 회사에서도 대여해 주지 않는 경우가 대부분이다.

### ▶ 계약서 작성하기

예약 사항에 따라 차량 렌트 계약서를 작성하는데 계약서에 있는 픽업과 반납 일자 및 시간, 렌탈 지점, 차량 정보, 차량 요금, 보험 내역 및 세금, 옵션 선택 사항, 연료 이용 등을 모두 확인하고 서명한다. 서명한 후에는 이의를 제기하거나 환불할 수 없으므로 꼼꼼하게 확인하도록 한다. 렌트 계약서는 만일을 대비해 반드시 보관하도록 하자.

### ▶ 렌터카 이용 요금 지불하기

대부분의 렌터카 회사의 결제 방식은 차량 픽업 시 일정 금액을 신용 카드로 가승인하고 이용 요금에 대한 최종 결제는 차량을 반납할 때 지불한다. 가승인은 일종의 보증금과 같은 역할을 하는 것인데 중간에 기간 연장 등 계약 내용을 바꾸지 않았다면 예약 시 안내받았던 예상 임차 요금과 거의 동일하다. 차량 픽업 시 예치금이 승인되고, 반납 시 최종 임차 금액이 실제 청구되기 때문에 신용 카드의 한도를 잘 확인해 두어야 한다. 때에 따라서 가승인 카드와 최종 결제 카드가 다를 경우 두 번 결제가 되는 경우도 있으니 가급적 동일한 카드를 이용하도록 한다.

### ▶ 차량 인도받기

회사에 따라 조금씩 차이가 있지만, 직원이 차량을 안내해 주어 인도받는 방식과 직접 주차된 차량 중에서 고를 수 있는 방식이 있다. 어떠한 경우든 시동을 걸고 차량의 상태를 확인해야 한다. 방향지시등, 비상등, 헤드라이트, 라디오, 윈도우 브러시 등을 작동시켜 보고 문제가 없는지 점검한다. 한편, 차량 외관을 반드시 확인해야 하는데 직원이 차량의 긁히거나 찍힌 부분(Scratch & Dent) 등을 표시할 수 있는 종이를 건네주면 직접 차 주변을 돌아보며 확인하고 종이에 표시를 한 다음 한 장은 직원에게 주고 나머지 한 장은 반드시 보관하도록 한다. 차량을 가지고 나갈 때 출구에서 운전면허증과 서류 등을 확인하기도 한다.

### ▶ 렌터카 반납하기

렌터카 회사마다 시내나 공항 등 반납 지점이 상이하니 반드시 확인하도록 한다. 렌트를 할 때 반납 지점을 정하게 되는데, 마지막 일정의 동선과 가장 부합하는 지점을 선택하도록 한다. 반납할 때에는 연료 상태를 확인해야 하는데, 연료 후지불 방식을 택한 경우는 반드시 연료를 가득 채워서 반납해야 한다. 차량을 반납하면 렌터카 직원이 차량 상태와 운행 거리, 연료 등을 체크한 후 최종 영수증을 발급해 준다. 영수증 사용 내역을 살핀 후 궁금한 것이 있으면 그 자리에서 물어보거나 재확인을 요청해야 한다. 한국에 돌아온 후 관련 문제들을 해결하려면 시간도 많이 걸리고 여러 가지로 불편하기 때문에 마지막까지 꼼꼼하게 체크해야 한다. 따라서 차량을 반납하는 시간을 넉넉히 계산하여 마지막 일정을 짜도록 한다. 성수기의 경우 여러 차량의 반납을 기다려야 할 수도 있기 때문에 비행기나 기차 시간에 촉박하지 않게 여유롭게 반납하도록 하자.

# 크로아티아에서 운전하기

### ▶ 좌회전 신호와 회전교차로
유럽의 다른 나라들과 마찬가지로 크로아티아도 교통사고를 감소시키고 통행 속도를 빠르게 하는 회전교차로를 적극적으로 도입하였다. 크로아티아에서 운전을 하다 보면 정말 자주 회전교차로를 보게 되는데, 양보 운전을 하면 어려울 것 없다. 이보다 운전 중에 어려운 점이 좌회전 신호가 없다는 것이다. 직진 녹색등이 켜지면 좌회전은 그야말로 눈치껏 해야 한다. 상황이 여의치 않으면 꽤 오래 기다려야 하지만, 크로아티아 사람들은 이런 상황에 익숙하기 때문에 뒤에서 클랙슨을 울리거나 하지는 않는다.

### ▶ 주차
도로 주차의 경우 주차가 가능한 시간과 유료 주차 시간, 시간당 요금을 안내하는 표지판이 세워져 있다. 주차를 하고 기계에 주차 시간에 맞추어 요금을 넣고 나오는 표를 차량 앞 유리창에 끼워 놓는다. 경찰이 수시로 돌아다니며 검문하기 때문에 시간을 여유롭게 계산하여 요금을 넣어 두자. 몇 쿠나를 아끼려다 몇 배나 더 되는 벌금을 물 수 있다.

### ▶ 주유
렌트할 때 알려 주지만 차량을 인도받으며 어떤 유종을 넣어야 하는지 한 번 더 확인하자. 크로아티아의 경우 대부분이 셀프 주유장이다. 시동을 끄고 내려서 비치되어 있는 일회용 비닐장갑을 끼고 유종을 선택한 후 기름을 넣으면 된다. 그리고 주유소 사무실에서 몇 번 기계를 사용하였는지 확인하고 요금을 지불하고 나오면 된다.

#### 연료 가격 확인(모든 유럽 국가)
홈페이지 www.fuel-prices-europe.info(한국어로 설정 가능)

### ▶ 내비게이션
렌터카 업체에서 추가 옵션으로 사용하는 것이 가장 가격이 비싸지만, 현지 프로그램이라 정확하다. 한국어가 지원되는 시직(Sygic)은 무료 애플리케이션으로 간편하게 사용이 가능하다. 7일 무료 사용 옵션이 있다. 데이터를 사용하지 않고 미리 다운로드 받아 오프라인상태에서도 쓸 수 있다.

- 렌터카에 옵션으로 딸려 오는 내비게이션의 경우 영어를 지원한다. 말이 빠르지 않고 좌회전(Turn Left), 우회전(Turn Right) 등의 간단한 영어로 안내하기 때문에 불편함이 없다.
- 한국어 안내를 원하는 경우 크로아티아 여행자들에게 이미 유명한 시직(Sygic) 애플리케이션을 다운로드 받아 사용해 보자. 7일간 무료로 이용할 수 있으니 미리 다운받지 말고 사용하는 날 다운받아 쓰도록 한다. 미리 지도를 다운받아 GPS만 이용하여 사용하기 때문에 와이파이 없이 쓸 수 있다.
- 특정 레스토랑이나 호텔명으로 검색할 수 없는 경우도 많다. 국립공원이나 도시명처럼 아주 중요한 장소 이외에는 대부분 목적지 주소를 직접 검색해야 하기 때문에 반드시 주소를 알아 두자.

## ▶ 기타

- 고속도로 1차선은 항상 추월 차선으로, 추월을 하고 나면 2차선으로 다시 돌아오도록 하자.
- 중앙선이 흰 실선으로 표시되어 있기도 하다. 편도 2차로로 착각하지 않도록 주의한다.
- 100m 앞 시야가 확보되지 않는 야간 운전 시 전조등을 켜도록 법으로 규정해 두었다. 10월에서 3월 중에는 낮에도 반드시 하향등을 켜도록 하고 있는데, 사실 크로아티아에서는 연중 언제라 할 것 없이 안전상의 이유로 항상 하향 전조등을 켜고 운전을 한다.
- 톨게이트는 한국과 같다. 내비게이션 프로그램에서 톨게이트 피하기 옵션이 있지만, 목적지까지 돌아가는 경우 기름값이 더 나올 수도 있고 길이 더 복잡할 수도 있다.
- 핸즈프리 외 핸드폰 사용 금지.
- 12세 미만 아동은 앞좌석에 탈 수 없다.
- 안전벨트는 필수다.
- 음주 운전 단속이 엄격하다. 국내에서 지켜야 하는 교통법은 여행 중에도 반드시 지키도록 한다.
- 시내에서는 보통 시속 50km 제한이다.
- 속도위반 시 검문에 걸리는 경우는 거의 없으나 적발되는 경우 대부분 두브로브니크-스플리트 구간이다. 바로 벌금을 내지 않으면 일주일 정도의 기간 내에 은행이나 공기관을 통해 벌금을 지불하도록 하거나 한국 주소로 청구하는데 이때 더 많은 요금을 부과하는 경우가 있어 그 자리에서 내는 것이 좋다.

> **Tip 크로아티아 톨게이트 요금 사이트**
>
> hac.hr/en/toll-rates/pricelist에서 크로아티아 주요 톨게이트 요금을 모두 확인할 수 있다. 미리 교통비를 정확하게 계산하고 싶은 꼼꼼한 여행자라면 홈페이지를 방문하여 톨게이트 요금을 미리 계산해 볼 수 있다.

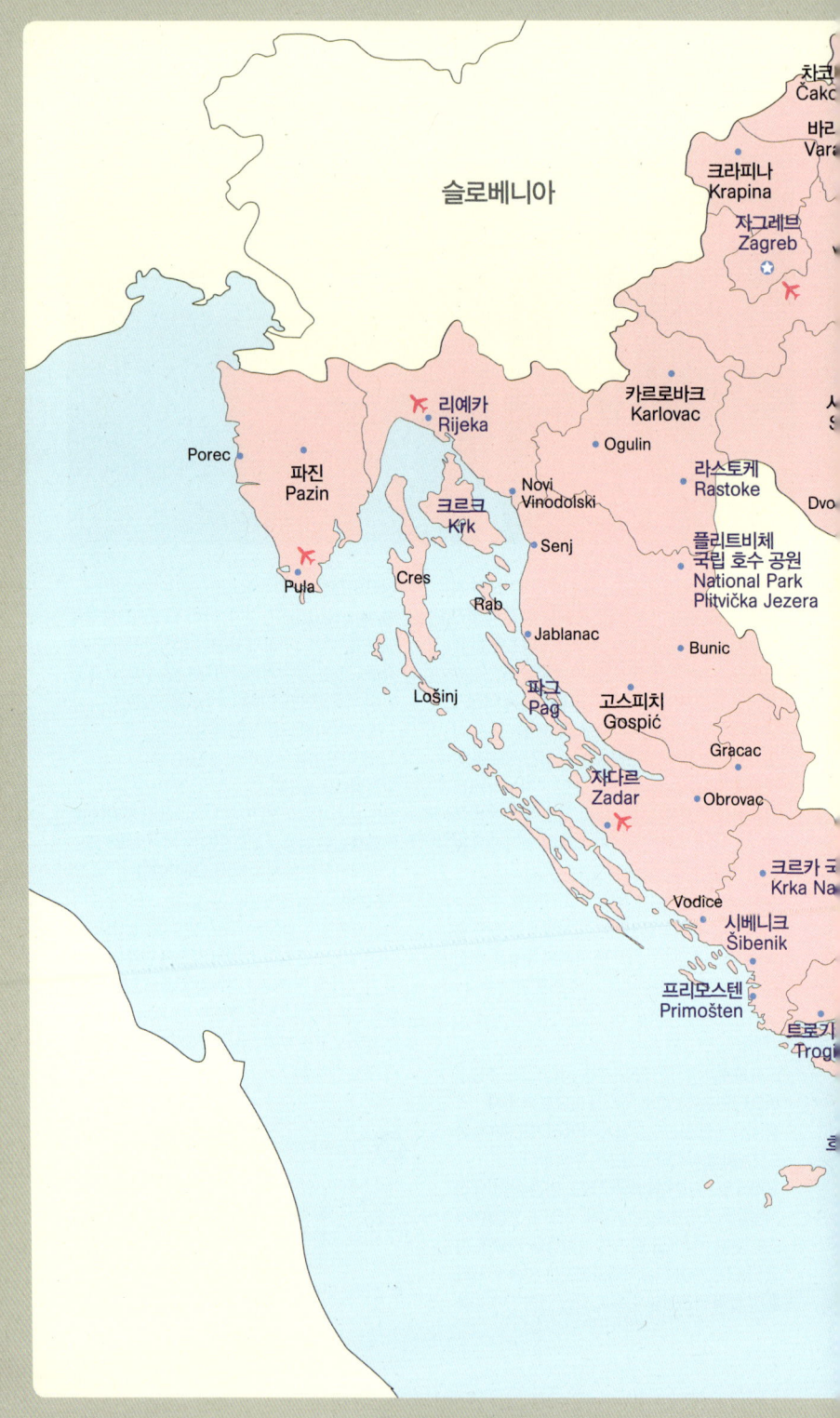

# 자그레브

**동유럽의 소박한 매력을 느낄 수 있는 수도**

동유럽에서 가장 역사가 오래된 대학이 자리한 젊고 학구적인 도시 자그레브는 크로아티아의 문화, 과학, 경제, 정치, 행정의 중심이며 국회와 대통령이 있는 곳이다. 크로아티아 전체 인구의 1/4인 100만 명 이상이 거주하는 대도시이나 문을 잠그지 않고 다녀도 괜찮을 정도로 치안이 좋다.

보통 크로아티아 남부 지역의 화려한 해안가 도시들이 인기가 많아 수도 자그레브는 상대적으로 관광객이 덜 몰리는 편이기도 하다. 한 나라의 수도임에도 동유럽 나라다운 소박함이 느껴져 자그레브의 곳곳을 누비는 매 순간순간마다 더 많은 매력을 발견

할 수 있다. 구시가지와 신시가지의 조화 그리고 혹독한 전쟁을 치뤘음에도 불구하고 잘 보존된 이 도시를 탐험하자.

### 자그레브에서 놓치지 말아야 할 것!

① 알록달록 타일이 아름다운 **성 마르크 성당**
② 자그레브 시민들의 일상과 뗄 수 없는 **돌라치 시장**
③ 쇼핑과 식도락 집합지, **트칼치차 거리**
④ 따끈하고 고소한 자그레브의 **전통 음식 스트루클리**
⑤ 포근한 햇살을 마음껏 받을 수 있는 자그레브의 **푸른 광장들**

# Zagreb
# Information
자그레브 지역 정보

**면적** | 641km²
**기후** | 내륙성 기후
**평균 온도** | 여름 20℃, 겨울 1℃
**지역번호** | 자그레브 01
**홈페이지** | www.zagreb.hr

기원전 35000년경으로 추정되는 석기 시대의 고고학 유물들이 자그레브시 근방에서 발견되었다. 이는 자그레브가 유구한 역사의 도시임을 보여 주는 것이다. 자그레브에 대한 최초의 서류상 기록은 헝가리의 왕 라디슬라브가 아드리아해로 가는 길에서 카프톨 감독 관구를 설립한 1094년이다. 자그레브라는 도시명의 기원은 확실치 않으나, 몇 가지 전설이 있다. 크로아티아어로 '자그라비티(Zagrabiti)'라는 단어는 '(물을) 뜨다'라는 뜻의 명사인데, 이와 관련한 전설이 도시 이름을 짓는 데 영향을 미쳤을 것이라는 사람들도 있다. 한 크로아티아 귀족이 목마른 병사들을 이끌고 사막을 건너다 목마름에 땅을 파서 물을 마신 곳이 지금의 자그레브라는 것이다. 또 다른 전설에 따르면 도시를 통치하던 자가 목이 말라 '만다'라는 이름의 소녀에게 "Zagrabi, Mando!"라고 외치며 물을 길으라 명하여 '자그레브'라는 이름을 갖게 되었다는 이야기도 함께 전해져 온다. 마지막으로 '산 너머'라는 뜻의 '자그레봄(Za-grebom)'에서 유래한 것이라는 설도 있다.

### 📍 자그레브 관광 사무소 Turistički Informativni Centri
자그레브의 관광 명소, 식도락과 숙소는 물론 각종 행사와 투어, 교통 안내도 담당한다. 반 옐라치치 광장과 버스 정류장, 로트르슈차크 탑, 공항, 기차역에 사무소가 위치한다. 도시 지도도 배포하며 자그레브카드도 판매한다.

### 📍 반 옐라치치 투어리스트 인포메이션 센터
**주소** Trg Bana Josipa Jelačića 11, 10000 Zagreb **시간** 월~금 08:30~20:00, 토 09:00~18:00, 일·공휴일 10:00~16:00 **전화** 01 4814 051, 052, 054 **홈페이지** korean.infozagreb.hr (한국어 지원)

# ✈ 자그레브 가는 길

 **항공**

자그레브 국제공항(Zagreb International Airport)은 도심과 14km 떨어져 있으며 해마다 2백만 명 이상이 이용한다. 특히 여름에는 연간 이용자의 50%가 몰릴 정도로 바쁘다. 빈, 프라하, 부다페스트, 밀라노 등 유럽의 주요 도시와 국내 도시 볼, 자다르, 스플리트, 두브로브니크와 풀라와도 연결되어 있어 저가 항공으로 다른 유럽 도시에서 넘어오기 유용하다.

**전화** (크로아티아 내에서) 060 320 320, (해외에서) +385 1 456 2170 **홈페이지** www.zagreb-airport.hr

자그레브 국제 공항

## 공항에서 시내로 이동하기

### ▶ 셔틀

공항에서 운영하는 플레소 셔틀(Pleso Prijevoz)이 자그레브 공항(국제선 도착층 앞)과 시내 중앙에 위치한 버스 정류장을 잇는다. 보통 매일 20시까지 셔틀이 있지만 20시 이후 도착 항공이 있는 경우 20시 이후에도 운항 시간에 맞춰 셔틀을 운행한다. 버스 정류장에서 출발하는 첫차는 04:00, 공항에서 출발하는 첫차는 07:00이다. 이동 시간은 35~40분, 편도 요금은 30kn, 1일권은 40kn이다(2회권으로 당일치기 여행을 하는 사람에게 적합하다). 홈페이지(www.plesoprijevoz.hr)에서 운행 스케줄을 찾아볼 수 있다.

### ▶ 택시

셔틀이 있기 때문에 굳이 택시를 탈 필요는 없다. 본인의 편의와 필요에 따라 택시를 이용하고 싶다면 국제선 도착층을 나서면 바로 택시를 잡을 수 있다. 시내까지의 요금은 보통 150~200kn이다.

## 기차

크로아티아의 기차 인프라는 아직 많이 발달하지 않았다. 특히 인기 관광지인 해안 도시들을 잇지 못하여, 버스나 자동차에 비해 기차는 상대적으로 인기 있는 교통수단이 아니다. 또 이동 시간도 버스의 2배나 걸린다. 하지만 유럽 다른 도시에서 자그레브로 이동 시 비행편이 여의치 않을 때는 기차가 더 좋을 수도 있다. 취리히(14시간), 슈투트가르트(11시간), 베네치아(7시간), 빈(6시간 30분), 부다페스트(6시간 30분) 등의 중·동부 유럽 여러 국가들과 기차로 연결이 잘 되어 있다. 표는 유레일, 출발 도시나 국가에 해당하는 철도청 홈페이지, 또는 크로아티아 철도청 홈페이지에서 예약할 수 있다. 인터 시티(ICN)가 가장 빠르고 요금이 비싸며, 그 다음으로 빠른 브르치(Brzi)와 푸트니키(Putnicki)가 있다.

**자그레브 기차역 Zagreb Glavni Kolodvor**
**주소** Trg Kralja Tomislava 12, 10000 Zagreb **전화** 01 3782 532 **홈페이지** www.hzpp.hr

〈자브레브 출발 주요 기차 국내선〉

| 목적지 | 소요 시간 | 요금 |
| --- | --- | --- |
| 리예카 Rijeka | 4시간 | 100kn 내외 |
| 스플리트 Split | 6시간~8시간 30분 | 165~181kn |
| 바라즈딘 Varazdin | 3시간 | 56~72kn |
| 오시제크 Osijek | 4시간 30분 | 114~130kn |
| 부코바르 Vukovar | 4~7시간 | 120~170kn |

## 자동차

공항으로 자동차를 가지고 오는 경우에는 처음 10분은 어느 주차장을 이용하건 무료이다. 10분이 넘어가면서부터 주차장에 따라 요금이 부과된다.

**주차장별 상세 요금 확인**
**홈페이지** www.zagreb-airport.hr/en/passengers/parking-36/36

**버스** 1961년 신설된 자그레브의 버스 터미널은 44개의 플랫폼을 갖춘, 유럽에서 손꼽는 규모의 정류장이다. 간단한 식사를 할 수 있는 카페와 레스토랑 그리고 상점이 있다. 인포메이션에서는 모든 발착 정보를 안내하며 중앙 홀에 있는 15개의 매표소에서 표를 구매할 수 있다. 도착 플랫폼 106번 옆에 짐 보관소가 있으며, 주차장은 버스 정류장 북쪽에 위치한다. 국내에서는 스플리트, 두브로브니크, 리예카, 자다르, 플리트비체 국립공원, 노발랴, 비르, 무르테르, 티스노, 크르크 섬, 크레스 섬, 로시니, 라브로 이동하는 버스를 이곳에서 탈 수 있다.

**자그레브 버스 터미널 Autobusni Kolodvor Zagreb**
**주소** Avenija Marina Držića 4 10000 Zagreb **전화** 01 6008 500 **홈페이지** www.akz.hr **목적지 시간표 확인** www.buscroatia.com/bus-station-zagreb **짐 보관소** 운영 시간 06:00~22:00, 크기에 따라 시간당 2.5kn~10kn, 신분증 제시 및 내용물 검사 후 이용 가능

〈자브레브 버스 노선〉

| 목적지 | 소요 시간 및 운행 | 요금 |
|---|---|---|
| 자다르-자그레브 | 3시간 30분~5시간 30분, 하루 5~6대 이상 운행 (여름 성수기 기간은 추가 운행) | 평균 105kn |
| 스플리트-자그레브 | 4시간 30분~8시간, 하루 25대 이상 | 평균 120kn |
| 두브로브니크-자그레브 | 10시간~12시간, 하루 5~6대 이상 운행, 중간에 1~2번 쉬는 시간이 있음(여름 성수기 기간은 추가 운행) | 평균 220kn |

# 🚌 자그레브의 교통수단

자그레브의 대중교통(트램, 버스와 기차)은 ZET가 담당한다.
**전화** 072 500 400 **홈페이지** www.zet.hr

트램

### Tip 자그레브 카드 Zagreb Card

무료 대중교통 이용권과 박물관 및 대표적인 관광 명소 할인 혜택을 받을 수 있는 자그레브 카드는 무척 유용하다. 약 80여 곳의 사용처에서 할인과 무료 혜택을 받을 수 있다. 자그레브 카드를 구매하면 할인 대상에 대한 간단한 소개와 교통, 전화 등의 기본 정보와 자세한 도시 지도를 포함한 소책자를 함께 받게 된다.

또한, 카드 한 개로 성인 한 명과 12세 미만 어린이가 함께 사용할 수 있다. 자그레브 카드는 투어리스트 인포메이션 센터를 비롯하여 자그레브 시내 여러 호텔과 호스텔에서도 구입할 수 있으니 숙소가 정해졌다면 카드 구입 가능 여부를 문의해 보도록 한다.

**요금 자그레브 카드** 98kn(24시간), 135kn(72시간) **홈페이지** zagrebcard.com/discounts-with-zagreb-card/?lang=en(전체 할인 대상 목록 확인)

## ▶ 트램

자그레브의 대중교통 수단 트램은 24시간 운행한다. 주야간(04:00~24:00)에는 1~9번, 11~15번, 17번 노선이 운행하며, 심야(24:00~04:00)에는 31~34번 노선이 30~40분 간격으로 운행한다. 거의 모든 트램 정류장에는 트램 노선도가 있고, 트램권은 신문 가판대 디삭(Tisak)이나 ZET 매표소에서 구입 가능하다. 탑승하면 트램 안에 설치된 오렌지색 기계에 탑승권을 넣어 인증을 받아야 한다.

### 요금

| | | |
|---|---|---|
| 1회권 | 4kn(30분), 7kn(60분), 10kn(90분), 15kn(심야) | |
| 1일권 | 30kn | 3일권 | 70kn |
| 7일권 | 150kn | 15일권 | 200kn |
| 30일권 | 400kn | |

## 🚖 택시

자그레브 택시에서 미터기를 사용하는 것은 필수며, 택시에 탑승할 때 확인하도록 한다. 자그레브에는 현재 세 개의 택시 회사가 운영 중이다.

**라디오 택시 자그레브(Radio Taxi Zagreb)**
**요금** 10kn(1km당 6kn 추가), 여행 가방 2kn(개당), 야간 할증 요금 있음 **전화** 1717 **홈페이지** radiotaxizagreb.com/en

**택시 카메오 자그레브(Taxi Cammeo Zagreb)**
**요금** 6kn(1km당 6kn 추가), 여행 가방 요금과 야간 할증 없음 **전화** 1212 **홈페이지** cammeo.hr/en/cities/zagreb

**에코택시(Ekotaxi)**
**요금** 8.8kn(1km당 6kn 추가), 여행 가방 요금과 야간 할증 없음 **전화** 1414 **홈페이지** www.ekotaxi.hr

## 🚗 자동차

시내 안에서는 차로 이동할 필요가 전혀 없지만, 도시를 이동할 때는 렌터카 이용이 가장 편리하다. 그리고 자그레브는 다른 도시에 비해 차가 많아 특히 성수기에는 빈 주차 공간을 찾는 것이 쉽지 않다. 내비게이션으로 시내 주차장을 찾아 여러 곳을 돌아다녀야 하기도 한다. 숙소에서 주차장을 제공하지 않는다면 숙소에 미리 인접한 주차장과 요금을 문의해 자그레브에 도착했을 때 주차 문제 때문에 애먹지 않도록 하자.

## 🚌 투어 버스 City Tour Hop On-Hop Off

시내 중심부의 주요 명소들을 모두 돌아볼 수 있는 투어 버스로, 자유롭게 타고 내릴 수 있다. 자그레브를 간단히 돌아보고 시내 지리에 대한 감을 잡기에 좋다. 한국어를 포함한 10개 국어 오디오 가이드를 지원하며 버스에서 와이파이 사용도 가능하다. 홈페이지를 통해 예매할 수 있으며 성수기/비성수기 시간표도 확인 가능하다.

**주소** Palmotićeva 2, 10000 Zagreb **요금** 1일권 (14세 이상) 118.4kn, (6~13세) 63kn **전화** 91 566 5652 **홈페이지** www.zagrebcitytour.com

## 🚂 투어리스트 기차 Mini Train

시내 중심부를 아주 간단히 돌아보는 기차이다. 반 옐라치치 광장에서 출발하여 돌라치 시장, 트칼치차 거리, 성 마르크 성당, 로트르슈차크 탑 등을 돌아 다시 광장으로 돌아온다.

**시간** 토~일 10:00~19:20(40분 간격) **요금** 무료

## 🚲 자전거

투어 버스

자그레브 시는 미리 온라인(앱 또는 홈페이지)으로 등록하고, 자전거를 대여할 수 있는 시스템을 갖추고 있다. 30분은 5kn, 7일은 100kn(매일 30분은 무료로 탑승하고 추가 30분당 5kn 부과, 600분 보너스), 1년 회원권은 200kn(매일 30분은 무료로 탑승하고 추가 30분당 5kn 부과, 1200분 보너스)이다. 자그레브 시내에는 19개의 자전거 정류장이 있으며, 아무 곳에서 자전거를 빌리고 반납할 수 있다. 홈페이지에서 실시간으로 대여 가능한 자전거가 있는지 확인해 볼 수 있어 편리하다.

**이용 방법**
정류장에서 대여 버튼을 누른 후 휴대폰 번호와 등록 시 받은 핀 넘버를 등록하고 대여하고자 하는 자전거 번호를 누른다. 스크린에 표시되는 고유 번호를 기억한 뒤에 자전거를 거치대에서 빼내고 잠금장치에 번호를 입력하여 해제 후 사용한다. 1개의 등록 계정으로 최대 2대 대여가 가능하고, 18세 이상만 이용이 가능하다.

주의할 점은 24시간 내에 반납하지 않으면 벌금이 부여된다는 것이다. 반납할 때는 '삐~' 소리가 들릴 때까지 밀어 넣고, 스크린에 반납 표시가 나타나는지 확인한 다음 자물쇠를 채운다. 거치대 공간이 없다면 옆에 있는 자전거의 자물쇠에 같이 걸어 두면 된다. 정류장에 설치된 기기의 주황색의 반납 버튼을 누른 후 전화번호를 입력하여 제대로 반납이 되었는지 확인할 수도 있다.

**전화** 01 777 6534 **홈페이지** www.nextbike.hr/en/zagreb

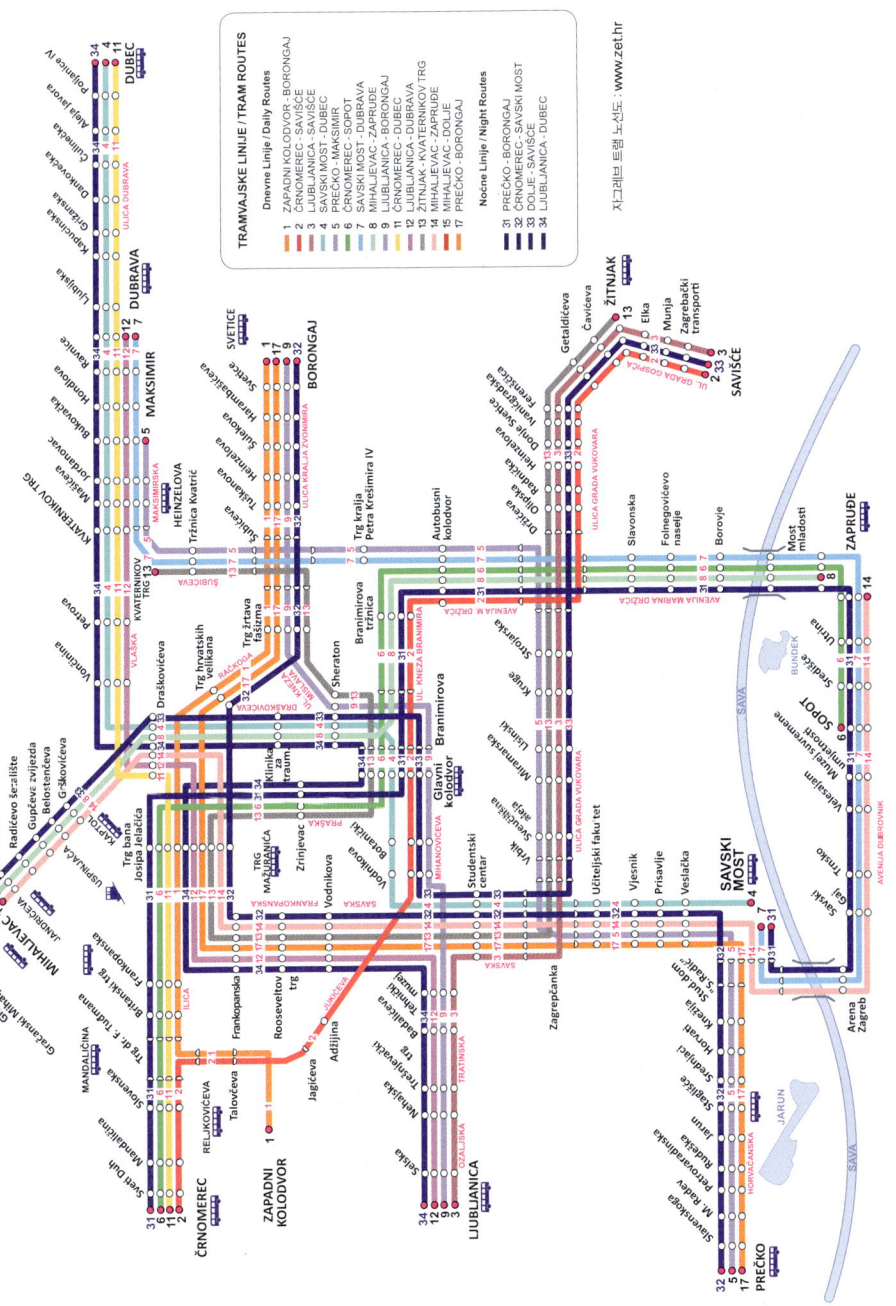

### 볼거리가 풍성한 크로아티아의 수도
# 자그레브 추천 일정

자그레브의 주요 명소를 돌아보는 데에는 그리 오랜 시간이 걸리지 않는다. 그러나 예술적으로 무척 풍성한 도시로, 자그레브에서만 볼 수 있는 미술품과 전시를 충분히 구경하고 아름다운 자연 경관까지 느끼려면 하루로는 부족하다. 크로아티아의 다른 관광 도시들은 대부분 해안가에 인접하여, 도시적인 분위기를 느끼기에도 자그레브만 한 곳이 없다. 쇼핑에도 가장 적합한 곳이니 충분한 시간을 들여 자그레브를 여행할 것을 추천한다.

**주요 볼거리만 돌아보는 1 Day**

**Day 1** 반 옐라치치 광장 ➡ 돌라치 시장 ➡ 자그레브 대성당 ➡ 케이블카와 로트르슈차크 탑 ➡ 성 마르크 성당 ➡ 돌의 문 ➡ 트칼치차 거리

**도시 구석구석을 찾아가는 2 Days**

**Day 1** 반 옐라치치 광장 ➡ 돌라치 시장 ➡ 자그레브 대성당 ➡ 케이블카와 로트르슈차크 탑 ➡ 성 마르크 성당 ➡ 실연 박물관 ➡ 크로아티아 나이브 예술 박물관 ➡ 돌의 문

**Day 2** 트칼치차 거리 ➡ 쇼핑센터르 츠비예트니 ➡ 미마라 박물관 ➡ 공예 박물관 ➡ 아트 파빌리온 ➡ 스트로스마이어 미술관 ➡ 모던 갤러리

둘째 날 돌아볼 도니 그라드 지역은 박물관과 미술관이 집약되어 있어 지칠 수 있으니 미리 가고 싶은 전시들만 알아보고 여유롭게 계획하는 것도 좋다. 식사시간과 중간중간 광장 정원에서 쉬어가는 시간도 잊지 말자.

**예술과 문화를 만날 수 있는 3 Days**

**Day 1** 반 옐라치치 광장 ➡ 돌라치 시장 ➡ 자그레브 대성당 ➡ 케이블카와 로트르슈차크 탑 ➡ 성 마르크 성당 ➡ 실연 박물관 ➡ 크로아티아 나이브 예술 박물관 ➡ 돌의 문 ➡ 니콜라 테슬라 기술 박물관

**Day 2** 트칼치차 거리 ➡ 쇼핑센터르 츠비예트니 ➡ 공예 박물관 ➡ 아트 파빌리온 ➡ 스트로스마이어 미술관 ➡ 미마라 박물관 또는 모던 갤러리 ➡ 자그레브 현대 미술관

**Day 3** 리예카 또는 플리트비체 국립공원 당일 여행

> **Tip 자그레브의 업타운과 다운타운**
>
> 다양한 상점이 늘어서 있는 길이 4km의 쇼핑 거리인 일리차(Ilica) 대로는 자그레브에서 가장 긴 거리다. 이 거리를 기준으로 북쪽은 중세 유적이 가득한 고르니 그라드(Gornji Grad), 남쪽은 유적과 신식 건물들이 조화를 이루는 도니 그라드(Donji Grad)로 구분된다. 일정이 하루 이상이라면 일리차를 기준으로 한 동네씩 여유롭게 돌아보는 것이 좋다.

MAPCODE **34001**

## 반 옐라치치 광장 Trg Bana Jelačića / Ban Jelačić Square

### 자그레브에서 가장 활기찬 광장

17세기에 건설된 오스트로-헝가리 스타일의 광장으로 자그레브의 모든 주요 행사가 열리는 중요한 장소이다. 우리나라에 견주면 광화문 광장과 강남역을 합쳐 놓은 곳이라 할 수 있다. 주민들이 편안하게 찾는 광장이며, 자그레브 관광의 출발점이다. 광장 주변에는 여러 건축 양식의 건물들이 조화롭게 들어서 있고, 광장 한편에는 만두셰바츠(Manduševac) 분수도 설치되어 있다. 여러 레스토랑과 카페, 쇼핑센터가 광장을 둘러싸고 있으며 광장 앞으로 트램 라인도 여러 개가 지나간다. 교통도 편리하다. 여행자들을 위한 자그레브 관광 사무소도 이 광장에 위치한다.

**주소** Trg Bana Jelačića, 10000 Zagreb  **위치** 트램 6, 13번 Trg J. Jelačića 정류장에서 도보 13분

---

**Tip** **반 요지프 옐라치치** Josip Grof Jelačić Bužimski(1801~1859)

반 요지프 옐라치치의 커다란 기마상은 반 옐라치치 광장의 하이라이트이다. 오스트리아 출신 조각가 페른코른(Fernkorn)이 1866년 완성한 작품이다. 옐라치치는 오스트로-헝가리 점령 당시 총독을 맡았고, 크로아티아 농노제를 없앤 것으로 이름을 떨친 저명한 인물이다. 1945년 공산주의자들이 광장의 이름을 공화국 광장으로 명명하고 동상도 곧 해체하여 1990년까지 다른 곳에 보관하는 등 왕정 시대의 잔재를 없애려고 노력하였지만 1990년에 그가 국가를 대표하는 민족주의자였다는 판단으로 광장에 복원되었다. 유일하게 달라진 점은 동상이 향하는 방향이다. 원래 옐라치치의 검은 오스트로-헝가리 왕가에 반하는 뜻으로 북쪽을 향하고 있었지만 복원되며 방향을 남쪽으로 바꾸었다.

MAPCODE 34002

## 자그레브 대성당 Zagrebačka Katedrala / Zagreb Cathedral

### 자그레브를 대표하는 예배당

캅톨 언덕 위에 위치한 자그레브 주교좌 성당이다. 유럽 내 이 지역에서 유일하게 잘 보존된 르네상스 벽과 신고딕 양식의 건물이다. 주보성인은 성모 마리아와 섯 스테파노, 성 라디슬라오이다. 시내 어디에서도 보이는 신고딕 양식의 첨탑 높이는 무려 108m이다. 총 5천 명이 미사를 드릴 수 있는 대성당과 대성당 내부의 제의실은 전형적인 고딕 양식이며, 외관은 로마네스크에 가깝다. 훌륭한 바로크 양식, 신고딕 양식의 제단, 추기경 알로지예 스테피나크(Alojzije Stepinac)의 묘를 비롯하여 10개 이상의 보물급 유물이 보관되어 있어 이곳을 '크로아티아의 보물'이라 부른다. 1993년에 발행된 크로아티아 화폐 1,000kn 지폐에도 등장하는 자그레브의 상징이다. 1093년에 헝가리 왕인 라디슬라스(Ladislas)가 건설을 시작하여 1102년에 완공하였으나 1242년, 몽골족의 방화로 완전히 파괴되었다. 몽골의 재침략을 막기 위해 외벽을 쌓고 재건하였지만 17세기의 화재와 1880년 대지진으로 여러 차례 파손되어, 현재의 모습은 중세 원형을 복원하여 1899년에 완공된 것이다.

**주소** Kaptol 31, 10000 Zagreb **위치** 트램 6, 13번 Trg J. Jelačića 정류장에서 도보 4분 / 반 옐라치치 광장에서 도보 5분 **시간** 월~토 10:00~17:00, 일 13:00~17:00 **홈페이지** www.glas-koncila.hr

## 성 마르크 성당 Crkva Sv. Marka / St. Mark's Church

### 체크무늬 타일 지붕이 아름다운 성당

1256년에 건설된 자그레브의 교구 성당이다. 원색의 체크무늬 타일로 만든 지붕으로 유명하다. 지붕 왼쪽에 그려진 것은 크로아티아의 문장이며, 오른쪽에 있는 것은 자그레브 시의 문장이다. 세월이 지나며 여러 차례 복구와 추가 공사를 거쳐 고딕 후기 양식과 로마네스크 양식이 혼재된 것이다. 15개의 조각상들이 성당 바깥을 지키고 서 있는데, 남쪽 문 부근의 예수의 열두 제자의 조각상은 동유럽에서 가장 유려한 조각 작품 중 하나로 꼽힌다. 마지막 복구공사로 크로아티아 조각가 이반 메슈트로비치(Ivan Meštrović)의 작품들과 화가 요조 클야코비치(Jozo Kljaković)의 아름다운 프레스코화가 내부에 있다. 성당은 미사 시간에만 개방하니 둘러보려면 시간을 맞춰 성당을 찾아가자. 4~10월 동안에는 매주 토, 일요일 정오에 호위병 교대식이 있다.

주소 Trg Svetog Marka 5, 10000 Zagreb 위치 트램 6, 13번 Trg J. Jelačića 정류장에서 도보 9분 / 반옐라치치 광장에서 도보 20분 전화 01 4851 611 홈페이지 www.zg-nadbiskupija.hr/nadbiskupija/zupe?zupeid=169

## 트칼치차 거리 Ulica Ivana Tkalčića / Tkalčića Street

### 맛집과 상점들이 즐비하게 늘어선 호젓한 대로

수 세기 전에는 하천이 흐르던 자리이며, 자그레브 초기 산업의 중심지 역할을 하던 중요한 거리이다. 이후 자그레브 역사가 이반 트칼치츠(Ivan Tkalčić)의 이름을 따 트칼치차라는 새 이름을 갖게 되었다. 지금은 레스토랑, 카페, 갤러리와 상점이 촘촘히 자리한 자그레브의 중심 대로이다. 돌라치 시장을 가운데 두고 오른쪽으로 뻗은 캅톨가를 따라 올라가면 대성당이 나타나고, 왼쪽으로 뻗은 길이 바로 트칼치차다. 산책로라 해도 좋을 정도로 가로수가 울창하다. 대형 체인 브랜드가 아닌, 지역 브랜드와 카페가 대부분이라 아기자기한 볼거리로 가득하다. 해가 쨍쨍하게 빛나는 맑은 날에는 거리 초입에 있는 해시계를 찾아 시간을 읽어 보자. 유명한 여류 작

가 마리야 주리크 자고르카(Marija Jurić Zagorka) 동상 뒤에 위치한 작은 이 시계는 1955년에 설치되었다.

주소 Ulica Ivana Tkalčića, 10000 Zagreb 위치 트램 6, 13번 Trg J. Jelačića 정류장에서 도보 8분

MAPCODE 34005 34006

# 케이블카와 로트르슈차크 탑 Kula Lotrščak & Lotrščak Tower

### 동화 같은 케이블카와 언덕 위 소박한 탑

여러 박물관과 성 마르크 성당이 위치한 자그레브 윗동네로 향하는 세계에서 가장 짧은 거리를 이동하는 케이블카다. 66m 거리를 최대 속도 1.5m/s로 움직이는 느릿느릿한 이 케이블카는 약 120년간 수많은 사람들을 자그레브 윗동네인 고르니 그라드와 아랫동네인 도니 그라드로 성실하게 실어 나르는 중요한 역할을 했다. 1890년 만들어진 이후로 외관은 크게 변하지 않아 19세기의 전차를 타는 듯해 빈티지한 감성을 자극한다. 빠르지도 않고 시설도 현대적이지 않지만 나름의 재미가 있다. 2010년에는 120년간 무사고로 운행한 것을 자축하는 행사도 있었다.

케이블카를 타고 올라가면 바로 보이는 것이 바로 13세기에 건조된 로트르슈차크 탑이다. 중세 시대에 도시를 방어하던 탑이지만 보존 상태가 훌륭하다. 서로 모양이 다른 돌과 벽돌을 혼합하여 쌓은 탑의 외형은 로마네스크 양식이며 성벽의 두께는 1.95m이다. 한때 도시의 모든 문을 걸어 잠가야 하는 시간을 알리기 위해 이 탑에서 종을 쳤다고 한다. 종을 치는 시간이 지나면 문밖에서 다음 날까지 기다려야 했다. 그런데 어느 날 이 종이 없어져, '도둑의 종'이라는 뜻의 '로트르슈차크'라는 이름으로 불리게 되었다고 한다. 현재는 종을 울리지 않으나 19세기에 4층으로 증축하며 들여놓은 대포로 매일 정오를 알리는 공포탄을 쏜다.

전시관으로도 사용되며 근처에는 선물 가게, 갤러리가 있다. 전망대에 오르면 자그레브 시내가 한눈에 보이는데, 탑의 위치가 높아 전망대에 오르지 않더라도 훌륭한 경치를 마음껏 감상할 수 있다.

### 케이블카

**주소** **탑승장 1** Tomićeva, 10000 Zagreb **탑승장 2** 로트르슈차크 탑 Lotrščak **위치** 트램 6, 13번 Trg J. Jelačića 정류장에서 도보 5분 **요금** 4kn(자그레브 트램이나 버스 표로도 이용 가능) **시간** 06:30~22:00(10분마다)

### 로트르슈차크 탑

**주소** Strossmayerovo Šetalište 9, 10000 Zagreb **위치** 트램 6, 13번 Trg J. Jelačića 정류장에서 도보 7분 **시간** 월~금 09:00~21:00, 토~일 · 공휴일 10:00~21:00 **요금** 성인 20kn, 18세 이하 10kn **홈페이지** gkd.hr/kula-lotrscak

---

**Tip** 자그레브 시가지의 램프

자그레브 윗동네의 램프는 수동으로 불을 켠다. 도시 인프라의 현대화를 촉발했던 중요한 가스등은 1863년부터 켰다고 한다. 이 전통은 사라지지 않고 남아 아직도 200여 개의 램프가 밤이 되면 사람의 손길에 밝아진다. 해 질 녘 불을 밝히니 운이 좋으면 윗동네를 거닐다 램프를 켜는 사람들을 마주칠 수도 있다. 전문적으로 램프만 켜 온 사람들이라 한두 시간이면 모든 램프 불이 켜진다. 2013년에는 자그레브 시내 가스 등불의 전통이 150주년을 맞이한 것을 기념하여 특별 우표가 제작되기도 하였다.

## 실연 박물관 Muzej Prekinutih Veza / Museum of Broken Relationships

### 지나간 사랑의 흔적들이 모여 있는 곳

이별의 잔해가 전시되어 있는 특별한 박물관이다. 국보로 지정된 18세기의 쿨메로비 성 (Kulmerovi Dvori)에 자리한 실연 박물관에는 해마다 18만 명 가까이나 되는 사람들이 찾아온다. 세계 각지에서 보내오는 이별 관련 물건들로 구성된 전시에는 이별의 아픔이라는 감정이 감돌지만, 그 슬픔을 느끼는 것이 나 혼자가 아니라는 사실에 이곳을 찾는 많은 이들은 공감과 위로를 경험한다. 자전거, 신발 한 짝 등 그냥 봐서는 왜 이별과 관련된 물건인지 알 수 없는 전시물도 많은데, 각각의 전시물에 이와 관련된 이야기를 자세히 설명해 놓아 이해를 돕는다. 일부 컬렉션은 세계 각지에 보내져 임시 특별전으로 공개되기도 한다. 나쁜 기억을 지워주는 지우개 등 기발한 기념품을 판매하는 상점과 전시 관람 후 감상을 곱씹을 수 있는 테라스가 딸린 예쁜 카페도 있다. 전시는 크로아티아어와 영어로 되어 있으며 한국어 QR코드 설명과 번역 브로슈어도 마련되어 있다. 또한 투어 일정은 홈페이지에서 확인 가능하다.

**주소** Sv. Ćirilometodska 2, 10000 Zagreb **위치** 트램 1, 6, 11, 12, 13, 14, 17번 Trg Bana J. Jelačića 정류장에서 도보 10분 **전화** 01 485 1021 **시간** 6~9월 09:00~22:30, 10~5월 09:00~21:00, 12월 31일 09:00~18:00 / 12월 24일~25일, 1월 1일, 부활절, 만성절 휴관 **요금** 성인 40kn, 학생증 소지자 · 장애인 · 65세 이상 30kn, **홈페이지** brokenships.com

## 크로아티아 나이브 예술 박물관 Hrvatski Muzej Naivne Umjetnosti

### 크로아티아만의 독특한 나이브 예술의 보고

위엄있는 18세기 라파이 (Raffay) 궁에 위치한 세계 최초의 나이브 예술 박물관이다. 20세기 나이브 예술을 전문적으로 다루며 회화, 조각, 스케치, 판화 등 여러 장르에 걸친 약 1,850점의 작품을 소장하고 있다. 이 중 전시하는 것은 1930~1980년대까지의 약 80여 점의 작품으로 크로아티아 나이브 예술에 초점을 맞추고 있다. 크로아티아 예술가들뿐 아니라 세계 각국의 나이브 작품으로 이루어진 다채롭고 풍성한 컬렉션을 보유하고 있으며, 종종 워크숍과 강연 등 특별한 행사도 주관한다. 더 많은 관객들에게 나이브 예술을 알리기 위해 미국, 일본, 이탈리아 등 세계 각지를 투어하며 전시를 하기도

한다. 아쉽게도 박물관 내부 사진 촬영은 금지다. 사전에 이메일이나 전화로 신청하면 크로아티아어나 영어로 가이드 투어를 받을 수 있다.

**주소** Ulica Sv. Ćirila i Metoda 3, 10000 Zagreb **위치** 트램 1, 6, 11, 12, 13, 14, 17번 Trg Bana J. Jelačića 정류장에서 도보 10분 **시간** 월~토 10:00~18:00, 일 10:00~13:00 / 공휴일 휴관 **요금** 성인 25kn, 학생 · 장애인 · 65세 이상 15kn, 가이드 개인 · 소규모 그룹 300kn, 10~25명 그룹 200kn **전화** 01 4851 911 **홈페이지** www.hmnu.hr

# 나이브 예술 Naive Art

20세기에 생겨난 독특한 예술의 가닥이다. 미술사에서의 어떤 유파를 가리키는 말이 아니다. '나이브'라는 용어는 '자생적으로 획득된'이라는 뜻의 라틴어에서 파생되었다. 정규 미술 교육을 받지 않은 작가들이 그리는 그림을 통칭한다. 기교와 화풍을 따르지 않는 순수하고 자연적인 소박함이 특징이다. 아마추어가 그린 그림이기에 나이브 예술의 대표적인 특징은 선명한 채색, 원근법의 무시, 비정형적인 비율과 관점, 비논리적인 형태와 공간이며, 자유로운 상상력과 창의성이 돋보이는 작품들도 많다. 이러한 면에서 기호주의, 표현주의, 큐비즘, 초현실주의와도 맞닿아 있다고 하기도 한다. 1930년대부터 흥하기 시작한 크로아티아의 나이브 예술은 농민과 노동자, 일반 서민들의 그림에서 출발하였고, 이들 중 그림의 수준을 인정받은 사람들은 전문 나이브 예술가로 활동하게 되었다. 인기 주제는 '인생의 즐거움', '잊고 사는 삶의 가치', '잃어버린 유년기' 등이다. 자유롭게 예술을 할 수 있다는 점에서 크로아티아의 나이브 예술은 민주주의 운동과도 결부되어 있다. 대표적인 크로아티아 나이브 예술가로는 이반 제네랄리치(Ivan Generalić)와 프란조 므라즈(Franjo Mraz)가 있다.

## 돌의 문 Kamenita Vrata / Stone Gate

### 신비한 그림이 있는 성스러운 제단

13세기에 건조된, 중세 마을 그라데츠(Gradec)의 문으로 사용되던 것으로 현재는 제단으로 사용된다. 전설에 따르면 1731년 있었던 대화재로 나무 문들이 전부 불에 타버렸는데, 유일하게 화재에서 살아남은 것이 17세기 익명의 화가가 성모 마리아와 예수를 그린 그림이었다. 이를 기념하기 위해 매년 5월 31일 성모 마리아를 기리는 종교적 축제 행사가 열린다. 이날은 자그레브 도시의 날이기도 하다. 문은 1760년에 돌로 재건하였고, 그림은 여전히 문 안에, 바로크 양식의 제단 위에 걸려 있다. 사람들은 이 그림에 신비한 힘이 있다고 믿어 그림 앞에서 기도를 하기 위해 이 문을 찾는다. 1778년에는 정교한 바로크 양식의 철문으로 제단 주위를 두르고 1931년에는 그림에 있는 금으로 된 왕관을 새로 그려 넣었다. 성모 마리아에 대한 감사의 글귀를 적은 석판들도 주변에 걸려 있다. 돌의 문 서쪽의 파사드에는 18세기 역사 소설의 주인공으로 이 근처에 살았다고 쓰인 도라(Dora)의 상이 있다.

**주소** Kamenita Ulica, 10000, Zagreb **위치** 트램 6, 13번 Trg J. Jelačića 정류장에서 도보 7분

## 미마라 박물관 Muzej Mimara / Mimara Museum

### 아름다운 정원, 황홀한 실내 전시

유명한 수집가 안테 토피치 미마르(Ante Topić Mimar, 1898~1987)가 평생 수집한 소장품을 크로아티아 국민을 위해 본인의 고향 자그레브 시에 기증하여 1987년 개관한 박물관이다. 이전까지 체육관으로 사용하던 19세기 신르네상스 양식의 건물에 자리하며, 선사 시대부터 20세기까지 전 세계에서 모은 총 3,750여 점의 예술품이 전시되어 있다. 라파엘로, 렘브란트, 다빈치, 고흐, 고갱, 루벤스 등 세계적인 거장들의 회화 450점을 비롯하여 고대 이집트, 콜럼버스 발견 이전의 아메리카 대륙, 중국 유물과 유리 공예품, 직물 등 방대한 컬렉션이 시대별, 국가별로 분류되어 있어 예술사를 한눈에 살펴보는 듯하다. 또한 전문 서적 5,400여 권을 보유한 훌륭한 도서관도 있다. 대표 전시품은 벨라스케스의 〈마르가리타 왕녀〉와 쇠라의 〈서커스〉다. 관람을 마치고는 크로아티아 문학가 유진 쿠미치치(Eugen Kumicic)의 동상 주변으로 펼쳐진 박물관 앞 넓고 푸른 정원을 산책해 보자.

**주소** Rooseveltov Trg 5, 10000 Zagreb **위치** 트램 12, 13, 14, 17번 Rooseveltov Trg 정류장에서 도보 1분 **시간** (10~6월) 화, 수, 금, 토 10:00~17:00, 목 10:00~19:00, 일 10:00~14:00 / (7~9월) 화~금 10:00~19:00, 토 10:00~17:00, 일 10:00~14:00 **요금** 성인 40kn, 학생 · 65세 이상 30kn **전화** 01 4828 100 **홈페이지** www.mimara.hr

## 공예 박물관 Muzej za Umjetnost i Obrt / Museum of Arts and Crafts

### 문화적 가치를 지닌 다양한 전시품을 보유한 박물관

자그레브에서 가장 아름다운 광장 중 하나에 위치한 공예 박물관은 건축가 헤르만 볼레(Herman Bollé)의 작품이다. 장인들의 도구를 보여 주기 위한 공간으로, 민속 공예의 전통적인 가치의 보존, 부르주아 계급의 미적 문화의 창조 등 다양한 방향으로 뻗어 나가 응용 미술과 디자인 학교의 설립까지 영향을 미쳤다. '고딕 시대부터 현재까지의 크로아티아 공예'라는 타이틀의 영구 전시는 약 3천여 점의 전시품으로 구성되어 있으며 모든 종류의 응용 미술과 장식 전시품을 시대별로 정리하여 보여 준다. 컬렉션은 체계적인 구입과 개인, 단체의 후원, 기증, 교환을 통해 해마다 확장하여 보관하고 있는 전시품만 10만 점이 넘는다. 16~19세기의 희귀 서적을 포함하는 6만 5천여 권 이상의 장서, 예술 카탈로그가 비치된 도서관도 이곳의 큰 자랑거리이다. 문화적 중요도가 대단하여 유럽 여러 주변 국가, 기관, 단체와 긴밀한 파트너십도 맺고 있다.

**주소** Trg Maršala Tita 10, 10000 Zagreb **위치** 트램 12, 13, 14, 17번 Rooseveltov Trg 정류장에서 도보 1분 **시간** 박물관 화~토 10:00~19:00, 일 10:00~14:00 **요금** 성인 40kn, 학생·65세 이상 20kn, 가족 70kn **전화** 01 4882 111 **홈페이지** www.muo.hr

## 아트 파빌리온 Umjetnički Paviljon u Zagrebu / Art Pavilion

### 자그레브 예술 전시의 큰 축

1896년 부다페스트에서 개최된 박람회를 기념하여 세워진 아트 파빌리온은 박람회가 끝난 뒤 분해하여 자그레브로 옮겨 왔다. 총 600m²의 넓은 공간에 모든 국적과 시대 그리고 예술파를 아우르는 전시를 기획한다. 특별한 점은 영구 전시 없이 특별전만 열린다는 것이다. 아트 파빌리온은 현재까지 다양한 특별전을 기획하여 성공적으로 전시를 마쳤으며, 이 중 대표적인 것은 로댕(Rodin), 앤디 워홀(Andy Warhol), 헨리 무어(Henry Moore), 어스 그룹(Earth Group) 등이 있다. 2005년부터는 해마다 파빌리온 재단에서 이전 해의 전시를 기념하는 CD를 제작하여 판매한다.

**주소** Trg Kralja Tomislava 22, 10000 Zagreb **위치** 트램 2, 4, 6, 9, 13번 Trg Ante Star Čevića(Glavni Kolodvor) 정류장에서 도보 3분 **시간** 화~목·토~일 11:00~20:00, 금 11:00~21:00(매달 마지막 금요일 ~22:00) / 월요일, 1월 1일, 부활절, 11월 1일, 12월 25일 휴관 **요금** 전시마다 상이 **전화** 01 4841 070 **홈페이지** www.umjetnicki-paviljon.hr

MAPCODE 34013

# 스트로스마이어 미술관 Strossmayerova Galerija Starih Majstora

### 14~19세기 순수 유럽 미술 컬렉션

이탈리아 피렌체와 베네치아에서 르네상스 예술로 시작하여 30여 년간 미술품을 수집해 온 스트로스마이어(Josip Juraj Strossmaye) 대주교가 1884년 기증한 순수 미술 컬렉션을 전시한다. 크로아티아 예술 과학 아카데미의 19세기 신르네상스 양식 건물에 위치한다.

약 4천여 점의 미술품을 소장하고 있지만 약 250여 개만이 전시되어 있다. 나머지는 크로아티아의 다른 박물관과 미술관에 대여하거나 창고에 보관한다. 14~19세기의 유러피언 화가들의 작품을 주로 다루며 크게 이탈리아, 프랑스, 북유럽(독일, 플레미시, 네덜란드)으로 구분하여 전시한다. 크로아티아 화가들의 작품도 몇 점 전시되어 있다. 정원에는 1102년대의 것으로 추정되는 글라골루 문자 기록 중 가장 오래된 것으로 알려진 바스카 판(Baščanska Ploča)이 있다. 이반 메스트로비치(Ivan Meštrović)가 만든 스트로스마이어 대주교의 대형 동상도 미술관 뒤 공원에 자리하여 안팎으로 볼 것이 많은 예술적인 공간이다.

**주소** Trg Nikole Šubića Zrinskog 11, 10000 Zagreb **위치** 트램 1, 6, 11, 12, 13, 14, 17번 Trg J. Jelačića 정류장에서 도보 1분 **시간** 화 10:00~19:00, 수~금 10:00~16:00, 토~일 10:00~13:00 **요금** 전시마다 상이 **전화** 01 4895 117 **홈페이지** info.hazu.hr

## 모던 갤러리 Moderna Galerija / Modern Gallery

### 근현대 크로아티아 예술품이 한 곳에 모인 갤러리

스트로스마이어 미술관이 점점 확장되며 조금 더 최근의 미술품들을 전시하기 위한 새로운 공간으로 세운 것이 바로 19세기 지어진 브라니차니(Vranyczany) 궁에 위치한 모던 갤러리이다. 크로아티아를 대표하는 현대 미술관 가운데 하나로 꼽히는 이곳의 소장품은 약 1만 점으로, 스트로스마이어 대주교가 기증한 미술품도 상당하며 영구 전시품은 750여 점이다. 블라호 부코바치(Vlaho Bukovac), 에도 무티치(Edo Murtić) 등의 19세기 이후의 대표적인 크로아티아 화가들의 작품들이 30개의 전시관에 나누어 전시되어 있다. 특별전도 끊임없이 기획하여, 크로아티아의 대표 예술가들의 회고전 그리고 1년에 한 번씩은 새로 들여온 예술품만을 모은 전시를 연다. 1, 2층의 갤러리 모두 인상적이라 꼼꼼히 둘러봐야 한다. 동유럽 최초로 시각 장애인을 위한 감각 갤러리가 마련되어 있다는 점도 주목할 만하다.

**주소** Andrije Hebranga 1, 10000 Zagreb **위치** 트램 1, 6, 11, 12, 13, 14, 17번 Trg J. Jelačića 정류장에서 도보 1분 **시간** 화~금 11:00~19:00, 토~일 11:00~14:00 / 월요일·공휴일 휴무 **요금** 성인 40kn, 학생·65세 이상 30kn **전화** 01 6041 040 **홈페이지** www.moderna-galerija.hr

## 자그레브 현대 미술관 Muzej Suvremene Umjetnosti Zagreb

### 건물부터 현대미를 맘껏 뽐내는 모던한 전시관

자그레브 출신의 유명한 건축가 이고르 프라니츠(Igor Franić)의 건물에 위치해 있다. 현대 미술을 분석, 기록하고 관련된 행사를 주최하고자 하는 자그레브시의 선도적인 프로젝트로 1954년 설립되었고, 지금의 현대적인 건물에는 2009년 입주하였다. 21세기 자그레브의 상징과도 같은 현대미를 뽐내는 건물 그 자체로도 무척 유명하며 17,000$m^2$나 되는 전시 공간에는 크로아티아는 물론 세계 전역의 아티스트들의 현대 미술품을 전시한다. 소장품은 약 12,000점으로 1950년대 이후의 크로아티아 및 세계적인 작가들의 작품으로 이루어져 있다. 영구 전시는 240명의 예술가들의 620점의 작품으로

구성된 '움직임의 컬렉션(Collection in Motion)'이다. 미술 전시 외에도 영화와 연극, 콘서트 등 다채로운 행사를 주관한다.

**주소** Avenija Dubrovnik 17, 10000 Zagreb **위치** 트램 6, 7, 14번 현대 미술관 또는 Sopot 정류장에서 도보 1분 **요금** 성인 30kn, 학생·65세 이상 15kn **시간** 화~금, 일 11:00~18:00, 토 11:00~20:00 / 월요일, 공휴일 휴관 **전화** 01 6052 700 **홈페이지** www.msu.hr

# 니콜라 테슬라 기술 박물관 Nicola Tesla Tehnički Muzej / Technical Museum

### 크로아티아를 대표하는 과학자의 발자취

연간 15만 명이 찾는 박물관이다. 본래 자그레브 기술 박물관이라 불렸으나 크로아티아 출신 발명가이자 과학자 니콜라 테슬라의 이름을 붙였다. 자그레브 사람들은 테슬라를 미국으로 떠나 활동했지만 조국을 잊지 않은 인물로 그를 기억하며 테슬라를 기념하는 이 박물관을 무척 중요하게 생각한다. 광산, 지질, 천문, 광산, 재생 가능한 에너지에 관한 교육적인 전시와 2년간 공을 들여 조성한 테슬라의 작업실 등으로 구분되어 있다. 항공기, 자동차, 여러 기계 장치와 더불어 지금도 사용 가능한 19세기 중반의 증기 엔진을 보관하고 있는데, 일대에서 가장 오래되고 가치가 높은 것으로 이곳의 주요 전시품 중 하나로 손꼽힌다. 워크숍과 학생들을 위한 교육 프로그램도 운영하여 자그레브의 학생들이 견학을 종종 오기도 한다. 예약하면 추가 요금 없이 영어 또

는 크로아티아어로 가이드 투어를 받을 수 있다.

**주소** Savska Cesta 18, 10000 Zagreb **위치** 트램 9, 12, 13, 14, 17번 기술 박물관 또는 Studentski Centar 정류장에서 도보 1분 **시간** 화~금 09:00~17:00, 토·일 09:00~13:00 / 월요일·공휴일 휴무 **요금** 박물관 20kn, 천문관 15kn **전화** 01 4844 050 **홈페이지** tmnt.hr

### Tip 니콜라 테슬라와 크로아티아

세르비아 정교회 신부의 아들로 태어난 니콜라 테슬라(Nikola Tesla, 1856~1943)는 '전기 시대의 레오나르도 다 빈치'라 불린다. 비밀스러운 성격과 결과만 발표하는 그의 행동으로 공식적인 인정을 받거나 수상을 많이 하지는 못해 비운의 과학자로도 기억되는 인물이다. 오스트리아와 체코에서 수학하고 부다페스트, 파리의 전화 회사에서 일하다 에디슨과 협업하게 되어 1884년 미국으로 이주하였다. 이후 에디슨이 함께 연구한 보상금을 테슬라에게 지급하지 않아 사이가 틀어져 테슬라가 직접 본인의 회사를 차리게 된 것으로 알려져 있다.

그의 대표적인 발명품으로 대형 고주파 교류 발전기인 '테슬라 코일'이 있으며 이는 현대 과학의 아이콘 중 하나로 손꼽힌다. 조국을 대표하는 브랜드로 만들기 위한 노력의 일환으로 테슬라의 이름을 딴 박물관이 자그레브에 세워졌고, 그의 연구실을 재현한 공간도 따로 마련되어 있어 과학에 관심이 있는 사람이라면 꼭 한번 들러 봐야 할 곳으로 추천한다.

# 자그레브의 매력적인 광장과 공원

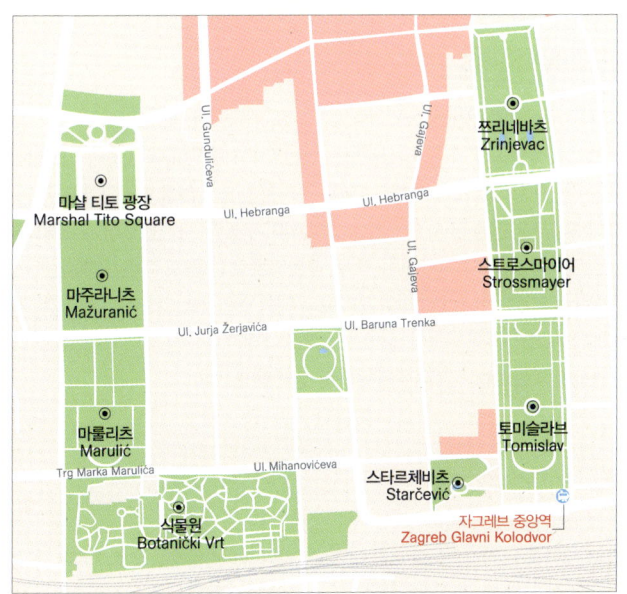

자그레브 기자역 광장에 우뚝 서 있는 크로아티아 국부 토미슬라브 왕의 동상을 지나 반 옐라치치 광장에 이르는 길을 따라 걸으면 스트로스마이어, 즈린스키 등 여러 개의 공원을 차례로 볼 수 있다. 푸르름이 이어지는 이 상쾌한 산책로의 모양은 말발굽을 닮아서 자그레브를 설계한 18세기 도시 설계사 레누치의 이름과 합쳐 '레누치의 녹색 말발굽'이라 부른다. 해당되는 광장은 쯔리네바츠(Zrinjevac), 스트로스마이어(Strossmayer), 토미슬라브(Tomislav), 스타르체비츠(Starčević), 마룰리츠(Marulić), 마주라니츠(Mažuranić), 극장 광장과 유럽에서 가장 다양한 식물종 10,000여 개를 보유하고 있는 식물원 등이 있다. 모두 나무가 빽빽하게 심어져 있고 화단이 있으며 벤치와 분수가 놓여 있다. 쯔리네바츠 광장의 경우 시민들이 시간, 온도, 기압과 습도를 매일 확인할 수 있도록 하는 기상 정보 전시판이 설치되어 있다. 자그레브의 푸른 광장과 정원에서는 종종 공연과 행사가 열리고, 시민들의 휴식처 역할을 톡톡히 하고 있다.

79

# Shopping
## 자그레브의 쇼핑

🎁 **크로아티아 기념품은 자그레브에서!**

자그레브를 대표하는 기념품이나 쇼핑 아이템은 바로 넥타이다. 최초로 넥타이가 만들어진 곳이 바로 자그레브이기 때문이다. 또한, 자그레브는 만년필이 처음 만들어진 곳이기도 하다. 에두아르드 슬라볼유브 펜칼라가 세계 최초로 1906년 자동 펜슬 특허를 받았다. 필기구에 관심이 많다면 자그레브에서 만년필 한 자루를 사는 것도 의미가 있다. 오래전부터 자그레브 여성들이 만들던 아로마틱 비스킷 파프레냑(꿀, 호두, 후춧가루로 만듦)도 다른 곳에서는 구할 수 없는 상품 중 하나이다. 다른 크로아티아 도시보다 대형 쇼핑몰과 디자이너 샵이 많고 브랜드도 다양해 쇼핑이 가장 용이하다. 물가도 남부로 내려갈수록 점점 비싸지기 때문에 크로아티아 쇼핑은 가능하면 자그레브에서 하는 것이 좋다.

---

### 돌라치 시장 Tržnica Dolac / Dolac Market

MAPCODE **34017**

**신선한 과일 향과 꽃 내음으로 가득한 시장**

급격하게 현대화되고 있는 자그레브의 쇼핑 트렌드에 휘말리지 않고 전통성을 유지하는 재래시장이다. 1926년 두 지역의 활발한 교류를 도모하며 시 당국에서 고르니 그라드와 도니 그라드의 경계에 시장을 세운 것이 지금까지 자그레브에서 가장 활발한 시장이 되었다. 아침마다 수많은 자그레브 사람들이 주변 마을 농부들의 신선한 식재료와 음식을 사기 위해 몰려든다. 실내 시장에서는 생선과 육류를 판매하고, 반 옐라치치 광장에서 시장으로 이어지는 길목에는 꽃 장수들이 자리를 잡아 볼거리가 풍족하다. 과채류는 물론이고 자그레브 지역에서 특히 많이 볼 수 있는 치즈(Sir, 시르)와 크림(Vrhnje, 브르느예), 꿀, 시장 음식, 수공예 소품 등을 구경하기에 안성맞춤이다. 대성당과도 얼마 떨어져 있지 않아 같이 방문하면 좋다.

**주소** Dolac 9, 10000 Zagreb **위치** 트램 1, 6, 11, 12, 13, 14, 17번 Trg J. Jelačića 정류장에서 도보 4분 **시간** 월~금 07:00~15:00, 토 07:00~14:00, 일 07:00~13:00 / 생선시장 월요일 휴무 **홈페이지** www.trznice-zg.hr

## 크로아타 Croata

MAPCODE 34018

**넥타이의 본고장에서 지나칠 수 없는 상점**

영혼이 깃든 특별한 넥타이를 만들고 싶다는 크로아티아 사업가 두 명에 의해 크로아타가 탄생하였다. 넥타이는 17세기 크로아티아 군인들이 착용하던 크라바트(Cravat)가 시초다. 이후 루이 14세에 의해 크라바트는 패션 액세서리 넥타이로 발전하였다. 크로아타는 1992년 자그레브에 첫 매장을 열었으며, 고급 실크만을 사용하여 창의적인 디자인으로 공을 들여 제작한다. 넥타이뿐 아니라 여성 스카프, 남녀 셔츠, 조끼 등 다양한 품목도 판매한다.

**주소** 13 Kaptol, 10000 Zagreb **위치** 트램 1, 6, 11, 12, 13, 14, 17번 Trg J. Jelačića 정류장에서 도보 9분 **시간** 매일 09:00~21:00 **홈페이지** www.croata.hr

## 봉통 Bonton

MAPCODE 34019

**예술, 음악, 패션이 공존하는 공간**

레코드 샵인지, 디자인 스토어인지 분간이 쉽게 가지 않는 상점이다. 센스 넘치는 주인들이 도서, 비닐 디스크와 자체 브랜드를 포함한 여러 브랜드의 의류, 가방, 선글라스 등의 패션 액세서리로 가득 채웠다. 의류는 편안한 캐주얼부터 핏이 좋은 가죽 자켓까지 다양한 품목을 취급한다. 입점한 브랜드는 폴앤조(Paul & Joe), BLKDNM, 조이 칼슨(Zoe Karssen), PB 0110 등이 있다. 도시적이고 현대적인 분위기를 물씬 풍겨 자그레브에서는 보기 드문 선도적인 상점으로 이벤트 매니지먼트, 축제 기획, 상점 내 다양한 파티 등도 기획하여 언제 찾아도 새로운 느낌을 받는 특별한 곳이다. 홈페이지에서

다채로운 스케줄을 확인할 수 있으니 방문하기 전에 미리 찾아보자.

**주소** Preradovićeva Ul. 34, 10000 Zagreb **위치** 트램 6, 13번, 31번, 34번 Zrinjevac 정류장에서 도보 2분 **시간** 화~금 12:00~20:00, 토 10:00~16:00 **전화** 01 888 5838 **홈페이지** www.bontongallery.com

### 테이크 미 홈 Take Me Home - Croatian Design Shop

MAPCODE 34020

**집으로 가져가고 싶은 사랑스러운 디자인 소품**

60여 명 이상의 크로아티아 디자이너들의 손에서 탄생한 특별한 소품들을 만나 보자. 가게 이름에서 알 수 있듯이 여행자들이 자주 오가는 케이블카 바로 앞에 위치한 이 상점은 집에 가져가기 쉬운 크로아티아 디자인 제품을 판매하기 위해 만들어졌다. 크로아티아를 테마로 한 문양들이 새겨진 가방, 지갑, 현대적인 디자인의 주얼리, 다이어리 등의 다양한 상품군과 가격대도 다양하다. 대표적인 디자이너로는 독특한 동물 인형을 만드는 아나 호르바트(Ana Horvat), 우아한 세라믹 제품을 빚는 리디아 보세브스키(Lidia Bosevski), 호두나무를 깎아 만드는 머그잔 디자이너 즈비그(Žvig) 그리고 이미 크로아티아 디자인의 아이콘으로 손꼽히는 미니 미(MINI ME) 책상용 램프의 필립 고든 프랭크(Filip

Gordon Frank)가 있다.

**주소** Tomićeva 4, 10000 Zagreb **위치** 트램 1, 6, 11, 12, 13, 14, 17번 Trg J. Jelačića 정류장에서 도보 5분 **시간** 월~금 09:30~20:00, 토 10:00~15:00 **전화** 01 7987 632 **홈페이지** www.takemehome.hr

### 노츠 오브 자그레브 Notes of Zagreb

MAPCODE 34021

**오래 간직하고 싶은 은은한 향기**

창의적인 향과 디자인의 방향 제품을 판매한다. 자그레브의 이름을 걸고 만든 브랜드인 만큼 도시에서 느낄 수 있는 자연의 싱그러움, 편안하고 안락한 오후의 여유 등을 모티브로 거실, 호텔 바, 레스토랑, 사무실 등 다양한 공간을 위한 100% 천연 재료를 사용한 향초, 방향제, 룸스프레이, 섬유 스프레이와 디퓨저에 주력한다. 애견 향수도 판매한다. 상품명은 '돌의 문의 성모 마리아'처럼 자그레브의 골목과 랜드마크, 문화 등에서 따왔으며 조향사 역시 크로아티아 출신들로 브랜드의 정체성을 더욱 확고하게 한다. 향은 꽃부터 시트러스, 머스크 등 다양하여 남녀노소 누구나 좋은 기념품이 된다. 자그레브에서의 추억을 오래 간직하고 싶다면 이곳에서 자신을 위한 선물을 구매해 보자.

**주소** Skalinska 2, 10000 Zagreb **위치** 트램 1, 6, 11, 12, 13, 14, 17번 Trg J. Jelačića 정류장에서 도보 5분 **시간** 월~금 10:00~20:00, 토 10:00~15:00, 일 10:00~15:00 **가격** 디퓨저(100ml) 120kn **전화** 01 4873 460 **홈페이지** notesofzagreb.com

## 일리차 쇼핑대로 Ilica

MAPCODE 34022

**유니크한 상점들이 한곳에 모여 있는 쇼핑 골목**

자그레브에서 가장 긴 대로인 일리차를 걸을 때 조금만 주의를 기울여 골목들을 모두 보고 가자. 다양한 상점과 식당들이 줄지어 서있으므로 쇼핑과 식사를 모두 해결할 수 있는 곳이다. 빈티지 의상과 소품으로 가득한 빈티지 서커스(Vintage Circus), 디자이너 엘라 스빌란의 작품과 의상 그리고 소품을 판매하는 아틀리에(@telier), 머그잔과 침구 등 품목을 점점 더 넓혀 가는 인기 로컬 여성 의류 전문 브랜드 슈피자(Shpitza), 스포츠 전문용품을 판매하는 테니스+스포츠(Tennis+Sports) 등 자그레브의 주요 대로 양쪽에 크로아티아에서만 볼 수 있는 상점들이 가득해 볼거리가 많다. 숲속에 위치한 듯 울창한 나무로 둘러 쌓인 부티크 호텔 예거호른(Hotel JäGerhorn)도 일리차에서 뻗어나가는 작은 골목에 위치하여, 쇼핑을 마치고 호텔 정원 카페에서 커피를 한잔 마시며 쉬어 가는 것도 좋다. 다만 자그레브에서 빼놓을 수 없는 거리인 만큼 사람들이 많아 조금 혼잡할 수 있다.

**주소** Ilica 14, 10000 Zagreb **위치** 트램 1, 6, 11, 12, 13, 14, 17번 Trg J. Jelačića 정류장에서 도보 4분 **시간** 매장마다 상이함

## 쇼핑센터르 츠비예트니 Shopping Centar Cvjetni

MAPCODE 34024

### 꽃 시장 앞에 자리한 대형 쇼핑몰

꽃을 파는 작은 매대와 상점들이 여럿 모여 있어 꽃 광장이라 불리는 츠비예트니 광장 바로 앞에 위치한 대형 쇼핑몰이다. 시내 한복판에 위치하여 접근성이 좋고 50여 개의 브랜드가 입점해 있고, 다섯 개의 바와 레스토랑을 갖추고 있다. '쇼핑하고 즐기고 주차하세요. 스타일리시하게'라는 슬로건으로 운영되는 이곳은 쇼퍼들이 필요로 하는 모든 면을 충족시켜 준다. 지역 브랜드뿐 아니라 게스(Guess), 록시땅(L'Occitane), H&M 등 중저가 의류 브랜드도 있다. 이외에도 애플 스토어, 콘줌(Konzum) 슈퍼, 약국, 놀이터, 지하의 식품 코너와 레스토랑도 있으며 넓은 지하 주차장도 있어 렌터카를 이용하는 여행객들도 편리하게 이용할 수 있다.

**주소** Trg Petra Preradovića 4~6, 10000 Zagreb **위치** 트램 1, 6, 11, 12, 13, 14, 17번 Trg J. Jelačića 정류장에서 도보 4분 **시간** 월~토 09:00~21:00, 일요일·공휴일 10:00~18:00 **홈페이지** www.centarcvjetni.hr

## 갤러리아 링크 Galerija Link

MAPCODE 34025

### 크로아티아 디자이너들의 작품들이 모여 있는 곳

20여 년간 크로아티아의 신인 디자이너들을 알리기 위해 노력해 온 뚝심 있는 상점이다. 처음에는 앤티크만 판매하는 골동품 상점이었지만, 손님들이 조금 더 새롭고 현대적인 상품을 찾으면서 크로아티아 디자이너들을 소개하는 상점으로 거듭났다. 주방용품부터 주얼리까지 방대한 품목을 판매하며, 주인이 직접 발품을 팔아 실력 좋은 크로아티아 디자이너들을 발굴하여 링크에서 소개한다. 자그레브 토박이인 링크의 주인은 오랫동안 이곳을 운영해 오며 훌륭한 디자인을 찾아내는 안목을 키웠다. 여러 디자이너와 끈끈한 친분을 유지하며, 크로아티아 예술과 기념품 산업 모두에 크게 기여를 하고 있다. 주요 브랜드로는 왈리가미야(Walligamija), 베스나(Vesna), 미스트 아트(Mist Art) 등이 있다.

**주소** Pavla Radića 27, 10000 Zagreb **위치** 트램 1, 6, 11, 12, 13, 14, 17번 Trg J. Jelačića 정류장에서 도보 2분 **시간** 매일 10:00~20:00 **전화** 01 4813 294 **홈페이지** www.facebook.com/GalerijaLink

### 뮐러 Müller

MAPCODE 34026

**중가 브랜드 대형 쇼핑몰 체인점**

유럽에 약 600여 개의 매장을 가진 대형 체인 쇼핑몰이다. 1973년 약국으로 시작한 뮐러는 상품의 회전율이 빠르고 질 좋은 물건을 부담스럽지 않은 가격에 판매하여 빠르게 성장하였다. 오늘날 의류, 향수, 잡화, 문구, 장난감에 이르는 총 5만여 개의 상품을 판매한다. 여느 백화점과 마찬가지로 1층에는 유명 브랜드의 화장품과 잡화를 판매하고, 층을 오르면 약국 화장품과 처방전 없이 구입 가능한 다양한 약품을 판매한다. 비상약과 샴푸, 바디 워시 등을 미처 가져오지 못했다면 뮐러에서 해결하자. 반 엘라치치 광장에 위치하여 접근성도 좋다.

**주소** Trg Bana Josipa Jelačića 8, 10000 Zagreb **위치** 트램 1, 6, 11, 12, 13, 14, 17번 Trg J. Jelačića 정류장에서 도보 2분 **전화** 01 4893 170 **시간** 월~금 09:00~20:30, 토 09:00~16:00 **홈페이지** www.mueller.hr

## 크로아티아의 쇼핑 체인

**크로아티아에서 한번은 꼭 들르게 되는 체인 쇼핑몰**

###  콘줌 Konzum

크로아티아 최대의 체인 슈퍼마켓이다. 크로아티아 전역에 700개 이상의 지점이 있다. 매일 65만 명 이상이 이용하는 곳으로 식료품, 생활용품 등 다양한 물품을 판매한다.

**홈페이지** www.konzum.hr

### DM

독일에 본사를 둔 DM은 화장품, 건강 식품, 생활용품 등을 판매한다. 크로아티아에도 매장이 많다.

**홈페이지** www.dm-drogeriemarkt.hr

###  티삭 Tisak

크로아티아 최대 규모의 소매 신문 가판대다. 신문, 잡지, 담배, 교통 카드, 전화 카드, 휴대폰 유심을 판매한다.

**홈페이지** www.tisak.hr

# Restaurant
자그레브의 식당

### 라 스트루크 La Štruk

**자그레브의 전통 음식을 맛볼 수 있는 곳**

북부 크로아티아 전통 음식 스트루클리(Štrukli)만을 요리하는 레스토랑이다. 엔지니어와 트레이너였던 두 형제가 어느 날 갑자기 스트루클리만 전문으로 하는 레스토랑을 내야겠다는 생각에 우연히 가게를 열었다고 한다. 굽거나 끓이는 조리 방법이 있으며, 오리지널 스트럭과 함께 치즈, 트러플, 호두와 꿀, 사과와 시나몬 등 다양한 맛을 가미한 여러 메뉴가 있다. 간단한 식사로 먹거나 브런치로 먹기 좋은 넉넉한 스트루클리 한 접시는 가격도 저렴하다. 벨그레이드에서 자그레브로 자주 비행을 왔던 파일럿이 스트루클리를 너무나 좋아해 애피타이저로 두 접시, 중식 메인 접시로 세 접시 그리고 디저트로 두 접시를 시켜 자주 먹었다는 메뉴는 이곳의 스트루클리 정식 메뉴가 되었으니 한번 먹어 보자. 실내도 넓고 좋지만 정원 자리가 특히 예쁘니 가게 뒤편에 위치한 정원 테이블에 앉을 것을 권한다. 매

우 뜨겁게 서빙되어 쌀쌀한 날씨에 무척 잘 어울리는 음식이다.

**주소** Skalinska 5, 10000 Zagreb **위치** 트램 1, 6, 11, 12, 13, 14, 17번 Trg J. Jelačića 정류장에서 도보 5분 **시간** 11:00~22:00 **가격** 치즈 스트루클리 28kn, 애플 시나몬 스트루클리 33kn **전화** 01 483 7701 **홈페이지** www.facebook.com/LaStrukZagreb

## 로켓 버거 Rocket Burger

MAPCODE 34028

### 자그레브에서 가장 맛있는 햄버거

50년대 미국 다이너를 모델로 한 버거 전문 식당. 혹시나 크로아티아 음식이 맞지 않는다면 아메리칸 정통 버거를 판매하는 로켓에서는 배부르게 먹을 수 있을 것이다. 치킨 윙과 어니언 링, 감자튀김과 팬케이크 등 메뉴와 인테리어 모두 미국식 다이너를 그대로 재현했다. 자체 개발한 로켓 소스를 얹은 메뉴와 체다 베이컨 버거가 특히 인기가 있다. 오픈 키친이라 요리하는 과정을 볼 수도 있고, 친절한 직원들은 모두 영어가 능숙해 여행자들이 자주 찾는다. 코울슬로, 홈메이드 케첩 등의 맛깔난 사이드 메뉴도 추천하며, 노바 룬다(Nova Runda) 맥주도 로켓의 버거와 무척 잘 어울린다. 날씨가 좋은 날에는 바깥 테라스 자리는 금방 사람들로 가득하다. 트칼치차 거리에 들어서면 쉽게 찾을 수 있고, 발걸음이 50번지에 다다르기 전에 맛있는 냄새로 먼저 알아볼 수 있을 것이다.

**주소** Tkalčićeva 50, 10000 Zagreb **위치** 트램 1, 6, 11, 12, 13, 14, 17번 Trg J. Jelačića 정류장에서 도보 7분 **가격** 체다 베이컨 버거 42kn **시간** 월~목 11:00~23:00, 금~토 11:00~11:45, 일 11:00~22:00 **전화** 01 4845 386 **홈페이지** www.facebook.com/rocketburgerzagreb

## 빈체크 Vincek

MAPCODE 34029

### 자그레브 최고의 디저트 하우스

1977년부터 맛있는 케이크와 페이스트리, 젤라또를 만들어 온 명가이다. 한 가족이 40년 가까이 운영해 왔다. 품질 좋은 원재료 선별, 생산 과정과 상점 운영에 유별나게 신경을 쓰는 것으로 알려져 있어, 맛뿐만 아니라 서비스와 청결도 믿을 수 있는 디저트 하우스이다. 자체 개발한 것으로 알려진 달콤한 크림 케이크 자그레바츠카 크렘슈니타(Zagrebacka Kremšnita)가 인기가 좋다. 부드러운 커스터드와 생크림, 초콜릿의 조화가 훌륭하다. 자그레브 사람들은 한 스쿱을 시키면서 반 스쿱씩 두 가지 맛을 주문하기도 하니 여러 가지 맛을 먹어 보고 싶다면 이렇게 주문해 보자. 번화가 일리카 대로에 있는 것은 두 번째 지점으로, 자그레브에만 여섯 개의 지점이 있다. 무엇을 고를지 망설여진다면 달콤함이 가득한 냉장 선반부터 구경해 보자.

**주소** Ilica 18, 10000 Zagreb **위치** 트램 1, 6, 11, 12, 13, 14, 17번 Trg J. Jelačića 정류장에서 도보 4분 **시간** 월~토 08:30~23:00 **가격** 자크레바츠카 크렘슈니타 10kn, 젤라또 1스쿱 8kn **전화** 01 4833 612 **홈페이지** www.vincek.com.hr

## 쿠키 팩토리 Cookie Factory

MAPCODE 34030

**트칼치차의 숨은 설탕 공장**

'인생은 불확실한 것, 디저트부터 먹어라'라는 유쾌한 모토로 운영하고 있는 카페이다. 친구, 연인, 가족들이 옹기종기 모여 있는 모습을 언제든 볼 수 있는 여러 세대에서 사랑받는 곳이다. 이름처럼 수많은 쿠키를 하루 종일 구워 달달한 냄새가 온 상점을 가득 메워 가게에 들어서자마자 행복함을 느끼게 된다. 자리 회전이 빠르고 포장해 가는 손님들도 많아 계속해서 새로 구운 따끈한 쿠키를 가지고 나온다. 자체 개발한 레시피를 사용하며 치즈 케이크, 당근 케이크, 브라우니 등 식욕을 달래 줄 메뉴도 많다. 자그레브 사람들은 쿠키 팩토리에 생일이나 기념일 등 특별한 날 미리 주문하여 홀케이크를 사가기도 한다. 너무 단 것이 싫다면 애플 코블러와 바닐라 아이스크림을 추천한다.

**주소** Tkalčićeva 21, 10000 Zagreb **위치** 트램 1, 6, 11, 12, 13, 14, 17번 Trg J. Jelačića 정류장에서 도보 5분 **시간** 매일 09:00~23:00 **가격** 쿠키 10kn~, 컵케이크 12kn~, 스무디 18kn~ **전화** 099 4949 400 **홈페이지** www.cookiefactory.hr

---

**Tip 크로아티아의 옥수수**

여름에도 겨울에도 자그레브의 여러 골목에서 옥수수 장수들을 만날 수 있다. 크로아티아의 옥수수는 여행자들이 부담 없이 즐길 수 있는 값싸고 맛좋은 먹을거리이다. 자그레브 외에도 크로아티아 전역에서 종종 볼 수 있다. 약간 타게 구워 소금을 솔솔 뿌리거나 설탕물에 달콤하게 삶아 익히는 방식이 있는데, 10kn면 따끈한 옥수수를 한 덩이 받을 수 있다.

## 데즈맨 바 Dežman Bar

MAPCODE 34031

**분위기 좋은 공간에서 맛보는 쉐프의 일품 샌드위치**

낮에는 한적하고 분위기 좋은 카페, 밤에는 세련된 바로 다양한 모습이 매력적인 바이다. 화려한 경력에 빛나는 데즈맨을 총 지휘하는 마스터 쉐프 크리스티안 카발리에(Christian Cabalier)는 음식을 예술로 승화하는 아티스트로 음식을 매개로 본인의 창의성을 가감 없이 드러낸다. 데즈맨 바는 간단히 먹을 수 있는 샌드위치와 디저트 그리고 훌륭한 커피와 차를 선보인다. 큰 유리창을 통해 해가 잘 들어와, 날씨가 좋은 날 브런치를 먹으러 가기에 더없이 좋고 야외 테이블도 있다. 누가 먹어도 거부감이 없을 무난한 메뉴이지만 맛있다. 글루텐 프리 메뉴와 크로아티아 맥주도 있다.

데즈맨 바는 갤러리, 편집숍, 카페가 많이 들어선 데즈마노바(Dežmanova) 거리에 위치해 있어서 데즈맨 바를 찾기 전 쇼핑 시간을 가져도 좋다. 그리 길지 않은 거리에 다양한 살 것들이 가득하다.

**주소** Dežmanova 3, 10000 Zagreb  **위치** 트램 1, 6, 11번 Frankopanska 정류장에서 도보 2분  **시간** 월~토 08:00~24:00  **가격** 에스프레소 10kn, 타르트 20kn~, 샌드위치 15kn~  **전화** 01 4846 160  **홈페이지** www.dezman.hr

## 토르테 이 투 Torte i To

MAPCODE **34032**

**편안한 공간에서 즐기는 치즈 케이크**

'케이크와 그들'이라는 뜻으로 10년 넘게 자그레브에서 가장 인기 있는 카페와 레스토랑으로 자리했다. 여유롭고 편안한 시간을 최우선의 가치로 두며, 손님이 따뜻한 공간에서 기분 좋은 이야기를 나눌 수 있도록 하는 것을 목표로 한다. 2005년 치즈 케이크 하나로 시작하여 메뉴를 확장해 온 '토르테 이 투'는 자그레브와 사라예보에도 여러 개의 지점을 가지고 있다. 원목 가구, 캐비닛, 램프 등으로 꾸며진 클래식한 인테리어는 내 집과 같은 편안함을 느낄 수 있다. 이곳의 베스트셀러는 당연히 치즈 케이크이며, 특별한 것을 맛보고 싶다면 당근 치즈 케이크를 추천한다. 자그레브 시내에 네 개의 지점이 더 있다.(Babonićeva 121 / Centar Kaptol, Nova Ves 11 / Vrbanićeva 22 / Grahorova 5)

**주소** Ulica Nikole Tesle 7, 10000 Zagreb **위치** 트램 1, 6, 11, 12, 13, 14, 17번 Trg J. Jelačića 정류장에서 도보 5분 **시간** 월~토 08:00~23:00, 일 09:00~23:00 **가격** 칵테일 22kn, 홀 케이크 250kn **전화** 098 613 461 **홈페이지** torte-i-to.hr

# Hotel
자그레브의 숙소

## 호텔 예거호른 Hotel Jägerhorn

MAPCODE 34033

**자그레브에서 가장 오래된 호텔**

1827년부터 성업해 온 예거호른은 도시의 사회적, 문화적 인사들이 다녀간 긴 역사의 아름다운 호텔이다. 도시 한가운데 있지만 골목과 언덕 사이에 숨어 있는 듯하여 비밀스러운 분위기가 물씬 난다. 수많은 시와 영화에도 등장한 낭만적인 이 호텔은 18개의 우아한 객실로 이루어져 있으며, 고급스러운 카페와 아름드리 나무가 무성한 예쁜 정원을 갖추고 있다. Croatian Abonos Oak 나무와 자그레브의 주철(Cast Iron)을 주재료로 한 인테리어는 호텔의 시그니처로 따뜻함과 도시적인 느낌을 만날 수 있는 특별한 곳이다. 싱글, 클래식, 스위트 객실 모두 LCD 플랫 스크린 TV와 욕실 어메니티, 빠른 무선 인터넷을 갖추고 있다. 자동차로 여행하는 투숙객들을 위한 주차 공간도 마련되어 있다. 도시 속 오아시스를 찾는다면 역사적인 전통을 보존하며 편안함이 돋보이는 예거호른을 찾아 보자.

**주소** Ilica 14, 10000 Zagreb **위치** 트램 1, 6, 11, 12, 13, 14, 17번 Trg J. Jelačića 정류장에서 도보 3분 **시간** 체크인 15:00, 체크아웃 11:00 **요금** 싱글룸 €120, 더블룸 €160 **전화** 01 4833 877 **홈페이지** www.hotel-jagerhorn.hr

### 호텔 두브로브니크 Hotel Dubrovnik

MAPCODE 34034

**도시 한가운데 위치한 현대적인 호텔**

자그레브에서 태어난 유명 건축가 디오니스 순코(Dionis Sunko)가 설계하여 1929년 도시 한가운데 오픈한 대형 호텔이다. 서비스와 시설로 수많은 상을 받은 바 있는 검증된 숙소이기도 하다. 1982년 무려 150개의 객실을 추가하며 확장 공사하였고, 현재는 총 214개의 객실과 8개의 스위트룸을 운영한다. 알레르기 방지 침구와 최고급 린넨, 가죽 헤드보드를 갖춘 인체 공학적인 침대가 놓인 럭셔리한 스위트는 호텔 두브로브니크의 자랑이다. 깔끔하고 군더더기 없는 인테리어와 훌륭한 회의실, 인터넷 업무 시설로 비즈니스 여행객들에게 특히 인기가 좋다. 여름에 오픈하는 호텔 테라스 바는 시내를 한눈에 내려다볼 수 있다. 중앙 기차역은 900m, 버스 정류장은 1.9km 떨어져 있어서 교통의 편의성도 높다. 냉방 시설, 헤어 드라이어, TV, 미니 바, 무료 무선 인터넷, 헬스장, 라운지 바, 아메리칸 스테이크 하우스 레스토랑 등이 갖춰져 있다.

**주소** Gajeva Ul. 1, 10000 Zagreb **위치** 트램 1, 6, 11, 12, 13, 14, 17번 Trg J. Jelačića 정류장에서 도보 1분 **시간** 체크인 14:00, 체크아웃 10:00~13:00 **요금** 스탠다드 더블룸 €180 **전화** 01 4863 555 **홈페이지** hotel-dubrovnik.hr

### 아트 호텔 라이크 Art Hotel Like

MAPCODE 34035

**예술적인 자그레브에서의 밤**

반 옐라치치 광장과 불과 5분 거리에 위치한 형형색색의 아트 호텔 라이크는 객실이 딱 17개뿐인 퀄리티 높은 소규모 숙소이다. 강렬한 색의 커튼과 현대 미술 갤러리를 연상하게 하는 벽 장식이 세련된 호텔의 정체성을 결정짓는 핵심 요소다. 여러 개의 전구로 꾸민 바와 라운지도 일정을 마치고 돌아와 밤 시간을 보내기 좋은 공간이다. 슈퍼마켓이 바로 옆에 위치하고 트램 정류장(Draškovićeva)도 30m 거리에 있고, 수영장과 테니스 코트가 있는 스포츠 센터도 3분이면 걸어갈 수 있어 편의성도 훌륭하다. 투숙객은 호텔에서 150m 떨어진 주차장도 이용할 수 있다. 금고, 세차 서비스도 이용 가능하다. 특히 가족 단위로 여행하는 사람들에게 최적화된 호텔이기도 하다. 6세 미만 아동은 무료로 묵을 수 있으며, 6~11세 아동은 €10를 추가로 지불하면 엑스트라 베드를 이용할 수 있다. 무료 무선 인터넷을 제공한다.

**주소** Vlaška 44, 10000 Zagreb **위치** 트램 4, 8번 Draškovićeva 정류장에서 도보 2분 **시간** 체크인 15:00, 체크아웃 11:00 **요금** 더블룸 €200 **전화** 099 304 0393 **홈페이지** www.arthotellike.hr

### 스왱키 민트 Swanky Mint

MAPCODE 34036

**모두를 위한 특별한 호스텔**

자그레브에서 각각 따로 드라이클리닝 상점을 운영하던 두 사람이 결혼하여 19세기 드라이클리닝, 천염색 공장이었던 공간을 새롭게 단장한 친환경적인 호스텔이다. 취사가 가능한 3채의 아파트, B&B, 개별 객실과 두 개의 8인 도미토리, 한 개의 9인 도미토리, 1개의 6인 여성 전용 도미토리, 4인 도미토리 등 다양한 종류의 방을 갖추고 있어 혼자 오는 여행객, 연인, 가족들을 모두 수용할 수 있다. 도미토리도 모두 냉방 시설과 디지털 자물쇠를 갖추고 있다. 무료 무선 인터넷, 린넨, 수건, 로커를 제공하며 웰컴 드링크로 전통주 라키야(Rakija) 한 잔을 내어 주는 친절함은 덤이다. 보드 게임과 책이 있는 라운지에서 다른 여행자들을 만나 즐거운 시간을 보낼 수도 있고, 자전거 대여 서비스, 공항 픽업 및 드롭 오프 서비스도 미리 문의하여 이용할 수 있다. 체크인 시 받을 수 있는 무료 도시 지도도 유용하다. 무료 무선 인터넷, 케이블 TV, 사물함, 도서 등을 제공한다. 애완 동물도 출입 가능하며 24시간 리셉션을 운영한다. 통금 시간은 없으며, 〈꽃보다 누나〉의 숙소로 등장하여 한국 여행객들에게 이미 인기가 무척 많아, 홈페이지에서 한국어도 지원한다.

**주소** Ilica 50, 10000 Zagreb **위치** 트램 1, 6, 11번 Frankopanska 정류장에서 도보 2분 **요금** 8인 혼성 도미토리 €13 **전화** 01 4004 248 **홈페이지** www.swanky-hostel.com

# 리예카 Rijeka

그냥 지나치면 서운한, 아름다운 항구 도시

자그레브와 스플리트의 뒤를 잇는 크로아티아에서 세 번째로 큰 도시 리예카는 남부에 집중하는 여행자들이 쉽게 놓치는 곳이다. 자그레브에서 얼마 떨어지지 않아 쉽게 다녀올 수 있으며, 크로아티아에서 가장 화려한 축제, 카니발이 열리는 도시이다. 오스트리아-헝가리 양식의 건축물들과 크로아티아 최대 항구가 있어 오래전부터 이탈리아, 헝가리 등 여러 주변 국가들과 교류가 잦은 국제적인 도시이다. 본토와 크르크 섬, 크레스 섬 중간에 위치하여 섬 여행을 가는 사람들이 중간에 잠깐 찾아가기도 좋다.

📍 **리예카 투어리스트 인포메이션 센터** Turistička Zajednica Grada Rijeke / Rijeka Tourist Board
각종 브로슈어와 리예카 관광 정보를 얻을 수 있고, 도시 지도도 받을 수 있으며 기념품 쇼핑도 가능하다.
**주소** Korzo 14, 51000 Rijeka **시간** 월~토 08:00~20:00, 일 08:00~14:00 (9월 16일~5월 31일까지 30분 일찍 문을 닫음, 일요일은 휴무) / 1월 1일, 11월 1일, 12월 25일 휴무 **전화** 051 335 882 **홈페이지** www.visitrijeka.eu

# 리예카 가는 길

리예카

### 항공

4~10월에만 문을 여는 리예카 공항은 크르크 섬에 있다. 따라서 비행기를 예약할 때 공항명만 보고 리예카에 내리는 것으로 착각하지 말자. 독일, 스웨덴, 노르웨이 등 유럽 여러 국가와의 항공편이 있으며 자그레브와 스플리트, 국내 노선 두 개를 운항한다. 리예카 시내와는 30km 떨어져 있다. 공항에 도착해서 공항버스를 타고 버스 터미널과는 1.5km, 기차역과는 2km 떨어져 있는 옐라치체브(Jelačićev) 광장까지 갈 수 있다. 버스는 도착하는 항공편에 맞추어 운행하여, 짐을 찾고 나오면 곧바로 탈 수 있다. 리예카까지는 1시간 30분~2시간 정도 소요된다.

리예카 버스 터미널에서는 당일 항공편 출발 시간 2시간 30분 전에 버스가 출발한다. 표는 50kn로 탑승하며 운전기사에게 구입한다. 도착층 앞에 위치한 택시 정류장에서 택시를 타고 시내 중심부까지 이동하면 약 350kn가 나오는데, 출발 전에 미리 요금을 확정할 것을 권한다.

주소 Hamec 1, 51513 Omišalj 전화 051 842 040 홈페이지 공항 www.rijeka-airport.hr 공항 버스 rijeka-airport.hr/en/bus

### 기차

리예카 기차역(Željeznički Kolodvor Rijeka)은 슬로베니아의 류블랴나(Ljubljana, 2시간 45분)와 크로아티아 내 오굴린(Ogulin, 2시간 20분)과 자그레브(Zagreb, 4시간 30분) 간의 기차편을 운행한다. 자다르나 스플리트로 이동하려면 오굴린에서 환승해야 한다. 또한 짐 보관소도 운영한다(04:30~23:30, 1일 15~20kn). 상세한 시간표는 홈페이지에서 확인할 수 있다.

주소 Trg Kralja Tomislava 1, 51000 Rijeka 시간 매표소 05:15~20:50 전화 060 333 444 홈페이지 www.hzpp.hr

 **버스**

리예카 버스 터미널(Autobusni Kolodvor Rijeka)은 시내 중심에 위치하여 이용이 편리하다. 그리 크지는 않지만 크로아티아의 주요 도시들로 발착하는 여러 편의 버스가 운행되고 있다. 매표소 오픈 시간 외에는 버스에 탑승하며 표를 구입하면 되는데, 성수기에는 자리가 없을 수 있어 미리 예매할 것을 권한다. 또한, 짐 보관소도 운영한다. 티켓 예매와 상세한 시간표는 홈페이지에서 확인할 수 있다.

**주소** Trg Žabica 1, 51000 Rijeka  **시간 매표소** 05:30~22:00
**짐 보관소** 06:00~22:00  **전화** 060 302 010  **홈페이지** www.buscroatia.com/bus-station-rijeka

〈리예카 버스 터미널 출발 노선〉

| 목적지 | 소요 시간 및 운행 | 요금 |
|---|---|---|
| 두브로브니크 | 12시간 30분, 2~3회 운행 | 414kn |
| 크르크 섬 | 1시간 30분, 13회 운행 | 51kn |
| 풀라 | 2시간 30분, 19~25회 운행 | 84~113kn |
| 스플리트 | 8시간, 8~13회 운행 | 230~291kn |
| 자그레브 | 2시간 30분, 27~35회 운행 | 80~149kn |

 **보트**

리예카 주변 섬으로 보트를 타고 이동할 수 있다. 말리 로시니(Mali Lošinj), 크레스(Cres), 라브(Rab), 파그(Pag)와 리예카 간 보트를 여러 회사에서 운항한다. 대표적인 곳으로는 야드롤리냐(Jadrolinija)가 있다. 자동차로 여행하는 경우에도 100kn 정도를 추가 지불하고 차와 함께 보트에 오를 수 있다. 온라인으로 티켓 구매가 가능하다.

**주소** Riječki Lukobran bb(Putnički Terminal), 51000 Rijeka
**전화** 051 211 444  **홈페이지** www.jadrolinija.hr

**자그레브에서 리예카로 이동할 때에는**

크로아티아의 주요 공항과 도시를 잇는 크로아티아 항공 셔틀을 이용할 수 있다. 이동 시간은 2시간 15분, 요금은 편도 150kn, 왕복 250kn이다.

**기타 문의** 리예카 크로아티아 항공 사무소(월~금 08:00~16:00, 051 330 207)  **홈페이지** www.plesoprijevoz.hr

| 노선 | 운행 시간 |
|---|---|
| 리예카 옐라치치(Jelačić) 광장-자그레브 공항 | 매일 05:00 |
| 자그레브 공항-리예카 버스 터미널 | 매일 15:30 |

# 리예카의 교통수단

### 🔹 버스

리예카의 대중교통 구역은 도심(Zone 1)과 근교(Zone 2, 3, 4)로 구분된다. 매일 05:30~23:30 운행하며 배차 간격은 약 15분이다. 버스가 구석구석을 다녀 리예카의 모든 면들을 놓치지 않고 살펴볼 수 있다. 표는 신문 가판대 티삭(Tisak)에서 구입하거나 (2회권) 탑승하여 운전기사에게 구입한다(편도권, 12kn). 버스에 탑승하면 안에 설치된 기계에 표를 넣어 반드시 인증을 받아야 한다. 홈페이지에서 리예카 버스 노선도와 각 노선별 지도를 볼 수 있다.

전화 060 151 151, 051 311 400 홈페이지 www.autotrolej.hr

#### 구역별 티삭 요금

| | Zone | 요금 |
|---|---|---|
| | Zone 1 | 10kn |
| | Zone 2 | 13kn |
| | Zone 3 | 16kn |
| | Zone 4 | 21kn |
| 일일권 | Zone 1 | 20kn |
| | Zone 1-4 | 34kn |
| 주간권 | Zone 1 | 80kn |
| | Zone 1-4 | 160kn |

### 🔹 관광 버스 Tourist Bus

24시간 운행하는 형형색색의 2층 관광버스를 이용해도 좋다. 6~9월 동안 운행하며 시내버스 운행회사와 같은 회사가 운영하는 것이기 때문에 이 티켓으로 대중교통도 자유롭게 이용할 수 있다. 표는 24시간 동안 유효하며 가격은 성인 50kn, 4~12세 35kn, 4세 미만 무료이다. 크로아티아어, 이탈리아어, 독일어, 영어, 프랑스어, 러시아어, 스페인어, 헝가리어로 오디오 가이드를 제공한다.

전화 051 311 559, 051 311 400 홈페이지 www.autotrolej.hr

### 🔹 택시

버스 터미널, 기차역, 시내 옐라치치 광장에 택시 정류소가 있다. 기본 요금은 5km에 30kn이며 추가 1km당 7kn씩 더해진다. 리예카에는 여러 택시 회사들이 있고 요금 체계는 거의 동일하다. 개별 택시 회사들의 연락처와 요금은 리예카 관광청 홈페이지에서 상세히 안내한다.

홈페이지 www.visitrijeka.eu/Useful_Information/Getting_Around_Rijeka/Taxi

### 🔹 자동차

리예카에는 주차 공간이 많고 장기 주차도 가능하여 차로 여행하는 데 부담이 없다. 장애인 전용 주차 공간도 200개 이상 보유하고 있다. 차가 고장 났을 때 리예카 관광 사무소에 연락을 취해 도움을 받을 수 있다. 시간당 평균 3kn~10kn의 요금을 지불하고 주차장을 이용할 수 있다.

홈페이지 www.visitrijeka.eu/Useful_Information/Getting_Around_Rijeka/Parking (리예카 주차장 정보)

## 🔵 리바와 항구 Riva 34037

### 크로아티아에서 가장 큰 항구

리예카에서는 해변은 찾아볼 수 없지만 시원하게 펼쳐진 대규모의 항구가 있다. 오후에 항구를 따라 걷는 리바(Riva, 강가) 산책은 리예카 여행의 묘미 중 하나이다. 리예카의 최대 산업은 조선업과 해상 운송업으로 이 대규모 항구에서는 해마다 9백 톤 이상의 화물이 바쁘게 오고 간다. 기록상 이 항구에서 최초의 해상 교류가 있었던 것은 1281년이며, 1719년 항구를 영유하는 국가의 관세권이 적용되지 않는 자유항이 되었다. 주변 섬과의 이동도 보트로 이루어져 가까운 크레스 섬과 크르크 섬을 여행하고 싶으나 리예카에 거점을 두고 싶다면 이곳에 숙소를 잡고 배로 오가도 좋다. 스플리트와 두브로브니크도 일주일에 두 번 정도 배를 운항한다.

**주소**
Riva, 51000 Rijeka 위치 리예카 버스터미널에서 도보 5분

---

**Tip** 리예카 카니발 Riječki Karneval

매년 사순절 전(1월 말~3월 초 사이)에 치르는 리예카 최대의 축제이다. 전 세계에서 만 오천여 명이 참가하고 십만여 명의 군중이 이를 즐기러 온다. 1982년부터 시작된 카니발은 크로아티아에서 가장 큰 규모로 열리는 축제이다. 축제 전 리예카 시장은 카니발의 마에스트로에게 열쇠를 건네는 의식을 치르고, 카니발 여왕도 뽑는다. 해마다 다른 장소에서 카니발 깃발을 들어 올리는 것을 시작으로 축제가 시작된다. 즐길 거리가 많아 리예카 시민들은 카니발을 일 년 내내 손꼽아 기다린다. 수많은 명사들이 참가하는 자선 무도회도 열린다. 축제 전 주말부터 가면을 쓰고 약 20km 정도의 거리를 개조한 빈티지 자동차로 경주하는 랠리 파리 - 바카르(Rally Paris - Bakar), 메인 대로 코르조에서 열리는 아이들의 카니발 등 다양한 행사가 열리니, 연초에 리예카를 여행할 계획이라면 축제 기간을 꼭 알아보고 가도록 하자.
홈페이지 www.rijecki-karneval.hr

## 📷 도시 탑과 코르조 거리 Gradski Toranj & Korzo 34038

### 리예카의 중심 대로와 우뚝 선 시계탑

1750년 발발한 대지진에서 살아남은 몇 안 되는 리예카의 건축물 중 하나인 시계탑은 리예카 도시의 상징이다. 본래는 구시가지로 통하는 문이었다. 지진 후 바로크풍의 장식을 더해 오스트리아 가문 문양과 왕들의 흉상 등이 더해졌다. 지금도 정확한 시간을 알리는 시계는 1873년 탑에 추가 설치되었다.
이 탑을 보러 가다 보면 걷게 되는 코르조(Korzo) 대로는 리예카의 최대 번화가다. 수많은 카페와 기념품 상점, 브랜드 상점, 영화관, 레스토랑과 바가 이 대로에 촘촘히 들어서 있다. 어느 계절에 리예카를 찾아도 항상 사람들로 가득하여 에너지가 넘친다. 사람들이 워낙 많이 모여 리예카 신문 기자들은 코르조에만 종일 상주하고 있으면 기삿거리를 절로 얻을 수 있다는 우스갯소리를 할 정도다. 가장 큰 대로인 만큼 리예카 시민들의 만남의 광장 역할도 물론 겸하고 있다. 밤 늦게까지 문을 여는 곳들이 모여 있기도 하다.

주소 Gradski Toranj, 51000 Rijeka / Korzo, 51000 Rijeka  위치 리예카 버스 터미널에서 도보 7분

## 📷 성 비투스 성당 Katedrala Svetog Vida 34039

### 리예카의 수호성인에게 헌정된 성당

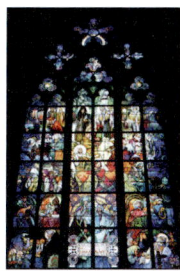

1638년 제수이트파에 의해 세워진 성당이다. 이탈리아 베네치아에 있는 산타 마리아 델라 살루테 성당을 모델로 하여 설계되었다. 크로아티아에 유일하게 남아 있는 바로크 양식의 로툰다(원형) 성당이다. 어디서 많이 본 것 같은 기분이 든다면 크로아티아 100kn 지폐를 살펴보면 알 수 있다. 1993년, 2002년 발행된 100kn 지폐에 그려진 건물이 바로 이 성당이다. 커다란 대리석 기둥이 높은 돔 지붕을 받치고 있는 모습이 인상 깊다. 바로크풍 제단과 13세기 고딕 십자가도 성 비투스의 주요 특징이다. 십자가는 동명의 더 작은 예배당에 걸려 있던 것을 옮겨 온 것인데, 성당 앞에서 친구들과 내기를 하다 져서 화가 난 사람이 던진 돌이 십자가에 맞았을 때 피를 흘린 적이 있다는 전설이 얽혀 있다. 돌을 던진 자는 바로 땅에 삼켜져 그 팔만 남았다고 한다. 십자가 왼쪽에는 이 돌이 놓여 있고 "Huis lapidis ictu percurssus est Crucifixus! Anno Domini 1227(1227년 십자가가 이 돌로 맞았다)"라고 새겨져 있다. 미리 약속하면 갤러리에 비치된 회화 작품, 금속품, 희귀 도시, 출간된 능늘 관람할 수 있다. 6월 15일은 성 비투스의 날이자 리예카 시의 날로, 매년 성대하게 축제가 열린다.

주소 Trg Grivica 11, 51000 Rijeka  위치 리예카 버스 터미널에서 도보 10분  시간 6~8월 월~토 07:00~12:00, 16:30~19:00, 일 07:00~12:00 / 9~5월 06:30~12:00  홈페이지 ri-nadbiskupija.com

## 📷 메모리얼 다리 Most Hrvatskih Branitelja iz Domovinskog Rata / Memorial Bridge 34040

### 리예카의 현재와 미래를 보여 주는 건축물

내전에 참여했던 병사들을 기리기 위해 세워진 다리다. 2002년 완공된 높이 9m, 폭 5.4m, 길이 47m의 다리는 '죽은 운하'라는 뜻의 미르트비 운하(Mrtvi Kanal)를 지난다. 이 운하는 오랫동안 홍수로 고생하던 리예카 시가 대대적인 강둑 공사를 하여 넘치는 강물을 막자 바다로 바로 흘러 들어가는 오늘날 리예카의 대표 강둑인 르예치바(Rječina) 강이 조성되고 이전의 강이 흐르던 강바닥은 죽은 운하라고 부르게 되었다. 현재는 작은 보트들이 정박하는 항구로 사용한다. 운하는 옛것이지만 이 운하를 가로지르는 것은 리예카에서 가장 현대적인 다리다. 메모리얼 다리는 유리와 금속 소재만을 사용하여 젊고 빠르게 발전하는 리예카의 이미지를 상징한다. 에펠탑이 처음 세워졌을 때 파리 시민들이 기겁하여 싫어했던 것과 마찬가지로 도시의 다른 건축물들에 비해 눈에 띄게 현대적인 이 다리는 처음에는 환영받지 못했다. 그러나 설계, 시공을 담당한 자그레브 건축 스튜디오 3LHD가 런던의 〈건축 리뷰(Architectural Review)〉로부터 메모리얼 다리로 상을 받는 등 대외적으로 점점 인정을 받자 이내 시민들도 자주 찾기 시작했다.

**주소** Mrtvi Kanal, 51000 Rijeka **위치** 리예카 버스 터미널에서 도보 12분

## 📷 모델로 궁 Palača Modello / Modello Palace 34041

### 화려한 파사드에 눈길을 빼앗기는 곳

본래는 은행으로 쓰이다가 현재는 리예카 시립 도서관과 시르콜로 이탈리아노 클럽(Circolo Italiano Club)이 들어섰다. 두 곳 모두 대중에게 개방되어 있다. 시르콜로 이탈리아노 클럽은 특히 리예카에 거주하는 이탈리아 사람들의 모임 장소로 유명하다. 정교한 외관 못지않게 내부 인테리어도 훌륭하다. 각각의 방과 부스는 터키, 아라비아, 페르시아 등 다양한 스타일을 테마로 하여 꾸몄으며, 리예카와 다른 크로아티아 출신의 예술가들을 대거 기용하여 계단과 작은 소품 하나에까지 공을 들였다.

**주소** Ivana Zajca, 51000 Rijeka **위치** 리예카 버스 터미널에서 도보 8분

## 크로아티아 국립극장 Hrvatsko Narodno Kazalište Ivana Pl. Zajca Rijeka 34042

### 리예카의 극장 겸 오페라, 발레 하우스

무척이나 긴 이름을 HNK라고 보통 줄여 읽는다. 유명 오스트리아 건축가 펠너(Fellner)와 헬머(Helmer)가 빈풍으로 설계하여 1882년 세워진 이 궁전은 무너진 아다미치(Adamić) 극장 자리에 자리한다. 당시 아다미치 극장의 초석을 앞면 파사드에 비치하여, 사라진 극장의 작은 흔적을 볼 수 있다. 개관 기념 초연 작품은 이전에 한 번도 리예카에서 시연되지 않았던 베르디의 아이다와 폰치엘리의 지오콘다였다. 천정화를 클림트가 그려, 관객들은 극장에 들어설 때마다 고개를 한껏 젖히고 천정을 이리저리 둘러본다. 1991년 국립극장 지위를 받게 되었고, 1946년부터 현재까지 크로아티아 극단, 이탈리아 극단, 심포니 오페라, 발레단과 협업하여 훌륭한 작품들을 무대에 올린다.

**주소** Uljarska 1, 51000 Rijeka **위치** 리예카 버스 터미널에서 도보 7분 **전화** 051 337 114 **홈페이지** www.hnk-zajc.hr

## 성모 승천 성당과 기울어진 탑 Crkva Uznesenja Blažene Djevice Marije i Kosi Toranj 34043

### 고대 로마 시대의 목욕탕이 있던 자리에 세워진 예배당

이 성당에 대한 최초의 기록은 중세의 것으로 여러 번의 재건과 보수 공사가 이루어졌다. 1716~1726년 동안에는 올란도(Orlando) 가문이 슬로베니아의 류블랴냐에서 대가들을 기용하여 대대적인 보수 공사를 진행하여 새로운 애프스와 제단을 세웠다. 중앙에 위치한 메인 제단은 베네치아 바로크풍의 것으로 이탈리아 파도바 출신의 조각가가 제작한 것이다. 주민들이 애용하는 성당으로, 리예카의 일반 미사가 궁금하다면 찾아볼 만하다. 리예카 사람들은 이곳을 '큰 성당'이라는 뜻의 '벨라 크리크바(Vela Crikva)'라고 부른다. 성당 바로 옆에 세워진 높은 탑은 가까이서 보면 얼마나 기울어졌는지 가늠할 수 없으나 중심축에서 40cm 정도 벗어나 있는, 미묘하게 기울어진 상태이다.

**주소** Pavla Rittera Vitezovića 3, 51000 Rijeka **위치** 리예카 버스 터미널에서 도보 7분 **시간** 월~금 08:00~12:00, 17:00~18:30, 토 08:00~12:00, 일 08:00~12:00, 17:00~19:00 **미사** 7월 월~토 08:00, 일요일 08:00, 10:00, 19:00 / 8월 월~토 19:00, 일 08:00, 10:00, 19:00 / 9~6월 월~금 08:00, 18:00, 토 08:00, 일 08:00, 10:00, 18:00 **전화** 051 214 177

## 🔵 트르사트 성 Trsatska Gradina / Trsat Fortress 34044

### 리예카 외곽에 위치한 13세기 성

일부가 파손되었으나 리예카 외각의 트르사트 성채는 르예치나 강과 리예카 시가지를 내려다보기 좋은 곳에 위치해 있다. 날씨가 좋으면 멀리 크르크 섬까지도 보인다. 크르크 섬의 공작들이 세운 이곳은 1824년 성을 구입한 오스트리아군의 아일랜드 장교가 낭만적인 신고전주의 비더마이어 양식으로 마지막 보수 공사를 마친 상태 그대로 남아 있다. 고대 그리스 양식도 남아 있고, 바실리카로 둘러싸인 누겐트 가문의 무덤도 잘 보존되어 있다. 지금은 성채 전체를 전시 공간으로 이용하고 있다. 여름에는 야외극장과 콘서트, 연극 무대로 변하고, 패션쇼와 시 낭송 등의 다양한 문화 행사장이 된다. 정원에 새로 들어선 레스토랑은 여름에는 자정까지 운영한다. 성을 찾는 여행자들은 이곳에서 녹음을 바라보며 점심을 즐기기도 한다.

주소 Trsatska Gradina, 51000 Rijeka 위치 티토브 광장(Titov Trg) 북서쪽으로 나 있는, 성모와 아기예수상이 있는 예배당에서 시작되는 피타 크루지크 계단(Trsatske Stube Petra Kružića)을 따라 오른다. / 코르조 거리에서부터 총 도보 시간 20분 전화 091 332 2232 시간 성 6~10월 09:00~20:00, 11~5월 09:00~17:00 레스토랑 1월 10일~3월 31일 09:00~23:00, 4월 1일~9월 30일 09:00~02:00 / 1월 1일, 11월 1일, 12월 25일 휴무 요금 성인 15kn, 학생 · 65세 이상 5kn 홈페이지 www.trsatskagradina.com

### 인포메이션 센터

트르사트 주변에 대한 정보와 성채 안내를 돕는다.

주소 Partizanski Put 9, 51000 Rijeka 시간 10~5월 09:00~17:00, 6~9월 09:00~20:00 / 1월 1일, 11월 1일, 12월 25일 휴무 전화 051 217 714

### 트르사트 성소 Svetište Majke Božje Trsatske / Our Lady of Trsat Church 34045

#### 크로아티아에서 가장 오래된 성지 순례 성소

해발고도 135m, 트르사트 언덕에 위치한 성채 아래 작은 성소이다. 중세 후대에 세워진 것으로 여행자와 뱃사람들의 수호자를 상징한다. 사람들은 먼 여행을 떠나기 전 이곳에 들러 자신이 가진 진귀한 것을 선물로 바치며 무탈한 여정을 기원했다고 한다. 성소가 트르사트에 자리하게 된 것은 천사들의 도움을 받아 나자렛이 이곳을 점찍었기 때문이라는 말도 전해진다.

주소 Frankopanski Trg 12, 51000, Rijeka  전화 051 452 900  홈페이지 www.trsat-svetiste.com.hr

### 피크 & 포크 컴퓨터 박물관 Peek & Poke Computer Museum 34046

#### 컴퓨터 기술의 역사를 만날 수 있는 박물관

2007년 개관하여 초기의 컴퓨터 기술을 살펴볼 수 있는 개성 넘치는 박물관이다. 300m² 의 공간에 천 개가 넘는 컴퓨터 관련 전시품을 전시한다. 관련 서적과 잡지가 비치되어 있는 전용 도서관도 갖추고 있으며, 인터넷 사용이 가능한 라운지도 마련되어 있다. 오래된 기기나 컴퓨터를 이곳에 기증할 수 있다. 컴퓨터와 관련한 강연 등 다양한 이벤트도 항시 준비하여 관심 여행자라면 한참을 즐기다 나올 수 있는 흥미로운 곳이다.

주소 Ul. Ivana Grohovca 2b, 51000 Rijeka  위치 리예카 버스 터미널에서 도보 10분  전화 091 7805 709  시간 5~10월 월~금 14:00~20:00, 토 11:00~16:00 / 동절기(11~4월)와 일요일, 공휴일에는 이메일(info@peekpoke.hr)이나 전화로 예약 후 방문 가능  요금 30kn  홈페이지 www.peekpoke.hr

## 중앙 시장 Mercato Centrale di Rijeka / Central Market 34047

### 가장 활기찬 리예카의 모습을 볼 수 있는 시장

모델로 궁 맞은편에 위치한 중앙 시장은 아침 일찍부터 북적거리는 리예카의 명소이다. 실제로 시 정부에서 보호하는 문화 유적으로 지정되었다. 100년 전부터 같은 자리에서 매일 아침 장이 열렸는데, 두 개의 파빌리온은 1880년에, 생선 시장은 20세기 초에 문을 열었다. 시장이 들어선 건물치고 우아하고 섬세한 아르 누보풍의 건축이 시끌시끌한 장터 소리와 대조되어 묘한 매력을 풍긴다. 에너지가 넘치며 활기로 가득한 시장 분위기는 살 것이 없어도 구석구석 구경하게 만든다. 신선한 과채 내음과 바다에서 막 잡아 올린 생선의 움직임이 생생하게 오감을 자극한다. 시장 주변에는 크고 작은 카페와 식당들이 즐비하여 시장을 둘러보며 허기를 달랠 수 있다.

**주소** Verdieva Ul. 51000 Rijeka **위치** 리예카 버스 터미널에서 도보 10분 **시간** 월~토 07:00~14:00, 일 07:00~12:00(생선 시장은 한 시간 일찍 문을 닫음)

## 타워 센터 리예카 Tower Center Rijeka 34048

### 슈퍼마켓과 영화관까지 갖춘 대형 쇼핑몰

2006년 개장한 매년 5백만 명 이상이 찾는 125,000m² 면적의 대형 쇼핑센터이다. 조용한 거주 단지 페치네(Pećine)에 있으며, 쇼핑뿐 아니라 사람들이 만나는 사교의 장으로도 인기가 좋은 곳이다. 레스토랑, 대형 슈퍼마켓, 영화관이 있고, 콘서트홀과 사무실, 회의장까지 갖추고 있다. 8개의 대형 매장과 150개의 작은 상점들로 구성되어 있으며 10층에 달하는 넓은 무료 주차 공간도 있다. 입점 브랜드로는 라코스테(Lacoste), 나이키(Nike), 망고(MANGO), 막스 앤 스펜서(Marks & Spencer), 훌라(Furla) 등과 향수 가게, 기념품 상점, 환전소, 은행, 휴대폰 서비스 센터와 약국도 있다. 모든 층에 카페가 있어 쉬어가며 여유롭게 쇼핑을 즐기기 좋다. 주말에는 주변 지역 사람들도 일부러 찾아와서 무척 붐빈다.

**주소** Ul. Janka Polića Kamova 81, 51000 Rijeka **위치** 버스 1, 1b, 2번 Janka Polić Kamova 정류장에서 하차. 투어 버스도 이곳을 지난다. **전화** 051 403 815 **시간** 월~토 09:00~21:00, 일 10:00~21:00 **홈페이지** tower-center-rijeka.hr

### 쿠카리카페 Cukarikafe 34049

**늘어지는 오후를 보내고 싶은 아늑한 카페**

예쁜 문 안으로 들어서면 알록달록하고 아기자기한 공간이 나타나지만 바깥 테라스가 단연 인기가 좋다. 차양이 있어 해가 강하게 내리쬐는 날에도 시원하게 맥주를 즐길 수 있다. 리예카 시내 한복판과는 전혀 다른 조용한 골목에 위치하여 평온함을 만끽할 수 있다. 친절하고 세심한 주인의 배려는 물론이며, 무엇보다 음료가 맛있어 한 잔만 마시고 일어나기가 아쉬운 곳이다. 쿠카리카페의 베스트셀러는 차와 신선한 주스 그리고 사과, 당근 등 여러 과채로 만드는 과일 채소 칵테일이다. 또한 홈메이드 레몬 에이드는 신선한 레몬과 라즈베리 시럽으로 만들어 달콤하고 상큼하다. 와인 리스트도 훌륭하여 저녁에 찾아도 좋다. 이곳의 메뉴는 맥주, 와인과 모두 잘 어울려 가볍게 식사를 하기에도 적당하다.

**주소** Trg Jurja Klovića 4, 51000 Rijeka  **위치** 리예카 버스 터미널에서 도보 12분  **전화** 099 888 5949  **시간** 월~목 08:00~24:00, 금~토 08:00~02:00, 일 10:00~22:00  **홈페이지** www.facebook.com/cukarikafc

### 페랄 FERAL 34050

**흥겨운 음악과 맛있는 음악이 있는 레스토랑**

1789년 건물에 자리한 페랄은 동명의 식당을 인수하여 2011년 새롭게 문을 연 맛집이다. 역사는 오래되지 않았으나 리예카 사람들의 사랑을 듬뿍 받고 있다. 라이브 포크 음악과 기타와 만돌린 연주를 감상하며 달마티아 지방과 지중해풍 요리를 먹어 보자. 신선한 해산물과 천연 식재료만 사용하여 모든 메뉴가 건강하고 맛있다. 큰 생선을 잡아오는 생선 상인을 만나면 그 날의 메뉴가 바로바로 바뀌니 자주 찾아도 매번 다른 요리를 맛볼 수 있어 많은 리예카 사람들이 페랄을 찾는다. 일찍 열고 늦게 닫는다는 점도 인기에 크게 한몫한다.

**주소** Ul. Matije Gupca 5B, 51000, Rijeka **위치** 리예카 버스 터미널에서 도보 10분 **시간** 월~토 08:00~24:00, 일 12:00~18:00 **전화** 051 212 274 **홈페이지** www.konoba-feral.com

## 호스텔 1W Hostel 1W `34051`

### 여행자의 심장을 뛰게 하는 숙소

코르조와 불과 20m 거리에 있고 주요 명소들과도 가까워서 짐이 무거운 배낭 여행자들에게 유용한 호스텔이다. 객실의 인테리어는 대륙으로 표현하였고 이를 잇는 복도에는 심장 박동을 표현한 빨간색 선이 그려져 있다. 또한 깨끗하고 현대적인 시설은 흠잡을 곳이 없다. 모든 방에 냉방 시설이 갖추어져 있으며, 라운지에는 TV, 호스텔 전 공간에서는 무선 인터넷이 제공된다. 취사가 가능한 주방도 물론 있다. 역동적인 주말을 보내고 싶은 투숙객들을 위한 로맨틱 패키지도 마련하고 있어 테마와 어울리는 여행을 하고 싶다면 호텔에 미리 문의하도록 한다. 자전거 대여와 자동차 렌탈 서비스도 겸업하며, 추가 요금을 지불하면 세탁 서비스, 시내 셔틀 서비스와 공항 셔틀 서비스를 이용할 수 있다. 프런트 데스크는 24시간 운영한다. 따로 마련된 주차 공간은 하루 €10의 요금으로 이용 가능하다.

주소 Erazma Barcica 4, 51000 Rijeka  위치 리예카 버스 터미널에서 도보 3분  시간 체크인 14:00, 체크아웃 11:00  요금 싱글룸 300kn~, 6인 도미토리 120kn~  전화 051 401 757  홈페이지 www.one-world.com.hr

## 그랜드 호텔 보나비아 Grand Hotel Bonavia `34052`

### 편의성과 감각적인 스타일이 돋보이는 호텔

1876년 문을 연 4성급 호텔로 말쑥하게 새 단장하여 깨끗하고 현대적인 분위기까지 풍기게 되었다. 바다와도 가깝고, 도시의 메인 대로와 주요 관광 명소와 모두 가까워 위치가 우선 100점. 버스 정류장도 300m 떨어져 있어 다른 도시로의 이동도 편리하다. 파인 디이닝 레스토랑 카모브(Kamov), 카페 단테(Caffe Dante)도 호텔 내에 있으며 투숙객들은 무료로 사용 가능한 피트니스 센터와 스파, 사우나 시설도 완비하고 있다. 전 객실에는 LCD TV, 금고와 미니바가 있으며 헤어 드라이어와 세면도구가 마련되어 있다. 룸서비스, 다리미 서비스와 드라이 클리닝 서비스도 추가 요금에 제공한다. 230여 명을 수용할 수 있는 회의실도 세 개나 갖추고 있다. 가족 여행객을 위해 2세 미만 아동은 무료로 아기 침대를 제공하고, 12세 이하 아동은 €24로 엑스트라 베드를 이용할 수 있다. 객실에 딸린 널찍한 발코니와 푸짐한 아침 식사 뷔페도 좋은 평을 받고 있다. 객실 수는 총 121개이며, 라구나 포레츠(Laguna Porec) 호텔 체인 소속이다. 추가 요금 없이 애완동물 동반이 가능하다. 무선 인터넷과 주차도 무료이다.

주소 Dolac 4, 51000 Rijeka  위치 리예카 버스 터미널에서 도보 5분  시간 체크인 14:00, 체크아웃 12:00  요금 더블룸 €130  전화 051 357 980, 051 357 100  홈페이지 www.plavalaguna.comen/hotels/bonavia

## 근교도시
# 크르크 섬 Krk
크로아티아에서 가장 깨끗한 천연 섬

아드리아해 북쪽에 위치한 아름다운 크르크 섬은 상대적으로 잘 알려지지 않아, 때묻지 않은 크로아티아의 자연을 만끽할 수 있는 여행지다. 여름 평균 온도는 23℃, 바닷물 온도는 23~25℃이며 연평균 해가 나는 시간은 무려 2,500시간이다. 주변 동유럽 국가들과 크로아티아 사람들에게는 인기가 좋은 여름 여행지이나 아직 우리에게는 생소한 이름이다. 숲과 해변 등 다양한 지형을 가지고 있어서 캠핑, 수영, 보트같은 다양한 액티비티를 즐길 수 있다. 오래된 유적 등의 볼거리가 많은 크르크 타운과 섬 동쪽 해안 48m 높이 절벽에 자리한 작은 마을인 브르브니크(Vrbnik)를 돌아본다면 충분히 크르크 섬의 새로운 매력을 발견할 수 있는 여행이 될 것이다.

### 크르크 섬 관광 사무소 Turistička Zajednica Otoka Krk
**주소** Trg Sv. Kvirina 1, 51500 Krk **위치** 크르크 타운에서 자동차로 약 10분 거리(약 6km) **전화** 051 221 359 **홈페이지** www.krk.hr

### 크르크 타운 관광 사무소 Turistička Zajednica Grada Krka
**주소** J. J. Strossmayera 9, 51500 Krk **위치** 크르크 버스 터미널에서 도보 7분 **전화** 051 220 226 **홈페이지** www.tz-krk.hr

### 브르브니크 관광 안내소 Turistička Zajednica Općine Vrbnik
마을 지도 제공, 각종 투어 예약 가능, 숙소와 식당, 관광 명소 정보 제공
**주소** Placa Vrbničkog Statuta 4, 51516, Vrbnik **전화** 051 857 479 **홈페이지** vrbnik.hr

# 크르크 가는 길

**크르크 섬**

### 항공
리예카 국제공항이 크르크 섬에 있어 비행기로도 크르크를 찾는 것이 수월하다. 따라서 비행기를 예약할 때 공항명만 보고 리예카에 내리는 것으로 착각하지 않도록 주의하자. 4~10월 중에만 운항한다는 것도 명심해야 한다. 독일, 스웨덴, 노르웨이 등 유럽 여러 국가와의 항공편이 있으며 자그레브와 스플리트, 국내 노선 두 개를 운항한다. 공항에 도착해서는 공항에서 4km 떨어진 오미샤이(Omišalj)의 버스 터미널로 택시를 타고 이동하여 그곳에서 버스로 이동하거나(40분 소요, 하루 약 15회 운행, 37kn) 공항에서 바로 택시로 이동한다. 크르크 섬이 꽤 크기 때문에 크르크의 대표 마을 크르크 타운까지는 약 300kn 정도의 요금이 나온다. 도착층 앞에 위치한 택시 정류장에서 택시를 탈 수 있는데, 출발 전에 미리 요금을 확정하거나 어느 정도 금액이 나올 것인지 물어보고 탈 것을 권한다. 공항에서 택시와 유사한 트랜스퍼 서비스도 바로 신청하여 이용할 수 있다. 택시와 비슷하거나 조금 저렴한 요금을 지불하는 운전 서비스이다. 택시 리예카(www.taxi-rijeka.com), 코넥토 트랜스퍼(www.connecto-taxi.com) 등 여러 업체가 있다.

**주소** Hamec 1, 51513 Omišalj  **전화** 051 842 040  **홈페이지 공항** www.rijeka-airport.hr  **공항버스** www.arriva.com.hr

### 자동차

크르크 섬을 찾아가기 가장 쉽고 좋은 방법은 자동차를 이용하는 것이다. 내륙과는 1980년 세워진 1,430m 길이의 콘크리트 아치 다리로 연결되어 있는데, 크르크 다리(Krčki Most)는 세계에서 가장 긴 콘크리트 다리 중 하나로, 엄청난 규모의 다리를 건너 섬으로 진입하는 모습도 진풍경이다. 크르크 섬으로 진입할 때에는 통행료(35kn)를 지불하고, 나올 때는 요금 지불 없이 그냥 나올 수 있다.

### 버스
크르크 버스 터미널(Autobusni Kolodvor Krk)에서는 자그레브, 리예카를 비롯하여 크로아티아 여러 도시와의 버스들이 발착한다. 매표소와 간단한 식사를 할 수 있는 카페, 식당, 뉴스 가판, 택시 정류장, 주차장을 갖추고 있다. 홈페이지에서 표를 예매하면 5% 할인 혜택을 받을 수 있다.

**주소** Šetalište Svetog Bernardina 3, 51500  **전화** 060 30 01 01  **홈페이지** www.arriva.com.hr/hr-hr/kvarner/krk

| 운행 구간 | 소요 시간 및 운행 | 요금 |
| --- | --- | --- |
| 자그레브-크르크 | 4시간, 약 7회 운행 | 105kn |
| 리예카-크르크 | 1시간 30분, 약 3회 운행 | 64kn |

 **보트**

크레스 섬과 라브 섬에서 보트로 이동 가능하다. 정기적으로 보트가 운항하는 것은 아니라 여행 즈음에 스케줄을 확인해야 한다. 회사가 아니라 개인이 운영하는 보트도 굉장히 많아 선착장에 나가면 언제든지 보트를 볼 수 있다.

홈페이지 www.jadrolinija.hr

| 운행 구간 | 소요 시간 |
| --- | --- |
| 크레스(메라그)-크르크(발비스카) | 25분 |
| 라브(로파르)-크르크(발비스카) | 1시간 30분 |

## 크르크의 교통수단

### ▶ 자동차 & 택시

크르크 타운은 무척 작아 도보로 모두 돌아볼 수 있다. 크르크 섬 내 다른 지역을 가 보고 싶다면 렌터카를 이용하거나 택시를 이용하자. 숙소에 문의하여 택시를 부르거나 아래 택시 회사들에 직접 연락할 수 있다.

**ABS AUTOTAXI KRK**
주소 Omišaljska 34, 51500 Krk 전화 098 257 654

**TAXI IVAN**
주소 I. Zajca 14, 51500 Krk 전화 098 216 217, 098 525 215

**TAXI "ROBERT + DENIS"**
주소 S. Nikolića 33, 51500 Krk 전화 051 221 634, 098 209 194

**TAXI SERVICE "MILJENKO"**
주소 I. Gundulića 6, 51500 Krk 전화 051 221 456, 098 258 502, 091 252 6785 홈페이지 www.taxi-krk.com

### 크르크 타운에서 브르브니크로 이동

자동차 11.7km, D102 도로를 이용하여 자동차로 20분
택시 100kn~

> **Tip** 크르크 전통 축제와 연중 축제
> 8월 7~9일은 해마다 열리는 크르크 최대의 축제일이다. 마을 전체가 맛있는 냄새로 진동을 하고, 공연과 다양한 행사가 있다. 6~9월 하절기 동안 크르크 마을에는 모래성 쌓기, DJ 페스티벌, 무화과 축제 등 거의 매주 다양한 테마의 다채로운 행사들이 연이어 열린다.

### 🎥 크르크 타운 Krk Town `34053`

#### 크르크 섬의 행정과 정치 그리고 경제의 중심지

고대 그리스 시인 호메로스의 시에 코우레토(Koureto)라는 이름으로 등장한 바 있는 크르크 타운은 아드리아해 연안의 도시들 중 가장 역사가 오랜 지역 중 하나이다. 아직도 기원전 1, 2세기의 고대 로마 시대의 온돌이 있는 온천 시설 등 오래된 유적들이 남아 있다. 크르크 섬에서 가장 인기가 많은 여행 명소로 섬 곳곳에 위치한 캠핑장에서 캠핑을 한다거나 하는 특정 목적으로 찾는 사람들을 제외하고는 일반 여행자들이 가장 많이 찾는 동네이다.

### 🎥 벨라 플라카 Vela Placa `34054`

#### 크르크 마을의 심장부

크르크 마을로 들어서면 바로 여행자를 맞이하는 마을 중심의 광장이다. 중세 시대부터 마을 상업의 중심이 되었던 큰 시장(Platea Magna, 플라테아 마그나)이 열리는 곳이며 여러 명소로 향하는 주요한 길들이 모두 이 광장에서 뻗어 나간다. 거리를 뒤로하고 광장 입구를 바라보면 아름다운 크르크 항구가 눈에 들어온다. 행사가 잦은 크르크 마을의 이벤트의 장이기도 하다. 그리 넓지는 않지만 노천 카페아 레스토랑이 있이 사람들로 언제나 북석인다. 사용하지 않는 우물이 중심에 있고, 1489년 세워진 사각 기둥 모양의 시계탑 토리온(Torrion)은 광장의 상징이다. 광장 바로 옆에 위치한 높은 건물은 시청이다.

**주소** Vela Placa, 51500 Krk **위치** 크르크 버스 터미널에서 도보 5분

## 다각형 탑 Poligonalna Kula / Square Tower 34055

### 다각형 고딕 양식의 탑

15세기 초반에 니콜라 4세 왕자의 명으로 세워진 이 탑은 화려하지도 웅장하지도 않지만 마을의 남서부와 항구를 지키는 역할을 해왔기에 크르크의 중요한 명소로 꼽힌다. 서쪽 면에 한 부부의 모양을 그려 넣었고 1407년도와 왕자의 이름, 크르크 왕가의 문양을 함께 새겨 넣어 만들었다고 한다. 본래의 높이보다 현재는 훨씬 더 키가 작고, 총을 설치하기 위한 플랫폼도 사라졌으며 탑 양옆으로 이어지던 성곽도 없어졌다. 수염난 병사들이 이 탑에서 마을을 수호하였다고 하여 '수염의 탑'이라는 뜻의 토레 디 바르불리아(Torre di Barbuglia)라고 불리기도 하였다.

**주소** Vela placa, 51500 Krk **위치** 크르크 버스 터미널에서 도보 5분

## 크르크 대성당 Krčka Katedrala / Krk Cathedral 34056

### 크르크의 종교적 중심지

초대 기독교인들이 세운 5세기의 바실리카에 추가로 지은 건물로, 여느 유럽 대도시의 대성당에 비하면 규모는 작지만 크르크 마을의 종교적 중심이 되는 중요한 건물이다. 세 줄의 신도석으로 된 바실리카와 크르크 교구의 수호성인 성 퀴리누스를 위한 12세기의 낭만주의 양식 예배당, 트럼펫을 들고 있는 천사가 꼭대기에 서 있는 16세기 종탑, 성 바바라 예배당 등 다양한 시기에 만들어진 여러 부분으로 구성되어 있어 획일적이지 않은 모습이 특징이다. 성당 바로 뒤편에는 크르크 교구의 숙사가, 그 옆의 계단을 따라 내려가면 부두가 나타난다. 이곳의 경치는 무척 아름다워 성당보다도 부둣가가 인기가 많다.

**주소** Ul. Antuna Mahnića, 51500 Krk **위치** 크르크 버스 터미널에서 도보 5분 **시간** 동절기 08:30~12:30, 17:00~18:30, 하절기(부활절~10월1일) 09:00~13:00, 17:30~19:30 **전화** 051 221 341

## 프랑코판 성채 Frankopanski Kaštel / Francopan Castle 34057

### 캄플린 광장의 대규모 성채

크르크의 최후 방어선으로 이용되었던 이 성은 크르크 섬과 마을을 지배하던 크로아티아 귀족 가문 프랑코판이 12~18세기 동안 여러 세대에 걸쳐 건축해 온 것이다. 크르크에 남아 있는 유일한 중세 시대의 세속적인 건축물이다. 성채에서 가장 오래된 부분으로는 재판장이 있었던 사각 탑이며 입구 옆에 있는 아치형 채광창의 각인으로 1191년 완공되었음을 알 수 있다. 여러 번의 보수 공사와 확장으로 로마네스크, 고딕, 르네상스 양식이 섞여 있다. 여름에는 성벽 안에서 다양한 야외 행사가 열린다. 성이 위치한 광장 캄플린(Kamplin)은 고대 로마 시대에 온천이 있던 자리이다. 신전 기둥을 비롯하여 그 당시의 흔적이 아직 남아 있다. 현재 수리로 인해 휴관한 상태이다.

주소 Trg Kamplin, 51500 Krk  위치 크르크 버스 터미널에서 도보 5분  시간 월~토 09:00~14:00  요금 성인 22kn, 6~14세 15kn, 학생 · 65세 이상 18kn  전화 098 726 884  홈페이지 www.kastel-krk.com

## 아시시의 성 프란체스코 수도원 Franjevački Samostan / Franciscan Monastery 34058

### 13세기 고딕, 르네상스 양식의 수도원

1500년의 기록에 따르면 성 프란체스코가 궂은 날씨로 우연히 크르크 섬에서 머물다가 자신의 가르침을 얻고자 했던 사람을 만나 크르크 섬에 수도회를 세웠다고 한다. 건물은 난일 예배 본당의 성당으로 반원형의 앱스(Apse)와 고딕 양식 지붕을 하고 있다. 그리고 성당이 지어진 것으로 기록된 시기보다 더 오래된 시점에 그려진 프레스코화가 내부에서 발견되어, 이전에도 예배당으로 사용되던 건물을 수도원으로 사용한 것으로 추정된다. 1743년 종탑이 추가로 건축되었고, 입구 파사드를 장식하는 베네치아의 상징인 날개 달린 사자도 주목할 만하다. 당시 베네치아가 전쟁 중임을 나타내기 위해 사자를 놓았다고 한다.

주소 Ul. Stjepana Radića, 51500, Krk  위치 크르크 버스 터미널에서 도보 15분

## 🅘 건강 성모 성당 Majka Božja od Zdravlja / Our Lady of Good Health Church 34059

**작은 나무들이 소담스럽게 있는 광장 앞 성당**

현대적인 크르크 타운 스포츠 센터와 성 프란시스코 수도원 중앙에 위치한 11세기 로마네스크 양식의 성당이다. 19세기 중반까지는 성 미호빌(St. Mihovil)에 헌정되며, 베네딕트 수도회에 속하였으나 콜레라가 심하게 돌아 마을 사람들의 건강을 지키는 기적을 성모가 행하여 지금의 이름으로 바뀌었다. 오늘날까지 잘 보존된 중앙 제단과 세 개의 신도석, 피라미드 모양의 지붕의 2층 탑이 특징이다. 제단 위에는 귀한 회화 작품들이 걸려 있다. 15세기 중반까지는 수도사들이, 그 후에는 베네치아 신부들이 거주하였다.

**주소** Ulica Doktor Dinka Vitezića, 51500 Krk **위치** 크르크 버스터미널에서 도보 15분 **전화** 051 221 414

## 🅘 해변과 항구

**종일 첨벙대고 싶은 맑은 바다**

크르크의 해변은 시내 양옆에 위치한 포르포렐라(Porporela)와 포르타피사나(Portapisana) 자갈 해변이며 물이 맑아 블루 플래그(Blue Flag)가 수여된 청정 해수욕장이다. 시내 바로 앞에 위치한 항구에는 주변 섬으로 낭일치기 여행을 다녀올 수 있는 다양한 보트 투어가 여행자들을 기다리고 있다. 렌터카가 없으면 찾아가기 마땅치 않은 크르크 섬의 다른 바닷가 마을들도 이곳에서 출발하는 보트를 타고 돌아볼 수 있으니 관심 있게 살펴보자.

## 🏬 크르크 백화점 Robna Kuća Krt `34060`

### 크르크의 대형 쇼핑몰

슈퍼마켓, 은행, 자동차 수리점, 피자리아, 휴대폰 가게, 철물점 등이 한곳에 모여 있는 대형 쇼핑몰이다. 대도시의 쇼핑몰의 규모에 비교할 수 없지만, 크르크의 작은 상점들에 비하면 무척 규모가 있는 쇼핑센터다. 크로아티아를 대표하는 콘줌(Konzum)과 DM 등 두 개 이상의 대형 슈퍼마켓이 입점해 있어 장을 보기 무척 수월하다. 또 크르크 타운의 대부분의 숙소들이 자리한 동네 초입에 위치하여 쇼핑을 하고 바로 숙소로 돌아가기도 유용하다. 바로 옆 건물에는 큰 에르스트(Erste) 은행과 크르크 카지노가 있으며 맞은편에는 우체국이 위치한다. 크르크 주민들을 많이 만날 수 있는 곳이다.

**주소** Ul. Stjepana Radića, 51500 Krk **위치** 크르크 버스 터미널에서 도보 5분 **시간** 매장마다 상이

---

## 🍴 빅터 & 코코 Viktor & Coco `34061`

### 달콤한 요거트를 먹으며 기념품 쇼핑

크르크 타운 아이들이 모여 있는 골목 귀퉁이에 있어 지도 없이도 찾기가 쉽다. 산지에서 나는 식재료로 만든 잼과 통조림, 올리브유, 꿀, 과자, 사탕 등과 세라믹 그릇을 부담 없는 가격에 구입할 수 있다. 빅터 & 코코는 가게의 일부를 프로즌 요거트 테이크아웃 카페로 운영한다. 달콤한 요거트 위에 취향에 맞는 토핑 몇 개를 추가해 먹으면 무더운 여름 날씨를 이길 수 있다. 신선한 생과일 스무디와 과일 주스도 판매한다. 요거트를 다 먹으면 가게로 들어가 예쁘게 진열된 상품을 구경해 보자.

**주소** Ulica Antuna Mahnića, 51500, Krk **위치** 크르크 버스 터미널에서 도보 8분 **전화** 091 539 6474 **홈페이지** www.facebook.com/pg/ViktorAndKoko

### 🍴 피자리아 캄플린 Pizzaria Camplin `34062`

**주문 시 바로 구워 내는 따끈한 화덕 피자**

들어서자마자 큰 화덕이 보이고, 주문하면 바로 도우를 반죽하고 토핑을 올려서 화덕에 구워 내는 과정을 볼 수 있는 오픈 키친 구조이다. 우리가 아는 피자 종류는 전부 메뉴에 있고, 연어 피자, 타르투파타 버섯 피자 등의 색다른 토핑의 피자도 있다. 채식주의자를 위한 비건 피자도 있다. 유럽에서는 좀처럼 피자 테이크아웃을 볼 수 없는데, 캄플린의 피자 박스는 크르크 타운에서 종종 보게 된다. 무척 넓은 실내 자리와 충분한 야외 테라스 사리가 있어도 포장 손님도 많은 인기 만점의 피자리아다.

**주소** Alojzija Stepinca bb, 51500 Krk **위치** 크르크 버스 터미널에서 도보 10분 **시간** 09:00~24:00 **가격** 마르게리타 피자 35kn, 하와이안 피자 43kn **전화** 051 222 311 **홈페이지** www.facebook.com/PizzeriaCamplin

### 🍴 코노바 갈리야 Konoba Galija `34063`

**크르크 사람들이 입을 모아 칭찬하는 맛집**

동네 사람들에게 '오늘 저녁은 어디에서 먹으면 좋을까?' 물으면 대부분이 갈리야를 가장 먼저 말한다. 총면적 300m², 네 개의 방으로 구성된 넓은 레스토랑에는 크르크 과거의 사진들이 붙어 있고 빵 굽는 오븐과 앤티크한 화롯가로 아늑하게 꾸며 놓았다. 피자리아와 바, 식당으로 구성되어 있으며 직접 만든 빵과 피자, 지중해풍의 요리를 선보인다. 크로아티아 전역의 와이너리 중 갈리야의 음식과 어울리는 것들을 엄선하여 판매한다. 대표 메뉴는 크르크 앞바다에서 잡은 문어로 요리한 샐러드, 새우와 아스파라거스 소스를 얹은 갈리야 누들, 비프 스테이크 등이 있다. 생선 메뉴를 고르면 수조에서 직접 먹을 생선을 고르도록 한다. 스태프들의 세심한 서비스도 훌륭하다.

**주소** Frankopanska Ul. 38, 51500 Krk **위치** 크르크 버스 터미널에서 도보 10분 **시간** 11:00~02:00 **전화** 051 221 250 **홈페이지** www.galijakrk.com

### 🍴 아트 카페  Art Caffe  `34064`

**오르막길을 오르면 나타나는 분위기 있는 카페**

아침을 차려 먹을 기운이 없다면 부지런하게 일찍 문을 여는 아트 카페로 향하자. 크르크 해변에서 멀어질수록 경사가 오르막으로 변하는데, 살짝 힘에 부칠 때쯤 아트 카페가 눈에 들어온다. 실내 자리는 해가 나는 오전, 오후에는 인기가 없으니 테라스 자리에서 따뜻한 커피와 함께 여유로운 아침 시간을 즐기도록 하자. 밤에는 DJ와 함께 하는 후카 라운지로 탈바꿈한다. 자정이 넘어 아트 카페에 들어서면 온통 후카 연기로 자욱하다. 크르크에 이렇게 젊은이들이 많았나 싶을 정도로 20~30대 동네 사람들이 모두 여기로 모이는 듯하다. 주말, 주중할 것 없이 자주 파티와 행사를 연다. 무선 인터넷도 무료로 이용할 수 있다.

**주소** Ul. Dr. Dinka Vitezića 12, 51000 Krk  **위치** 크르크 버스 터미널에서 도보 10분  **시간** 08:00~02:00  **가격** 칵테일 5kn~  **전화** 051 880 866  **홈페이지** www.facebook.com/artcaffe.krk

### 🛏 호스텔 크르크  Hostel Krk  `34065`

**저렴한 가격의 숙소를 찾는다면**

크르크 타운 구시가지 한가운데 위치한 도미토리이다. 아무리 길눈이 어두워도 진분홍색 건물을 그냥 지나치기란 쉽지 않다. 무려 250년 전에 지어진 건물로서 시 정부에서 보호하고 있는 건물이다. 5인, 6인 도미토리를 비롯하여 총 18개의 객실이 있으며 트윈룸, 더블룸, 3인, 4인실도 있어 친구들끼리 묵어가기에도 좋다. 추가 요금을 지불하고 셔틀 서비스를 이용할 수도 있다. 호스텔 내 레스토랑도 있고 무료 주차, 무료 무선 인터넷을 제공한다. 해변, 항구와 200m 떨어져 있고, 50m 떨어진 거리에 슈퍼마켓도 있다.

**주소** Dr. Dinka Vitezića 32, 51500 Krk  **위치** 크르크 버스 터미널에서 도보 12분  **시간** 체크인 08:00~23:00, 체크아웃 08:00~10:30  **요금** 성수기 도미토리 €21  **전화** 051 220 212  **홈페이지** www.hostel-krk.com

### 🚗 다니네 아파트 Dani's Apartment `34066`

**크르크에 살고 싶은 마음이 들 수 밖에 없는 곳**

아버지와 할아버지와 할아버지의 할아버지부터 크르크 토박이였다는 다니의 아파트이다. 한국에서도 일을 했던 경험이 있어 한국 손님들에게는 가봤던 한국 도시 이름들을 대며 친근하게 맞아 준다. 다니네 세 식구가 사는 아파트 아래층 독채를 손님들에게 에어비앤비를 통해 제공한다(에어비앤비 슈퍼호스트). 주차 공간이 따로 있고 한 가족이 써도 될 정도로 넓은 거실과 주방, 두 개의 침실은 흠잡을 곳 없이 반짝반짝 깨끗하다. 레지던스 호텔의 편의성과 특급 호텔의 청결함을 모두 갖추었다. 밤이 되면 크르크 하늘을 가득 메운 눈부신 별들을 전용 테라스에서 실컷 구경할 수도 있다. 워낙 동네에 해박해 필요한 것이 있으면 무엇이든 물어볼 수 있고, 여행 중 겪게 되는 난감한 상황이나 크로아티아어 통역, 번역이 필요한 문제도 말 벗고 나시 주는 최고의 호스트이다. 크르크를 잘 모르는 여행자라 하더라도 다니의 안내에 따라 여행하면 문제없다.

**주소** Ulica Ivana Meštrovića 16A, 51500 Krk  **위치** 크르크 버스 터미널에서 도보 16분  **홈페이지** www.airbnb.co.kr/rooms/2813890

## 브르브니크 교구 성당 Crkva Sv. Marije od Uznesenja / Church of St. Mary Magdalene  34067

### 르네상스 종탑이 있는 교구 성당

1325년 세워진 교구 성당이다. 좁은 골목들 사이에 있어 제대로 정면을 올려다보는 것이 쉽지 않기도 하지만, 큰 키의 16세기 르네상스 양식의 종탑이 옆에 우뚝 서 있어 찾기 쉽다. 사실 성당보다 브르브니크 시립 도서관이 위치하여 더 유명하다. 크르크는 오래전부터 크로아티아 역사에서 중요한 역할을 했는데, 그중 가장 주목할 것이 크로아티아에 존재했던 가장 오래된 문자 중 하나인 글라골루 문자의 기록이다. 멸종된 달마티아의 고대 언어 두 가지 중 하나로 19세기 초기까지 사용되다 현재는 완전히 사라진 문자 기록이 브르브니크의 도서관에 대량으로 남아 있다.

주소 Roč 1, 51516 Vrbnik

## 즈그리브니카 해변 Zgribnica  34068

### 브르브니크 사람들이 태양을 피하는 방법

물이 맑아 블루 플래그(Blue Flag)를 수여 받은 청정 해변이다. 자갈 해변으로, 작은 마을 크기에 비해 규모가 있어 성수기에 마을 사람들과 여행객들이 몰려들어도 붐비지 않아 좋다. 해변 바로 위에 있는 언덕에 주차 공간이 있어 차로 여행하는 사람이라면 차를 주차하고 바로 해변으로 향할 수 있어 편리하다. 탈의실, 샤워 시설과 식사나 간식을 먹을 수 있는 식당과 카페가 있다. 여름에는 패들 보트, 파라솔 등을 대여한다.

주소 51516 Vrbnik / Supec Ulica와 Frankopanska Ulica 사이

## 코노바 나다 Restaurant – Konoba Nada 34069

**환상적인 전망에서 즐기는 해산물 요리**

1974년부터 맛있는 지중해풍의 해산물 요리를 해 온 브르브니크 최고의 맛집이다. 지역 특별 메뉴인 크르크 양고기나 수르리스(Šurlice) 국수 등을 잘한다. 실내보다는 바다가 내려다보이는 환상적인 뷰의 야외 테라스 자리를 추천한다. 항상 날씨가 맑고 경치가 좋아 입맛을 돋우고 술이 생각나기도 한다. 훌륭한 크로아티아 와인을 엄선해 마련한 와인 셀러도 추천한다. 코노바 나다를 찾는 손님들은 점심부터 와인을 병째로 마시기도 한다.

**주소** Ulica Glavača 22, 51516, Vrbnik **전화** 051 857 065 **시간** 3월 15일~11월 1일 12:00~23:00 **가격** 메인 요리 60~180kn **홈페이지** www.nada-vrbnik.hr

### Tip 즐라티나 žlahtina

**골목마다 보이는 와인 가게**

주변 지역에서 생산하는 즐라티나 와인은 브르브니크를 대표하는 특산물이다. 식사를 하며 한잔 곁들여 보자. 즐라티나 와인은 브르브니크 주변에 100ha 남짓한 들판에서만 나는 즐라티나 포도로 만드는 드라이한 화이트 와인이다. 19세기부터 포도가 나기 시작했고 포도의 이름은 '귀족적인'이라는 뜻의 단어 즐라텐(Zlahten)에서 유래했다. 맑은 노란색이나 지푸라기 색을 띠며 섬세한 향과 맛이 특징이다. 양 치즈와 가장 잘 어울리고, 모든 해산물 요리와도 잘 어울린다. 브르브니크의 식당들은 대부분 자체 와인 셀러를 가지고 있다.

# 플리트비체 국립 호수 공원

**수정처럼 빛나는 크로아티아의 천연 보물**

1979년 유네스코 세계유산에 등재된 29,000ha에 이르는 플리트비체 국립 호수 공원은 세계에서 손꼽히는 자연 경관이다. 1949년 문을 연 공원은 크로아티아 최대 규모의 공원이며 해마다 백만 명 이상의 사람들이 찾아오는 최고의 인기 관광지이기도 하다. 공원은 크게 위쪽 호수, 아래쪽 호수로 나뉘며 미로 같은 작은 통나무 길과 손대지 않은 무성한 나무와 수풀, 방해받지 않은 채 유유히 생활하는 다양한 생물들은 구경의 대상이 아니라 경외해야 할 정도로 순수하고 깨끗하다.

### 플리트비체에서 놓치지 말아야 할 것!

① 물의 요정들이 뛰어놀 것만 같은 **아름다운 폭포**
② 매끄럽게 호수를 가로지르는 **보트 타기**
③ 옆 동네의 색다른 매력 탐방, **라스토케**
④ 호수 근처 숲속에서 **승마 체험**

# Plitvička Jezera
# Information

플리트비체 지역 정보

**면적** | 300km²
**고도** | 417~1,280m
**기후** | 온화하고 따뜻한 다우림 기후와 높은 고도의 눈 덮인 삼림 기후로 나뉜다. 해발고도 700m 높이, 가장 추울 시즌의 평균 온도 -3℃가 다우림 기후와 삼림 기후를 나누는 경계이다.
**지역번호** | 플리트비체 053

플리트비체의 고원은 리카 플예세비카(Licka Pljesevica, 1640m)와 말라 카펠라(Mala Kapela, 1280m) 산 사이에 위치하며, 코라나(Korana) 강 상류와 교차한다. 공원 부지의 90%는 리카-세이(Lika-Senj) 지역에 속하고, 니미지 10%는 카를로바즈(Karlovac) 지역에 속한다. 석회석과 백운석으로 된 카르스트 지형(침식된 석회암 대지)으로, 4천 년간 쌓인 탄산칼슘으로 조성된 천연 댐으로 만들어진 16개의 호수와 200개 이상의 하천을 포함하고 있다.

📍 **플리트비체 관광 사무소**
**주소** Trg Sv. Jurja 6, 53230 Korenica **전화** 053 776 798 **시간** 월~금 07:00~15:00 **홈페이지** www.discoverplitvice.com

📍 **공원 내 인포메이션 센터**
**위치** 공원 1번 입구, 리카 쿠차(Lička Kuća) 레스토랑 옆 **시간** 08:00 ~20:00, 겨울 휴무 **홈페이지** www.discoverplitvice.com

## ✈ 플리트비체 가는 길

**항공**

플리트비체 국립 호수 공원과 가장 가까이 위치한 공항은 자그레브 국제공항(Zagreb International Airport)이다. 도심과 14km 떨어져 있으며 빈, 프라하, 부다페스트, 밀라노 등 유럽의 주요 도시와 국내 도시 볼, 자다르, 스플리트, 두브로브니크와 풀라와도 연결되어 있어 저가 항공으로 다른 유럽 도시에서 넘어오기 유용하다. 보통 자그레브 공항에서 자그레브 시내로 이동한 후 플리트비체로 여행한다.

**전화** 01 4562 170 **홈페이지** www.zagreb-airport.hr

**자동차**

크로아티아 도로 상황이 좋아서 렌터카로 플리트비체 국립 호수 공원을 찾는 것은 전혀 어렵지 않다. 플리트비체 공원 홈페이지에서 실시간 도로 상황과 운전 규칙, 법률 등을 안내하고 있어(영어) 차로 이동하는 여행자는 홈페이지를 한 번 살펴볼 것을 추천한다.

| 목적지 | 거리 | 소요 시간 |
| --- | --- | --- |
| 자그레브-플리트비체 | 137km | 약 1시간 50분 |
| 자다르-플리트비체 | 118.6km | 약 1시간 30분 |
| 스플리트-플리트비체 | 257km | 약 2시간 40분 |

### 버스

크로아티아의 여러 도시에서 플리트비체로 향하는 버스를 탈 수 있다. 대부분의 버스는 플리트비체 국립 호수 공원 입구 1, 2번에 모두 정차한다. 여름 성수기 시즌에는 운행하는 버스편이 더 많지만 빨리 매진되기 때문에 홈페이지에서 예매하는 것을 추천한다. 아침 일찍 출발하여 공원을 보고 다시 돌아올 수 있는 시간대의 버스들이 가장 빨리 매진된다. 또 버스가 예정된 시간보다 더 늦게 출발, 도착할 수도 있다는 점을 명심하자. 또 플리트비체에는 공식 버스 정류장이 없고, 버스나 투어 업체에 따라 공원 내 주차장을 이용하거나 입구에 세워 준다. 버스로 돌아갈 때는 공원 입구 앞 도로에서 버스를 탄다. 같은 버스 회사나 업체의 버스를 타고 돌아가는 편을 이용한다면 돌아가는 버스를 탈 지점을 확인하고 내려야 한다.

**홈페이지** www.buscroatia.com

| 목적지 | 소요 시간 | 요금 |
|---|---|---|
| 자그레브-플리트비체 | 약 2시간 | 80kn |
| 자다르-플리트비체 | 약 2시간 30분 | 90kn |
| 스플리트-플리트비체 | 약 4시간 | 140kn |

### 여행 상품

크로아티아 대부분의 관광 도시에서 플리트비체 국립 호수 공원의 여행 상품을 판매한다. 대중교통을 알아보는 것이 번거롭고 운전이 싫다면 편하게 가이드 상품을 이용해도 좋다. 한국어 가이드를 지원하지 않는다는 점이 조금 불편할 수 있다. 플리트비체 여행 상품들은 공원 입장료, 왕복 교통편, 영어 가이드를 포함하며 추가적으로 라스토케 마을 방문, 식사, 간식, 주변 농장 방문, 박물관 방문, 공항에서 바로 플리트비체를 여행하고자 하는 여행자를 위한 공항 픽업 서비스, 자그레브가 아닌 다음 도시로 이동할 수 있도록 하는 서비스 등의 추가 사항에서 조금씩 차이를 보인다. 출발

도시의 관광 사무소에서 여러 플리트비체 투어 업체들의 브로슈어를 살펴보거나 관광소 직원에게 부탁하여 골라볼 수 있다. 보통 아침 8시쯤 일찍 출발하여 저녁 시간쯤 돌아오는 하루 일정이다.

### ▶ 자그레브

**펑키 자그레브**
- 크로아티아 내전 박물관 방문, 라스토케 방문, 플리트비체 국립 호수 공원 입장료, 왕복 교통편, 근처 농장 방문, 커피와 치즈 간식 포함
  2인 €180
- 공항에서 바로 플리트비체를 여행하고자 하는 여행자를 위한 공항 픽업 서비스 €35 추가
- 교통편만 제공하고 공원은 여행자 자유로 돌아볼 수 있도록 하는 셀프 투어
  2인 €260 (입장료 미포함)

**홈페이지** www.funky-zagreb.com/zagreb-day-trips/plitvice-lakes-private-tour

**자그레브 투어스**
플리트비체 국립 호수 공원 입장료, 왕복 교통편, 영어 가이드, 라스토케 방문 - 2인 €195

**홈페이지** www.zagrebtours.com/en/t/plitvice-lakes-tour/2

**헬로우 자그레브**
플리트비체 국립 호수 공원 왕복 프라이빗 차량과 가이드 제공, 입장료 제외 - 1~4인 €300

**홈페이지** www.hellozagreb.com/cn/tour/plitvice-lakes.html

### ▶ 자다르

**자다르 익스커션스**
플리트비체 국립 호수 공원 입장료, 왕복 교통편, 영어 가이드 - 1인 460kn

**홈페이지** www.zadarexcursions.com

### ▶ 스플리트

**데이트립스 프롬 스플리트**
크르카 국립공원, 플리트비체 국립 호수 공원 투어를 비롯한 여러 프로그램 운영 - €65

**홈페이지** www.daytripsfromsplit.com

> **Tip 경제적인 여행 방법!**
> 여행자가 1~2명이면 대중교통(버스)을 이용하는 방법이 있다. 시간은 오래 걸리지만 가장 경제적이다. 그리고 4인용 중형차를 렌트하여 이동하는 방법도 있는데, 왕복 기름값과 톨게이트 비용 등의 총 경비가 500~600kn 정도 발생한다. 여행 전에 패키지 상품 비용과 비교하여 결정하자.

##  플리트비체의 교통수단

공원 내에서는 별도로 교통수단 외에 공원에서 운영하는 보트와 매표소에서 두 공원 입구를 연결하는 자체 버스를 이용한다. 공원 안에서는 모두 도보로 이동하니 본인의 체력을 고려하여 루트를 선택하도록 한다.

요정들의 호수에서 추억을 만드는
# 플리트비체 추천 일정

플리트비체 국립 호수 공원은 자그레브와 자다르와 가장 가까워서 두 도시를 여행하며 하루나 이틀 정도 여유 일정을 두고 근교 여행으로 플리트비체를 다녀오는 경우가 가장 많다. 하지만 크로아티아 여행의 목적 중 하나가 플리트비체 국립 호수 공원 방문이라면 이틀 일정으로 여행할 것을 추천한다. 이른 아침, 사람들이 가장 적을 때가 사진이 가장 잘 나오기도 하고, 플리트비체의 밤하늘 풍경도 남다르기 때문에 공원 바로 앞에 위치한 숙소 중 한 곳에서 하룻밤을 보내는 일도 무척 특별한 경험이 될 것이다. 무엇보다 시간에 쫓기지 않고 플리트비체 국립 호수 공원의 구석구석을 천천히 돌아볼 수 있다는 점이 여유로운 일정의 장점이다.

※ 공원 입구와 공원 곳곳의 기념품 상점에서 판매하는 상세 지도를 참고하면 더욱 알차게 공원을 돌아볼 수 있다.

### 짧지만 핵심만 알차게 돌아보는
### 1 Day

시간에 맞는 반나절 투어 루트를 고를 것을 추천한다. 투명한 물을 유유히 헤엄치는 물고기와 오리를 구경하며 천천히 산책하고 싶다면 위쪽 호수를, 방문객을 압도하는 큰 폭포의 위엄을 보고 싶다면 아래쪽 호수를 살펴보자. 지질학적 구성도 달라 물 색상도 위아래 호수가 다르다. 에메랄드빛이 색상을 띠는 곳은 아래쪽 호수인데, 이 역시도 온도에 따라 차이를 보여 계절마다 조금씩 색이 변한다고 한다.

### 하룻밤을 보내고 여유롭게 돌아보는
### 2 Days

플리트비체 국립 호수 공원을 구성하는 아름다운 호수들은 공원의 1% 밖에 안 될 정도로 넓기 때문에 아무리 바쁘게 돌아다녀도 하루 만에 공원을 전부 보고 갈 수 없다. 플리트비체 국립 호수 공원에서 2일을 머물기로 일정을 잡았다면 너무 쫓기듯 다닐 필요는 없다. 하루는 위쪽 호수를, 다음 날은 아래쪽 호수를 돌아보고 맛있는 식사도 즐기도록 하자. 그리고 별빛 가득한 공원의 고요한 밤하늘을 구경하는 시간도 갖자.

MAPCODE 34100

# 플리트비체 국립 호수 공원 Plitvicka Jezera

### 크로아티아 최초의 국립공원

플리트비체 국립 호수 공원에는 멸종 위기에 처한 동식물들이 많아서 관련 전공의 학자와 연구원들도 자주 찾는 중요한 생태계의 보고이기도 하다. 먼저 공원 내 지금까지 발견된 식물은 약 1,200종이 있고 이 중 상당수는 민물 이끼종이라고 한다. 육식식물도 발견되는 등 크로아티아뿐 아니라 유럽에서 보기 드물고 희귀한 식물이 많아 탐사와 연구는 꾸준히 활발하게 진행되고 있다. 수많은 종류의 희귀 동물 중 대표적인 것으로는 바바스텔 박쥐, 유라시아 수달, 유라시아 독수리와 부엉이 그리고 플리트비체 공원에서 가장 귀하여 공원의 트레이드마크로 꼽히는 유러피안 갈색곰이 있다. 호수에 가장 많이 서식하는 종은 강 게와 하천 게이며, 157종의 새와 320여 종에 이르는 나방과 나비도 있다. 또한 1964년 지형학적 기념물로 지정된 공원 내 수포야라 동굴 안에는 이 동굴의 특징적인 온도와 습도로 인해 살게 된 특이한 곤충과 이끼 등이 있어 학자들의 큰 관심이 쏠리고 있다.

사람의 손길이 전혀 닿지 않은 상태로 보존되어 있어 '처녀 숲'이라고 불리는 숲도 있다. 해발고도 860~1,028m에 위치한 코르코바 우발라(Čorkova Uvala) 숲이 바로 그것인데, 공원 북서쪽에 위치한 것으로 여러 개의 싱크홀과 카르스트 지형으로 구성되어 있으며 너도밤나무와 전나무로 뒤덮여 있다.

플리트비체 국립 호수 공원의 아래쪽 호수(Lower Lakes)는 네 개로 위쪽 호수보다 개수는 훨씬 적지만 공원의 상징과도 같은 큰 폭포가 위치하여 방문객들의 사랑을 많이 받고 있다. 그리고 공원을 대표하는 아름다운 절경을 찍을 수 있어, 환상적인 포토 스팟이기도 하다. 아래쪽 호수가 있는 협곡의 절벽

은 최고 높이 40m이며 크로아티아에서 가장 키가 큰 높이 78m의 폭포 벨리키 슬라프(Veliki Slap)가 아래쪽 호수 사이에 위치한다. 바로 아래서 올려다보면 물방울이 튀기는 것까지 생생하게 느낄 수 있어 인상적이다. 이외에도 밀라노바츠, 가바노바츠, 칼루데로바츠, 노바코비차 브로드 호수가 있다.

총 12개의 호수가 있는 위쪽 호수(Upper Lakes)는 아래쪽 호수보다 비밀스럽고, 야생적인 느낌이다. 걸어서 각각의 호수를 돌아볼 수 있도록 닦아 놓은 나무길과 표지판 외에는 거의 손대지 않았다. 어딜 가도 나무와 물이 있는 크로아티아지만, 플리트비체 국립 호수 공원의 위쪽 호수는 그 정점에 있다고 할 수 있다. 이 호수들을 돌아볼 때는 걸음을 조금 더 느리게 하고 숨은 더욱 깊이 들이마시자.

**주소** HR 53231 Plitvička Jezera **시간** 연중무휴 08:00~16:00 **요금** 1일권(성인) 1~3월, 11~12월 60kn, 4~6월, 9~10월 100kn, 7~8월 180kn / 티켓은 입장권과 파노라마 기차, 전기 보트, 여행자 보험과 부가가치세를 포함한다. 1일권을 2일권으로 교환도 가능한데, 공원과 공원 부근 호텔 프런트에서 추가 금액을 지불하고 교환할 수 있다. 단체인 경우 사전에 예약할 것을 권한다. 자세한 요금은 홈페이지를 참고하자. **전화** 053 751 015, 053 751 014 **홈페이지** www.np-plitvicka-jezera.hr

# 아래쪽 호수 Lower Lakes

## 밀라노바츠 호수 Milanovac

20m 높이의 절벽 앞에 위치한 호수이다. 이 호수의 동쪽 부분을 돌아보는 것을 정말 좋아했던 크로아티아 출신의 오페라 디바인 밀카 트르니나(Milka Trnina)에게 헌정된 것으로 유명하다.

## 가바노바츠 호수 Gavanovac

밀라노바츠 호수 다음으로 나타나는 곳이 가바노바츠 호수이다. 이전에 작은 보트가 드나들던 수플야라(Šupljara) 동굴이 있다.

## 칼루데로바츠 호수와 노바코비차 브로드 호수 Kaluđerovac & Novakovića Brod

두 호수 사이에는 북쪽 1번 출입구에서 큰 폭포로 향하는 길이 있어, 1번 출입구로 공원에 입장하는 사람들은 자연스럽게 이 두 호수를 구경하고 폭포로 향할 수 있다. 노바코비차 브로드 호수 끝에는 뻥 뚫린 구멍으로 직하강하는 높이 25m의 여러 개의 폭포가 있다.

## 📍 위쪽 호수 Upper Lakes

### 프로스찬스코 호수 Prošćansko

마티카(Matica) 강이 흘러들어 만들어진 곳으로 위쪽 호수에서 두 번째로 크고 깊이는 37m이다. 왼쪽 호숫가는 가장 높은 보호 구역으로 지정되어 아쉽게도 일반 방문객들은 갈 수 없다. 이어서 치기노바츠(Ciginovac) 호수와 오크루글야크(Okrugljak) 호수가 뒤를 잇는다. 높이 약 20m의 아름다운 라부도바츠(Labudovac) 폭포가 있고 물줄기는 바티노바츠(Batinovac)와 '큰 호수' 벨리코 예제로(Veliko Jezero)와 '작은 호수' 말로 예제로(Malo Jezero), 비르(Vir)와 갈로바츠(Galovac) 호수로 이어진다. 마지막으로 반짝이는 폭포라는 뜻의 프르스타브치(Prštavci)가 쏟아져 내리는 밀리노(Milino)와 그라딘스코(Gradinsko), 부르게티(Burgeti) 호수가 모습을 드러내고, 전기 보트로 이동하여 건널 수 있는 플리트비체 최대 호수인 코즈야크(Kozjak) 호수가 위쪽 호수의 마지막 호수로 자리한다.

> **Tip 가이드 투어**
> 최소 15인 단체로 예약이 가능한 가이드 투어는 크로아티아어, 영어, 이탈리아어, 독일어, 프랑스어, 스페인어로 진행 가능하다. 4시간 반일 투어는(위쪽 또는 아래쪽 호수 둘 중 하나 택일) 900kn, 모든 호수를 돌아보는 5~6시간 일일 투어는 1,300kn이다.

## 코즈야크 호수 Kozjak

고도 534m에 위치하며 가장 깊은 곳은 수심이 46m나 된다. 400년 전에는 두 개의 호수와 높이 40m의 폭포로 이루어져 있었으나 두 호수를 구분하던 경계가 무너지고 수면이 상승하며 하나의 큰 호수가 되었다. 전기 보트를 타고 건너게 되면 호수 중간에 볼 수 있는 스테판야(Štefanija)의 섬을 찾아보자. 길이 275m, 너비 60m로 무척 작은 섬이며 작은 덤불들과 도토리나무가 자란다. 다른 호수들에서 찾아볼 수 없는 코즈야크만의 특징이다.

### 반드시 지켜야 할 규칙

여행자들이 세부적인 지질학까지 알 필요는 없지만, 안전을 위해 알아두어야 할 점이 있다. 플리트비체 국립 호수 공원의 돌은 화강암으로 약간의 충격에도 쉽게 부서지며, 또한 절벽과 급경사면도 많아 사고의 위험이 높다는 것이다. 물론 들어가지 말라는 수많은 표시와 안전 요원이 있지만, 사진 욕심을 내는 여행자들이 특히 이를 무시하고 위험한 곳까지 나아가 사진 촬영을 한다. 공원 측에서도 이미 한국인들이 안전 표시에도 아랑곳하지 않고 사진을 찍는 것을 좋아한다는 것을 알고 있어 우려를 표하는데, 2015년 10월 한국인 여행자가 사진을 찍으려다 절벽에서 추락한 사건이 있었던 점까지 감안하여 여행자들은 특별한 주의를 기울여야 할 것이다.

수영이나 물에 들어가는 행위도 금지이다. 8월의 한여름 날씨에 조금이나마 더위를 피해보려고 다리에서 미끄러져 물에 빠진 척하는 것으로 추정되는 여행객들도 종종 있다고 한다. 물론 낚시나 캠핑도 금지이다.

쓰레기 또한 가지고 돌아가자. 사실 공원에 쓰레기통이 굉장히 많았으나 쓰레기통을 없앤 이후 오히려 관광객들이 쓰레기를 가지고 돌아가게 되었다. 현재는 공원 어디를 둘러봐도 작은 휴지 하나 떨어진 곳이 없어 수천, 수만 명의 방문객들도 모두 솔선수범하여 쾌적하게 공원을 즐길 수 있게 되었다.

## 플리트비체 코스
### Plitvička Course

시간과 체력에 따라 선택할 수 있는 다양한 여행 동선

플리트비체 국립 호수 공원의 출입구는 북쪽 1번과 남쪽 2번 두 곳에 있다. 할애 가능한 시간과 체력에 따라 자신에게 가장 잘 맞는 코스를 골라 보자. 공원 곳곳에 각 코스를 안내하는 표시가 잘 되어 있어 지도를 오래 들여다보지 않아도 쉽게 길을 찾아 돌아볼 수 있다. 때에 따라 운영하지 않는 코스가 있다. 미리 알고 싶다면 홈페이지에서 확인해 보자.

### A 코스

북쪽 1번 출입구에서 시작하고 다시 1번 출입구로 돌아오는 최단 코스다. 플리트비체에서 가장 유명한 명소인 큰 폭포와 아래쪽 호수 일부를 잠깐 볼 수 있다. 플리트비체에서 보낼 수 있는 시간이 무척 한정적인 사람들에게 추천한다. 소요 시간은 2~3시간이며 총 거리 3,500m이다.

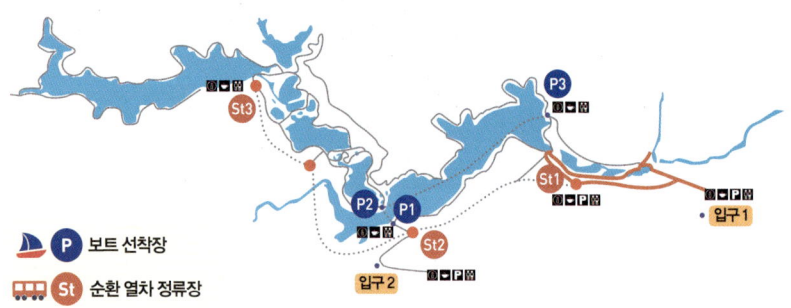

### B 코스

북쪽 1번 출입구에서 출발하여 다시 1번 출입구로 돌아오는 코스다. A 코스보다 먼 곳까지 이동하여 전기 보트를 타고 가장 큰 호수인 코즈야크를 건넌다. 파노라마 기차를 타고 시작점으로 돌아오며 큰 폭포를 비롯하여 사스타브치 폭포와 아래쪽 호숫가를 구경하게 된다. 소요 시간은 3~4시간이며, 총 거리 4,000m이다.

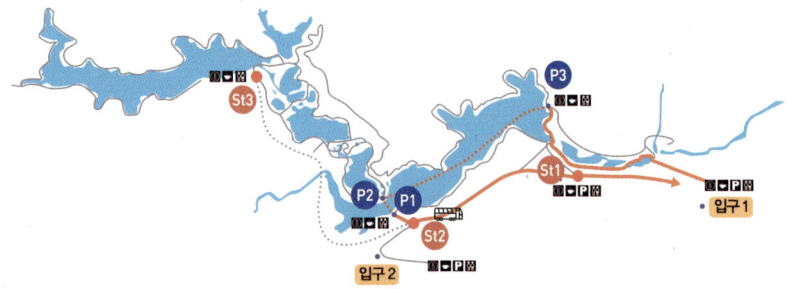

##  C코스

북쪽 1번 출입구에서 시작하는 투어이다. 전기 보트를 1회 탑승하고 아래쪽 호수를 돌아보며, 파노라마 기차를 타고 시작점으로 돌아온다. 큰 폭포를 구경하는 것이 이 코스의 하이라이트이다. 소요 시간은 4~6시간이며, 총 거리 8,000m이다.

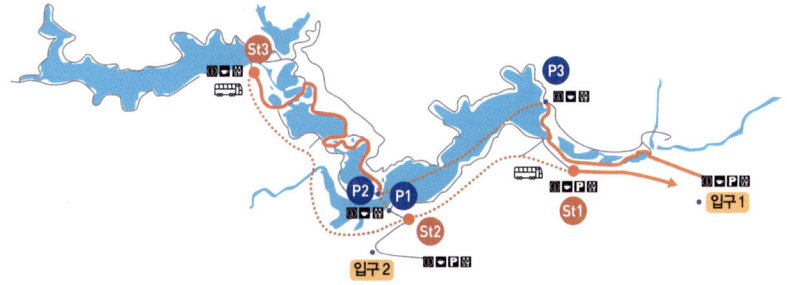

## E코스

남쪽 2번 출입구에서 시작하여 돌아오는 코스이다. 코즈야크 호수를 건너는 전기 보트를 타고 호수들을 둘러본 후 파노라마 기차를 타고 다시 시작점으로 온다. 소요 시간도 짧고 지칠만 하면, 기차와 보트를 타서 틈틈이 쉴 수 있다. 상대적으로 찾는 사람이 적은 위쪽 호숫가만의 평온한 분위기를 즐길 수 있어 차분한 산책 시간을 가지고 싶은 사람들에게 추천한다. 소요 시간은 2~3시간이며, 총 거리는 5,100m이다.

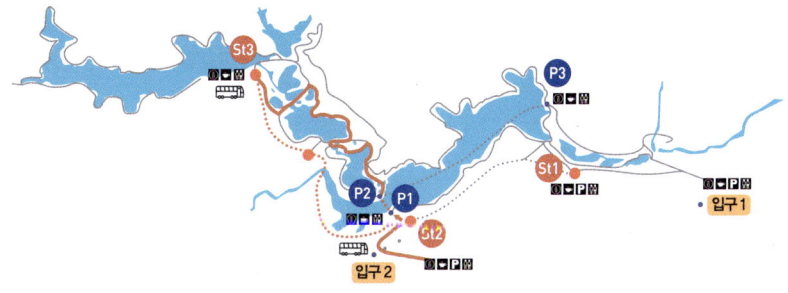

## F코스

남쪽 2번 출입구에서 시작한다. 코즈야크 호수를 전기 보트로 건너 위쪽 호수와 큰 폭포를 보고, 폭포에서 경치가 훌륭한 지점을 여러 곳을 지나며 절벽과 깊고 푸른 호수를 감상할 수 있다. 파노라마 기차를 타고 시작점으로 돌아오는 코스이다. 소요 시간은 3~4시간이며, 총 거리는 4,600m이다.

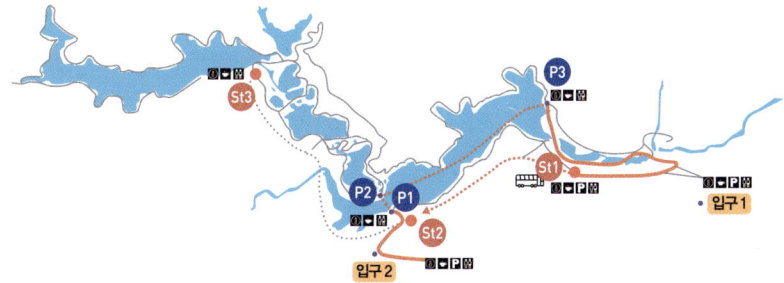

##  H코스

남쪽 2번 출입구에서 시작하고 파노라마 기차를 타고 시작점으로 돌아오는 코스이다. 파노라마 기차를 2번, 코즈야크 호수를 건너는 전기 보트를 1번 타게 되며 위쪽 호수 모두를 둘러본 뒤 전기 보트 탑승 후 아래쪽 호수와 큰 폭포를 마지막으로 보게 된다. 소요 시간은 4~6시간이며, 총 거리는 8,000m이다.

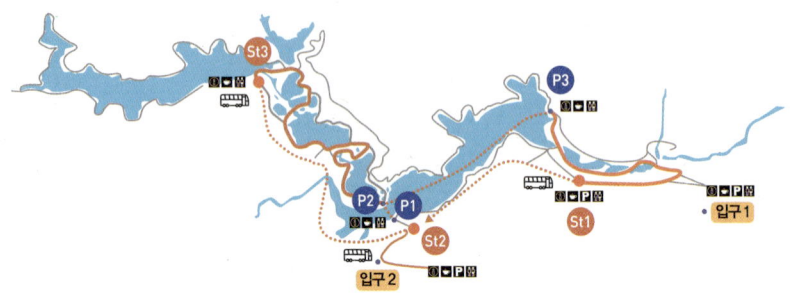

## K코스

K 코스는 북쪽 1번 출입구에서 시작하여 시작점으로 돌아오는 코스다. 큰 폭포와 아래쪽 호수를 먼저 볼 수 있어 가장 인기가 높은 코스로 꼽힌다. 전기 보트를 1회 탑승하며, 반나절 정도 걷는 코스 중 하나이기에 체력 안배와 물과 간식 등의 준비가 필요하다. 물론 공원 곳곳에 매점과 식당이 있어 미리 준비해 가지 않아도 무방하다. 코스 안내가 잘 되어 있어 걱정할 필요는 없지만 긴 여정인 만큼 공원 입구와 매표소에서 지도를 받아 가지고 다니는 것이 방향과 위치 파악에 도움이 될 것이다. 반대로 남쪽 2번 출입구를 시작점으로 위쪽 호수부터 돌아봐도 무방하다. 소요 시간은 6~8시간이며, 총 거리는 18,300m이다.

# 플리트비체에서의 승마 체험
**플리트비체의 자연을 체험하는 또 다른 멋진 방법**

### 옐로브 클라나치 목장 Jelov Klanac  34101

15마리의 말과 리키와 루피라는 개 두 마리가 사는 작은 농가이다. 파인(Pine)과 피르(Fir) 오두막도 있어 숙박도 가능하나 투숙하지 않더라도 승마 체험을 해볼 수 있다. 바비큐 시설을 갖춘 오두막은 야생 토끼와 사슴이 뛰노는 깊숙한 숲속에 지어 놓아, 진정한 글램핑을 경험하고 싶은 사람에게 추천한다. 인공 조명을 거의 사용하지 않아 밝게 빛나는 별을 가장 잘 감상할 수 있는 곳이기도 하다. 목장에서 할 수 있는 대표적인 액티비티는 바로 승마이다. 지역에 해박한 가이드가 플리트비체의 문화, 자연, 역사에 대한 이야기를 즐겁게 전하며 각 여행자에게 맞는 시간별 승마 프로그램을 안내한다. 플리트비체 국립 호수 공원을 차로 10분이면 갈 수 있고, 공원과는 완전히 다른 분위기의 목장 풍경이 방문객을 반긴다. 숲의 심장에 들어선 듯 울창한 꽃과 나무를 말 위에 올라 바라보는 기분은 이루 말할 수 없이 상쾌하고 새롭다. 겨울에는 목장 내 숙소 안에 화롯불을 피우고, 승마 대신 스키, 썰매 등의 겨울 액티비티를 제공한다.

**주소** Jelov Klanac, 47245 Rakovica **위치** 플리트비체 국립 호수 공원에서 자동차로 10분 **요금** 들판 승마(1시간) €20, 1일 투어(5~6시간 승마+점심 식사) €110 / 숙박 €100~ **전화** 047 811 919 **홈페이지** www.jelovklanac.com

# Restaurant
플리트비체의 식당

### 코즈야츠카 드라가 뷔페 Kozjačka Draga Buffet
MAPCODE 34102

**공원 내 푸른 들판에 자리한 쉼터**

이름은 뷔페지만, 간이 식당에 가깝다. 전기 보트를 기다리는 사람들의 심심한 입을 달래 주는 간단한 간식과 음료를 판매한다. 식사를 추천하기에는 음식이 그리 맛있지는 않지만, 성수기에는 보트를 기다리는 시간이 최대 한 시간인 경우도 있어 기다리는 시간을 덜 지루하게 보낼 수 있다. 무더운 한여름의 햇빛을 피할 수 있는 그늘 아래의 벤치와 테이블 자리도 있다.

**주소** Jenica Konzak, 53234, Plitvička Jezera **위치** P3 선착장 근처 **시간** 08:00~16:00

### 호텔 플리트비체 레스토랑 Hotel Plitvice Restaurant
MAPCODE 34103

**하이킹 후 배고픔을 달래줄 가까운 식당**

플리트비체 국립 호수 공원 바로 밖에 위치하여 접근성이 좋은 호텔 플리트비체에 속한 식당이다. 플리트비체 하류에 송어가 많아 신선한 송어구이를 먹을 수 있다. 플리트비체 부근에 워낙 식사할 만한 곳이 없어, 이곳의 요리가 아주 훌륭한 것은 아니나 대부분의 사람들이 무난하게 먹을 수 있는 다양한 양식 메뉴로 구성되어 있다. 규모도 큰 편이고 서비스도 깔끔하다는 점에서 추천한다. 큰 창이 있어서 실내 자리에도 해가 잘 들어오고 호텔 안뜰의 전망이 보인다.

**주소** 53231, Plitvička Jezera **위치** 플리트비체 국립 호수 공원 2번 출입구에서 도보 5분 **전화** 053 751 200

## 카페 & 바 플럼 Caffe & Bar Plum

MAPCODE 34104

**찾아가는 수고를 할 만한 식당과 카페**

데제니야 호텔에 속한 카페와 레스토랑이다. 플리트비체와 약 7km 떨어져 있어 렌터카가 없으면 접근하기가 힘들다는 것이 단점이지만, 워낙 좋은 식당을 찾기 어려운 플리트비체에서 훌륭한 식당이라 평을 받는 곳이다. 근처 각카(Gacka) 강에서 잡은 신선한 생선구이와 그릴에서 요리하는 다양한 종류의 육류 메인을 추천하며, 반죽부터 직접 만드는 뇨끼와 화덕에서 구워내는 피자도 맛있다. 케이크, 팬케이크, 페이스트리류로 구성된 디저트 메뉴도 인기가 많다. 여름에는 지역 특별 메뉴인 양고기와 감자 메뉴를 선보인다. 다양한 지역 맥주와 와인을 취급하며, 홈메이드 자두 브랜디 슬리보비차(Šljivovica)도 별미다. 겨울에는 굴라시 등 뜨끈한 수프류와 배가 든든해지는 고기 요리가 메뉴판을 선점한다. 전망 좋은 테라스 자리가 실내 자리보다 인기가 많다. 바에서는 다양한 종류의 칵테일과 와인, 샴페인을 마실 수 있고 무선 인터넷을 사용할 수 있다.

**주소** Seliste Dreznicko 59, Rakovica, 47245 Plitvička Jezera  **위치** 플리트비체 국립 호수 공원에서 자동차로 10분  **시간** 07:00~23:00  **가격** 해산물 샐러드 40kn, 비프 스테이크 120kn, 양고기 커틀릿 90kn, 티라미수 20kn  **전화** 047 782 060  **홈페이지** hotel-degenija.com

# Hotel

### 플리트비체의 숙소

호텔 플리트비체, 호텔 예제로, 호텔 벨뷰는 모두 공원 내에 위치해 있으며, 플리트비체 국립 호수 공원 1일권을 이틀 동안 사용하는 혜택을 누릴 수 있다.

---

### 호텔 플리트비체 Hotel Plitvice

MAPCODE **34105**

**크로아티아의 유명한 건축가가 설계한 호텔**

저명한 크로아티아 건축가 마리얀 하베를레(Marijan Haberle)가 설계한 호텔 플리트비체는 1958년에 문을 열었다. 플리트비체 국립 호수 공원 부근에서 가장 오래된 숙소이다. 최근 보수공사를 거쳤으며 총 객실 수는 51개이다. 이코노미와 클래식 객실에는 샤워 시설이, 슈페리어 객실과 스위트에는 욕조가 설치되어 있다. 작은 기념품 상점과 자체 레스토랑을 가지고 있으며, 다양한 이벤트를 주최할 수 있는 여러 미팅룸과 장비도 있다. 환전, 세탁과 드라이클리닝, 다림질, 팩스, 복사 등의 서비스도 이용 가능하다. 24시간 프런트 데스크를 운영하며, 무료 무선 인터넷과 무료 주차를 제공한다.

**주소** 53231, Plitvička Jezera **위치** 플리트비체 국립 호수 공원 2번 출입구에서 도보 5분 **시간** 체크인 14:00, 체크아웃 11:00 **요금** 이코노미 더블 740kn(성수기 기준) **전화** 053 751 200

## 호텔 예제로 Hotel Jezero

MAPCODE 34106

### 단체로 찾아도 좋은 대형 호텔

객실이 229개나 되는 대형 호텔이다. 여러 개의 인접한 객실로 구성된 패밀리룸의 이용도 가능하다. 플리트비체 국립 호수 공원과 300m 떨어진 곳에 자리하여 공원 방문 전후로 머물기 좋다. 레스토랑, 클럽, 바, 테니스장, 사우나, 피트니스, 어린이 놀이터 시설을 갖추고 있으며, 공원에서 긴 시간을 보내는 투숙객들을 위해 유료 점심 도시락 서비스를 제공한다. 환전, 세탁과 드라이클리닝, 다림질, 팩스, 복사 등의 서비스도 이용이 가능하다. 24시간 프런트 데스크를 운영하며, 무료 무선 인터넷과 무료 주차를 제공한다.

**주소** 53231 Plitvička Jezera **위치** 플리트비체 국립 호수 공원 2번 출입구에서 도보 5분 **시간** 체크인 14:00, 체크아웃 11:00 **요금** 더블룸 906kn(성수기) **전화** 053 751 500

## 호텔 벨뷰 Hotel Bellevue

MAPCODE 34107

### 산뜻한 공기를 마음껏 들이마실 수 있는 숙소

호텔 플리트비체 바로 옆에 위치한 벨뷰 호텔은 1963년에 지어졌다. 자연 속에서 하룻밤을 보내는 오두막 같은 분위기가 아늑하지만, 시설이 그리 현대적이지는 않다. 더운 날씨에도 공원 안이라 객실은 시원하고, 공원과의 근접성이 최대 장점이다. 객실 수는 70개이며 호텔 식당에서 저녁을 판매하지 않으니 유의하자. 조식에 대한 투숙객들의 평이 후하다. 환전, 세탁과 드라이클리닝, 다림질 등의 서비스도 이용 가능하다. 24시간 프런트 데스크를 운영하며, 무료 무선 인터넷과 무료 주차를 제공한다. 추가 요금 없이 애완동물 동반이 가능하다.

**주소** 53231, Plitvička Jezera **위치** 플리트비체 국립 호수 공원 2번 출입구에서 도보 5분 **시간** 체크인 14:00, 체크아웃 11:00 **요금** 더블룸 574kn(성수기) **전화** 053 751 800

근교도시
# 라스토케 Rastoke
언제나 힘차게 떨어지는 물줄기 소리가 들리는 마을

여러 갈래의 강이 뻗어 나간다는 뜻의 라스토케는 고유의 문화와 자연환경으로 관광객들을 불러 모은다. 슬루니 시에 위치한 평온한 이 마을은 슬루니치차(Slunjčica)와 코라나(Korana) 강이 합류하는 지점에 위치해 있다. 라스토케를 여행하는 것은 단지 플리트비체와 근접해 있어서가 아니라, 300년된 작은 마을의 건축과 자연의 특별한 개성 때문이다.

고립된 위치에 있어 라스토케와 플리트비체는 오랫동안 사람들의 눈에 띄지 않은 채 보전되어 왔는데, 중세 시대에는 이 지역을 '아무도 살지 않는 땅(Terra Nullius)'이라 부르기도 했다. 1914년 3월 6~7일 코라나 강의 방향이 급격히 꺾이며, 대형 침전물 사태가 발생하여 라스토케에서 가장 아름다운 두 개의 폭포인 흐르보예(Hrvoje)와 빌리나 코사(Vilina Kosa, '요정의 머리칼'이라는 뜻의 이름)의 외관이 완전히 바뀌었다. 1955년 코라나 강을 건너는 통행 다리를 건축하고, 1969년 국보로 지정되어 보호 관리를 받기 시작했다.

표면의 물 흐름이 상대적으로 더 적어, 이 지역의 수온은 플리트비체보다 항상 6.5~7℃ 가량 더 낮다. 여름에는 최대 16℃ 차이가 난다. 물과 공기 온도의 차이가 크기 때문에 안개가 자주 끼고 물가 근처의 풀과 나무에는 이슬이 자주 맺힌다.

지역에서 나는 아마와 삼을 엮어 만드는 직물과 아마와 삼을 꼬아 만든 작은 인형이나 기념품을 곳곳에서 파는 모습을 볼 수 있다. 같은 재료로 라스토케의 전통 의상도 만든다.

### 관광청 사무소
주소 Braće Radić 7, Slunj 전화 047 777 630 홈페이지 www.facebook.com/tz.slunj

# 라스토케 가는 길

라스토케는 플리트비체 국립 호수 공원과 36.8km 떨어져 있어서 차로 40분 정도 소요된다. D1 도로를 따라 직진하여 올라가면 되기 때문에 차가 막히지 않으면 30분 정도면 갈 수 있다.

버스를 이용할 경우 슬루니 버스 정류장(Autobusna Stanica Slunj)에서 라스토케 마을은 도보로 12분 거리(800m)에 위치한다. 자다르, 스플리트, 자그레브와 버스 연결편도 있다. 대부분의 슬루니행 버스가 플리트비체 국립 호수 공원도 경유한다. 자그레브에서 출발하는 경우 라스토케를 들렀다가 플리트비체로 간다면 자그레브-슬루니, 슬루니-플리트비체 구간으로 표를 사면 된다. 자다르에서 출발하는 경우 플리트비체-슬루니-자그레브 순으로 이동한다. 자그레브에서 출발하는 편이 가장 회차가 많으며, 시즌마다 요금과 운행 횟수가 다르니 버스 홈페이지를 확인해 보자.

### 버스 정류장

**주소** Trg dr. Franje Tuđmana, 47240 Slunj **전화** 047 777 276 **홈페이지** www.buscroatia.com

| 목적지 | 소요 시간 | 요금 |
|---|---|---|
| 자그레브-슬루니 | 약 1시간 40분 | 80kn |
| 자다르-슬루니 | 약 3시간 | 100kn |
| 스플리트-슬루니 | 약 6시간 | 150kn |

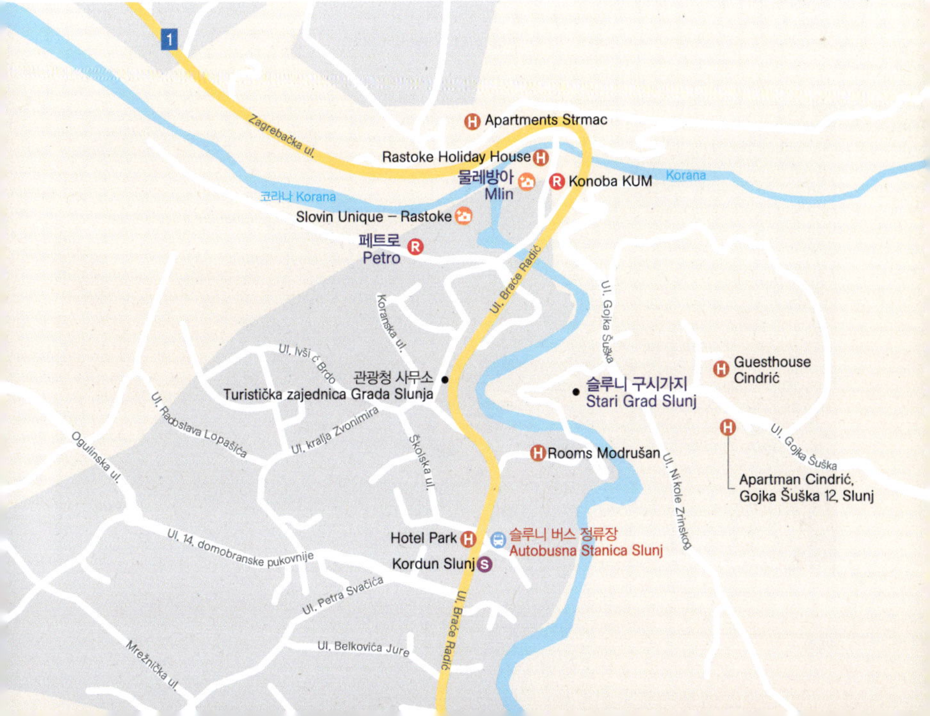

## 📷 물레방아 Mlin 34108

### 라스토케 곳곳에서 만날 수 있는 물레방아

라스토케의 가장 두드러진 특징은 바로 여기저기 보이는 물레방아이다. 각종 침전물로 인해 물을 집으로 잘 끌어올 수 없어서 라스토케 사람들은 17세기부터 물레방아를 만들어 사용하기 시작했다. 가장 많았을 때는 이 작은 마을에 스물두 개나 되는 물레방아가 있었다고 한다. 현재는 반 이상 사라졌지만, 아직 사용 중인 것도 있다. 19세기에는 이로 인해 슬루니 지역의 중심으로 활약하다 20세기 방앗간, 제분소의 등장으로 물레방아의 역할이 축소되며 라스토케의 경제적 중요도도 감소하였다.

## 📷 코라나 협곡 Kanjon korana

### 여름 액티비티를 즐길 수 있는 곳

라스토케의 여름은 일찍 시작한다. 4월마다 라스트라프트(RastRaft)라는 래프팅 행사로 라스토케의 코라나 협곡에서 다양한 액티비티가 시작된다. 래프팅 외에도 카약, 낚시, 카누 등도 즐길 수 있다. 서른 개 남짓한 폭포가 있는 10km의 물길을 래프팅하며 스릴을 만끽해보자. 또한 플리트비체 국립 호수 공원에서 물에 못 들어가는 것이 아쉬웠다면, 라스토케에서 마음껏 물장구를 치자. 장비가 없어도 지역의 여러 업체를 이용하여 다양한 액티비티를 해볼 수 있다.

<u>미르야나</u>
- 자전거 투어, 낚시, 페인트볼 등 기타 액티비티 투어 지원
- 장비 대여, 가이드, 사진 촬영 포함 – 1인 250kn(€35)

**전화** 047 787 205  **홈페이지** mirjana-rastoke.com/en/kayak-safari

### 페트로 Petro 34109

**맛 좋은 송어구이로 유명한 식장**

라스토케에서 가장 인기 있고 솜씨 좋은 식당이다. 근처 식당이 텅텅 비어도 페트로는 항상 만석이다. 기왕 라스토케까지 와서 적당한 음식으로는 배를 채우지 않겠다는 미식가라면 줄을 서서 기다리더라도 페트로에서 식사를 해보자. 야외 자리가 많아 정원 한가운데에서 경치를 감상하며 식사할 수 있다. 라스토케를 대표하는 음식은 시원한 슬루니치차 강에서 잡히는 송어 요리다. 페트로에는 송어가 뛰노는 수조와 우물이 곳곳에 있다. 지역에서 양조하는 맥주와 함께 먹는 송어 요리는 순식간에 접시를 비우게 한다. 돼지와 양고기구이도 추천한다.

**주소** Rastoke 29, 47240 Slunj **시간** 09:00~23:00 **가격** 송어구이 1kg(약 다섯 마리) 180kn, 양고기 감자구이 80kn **전화** 047 777 709 **홈페이지** www.petro-rastoke.com

### 크로아티아 정중앙에서 밤낮으로 빛나는 자다르

기원전 8000년 선사 시대부터 사람이 살았던 것으로 추정되며, 그 당시의 이름이었던 자데라(Jadera)에서 지금의 도시명이 기인한 것이라 전해진다. 역사가 오래되었으나 신 문물과 문화를 받아들이는 데 예로부터 거리낌이 없었다. 크로아티아 최초로 대학을 세웠으며(1386년), 페타르 조라니츠(Petar Zoranić)가 지은 크로아티아 최초의 소설 〈플라닌(Planine)〉이 1536년에 자다르에서 출간되었고, 크로아티아 최초의 신문도 1806년에 출간되었다. 또한 1898년 크로아티아 최초로 전기를 사용했던 도시이기도 하다. 자다르의 황금기는 수많은 침략과 잇따른 도시의 파괴에도 불구하고 많은 발전을 이루고 부를 축적하였던 11~14세기 동안이다.

크로아티아 중심부에 있어 자그레브와 두브로브니크를 여행하려는 사람들이 이동하면서 들러 보기에 안성맞춤이다. 그러나 그저 이동 중 잠시 멈추어 구경을 하기엔 자다르의 밤은 크로아티아에서 감히 가장 특별하다 말할 수 있다.

### 자다르에서 놓치지 말아야 할 것!

① 수천 년 된 고대 로마의 흔적
② 해가 지면 특별하게 변화하는 해변가 **리바 거닐기**
③ 자다르 특산물 체리로 만드는 **마라스키노 마셔 보기**
④ 지나치기 쉬운 작은 **사공배 감상하기**
⑤ 구시가지, 신시가지를 잇는 다리 위에서 바라보는 전경

# Zadar
# Information

자다르 지역 정보

**면적** | 25km²
**기후** | 아열대 기후와 지중해성 기후의 경계
여름에는 무척 덥고 습도가 높으며 겨울에는 비교적 온화하나 비가 자주 내린다. 기온이 영하로 내려가는 일은 좀처럼 없다. 1월이 가장 춥고 10~11월에 강수량이 가장 많으며 7~8월이 가장 덥다.
**지역번호** | 자다르 023
**홈페이지** | www.grad-zadar.hr
**자다르 연중 행사** | 여름에 자다르를 여행할 계획이라면 다양한 행사가 열리니 일정을 확인해 볼 것.
**여름 극장 축제** 7월~8월 초. 연극, 무용이 주가 되는 볼거리가 한 달 내내 계속된다. (www.hnk-zadar.hr)
**성 도나트 성당의 음악의 밤** 7월 초~8월 초. 크로아티아에서 가장 오래된 축제 중 하나로, 아드리아 해안에서 가장 중요한 음악 축제로 자리 잡기 위해 매년 색다른 프로그램을 구성한다. (www.donat-festival.com)
**보름달 축제 '보름달이 뜨는 밤'** 7월 30일~8월 1일. 축제 기간 동안 조명을 모두 끄고, 촛불을 켜고 밖으로 나가 크로아티아 전통 음악과 음식을 밤새 즐긴다.

---

줄리우스 시저가 이끄는 고대 로마군에 의해 기원전 2세기부터 로마령이 되어 엄청난 문명의 발전을 이루었고, 굴곡 많은 역사를 견뎠다. 5세기부터 여러 주변 부족의 잇따른 침략을 겪고, 비잔틴 시대에는 달마티아의 중심지가 되었으며, 이탈리아 베네치아와 쌍벽을 이루는 해상 도시로 이름을 떨쳤다. 10세기부터는 크로아티아인들이 거주하기 시작했다. 1069년에는 비잔틴 제국에서 독립하여 크로아티아-헝가리 제국의 일부가 되었다. 300년간 이어진 베네치아인들의 공격을 이겨 냈으나 결국 달마티아 전체가 십만 두캇에 베네치아에 팔렸다. 달마티아 지역을 가장 오래 지배했던 것은 바로 이 베네치아이다. 16세기에는 터키의 침략과 전염병의 피해를 이겨 냈고, 18~19세기에는 프랑스와

오스트리아령이 되기를 여러 번 반복하였다. 1918년 오스트리아-헝가리 제국이 멸망하자 이탈리아에게, 그 다음에는 독일에게 넘어갔다가 제2차 세계대전 후 유고슬라비아의 일부가 되었다. 이 과정에서 도시의 65%가 파괴되었으나 이는 빠른 재건과 회복을 불러왔으며 1960년대부터는 관광 사업이 대두되기 시작하였다. 근현대부터는 크로아티아 전체와 운명을 같이하고 있으나 달마티아 지역 사람들은 자신들만의 뿌리와 전통에 강한 자부심을 가지고 있다.

> **Tip  달마티아와 그 중심인 자다르**
>
> 해안가를 따라 길게 늘어지는 달마티아(Dalmatia)는 흐르바츠카(Hrvatska), 슬라보니아(Slavonija), 스타르스카 주파니아(Starska županija), 이스트리아(Istria)와 함께 크로아티아의 네 개의 역사 지구를 이루는 지역이다. 공식적인 주로 분류되는 것은 아니지만 수도인 자그레브를 제외하고 크로아티아를 대표하는 도시들을 모두 포함하고 있어 달마티아 지역의 역사와 문화적 특징을 알아 두는 것은 여행을 더욱 풍요롭게 만들 것이다. 달마티아 내 큰 도시는 스플리트이고, 그 뒤를 자다르와 두브로브니크가 잇는다. 지명은 기원전 8세기 이 지역에 도시를 세운, 훌륭한 항해사들과 상인들이었다고 알려진 일리리아인들의 부족 이름인 달마테(Dalmatae)에서 기원한 것이다.
>
>
>
> 달마티아 문양
>
> 베네치아와의 오랜 갈등과 지배로 인해 달마티아의 문화는 이탈리아 문화의 영향을 크게 받았다. 베네치아 통치 기간 동안 이탈리아어를 상용어로 썼으며, 자다르의 신문은 이탈리아어와 함께 병기되어 출간되기도 하였다. 또 자다르의 베르디 극장은 1945년까지 달마티아 지역 이탈리아인들의 문화적 거점이었다. 자다르, 스플리트에서 찾아볼 수 있는 바닷가를 따라 조성된 산책로 리바(Riva) 역시 이탈리아의 영향을 받은 것이다.
>
>
>
> 달마티아 깃발
>
> 하얗고 까만 점박이 개 달마시안은 달마티아 지방이 고향이다. 세계 최초의 달마시안 개에 대한 기록은 1724년의 것으로, 자오스트로그(Zaostrog)라는 달마티아 지방 마을에 있는 프란체스코 수도원 벽에 그림으로 남아 있다고 한다.

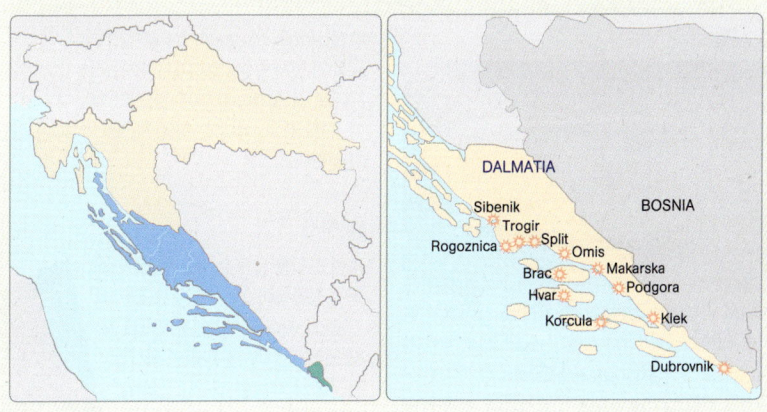

# ✈ 자다르 가는 길

**항공**

자다르 시내에서 9km 떨어진 자다르 국제공항(Zadar Airport)은 1968년에 세워졌다. 작지만 자그레브와 런던, 파리, 베를린, 스톡홀름, 마르세유, 프랑크푸르트, 더블린, 바르샤바 등 유럽의 여러 도시들의 항공편을 운항하는 중요한 공항이다.

**주소** P.P. 367, 23000 Zadar **전화** 023 205 800 **홈페이지** www.zadar-airport.hr/en

## 공항에서 시내로 이동하기

### ▶ 셔틀

자다르 공항에는 공항과 버스 터미널 사이를 운행하는 리부르니야(Liburnija) 셔틀이 있다. 구시가지의 보트 선착장(Liburnska Obala)과 자다르 시내 버스 터미널 8번 플랫폼에 하차한다. 공항 탑승지는 공항 정문 바로 앞이다. 시즌별로 버스 운행 시간표가 바뀌니 홈페이지(www.zadar-airport.hr/en/how-to-reach-us)를 참조한다. 자다르-공항 간 첫차는 05:30, 마지막 차는 21:00. 공항-자다르 간 첫차는 07:00, 마지막 차는 22:30이다. 편도권 25kn이고, 이동 시간은 약 30분 정도 걸린다.

### ▶ 택시

공항 도착층 출구로 나오면 맞은편에 택시 정류장이 있다. 택시 요금은 약 100kn. 자다르 시내에서 자다르 공항으로 가는 택시를 타려면 택시 정류장에서 택시를 잡거나 전화로 콜택시를 부를 수 있다.

**주소** Liburnska Obala 4b, 23000 Zadar **전화** 023 251 400

**기차** 버스 터미널 바로 옆에 위치하여 찾기 쉬운 자다르의 기차역 (Željeznički Kolodvor). 그러나 자그레브, 스플리트와의 직행편이 없어 번거롭게 환승을 하며 이동해야 한다. 버스보다 이동 시간이 더 오래 걸린다. 기차역에는 별다른 시설이 없으나 바로 옆에 있는 버스 터미널 시설을 이용하면 된다. 매표소를 열지 않는 시간대에는 기차에서 표를 구입할 수 있다.

### 자다르 기차역
**주소** Ante Starčevića 1, 23000 Zadar  **위치** 나로드니 광장에서 도보 25분  **시간** (매표소) 월~금 07:10~14:40  **전화** 023 212 555  **홈페이지** www.hzpp.hr

**〈자다르 주요 기차 노선〉**

| 목적지 | 소요 시간 | 요금 |
| --- | --- | --- |
| 자그레브-자다르 | 1회 환승, 약 7시간 | 185kn |
| 스플리트-자다르 | 1회 환승, 약 6시간 | 100kn |

 **자동차** 가장 빠른 이동 수단이다. 자그레브에서 3시간, 스플리트에서는 1시간 45분, 두브로브니크에서는 3시간 45분이면 자다르에 도착한다. 세 도시 모두 길이 복잡하지 않고 도로 상황도 좋은 편이라 운전이 쉽다. 주말에는 길이 막힐 수 있으니 염두에 두고 조금 더 일찍 출발한다.

**버스** 자다르 버스 터미널(Autobusni Kolodvor Zadar)은 시내 중심부에 위치하여 접근성이 좋고, 짐 보관소, 화장실, 공중전화가 있다. 가장 저렴한 이동 수단이지만, 이동 시간이 길다는 단점이 있다. 여름에는 버스표가 빨리 동이 나니 홈페이지에서 예약하는 것이 좋다.

〈자다르 버스 터미널 주요 노선〉

| 목적지 | 소요 시간 | 요금 |
| --- | --- | --- |
| 자그레브-자다르 | 약 3시간 30분 | 57kn |
| 스플리트-자다르 | 약 3시간 30분 | 평균 80kn |
| 두브로브니크-자다르 | 약 8시간 30분 | 평균 180kn |

**자다르 버스 터미널**
**주소** Ante Starčevića 1, 23000 Zadar  **위치** 나로드니 광장에서 도보 25분  **시간** (매표소) 05:40~22:00  **전화** 060 305 305  **홈페이지** www.liburnija-zadar.hr

**페리** 이탈리아의 앙코나(Ancona)에서 야드롤리냐(Jadronlinija) 사의 유람선을 타고 자다르로 갈 수 있다. 매일 운항하지는 않고, 여름에는 배편이 더 잦으니 홈페이지로 운항 스케줄을 꼭 확인해 보고 성수기에는 예매를 하는 편이 낫다. 자동차를 싣는지와 좌석 종류에 따라 요금이 다르다. 앙코나 ↔ 자다르는 9시간 정도 걸리고, 요금은 약 400~540kn 정도. 22:00에 출발하여 다음 날 06:00~07:00에 도착한다. 운항 시간은 유동적이니 예약 전 확인해야 한다.

**야드롤리냐(Jadronlinija)**
**주소** Liburnska Obala, 23000 Zadar  **위치** 나로드니 광장에서 도보 10분  **전화** 023 250 555, 254 800  **홈페이지** www.jadrolinija.hr

# 🚌 자다르의 교통수단

## ▶ 버스

자다르는 그리 크지 않기 때문에 시내 이동 시에는 버스를 탈 일이 별로 없고, 근교나 해변가로 이동할 때 버스를 이용하게 된다. 자다르에는 12개의 버스 노선이 있다. 자다르 행정 구역의 거의 모든 지역에 노선이 뻗어 있어 편리하다. 1회권은 버스에서 구입하고 2회권부터 매표소에서 구입한다. 1회권은 버스에 탑승하여 인증을 받는 순간부터 티켓에 명시된 시간 동안 유효하다. 50분 내 환승이 가능하고, 같은 방향으로 가는 버스에만 국한된다. 2회권 또는 10회권(2회권 10장 묶음)은 버스 터미널 또는 신문 가판대 티삭(Tisak)에서 구입할 수 있다.

**홈페이지 온라인 노선표** www.liburnija-zadar.hr/karta/index.php **노선별 운행 시간표** www.zadar.travel/media/docs/PUBLIC_TRANSPORT_BUS_SERVICE_1345535630.pdf

## ▶ 택시

자다르에는 여러 택시 회사가 운영 중이다. 버스 터미널과 자다르 항구, 다리 옆에 택시들이 정차하고 있으며, 전화로 콜택시를 불러도 된다. 요금은 5km당 19~45kn로 넉시비나 나르니 출발하기 전에 목적지를 말하고 예상 요금을 확인하거나 요금을 확정하도록 한다. 택시 회사 중 룰리츠는 24시간 운행하고, 통화 후 평균 택시 대기 시간이 10분 정도이다(1~4인 요금 동일). 데니스는 영어가 가능하다는 장점이 있다.

**룰리츠 Lulić**
**전화** 023 494 494 **홈페이지** www.lulic.hr/taxi/en
**데니스 Denis**
**전화** 091 262 2621, 098 424 071 **홈페이지** www.taxi-zadar.com.hr
**안테 자다르 Ante Zadar**
**주소** Put Ploce 8, 23000 Zadar **위치** 나로드니 광장에서 자동차로 10분 **전화** 095 822 8485, 098 525 202 **홈페이지** www.taxi-zadar-croatia.com

작지만 볼 것 많은 자다르를 알차게 여행하는
# 자다르 추천 일정

아무리 바쁜 일정이라도 자다르에서는 하루를 온전히 보내야 한다. 화창한 오후, 산들거리는 바람에 연주를 시작하는 바다 오르간과 밤이 되면 색색의 빛을 내뿜는 태양의 인사를 봐야 하기 때문이다. 자다르의 상징이자 가장 큰 매력 포인트인 이 두 명소를 모두 보려면 하루 이상을 보내야 하고, 덕분에 시내의 여러 명소들을 여유를 가지고 천천히 모두 돌아볼 수 있다.

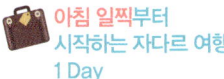
**아침 일찍**부터 시작하는 자다르 여행
1 Day

**Day 1** 로만 포룸 ➡ 성 도나트 성당 ➡ 성 아나스타시아 대성당과 종탑 ➡ 시로카 대로 ➡ 나로드니 광장 ➡ 다섯 개 우물 광장 ➡ 고대 유리 박물관 ➡ 바다의 문 ➡ 항구와 사공배 ➡ 바다 오르간 ➡ 태양의 인사

**근교까지** 다녀오는 여유로운
2 Days

**Day 1** 바다 오르간 ➡ 로만 포룸 ➡ 성 도나트 성당 ➡ 성 아나스타시아 대성당과 종탑 ➡ 고고학 박물관 ➡ 시로카 대로 ➡ 나로드니 광장 ➡ 다섯 개 우물 광장 ➡ 젤레나 마디예 여왕 공원 ➡ 고대 유리 박물관 ➡ 바다의 문 ➡ 항구와 사공배 ➡ 태양의 인사

**Day 2** 바다 오르간 ➡ 크르카 국립공원 ➡ 태양의 인사

> **Tip** 좋은 건 두 번씩!
> 바다 오르간과 태양의 인사는 첫째 날에도, 둘째 날에도 봐도 좋다. 근교 여행 앞뒤로 자다르와 아침, 밤 인사를 나누어 보자. 국립공원 부근에서 숙박을 하는 것보다 짐을 가볍게 하여 자다르를 거점으로 두고 당일치기로 다녀오는 편이 좋다. 차로 한 시간도 걸리지 않아 새벽같이 일어나지 않아도 되고, 호텔 조식을 먹고 출발해도 시간이 여유롭다.

MAPCODE 34201

## 로만 포룸 Roman Forum

### 현재까지 남아 있는 고대 로마의 흔적

자다르의 고대 로마 유적은 특별히 지정된 유적으로 따로 보관된 것이 아니라 도시 이곳저곳에 놓여 있어 도시의 일부로 자연스럽게 받아들이게 된다. 그중 가장 중요한 유적은 바닷가 앞 로만 포룸으로, 기원전 1세기에 조성된 것이다. 고대 로마 시대에 주피터, 주노와 미네르바 신에게 헌정되었던 신전 자리로 추정된다. 또 당시 사회와 종교의 중심지 역할을 하는 광장이었던 것으로 알려져 있다. 4세기에는 포룸이 있던 자리에 주교의 궁전이 세워졌었고, 무너진 신전의 사이에 우뚝 선 기둥은 중세 시대에 잘못을 저지른 사람들을 매달아 공개적으로 망신을 주는 처벌에 사용되었던 것이다. 주피터, 메두사 등 신화의 인물들을 새긴 제단도 볼 수 있다.

**주소** Zeleni Trg, 23000 Zadar **위치** 나로드니 광장에서 도보 5분, 성 도나트 성당에서 도보 2분

MAPCODE 34202

## 성 도나트 성당 Crkva Sv. Donata u Zadru / Church of Saint Donatus

### 자다르를 대표하는 성당

로만 포룸 바로 옆에 위치한 성 도나트 성당은 9세기에 건축된 자다르를 대표하는 성당 중 하나. 로마네스크 양식으로 벽돌, 석회임과 목재로 지어졌다. 지어질 당시에는 성 삼위일체 성당이라고 불렸으며, 600년 후 성인 도나트의 이름을 붙였다. 크로아티아 해안의 9세기 성당은 대부분 오늘날까지 보존되어 있는데, 설계와 형태는 각기 다르나 인공적인 지지부와 이음매가 튀지 않고 매끈한 표면을 가지고 있다는 공통적인 특징이 있다. 그리고 성 도나트 성당은 이러한 성당들 중 가장 큰 규모를 자랑한다. 달마티아 지방의 비잔틴 초기 건축물들의 대표적인 특징 중 하나인 성 도나트의 원형 로툰다는 지름이 23미터, 높이가 20미터에 이르며, 출입구는 로마 양식의 기둥들이 떠받치고 있다. 성 도나트에서 더 이상 미사는 보지 않으나 성당 내부의 울림이 훌륭하여 1년에 한 번 열리는 '국제 중세 르네상스 음악 축제'의 콘서트 장소로 쓰인다.

**주소** Trg Rimskog Foruma, 23000 Zadar **위치** 나로드니 광장에서 도보 5분 **시간** 4·5·10월 09:00~17:00, 6월 09:00~21:00, 7~8월 09:00~22:00 **요금** 성인 20kn, 학생·65세 이상 12kn, 10세 미만 무료 **전화** 023 316 166

## 성 아나스타시아 대성당 Katedrala Sv. Stošije / Zadar Cathedral

**달마티아에서 가장 큰 로마네스크 성당**

12~13세기에 지어진 성 아나스타시아 대성당은 제2차 세계대전 때 심하게 파손되어 재건되었다. 아름다운 파사드, 세 개의 신도석, 좌우 앱스의 프레스코화, 문 주변의 아름다운 석공술, 높은 제단을 두르고 있는 성합, 모자이크화로 유명하다. 왼쪽 앱스의 제단에는 성 아나스타시아의 유물을 담은 대리석 석관이 보관되어 있으며, 많은 달마티아 성당 건물들과 마찬가지로 종탑이 분리되어 있다. 성당 종탑 꼭대기로 올라가 내려다보는 자다르 시내의 멋진 전경은 놓치지 말자. 자다르 시내의 메인 도로가 시원하게 뻗은 모습과 저 멀리 바다까지 내다볼 수 있다. 성당 문이 닫혀 있을 때에는 유리 통로를 통해 내부를 볼 수 있다.

**주소** Trg Sv. Stošije, 23000 Zadar  **위치** 나로드니 광장에서 도보 4분, 성 도나트 성당에서 도보 2분  **시간 성당** 월~금 06:30~19:00, 토 08:00~09:00, 일 08:00~09:00, 18:00~19:00  **종탑** 월~토 09:00~22:00  **요금 종탑** 15kn

성 아나스타시아 대성당 종탑과 성 도나트 성당

성 아나스타시아 종탑에서 바라본 풍경

MAPCODE 34204

## 나로드니 광장 Narodni Trg

### 르네상스 시대부터 자다르의 중심이 되는 광장

'시민 광장'이라는 뜻으로, 자다르의 만남의 광장 역할을 한다. 중세 초기부터 도시 행정의 중심이 되는 행정 건물과 성당이 세워졌고, 시계탑이 있는 르네상스 양식의 도시 초소(Gradska Straža)도 1562년 세워졌다. 광장 옆에는 11세기 프리로마네스크 양식의 성 로렌스 성당(Sveti Lovre)이 있다. 광장 남쪽에는 13세기에 완공되어 16세기 중반에 재건한, 한때 재판장으로 사용되었던 도시의 로지아(Gradska Loža. 한쪽 또는 그 이상의 면이 트여 있는 방이나 복도. 특히 주택에서 거실 등의 한쪽 면이 정원으로 연결되도록 트여 있는 형태도) 있다. 대형 창문과 높은 천정이 멋스러운 이 건물은 현재는 전시 공간으로 사용된다.

광장에서 뻗어 나가는 대로는 자다르 여행 중 하루 한 번은 꼭 걷게 되는 길인데, '넓은 길'이라는 뜻의 시로카(Široka Ulica)이다. 자다르에서 가장 바쁘고 번화한 거리로, 자다르 사람들의 일상의 중심이 되는 곳이다. 로만 포룸에서 시로카를 따라 걸으면 나로드니 광장에 도착한다. 도시가 만들어지기 전에 이 거리가 먼저 닦였다는 말이 있을 정도로 자다르의 생활상이 밀집되어 있으니 자다르에 도착하면 이 길을 걸으면서 로만 포룸과 나로드니 광장을 먼저 살펴보고 도시의 분위기와 지리를 파악해 보면 좋다.

주소 Narodni Trg, 23000 Zadar

MAPCODE 34205

## 고고학 박물관 Arheološki Muzej / Archeological Museum

### 자다르와 달마티아의 역사를 되짚어 보는 곳

1832년 세워진 자다르의 고고학 박물관은 크로아티아를 통틀어 두 번째로 생겨난 박물관이다. 자다르와 달마티아의 고대부터의 고고학적인 발견을 일목요연하게 정리해 놓았다. 전시는 선사 시대, 고대, 중세, 해저로 나뉘어져 있고 도서관과 기술 부서, 행정 부서도 박물관 내 위치한다. 10만 개가 넘는 다양한 종류의 전시품이 전시되어 있다. 시저, 아우구스투스, 티베리우스 등 고대 로마 통치자들의 거대한 석상을 비롯한 조각상과 석판 등이 영구 전시된다. 2층의 선사 시대 전시부터 시작하는 것이 시간순으로 전시를 볼 수 있어 관람이 더욱 쉽다. 장식 도자기, 무기와 그리스, 이탈리아 등지에서 건너온 물건들을 볼 수 있고, 1층의 고전 시대 전시에는 로마 시대의 유물과 모자이크, 회화 등의 예술 작품도 비치되어 있다. 로만 포룸이 과거 어떤 모습이었을지를 재현해 놓은 모형도 훌륭하다.

주소 Trg Opatice Čike 1, 23000 Zadar  위치 나로드니 광장에서 도보 4분, 성 도나트 성당에서 도보 2분  시간 1~3월, 11~12월 월~토 09:00~14:00, 토 09:00~13:00 4~5월, 10월 월~토 09:00~15:00 6월, 9월 매일 09:00~21:00 7~8월 매일 09:00~22:00  요금 10세 이상 30kn, 10세 미만 무료, 학생·65세 이상 12kn  전화 023 250 516  홈페이지 amzd.hr

MAPCODE 34206

## 고대 유리 박물관 Muzej Antičkog Stakla / Museum of Ancient Glass

**19세기 궁전 건물에 위치한 아름다운 박물관**

야진(Jazine) 항구가 내다보이는 전망 좋은 건물에 위치한 이 박물관은 달마티아 전역에서 발굴한 유리잔과 병, 그릇 등 다양한 유리로 된 물건들을 전시한다. 유리 공예의 역사와 기술, 장식에 대한 정보는 물론, 로마 시대 여성들이 향수와 미용 오일을 담는 데 사용했던 작고 정교한 향수병 등 색색의 유리 전시품을 마음껏 구경할 수 있다. 성당에서 성수를 담아 보관하던 용기도 채광 좋은 전시장에 전시되어 있다. 박물관 내에는 전시관 외에도 복원 작업을 진행하는 워크숍을 위한 공간과 연구실, 특별 전시와 강연을 위한 다기능실, 유리에 관한 전문 서적을 주로 갖춘 도서관, 그냥 지나치긴 아쉬운 예쁜 기념품 상점과 카페 등이 있다. 예쁜 정원과 시원한 경치가 좋아 박물관 밖에서 시간을 보내는 사람들도 꽤 많다. 구시가지를 에워싼 성곽 바로 바깥쪽에 위치하였으나 찾아가는 길이 번거롭지 않으니 어디를 갈까 고민하고 있다면 한번 가보길 추천한다.

**주소** Poljana Zemaljskog Odbora 1, 23000 Zadar **위치** 나로드니 광장에서 도보 4분, 신시가지로 넘어가는 다리에서 도보 2분 **시간** 5~9월 월~토 09:00~21:00, 10~4월 월~토 09:00~16:00 **요금** 성인 30kn, 학생 10kn **전화** 023 363 832 **홈페이지** www.mas-zadar.hr

MAPCODE 34207

## 다섯 개 우물 광장 Trg 5 Bunara / Square of Five Wells

**아름다운 공원과 함께 남아 있는 역사의 흔적**

해자 자리에 조성된 광장으로, 1838년까지 자다르 시내에 물을 공급하던 다섯 개의 우물이 있어 지금의 이름을 갖게 되었다. 16세기에 베네치아 사람들이 오스만 제국의 공격에 대비, 식수를 확보하기 위해 우물을 판 것이다. 이 우물들 덕분에 훗날 터키와 대치하던 때에도 물 부족의 어려움 없이 싸울 수 있었다고 한다. 지금은 사용하지 않지만 우물의 형태는 아직까지 잘 보존되어 광장에 남아 있다.

광장 바로 위에는 달마티아 지방에서 가장 역사가 오래된 공원인 젤레나 마디예 여왕 공원(Perivoj Kraljice Jelene Madijevke)이 있다. 1829년 열성적인 정원가 오스트리아 장군이 조성한 것으로 자다르 시내를 돌아보고, 푸르고 예쁜 꽃나무를 감상하기에도 무척 좋은 곳이다. 마치 여행 코스처럼 우물 광장을 돌아보고 공원으로 바로 올라가는 관광객들이 많다.

**주소** Trg 5 Bunara, 23000 Zadar  **위치** 유리 박물관에서 도보 4분

젤레나 마디예 여왕 공원

# 성벽과 성문 Gradska Vrata & Gradski Bedemi

### 자다르의 안녕을 수호했던 영광의 도시 문

자다르 시가지를 둘러싸고 있는 로마 시대의 성벽에는 바다를 향하는 네 개의 문이 나 있는데, 이 중 자다르 역사를 고스란히 보여 주는 두 개의 문은 지금까지도 그 역할을 하고 있고, 관광 명소로도 이름을 떨치고 있다.

### 육지의 문 Kopnena Vrata / Land Gate  34208

자다르의 문들 중 가장 화려하고 정교하게 꾸며졌다. 1543년 베네치아 건축가 미켈레 산미켈리(Michele Sanmicheli)에 의해 르네상스 양식으로 설계, 건조되었다. 달마티아에서 제일 가는 르네상스 기념물 중 하나로 꼽힌다. 자다르의 수호성인 성 크리소고노(Chrysogonus)가 말을 타고 있는 모습과 베네치아의 날개 달린 사자 등이 장식되어 있다.

**주소** Ante Kuzmanića, 23000 Zadar **위치** 나로드니 광장에서 도보 3분

### 바다의 문 Morska Vrata / Sea Gate  34209

1573년에 세워진 이 문은 같은 이름의 성당이 바로 옆에 위치하여 성 크리소고노의 문(Vrata Sv. Krševana)이라고도 불린다. 육지의 문과 마찬가지로 날개 달린 베네치아의 사자가 그려져 있고 항구를 향해 나 있다. 고대 로마 제국 개선문 양식으로 그리스가 오스만 제국을 물리쳤던 1571년 레판토 전쟁의 승리를 축하하는 글귀가 문에 새겨져 있다.

**주소** Poljana Pape Aleksandra III, 23000 Zadar **위치** 나로드니 광장에서 도보 4분

## 항구와 사공배 Foša & Barkajoli

**베네치아에 곤돌라가 있다면 자다르에는 보르카욜리**

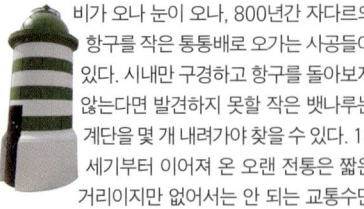

비가 오나 눈이 오나, 800년간 자다르의 항구를 작은 통통배로 오가는 사공들이 있다. 시내만 구경하고 항구를 돌아보지 않는다면 발견하지 못할 작은 뱃나루는 계단을 몇 개 내려가야 찾을 수 있다. 14세기부터 이어져 온 오랜 전통은 짧은 거리이지만 없어서는 안 되는 교통수단이었고, 다리가 생겨났어도 아직까지 성업 중이다. 자다르 사람들보다는 관광객들이 재미를 위해 이용하는데, 성수기에는 줄을 서 기다려야 할 정도로 인기가 좋다. 비록 작은 보트를 타는 짧은 시간이지만 특별한 경험이 된다.

**주소** Liburnska Obala, 23000 Zadar **위치** 나로드니 광장에서 도보 6분 **요금** 편도 5kn

## 다리와 신시가지 Gradski Most

**다리를 건너 현대의 자다르를 만나 보자**

길이 152.2m, 너비 6m의 이 다리는 자다르 구시가지와 신시가지를 잇는 유일한 다리다. 밤에 환하게 켜지는 다리의 조명은 자다르의 현대적인 야경에 크게 일조하고 있다. 다리가 생겨나기 전에는 사공들의 배에 의존해서만 항구 사이를 건너야 했기 때문에 이 다리는 자다르 시민들의 큰 환영을 받았다. 다리를 건너 항구와 구시가지 성벽을 멀리서 보는 것도 좋지만, 구시가지와 분위기가 완전히 다른 신시가지를 돌아봐도 좋다. 이렇다 할 큰 관광 명소는 없지만 구시가지와 대비되는 현대적인 도시 분위기의 신시가지를 한 바퀴 돌아보는 것도 나쁘지 않다. 주로 거주 단지로 이루어져 있고 상점, 은행, 렌터카 업체 사무소, 식당 등의 상업 시설이 많다.

**주소** Gradski Most, 23000 Zadar **위치** 나로드니 광장에서 도보 3분

# 자다르의 재건 프로젝트

## 과거와 현대의 조화로운 공존

자다르는 유고-크로아티아 내전 중 가장 피해가 막심했던 도시 중 하나로, 전쟁 후 새로 지은 건축물들이 옛 건물과의 대조적인 아름다움에 큰 영향을 미쳤다.

전쟁 후의 도시 재건 프로젝트는 원래는 구시가지 대부분을 밀어 버리고 완전히 현대적인 도시를 세우려는 것이었으나 크로아티아의 지성들이 오랜 역사를 가진 이 도시의 유적을 모두

없애는 것에 반대하여 극단적인 변화를 꾀하지는 않게 되었다. 자다르의 문화적 유산을 활성화시키고 전쟁 후의 피해를 하루 빨리 극복하는 것을 목적으로 한 재건 프로젝트는 학자이자 문인인 미로슬라브 크르레자(Miroslav Krleža)가 총지휘했다. 여러 경쟁자들을 제치고 브루노 밀리츠(Bruno Milić)의 안이 채택되었고, 수많은 모더니스트 건축가들이 협업하여 현대적인 자다르를 만들게 되었다. 콘크리트 빌딩들은 처음에는 그리 환대받지 못하였으나 지금의 도시 분위기와 조화를 잘 이루고 있다.

MAPCODE 34212

## 바다 오르간 Morske Orgulje / Sea Organ

**절대 같은 곡을 반복하지 않는 자연의 악기**

자다르에서 제일 가는 명소로 손꼽히는 바다 오르간은 2005년 이 지역 출신의 건축가 니콜라 바시크(Nikola Bašić)에 의해 탄생했다. 시내에서 바다로 향하는 돌계단에 여러 개의 구멍이 있는 것을 볼 수 있는데, 작은 구멍 안에 설치된 서른 다섯 개의 파이프로 바다의 움직임이 만들어내는 바람이 통과하면서 다양한 소리를 낸다. 자연의 에너지를 고스란히 느낄 수 있는 세계에서 최초로 만들어진 바닷가 파이프 오르간이다. 매일 찾아가도 늘 다른 소리를 내는 중독적이고 몽환적인 자연의 연주는 굉장히 특별하다. 자다르에 머무는 내내 아침저녁으로 찾게 된다. 보트가 바다를 지날 때면 바람이 조금 더 거세져 오르간 소리가 크게 들리고, 사람이 많지 않은 새벽이나 밤늦은 시간에 듣는 오르간 소리는 또 다르다. 해변을 따라 조성된 70m의 산책로를 따라 만들어진 오르간은 음악적, 기술적인 요소를 철저히 고려하여 설계된 것이라고 한다. 끊임없는 바다의 움직임과 선박의 이동이 있는 항구 앞에 설치되어 하루 종일 쉴새 없이 연주를 하고 있다. 계단식 오르간 위에 앉아 연주를 감상할 수 있다는 점도 특별하다.

**주소** Istarska Obala, 23000 Zadar **위치** 나로드니 광장에서 도보 10분

## 태양의 인사 Pozdrav Suncu / Greeting to the Sun

**자다르에 밤이 내리면 반짝반짝 빛나는 그곳**

역시 니콜라 바시크의 작품으로, 바다 오르간과 연계된 프로젝트의 일환으로 만들어졌다. 300개의 여러 겹의 유리판으로 이루어진 너비 22m의 원판은 낮에는 햇빛을 흡수하고, 밤이 되면 낮에 흡수한 태양열로 아름다운 조명을 만들어낸다. 태양계를 시각화한 멋진 디자인과 바다 오르간의 연주를 함께 감상하면 더욱 좋지만 해가 지고 태양의 인사에 불이 켜지면 사람들의 감탄과 소란스러운 소리에 오르간 소리에 집중할 수 없는 단점이 있다. 해가 지기 한 시간 정도 전부터 수많은 사람들이 항구에 몰려 늦게 가면 가까이서 보기 어렵다. 1964년 자다르를 찾았던 유명한 할리우드 영화 감독 알프레드 히치콕(Alfred Hitchcock)은 자다르를 세상에서 가장 아름다운 석양을 볼 수 있는 곳이라며 감탄했다고 한다. 당시에는 바다 오르간도, 태양의 인사도 없었으니 자다르의 해 질 녘은 설명이 필요 없다.

**주소** Istarska Obala, 23000 Zadar  **위치** 나로드니 광장에서 도보 10분. 바다 오르간 옆

> **Tip 건축가 니콜라 바시츠** Nikola Bašić (1946~)
>
> 2008년 베네치아 비엔날레에서 크로아티아를 대표했던 저명한 건축가로 자다르 부근 무르테르(Murter) 섬에서 태어났다. 나날이 번영하는 자다르의 관광업을 촉진시키기 위한 일환으로 크루즈 선박을 수용할 수 있는 더 크고 현대화된 항구를 설계하는 과정에서 총책임자였던 바시츠는 항구뿐 아니라 해안가 전체를 친환경적인 설계로 꾸몄고, 바다 오르간과 태양의 인사는 오늘날 자다르의 가장 유명한 관광 명소가 되었다. 바다  오르간과 태양의 인사는 모두 크로아티아 음악가 이반 스타마츠(Ivan Stamać)와 수력 전문가이자 엔지니어인 블라드미르 안드로체크(Vladimir Andročec)가 바시츠와 협업하여 완성한 작품이다. 바시츠는 2010년에는 2007년 화재를 진압하다 목숨을 잃은 소방대원들을 추모하는 기념비 '십자가의 밭'을 설계하고, 코르나트(Kornat) 섬에 건축하기도 한 크로아티아를 대표하는 건축가다.

# Shopping
자다르의 쇼핑

### 자다르 시장 Tržnica Zadar / Market

MAPCODE 34214

**비가 오나 눈이 오나 열리는 자다르의 대표 시장**

중세 시대부터 열렸던 달마티아에서 가장 큰 규모의 시장으로, 제2차 세계대전으로 건물이 무너지며 생겨난 광장에 열린다. 여느 시장과 마찬가지로 지역에서 가꾼 신선한 과채와 허브, 꽃 등을 팔고, 홈메이드 올리브 오일과 주류, 치즈도 찾아볼 수 있다. 상점에서 구입하는 것보다 신선도가 훨씬 뛰어나고 맛도 좋다. 실내 육류 가판과 그 맞은편의 생선 시장에서는 더 많은 현지 사람들을 볼 수 있다. 자다르 사람들은 이곳이 해안가에서 제일 가는 생선 시장이라고 입을 모아 말한다. 시장 한 켠에는 저렴한 가격의 옷과 잡화를 판매하는 곳도 있으니 갑자기 수영복이나 티셔츠가 필요할 경우 이곳을 찾는 편이 훨씬 경제적이다. 시장 바로 뒤의 건물이 대형 슈퍼마켓 콘줌(Konzum)이라 장을 보기도 좋은 위치이다. 일찍 가면 좀 더 신선한 물건을 살 수 있고, 가격은 계절과 상품의 상태에 따라 차이가 있다. 시장 주변에는 향긋한 과일 냄새를 맡으며 구경하기에 좋은 카페들도 여럿이다.

**주소** Pod Bedemom bb, 23000 Zadar **위치** 나로드니 광장에서 도보 3분 **시간** 매일 06:00~13:00

## 마리발 Marival

MAPCODE 34215

### 크로아티아 디자이너 브랜드를 엄선해 판매

자다르에서는 먹을 것을 위해 시장에 가거나 생필품을 사러 콘줌 등 마트에 가는 것 외에 쇼핑을 오롯이 즐길 곳이 거의 없다. 외곽으로 나가야 어느 정도 규모 있는 쇼핑몰을 볼 수 있는데, 시내에서 크로아티아 디자이너들의 옷과 액세서리를 볼 수 있는 거의 유일한 부티크가 마리발이다. 여러 브랜드를 엄선하여 판매하는 멀티 브랜드 스토어로, 개성 강한 크로아티아 디자이너들의 시즌별 최신 상품을 볼 수 있다. 2010년 미국의 유명 가수 나탈리 콜이 자다르에서 공연을 하고 크로아티아 디자이너 옷을 사고 싶다고 하여 추천받고 여러 옷을 사간 곳으로도 유명하다. 우리에겐 생소하지만 크로아티아에서 유명한 리코브(Ricov)의 옷과 액세서리 외에도 메이드 인 크로아티안 샌들과 발레 슈즈, 지갑, 주얼리 등을 판매한다. 난해한 패턴의 원단, 아방가르드한 실루엣, 큼직한 유리로 만든 목걸이 등 매일 입을 수 있는 평범한 옷보다는 여행지에서의 톡톡 튀는 패션을 추구한다면 한아름 쇼핑할 수 있을 것이다.

**주소** Ul. Don Ive Prodana 3, 23000 Zadar  **위치** 나로드니 광장에서 도보 1분  **시간** 월~금 10:00~20:00, 토 09:00~15:00  **전화** 023 213 239  **홈페이지** www.facebook.com/marival.store

## 수퍼노바 자다르 Supernova Zadar

MAPCODE 34242

### 오늘은 쇼핑하는 날!

크로아티아의 다른 도시들에 비해 쇼핑이 다채롭지 않은 자다르에서 가장 큰 규모의 쇼핑몰이다. 하지만 도심에서 꽤 떨어져 있어 작정하고 쇼핑을 하려는 여행객들에게 추천한다. 대중교통으로 갈 수 없어 렌터카 이용자들만 찾아갈 수 있으나 A1 도로에서 자다르 시내로 진입하는 초입에 위치하여 차로는 찾기가 무척 편리하고 1,200대 이상 이용할 수 있는 주차 공간도 마련되어 있다. 74,000㎡의 넓은 부지에 75개의 유러피언 브랜드, 5개의 레스토랑이 있어 원스톱 쇼핑을 제공한다. Zara, H&M, C&A, 풀앤베어(Pull & Bear), 스트라디바리우스(Stradivarius), 버슈카(Bershka) 등의 SPA 브랜드와 뮐러(Müller), 록시땅(L'Occitane), 스와로브스키(Swarovski) 등의 대형 브랜드들이 모두 입점 중이어서 필요한 모든 것들을 구입하고 즐거운 아이쇼핑도 할 수 있다.

**주소** Ul. Akcije Maslenica 1, 23000 Zadar  **위치** 나로드니 광장에서 차로 12분  **시간** 09:00~21:00  **전화** 023 327 301  **홈페이지** supernova.hr

## 시티 갤러리아 City Galleria

MAPCODE 34216

**자다르 원스톱 쇼핑센터**

제법 큰 백화점 느낌이 나는 건물을 보는 순간 이곳에서 필요로 하는 대부분의 것을 살 수 있음을 직감하게 된다. 쇼핑센터 바로 앞의 큰 광장에는 신선한 과채 시장도 들어서 옷, 잡화와 함께 장도 볼 수 있다. 넓은 지하 주차장도 있어 자동차로 여행하는 사람들이 쇼핑하는 데 있어 큰 도움이 될 쇼핑몰이다. 여섯 개의 상영관이 있는 영화관과 식당, 카페도 많아 자다르 사람들이 친구들을 만나거나 비즈니스 미팅을 하는 장소로 인기가 많다. 우리에게도 익숙한 세계적인 브랜드와 체인 상점들이 다양하게 입점해 있고, 핸드폰 상점, 통신사 사무소, 은행 등 각종 편의 시설도 이용할 수 있다.

주소 Murvička 1, 23000 Zadar  위치 나로드니 광장에서 도보 11분  시간 월~토 09:00~21:00, 일요일은 슈퍼마켓, 영화관, 카페만 운영(각각 오픈 시간 상이)  전화 023 300 100  홈페이지 www.citygalleria.hr

### Tip 저렴한 물가의 자다르

크로아티아는 북쪽에서 남쪽으로 내려오면서 물가가 비싸진다. 자다르는 비교적 저렴한 물가의 마지노선이다. 스플리트부터는 한층 상승한 상품과 서비스 가격을 체감할 수 있다. 또 식품에 관심이 많은 사람이라면 자다르에서 의외의 지출을 하게 될 수도 있다. 맛있는 지역 특산 식재료들과 술을 모두 사갈 수는 없으니 최대한 여행 중 맛있게 먹고 마시기를!

# Restaurant
자다르의 식당

### 펫 부나라 Pet Bunara

MAPCODE 34217

**자다르에서 손꼽히는 맛집**

다섯 개 우물 광장 근처에 위치한 펫 부나라의 아늑하면서도 세련된 분위기가 들어서자마자 여행자의 마음을 사로잡는다. 35년 넘게 흔들림 없이 맛있는 음식과 훌륭한 와인으로 식객들을 기쁘게 해, 크로아티아 정부 관광청으로부터 지역 식도락에 기여하는 식당으로 뽑혀 상을 받기도 한 일품 식당이다. 지중해 요리를 기본으로 하며 지역에서 나는 식재료로 요리하는 라비올리, 사프란, 아티초크를 곁들인 흰 살 생선과 같은 현대적인 메뉴 구성이 눈에 띈다. 계절이 바뀔 때마다 신선한 식재료 위주의 메뉴를 새로 구성한다. 쌀이 아닌 보리로 요리하는 리조또는 대표 메뉴 중 하나로, 맛도 영양도 좋아 많은 사람들이 찾는다. 육즙 가득하고 부드러운 소고기, 돼지고기, 칠면조 고기, 양고기 구이 요리와 참치 등 생선 요리도 훌륭하다. 인근에 농장이 있어 허브와 무화과, 올리브는 유기농으로 길러 사용한다. 여름에는 무화과와 프로슈토를 특히 많이 사용한다. 2007년부터 식당에서 직접 주최해 온 무화과 페스티벌도 매년 열린다. 디저트도 무화과 케이크나 무화과 시럽을 뿌린 것이 인기가 많으니 신선하고 진한 계절 과일의 맛을 꼭 보자.

**주소** Stratico Ulica bb, 23000 Zadar **위치** 나로드니 광장에서 도보 2분 **시간** 11:00~23:00 **가격** 달마티아 소고기 요리 75kn, 병아리콩을 곁들인 문어 요리 78kn, 펫 부나라 비프스테이크 165kn **전화** 023 224 010 **홈페이지** petbunara.com

### 티넬 Tinel

MAPCODE 34218

**정겨운 대화를 나누는 아늑한 공간**

지중해와 아드리아해 부근의 여러 지방에서는 가족들과 초대한 손님들이 모여 서로의 이야기를 나누고 함께 시간을 보내며 즐거워하는 공간을 '티넬'이라 불렀다. 오늘날에도 집 거실을 티넬이라 부르는 사람들이 있다고 하는데, 이 식당은 바로 그러한 정다운 공간을 재현하려는 마음으로 문을 열었다고 한다. 푸짐하게 차려 내는 아침 식사를 천천히 음미하는 것도 좋고, 테라스 자리까지 만석인 바쁜 점심, 저녁 시간에 방문하여 자다르 사람들과 어깨를 맞대고 식사를 하는 것도 즐겁다. 따뜻하고 아늑한 공간에서 맛보는 음식도 가정식처럼 익숙하고 부담 없다.

**주소** Ulica Don Ive Prodana 2, 23000 Zadar **위치** 나로드니 광장에서 도보 1분 **시간** 09:00~01:00 **가격** 치킨 스테이크 75kn, 비프스테이크 129kn **전화** 098 975 7130 **홈페이지** tinelzadar.com

### 더 가든 The Garden

MAPCODE 34219

**낮과 밤이 180도 다른 팔색조의 매력**

영국 레게 그룹 UB40의 멤버 두 명이 2004년 오랫동안 버려진 호텔을 발견하고 이를 개조하여 문을 열었다. 자다르 시내 성벽 위쪽에 위치한 정원에 마련된 미니멀한 라운지 바로, 낮에는 선선한 바람을 맞으며 체스를 두기 위해, 밤에는 다양한 장르의 음악을 플레이하는 DJ를 보러 수많은 사람들이 찾는 자다르에서 가장 핫한 곳이다. 2006년부터 매년 7월, 2주간 개최되고 있는 DJ와 라이브 밴드와 함께하는 음악 축제인 가든 페스티벌의 중심이기도 하다. 바다가 보이는 편안한 소파 자리와 누울 수 있는 침대, DJ와 가까운 바 자리 넓은 공간 어디도 매력적이지 않은 구석이 없다. 가든은 넓은 만큼 여러 구역으로 나뉘고 각 구역에 특별 스피커가 따로 설치되어 하나의 공간이 여러 개의 바와 클럽으로 나뉘는 독특한 형태를 띤다. 해

마다 시즌은 5월에 시작하며 매년 음악과 공연, 음식의 콘셉트를 바꾼다. 그러나 언제 찾아도 주문 가능한 것이 바로 마라스키노를 베이스로 한 여러 종류의 칵테일! 마라스키노와 하바나 블랑코, 사탕수수 시럽, 라임 주스와 자몽 주스로 만드는 헤밍웨이 대커리(Heming Daiquiri)를 추천한다.

**주소** Bedemi Zadarskih Pobuna 5, 23000 Zadar **위치** 나로드니 광장에서 도보 4분 **시간** 5~9월 10:00~01:30 **가격** 헤밍웨이 대커리 38kn **전화** 023 250 631 **홈페이지** www.thegarden.hr

## 에바 II 젤라토 오리지널 Eva Il Gelato Originale

MAPCODE **34220**

**자다르에서 가장 맛있는 젤라또**

2.5kg씩 소량으로 만들어 원하는 맛이 떨어지면 조금 기다려야 할 수도 있지만 첨가제, 방부제, 인공향과 색소가 없는 진한 천연 젤라또를 원한다면 자다르에서는 이곳이 제일 맛있다. 계절 과일만을 사용하고 설탕이 많이 첨가되지 않아 당뇨병 환자도 먹을 수 있을 정도라고 자부한다. 신 체리와 피스타치오 맛이 인기가 좋다. 여러 가지 맛을 먹어 보고 싶다면 같은 가격에 반 스쿱씩 두 가지 맛을 골라 담을 수 있다. 해변으로 가는 길에 찾아가기 좋은 위치라 여름에 특히 붐빈다. 앉아서 먹고 갈 수 있는 자리도 충분하지만 젤라또가 녹기 전에 서둘러 바다로 향하자. 자다르의 따사로운 여름 햇살과 차가운 에바 젤라또의 궁합은 백점 만점이다.

**주소** Mihovila Pavlinovića 8, 23000 Zadar  **위치** 나로드니 광장에서 도보 4분  **시간** 매일 10:00~24:00  **전화** 023 251 909  **홈페이지** www.facebook.com/GelateriaEvaCro

## 컬트 Kult

MAPCODE **34221**

**맥주 한잔 걸치기 좋은 캐주얼 바**

원목 바와 테이블, 의자가 영국의 펍을 연상케 한다. 동네 사람들이 편하게 와서 맥주 한잔 하기 좋은 곳으로 성평이 나 있고, 실제로도 주인과 웨이터 모두 손님들과 반갑게 인사를 나누고 안부를 묻는 것을 자주 볼 수 있다. 여름에는 선선한 바람을 맞으며 대형 TV로 중계해 주는 스포츠 경기를 보려는 사람들로 일찌감치 만석이 되는 테라스 자리를 옆에 있는 디스펫 바(Dišpet)와 공용으로 사용한다. 여름에는 또한 달마티아 지역의 맥주집에서 흔히 볼 수 있는 라이브 보컬 그룹을 칭하는 '클라파스(Klapas)'의 공연도 종종 기획한다. 목요일에는 가라오케 나이트가 열린다. 선물도 상당하고 보유하고 있는 곡도 다양하고 많아서 손님들이 열정적으로 참여하는 모습이 흥겹다.

**주소** Stomorica Ul 6, 23000 Zadar  **위치** 나로드니 광장에서 도보 2분  **시간** 일~목 07:00~24:00, 금~토 07:00~01:30  **전화** 099 430 9291  **홈페이지** www.facebook.com/cbkult

# 자다르의 특산물, 마라스키노 Maraschino

### 1786년부터 제조해 온 자다르 특산주

칵테일 잔에 당연하듯 한 세트처럼 퐁당 담겨 나오는, 시럽에 절인 빨간 체리의 고향이 크로아티아의 자다르라는 사실을 아는 사람은 많지 않을 것이다. 마라스카(Marasca) 체리의 생산지는 자다르 일대가 유일하며, 다른 체리와 비교했을 때 상대적으로 조금 작은 편이지만 그냥 먹어도 맛있고, 케이크와 주스를 만드는 데에도 자주 이용된다. 이 체리를 증류하여 얻게 되는 리큐르를 마라스키노라고 부른다. 신맛이 강할 때 수확하여 씨를 빼고 브랜디처럼 증류한다. 이것을 사탕수수 시럽과 섞고 숙성, 필터링하는 과정을 거친다. 술 자체는 투명하고 미묘한 쓴맛과 아몬드 향을 풍긴다.

마라스키노는 자다르를 대표하는 산업으로, 그 정통성과 독창성을 높이 인정받고 있다. 바티칸에서 구입할 수 있는 유일한 크로아티아산 제품이기도 하다. 오래 전부터 유명 인사들에게 사랑받는 기호품이었는데, 나폴레옹 보나파르트가 특히 좋아하여 식후주로 즐겨 마신 것으로 알려져 있다. 프랑스의 루이 18세, 샤를 10세와 러시아 차르 니콜라이 1세 등도 마라스키노 애호가였으며 영국의 조지 4세는 자다르로 배를 보내 마라스키노를 궤짝으로 실어다 마셨다고도 전해진다. 호화 크루즈 타이타닉호의 잔해에서도 이 술병들이 발견됐다고 한다.

현재 자다르 마라스키노의 레시피는 18세기에 자다르 도미니카 수도원의 제약사들이 고안한 레시피가 시간이 지나며 보완되어 완성된 것이다. 19세기에 술을 담던 작고 예쁜 병 디자인을 그대로 사용하고 있어 자다르 기념품 중 으뜸으로 꼽힌다.

# Hotel
자다르의 숙소

### 아트 호텔 칼레라르가 Art Hotel Kalelarga

MAPCODE 34222

**자다르 여러 명소와의 접근성이 좋은 호텔**

자다르 심장부에 위치하여 접근성이 좋은 4성급 호텔로 모던하고 깔끔한 10개의 객실은 전체적인 톤은 베이지로 하고 석조 디테일로 우아한 분위기를 연출했다. 객실은 플랫 스크린 위성 TV와 어메니티, 미니바, 헤어드라이어가 있는 욕실을 포함한다. 호텔 주변에는 여러 상점과 슈퍼마켓, 카페와 식당이 많아 전혀 불편함이 없다. 객실 수가 많지 않아 투숙객 개개인에 대한 서비스가 세심한 편이다. 자체 베이커리와 레스토랑인 고메 칼레라르가 (Gourmet Kalelarga)도 평이 좋다. 호텔 레스토랑답게 서비스와 음식 맛 모두 훌륭하여 호텔에 묵는 손님들은 시내에서 식사하는 것보다 호텔 안에서의 식사를 선호한다. 특히 디저트가 맛있다. 무선 인터넷이 무료 제공된다.

**주소** Ulica Majke Margarite 3, 23000 Zadar **위치** 나로드니 광장에서 도보 1분 **시간** 체크인 14:00, 체크아웃 12:00 **요금** 더블룸 €130 **전화** 023 233 000 **홈페이지** www.arthotel-kalelarga.com

### 바스티옹 호텔 Bastion Hotel

MAPCODE **34223**

**고급스러움과 편의성을 모두 갖춘 호텔**

중세 시대 성채 카스텔라(Kastela)의 자리에 세워진 고풍스러운 4성급 호텔로, 전 객실은 핸드메이드 아르 데코 가구로 각각 다르게 꾸며 놓았다. 모든 객실에는 케이블과 위성 TV, 냉난방 시설과 미니바가 있다. 사우나, 마사지실, 휴식 공간으로 이루어진 카스텔로 스파와 웰니스 센터(Castello Spa and Wellness Centre)는 여행의 피로를 풀기에 제격. 간단히 티 타임을 갖거나 일정을 마치고 잠자리에 들기 전 칵테일 한 잔을 마시기 좋은 크리스탈(Kristal) 바도 들러 볼 만하다. 호텔 내 파인 다이닝 레스토랑 카스텔(Kaštel)은 훌륭한 지중해 요리로 정평이 나 있다. 정원이 내다보이는 널찍한 야외 테라스 자리에서의 식사를 추천한다. 뷔페 조식은 레스토랑 또는 테라스 자리에서 먹을 수 있다. 28개의 객실이 있고, 무료 무선 인터넷이 제공된다. 하루 €10에 주차장 이용도 가능하다.

**주소** Bedemi Zadarskih Pobuna 13, 23000 Zadar **위치** 나로드니 광장에서 도보 8분 **시간** 체크인 14:00, 체크아웃 12:00 **요금** 더블룸 €156 **전화** 023 494 950 **홈페이지** www.hotel-bastion.hr

## 부티크 호스텔 포룸 Boutique Hostel Forum

MAPCODE 34224

### 지금까지의 호스텔은 잊어라

문을 연지 오래되지 않은 자다르의 신식 부티크 호스텔이다. 주황색과 남색으로 밝고 깨끗하게 꾸며져 있다. 도미토리 외에도 트윈룸, 더블룸이 있고 2성급 호텔에 버금가는 포룸의 객실에는 플랫 스크린 위성 TV, 어메니티를 갖춘 욕실이 있다. 조식 또한 포함되어 있다. 35개의 객실과 음료수 자판기, 로커와 짐 보관실, 다른 여행자들과 만나 이야기를 나눌 수 있는 편안한 라운지와 TV 시청 공간 등이 있다. 팩스, 복사 등 간단한 서류 업무도 볼 수 있다. 추가 비용을 지불하고 빨래, 셔틀, 공항 픽업 서비스도 요청 가능하다. 건물 전체가 금연이며 냉난방도 잘 되어 있다. 무료 무선 인터넷을 제공하고, 24시간 프런트 데스크를 운영한다.

도보 4분. 성 아나스타시아 대성당 옆 **시간** 체크인 14:00, 체크아웃 11:00 **요금** 4인 도미토리 €14, 더블룸 €72 **전화** 023 253 031 **홈페이지** hostelforumzadar.com

**주소** Široka 20, 23000 Zadar **위치** 나로드니 광장에서

## 아파트먼트 도나트 Apartments Donat

MAPCODE 34225

### 취사까지 해결되는 자다르의 내 집

자다르 시내에서도 역사가 오래된 700년된 건물을 2015년에 새롭게 리노베이션한 깔끔한 여섯 개의 아파트가 여행자들을 기다리다. 자다르 시내 중심에 있어 주요 명소를 걸어서 찾아가기 어렵지 않고 아파트 바로 옆에 공공 주차 시설도 있어 무료로 이용할 수 있다. 해변과는 불과 40m 떨어져 있기 때문에 여름 휴가를 보낼 숙소로도 안성맞춤이다. 모든 아파트에는 취사 시설, 냉장고, 커피 메이커, 플랫 스크린 TV, 냉난방 시설, 무선 인터넷이 제공된다. 호텔 같은 깔끔한 숙소를 원하지만 직접 요리를 해 먹어야 하는 여행자에게 완벽한 숙소다. 추가 비용을 지불하고 픽업 서비스, 프라이빗 보트 투어, 낚시, 패러세일링 등을 이용할 수도 있다. 친절한 주인이 자다르 여행 팁을 아낌없이 제공한다.

**주소** Ulica fra Donata Fabijanića 2, 23000 Zadar **위치** 나로드니 광장에서 도보 7분 **시간** 체크인 16:00, 체크아웃 10:00(문의하여 변경 가능) **요금** 2인용 스튜디오 €60 **전화** 095 825 6390 **홈페이지** www.apartmentsdonat.com

### 근교도시
# 크르카 국립공원 Krka National Park
세상에서 가장 예쁜 절경, 그림 속으로 걸어 들어가다

1985년 크로아티아의 일곱 번째 국립공원으로 지정되었다. 면적이 111km²에 달하는 이 국립공원은 수많은 호수와 폭포가 쏟아지는 멋진 광경으로 유명하다. 달마티아 지역을 흐르는 크르카 강의 약 3분의 2를 포함하는데, 총 길이 72.5km의 강은 디나리츠(Dinaric) 산에서 발원하여 시베니크 근처 아드리아해로 흘러 든다. 크르카 강이 석회암 지대를 지나며 깊이 200m 이상의 깊고 좁은 협곡을 만들고 또 메워 나가면서 자연스레 폭포가 형성되었다. 폭포와 크르카 강은 비교적 최근인 1만 년 전에 형성되었지만 퇴적물 누적 속도가 빨라 강 주변 지형이 계속해서 바뀌고 있다. 수년이 지나 다시 찾았을 땐 조금 달라진 모습을 보게 될 수도. 크르카 폭포의 유량은 초당 1,557ℓ로, 시원하게 쏟아지는 물줄기에 모든 스트레스가 날아갈 듯하다. 크로아티아의 도시들은 모두 자연과 밀접하지만, 크르카에 도착하면 자연 그 자체에 담기는 듯한 기분을 만끽할 수 있다.

### 📍 크르카 국립공원
시베니크에 위치한다. 현지에서 입장, 주차 등 공원과 관련된 문의는 공원의 로조바츠 입구에 위치한 매표소에 문의하면 된다.
**주소** Trg Ivana Pavla II br.5, 22000 Šibenik, Hrvatska **시간** 월~금 07:00~15:00 **전화** 022 201 777 **홈페이지** www.npkrka.hr

### 📍 스크라딘 관광 사무소
보트, 버스 관련 문의가 가능하다.
**주소** Trg Male Gospe 3, 22222, Skradin **전화** 022 771 076 **홈페이지** www.grad-skradin.hr

# 크르카 국립공원 가는 길

크르카 국립공원을 버스로 가려면 스크라딘(Skradin (Krka NP) (HR)) 역에서 하차해야 하니 홈페이지에서(www.buscroatia.com) 버스 시간표를 검색할 때나 표를 예매할 때 도착 정류장을 스크라딘으로 설정할 것. 또 1박을 할 예정이 아니라면 돌아가는 버스 시간과 공원에서 스크라딘으로 돌아오는 보트 시간을 확인한다. 보통 오후 5시 전후로 마지막 버스와 보트가 있으니 늑장을 부리다가는 놓칠 수도 있다.

자다르에서 1시간 정도 소요되고, 요금은 78kn이다. 시베니크(Šibenik)를 경유할 수도 있으니 경로를 꼭 확인하도록 한다. 두브로브니크에서 스플리트나 자다르행 버스를 타고 이동해서 다시 스크라딘행 버스를 타야 하니, 왕복 여정만 하루 종일 걸린다. 추천하는 경로는 아니다.

| 출발지 | 소요 시간 | 요금 |
|---|---|---|
| 스플리트 | 1시간 30분 | 80kn |
| 자그레브 | 4시간 20분 | 94kn |

자다르와 스플리트에서 운전해서 간다면 시베니크(Šibenik)나 프리모스텐(Primosten) 같은 국립공원 근저의 작지만 예쁜 마을들을 들러 볼 수 있다.
투어 없이 개별 입장을 원하고, 국립공원의 대표적인 폭포라 할 수 있는 스크라딘스키뿐 아니라 여러 곳을 살펴보고 싶다면 스크라딘(Skradin)에 주차한 후 보트를 타고 공원에 입장하는 것을 추천한다. 스크라딘스키 폭포만 보고 가고 싶다면 바로 공원 주차장으로 향하면 된다. 다섯 곳의 입구가 있는데(스크라딘 보트 선착장, 로조바츠, 로스키 폭포, 부르넘, 크르카 수도원) 스크라딘과 로조바츠가 가장 편리하여 이 두 입구를 주로 사용한다.

| 출발지 | 거리 | 소요 시간 |
|---|---|---|
| 자다르 | 77km | 50분 |
| 스플리트 | 87km | 1시간 |
| 자그레브 | 327km | 3시간 |
| 두브로브니크 | 276km | 3시간 |

## 🧳 여행 상품

공원을 효율적으로 여행하는 가장 좋은 방법은 투어 가이드와 함께 돌아보는 것이다. 플리트비체에 비하면 방문자가 적은 편이라 사람들을 따라다니며 구경하는 것도 수월치 않을 때가 있는데, 투어를 이용하면 넓은 공원의 길을 헤맬 필요가 없다. 입장하여 스크라딘스키 폭포에서만 시간을 보내고 나가는 사람들도 꽤 많다. 소개하는 곳 외에도 출발 도시마다 여러 투어 업체들이 있으니 각 도시의 관광 사무소, 인터넷 등을 이용하여 프로그램을 비교해 보자. 보통 국립공원 왕복 교통과 영어 가이드를 기본으로 제공하고 주변 도시 투어, 간식, 식사, 국립공원 입장료 등 세부 사항에서 차이가 있다. 포함/미포함 사항을 꼼꼼히 비교해 볼 것. 자그레브와 두브로브니크에서는 거리가 있어 투어가 거의 없거나 요청 시 프라이빗으로 구성해 주는 경우가 대부분인데, 자다르나 스플리트에서 출발하는 것에 비해 가격도 비싸고 이동 시간도 길기 때문에 일정상 불가피한 상황이 아니라면 추천하지는 않는다.

### ◉ 자다르 출발 여행 상품

#### 겟 유어 가이드
3~10월 투어 운영, 공원 왕복 버스편, 보트 크루즈, 국립공원 입장료 미포함, $65.55
홈페이지 www.getyourguide.com/zadar-l1328/trip-to-national-park-krka-from-zadar-t27612

#### 나바드리아틱
3~10월 투어 운영, 공원 왕복 버스편, 보트 크루즈, 국립공원 입장료 포함, 점심 식사 포함, € 65(6세 미만 무료)
홈페이지 navadriatic.com/tours/krka-waterfalls

### ◉ 스플리트 출발 여행 상품

#### 크르카 투어
- 4~10월 투어 운영, 공원 왕복 버스편, 보트 크루즈, 5시간 자유 시간 포함, 국립공원 입장료 미포함 (투어 에이전시를 통하여 입장료를 구매하면 보트 크루즈 무료 이용 혜택을 받을 수 없으니 개별 구매 추천)
- 스플리트의 마르얀 해변에서의 카약 추가 옵션 270kn 추가

주소 Ul. Zlatna Vrata, 21000, Split 전화 098 858 141 가격 7~8월 성인 200kn(€28) 홈페이지 krkatour.com

#### 스플리셔스
공원 왕복 버스편, 투어 가이드, 30분 보트 투어, 자유 시간 4시간, 근교 시베니크 구경, 국립공원 입장료 미포함  요금 190kn  홈페이지 www.splitlicious.com

## 크르카 국립공원 입장료

| 구분 | 1~3월, 11~12월 | 4~6월, 9~10월 | 7~8월 | 포함 사항 |
|---|---|---|---|---|
| 성인 | 30kn | 110kn | 200kn | 공원 전체 |
|  |  | 60kn | 100kn | 로스키 폭포 |
|  |  | 40kn | 40kn | 키스탄예, 부르넘, 풀야네 |
| 학생(7~18세) | 20kn | 80kn | 120kn | 공원 전체 |
|  |  | 40kn | 55kn | 로스키 폭포 |
|  |  | 30kn | 30kn | 키스탄예, 부르넘, 풀야네 |
| 1년 3회권 | 성인 65kn<br>학생 45kn | 성인 230kn<br>학생 180kn | 성인 320kn<br>학생 200kn | 해당 연도 안에 세 번 방문 |

※ **입장권 포함 사항**: 크르카 국립공원 1회 입장, 부르넘 고고학 컬렉션, 오지다나 페치나(Oziđana Pećina) 동굴, 스크라딘스키 폭포와 로스키 폭포의 인류 전시, 스크라딘-스크라딘스키 왕복 보트(11~3월 제외), 로조바츠(Lozobac)-스크라딘스키 폭포 버스 왕복권(11~3월 제외)
※ 7세 미만 어린이 무료 / 7~8월 오후 4시 이후에는 성인 145kn, 학생(7~18세) 90kn

### 보트 투어

보트 투어는 4~10월 운영한다. 공원 내 여러 폭포들로 인해 보트가 상류까지 한 번에 올라갈 수 없어 단계적인 투어를 제공한다.

| 투어 코스 | 소요 시간 | 요금 |
|---|---|---|
| 스크라딘스키 폭포 ↔ 비소바츠 섬(30분) | 2시간 | 성인 100kn, 학생 70kn |
| 스크라딘스키 폭포 ↔ 비소바츠 섬(30분), 폭포(90분) | 4시간 | 성인 130kn, 학생 90kn |
| *로스키 폭포 ↔ 크르카 수도원(30분) | 2시간 30분 | 성인 100kn, 학생 70kn |
| 스티니체 ↔ 비소바츠 섬(30분) | 35분 | 성인 50kn, 학생 35kn |
| 레메티츠 ↔ 비소바츠 섬(30분) | 35분 | 성인 50kn, 학생 35kn |

※ 로스키 폭포 ↔ 크르카 수도원 투어 코스는 트로세이(Trošenj)와 네츠벤(Nečven), 크로아티아 성채를 보트에서 감상할 수 있다. 단, 선착장에 가서 요청을 해야 출발 가능
※ 4세 미만 어린이 무료

## 스크라딘스키 폭포 Skradinski Buk / Skradinski Waterfall 34226

### 크르카 국립공원에서 가장 아름다운 폭포

크르카 강에 있는 일곱 개의 웅장한 폭포 중 가장 경치가 뛰어난 폭포는 크르카 폭포라고도 불리는 스크라딘스키 폭포이다. 유럽 최대 규모의 침전 폭포로, 크르카 공원 아래쪽에 위치하고 있다. 공원에 입장하면 가장 먼저 만날 수 있는 폭포이다. 높이 240m, 길이 100m, 폭 100m 인 17개의 폭포가 계단처럼 이루어져 있고, 각각의 수직 높이가 45m 에 이른다. 물레방아와 빨래터 등의 유적지, 유물은 인류 전시물로 잘 보존되어 있다.

플리트비체와 크르카를 비교해 보면, 두 폭포가 형성된 방식은 같지만 크르카의 수량이 훨씬 많다. 1초당 $55m^2$의 물이 스크라딘스키 폭포에서 쏟아지는데, 이것은 폭우가 쏟아지는 양의 네 배는 된다. 또 발도 담글 수 없는 플리트비체와는 달리 크르카에서는 수영이 가능하다. 맑고 투명한 폭포수는 자갈 바닥이 완전히 보인다. 푸른 수풀과 폭포 아래서 헤엄치다 보면 환상적인 풍경화 속에 들어가 있는 듯하다.

폭포 주변으로는 약 2km의 나무로 만든 산책로가 조성되어 있다. 한 바퀴 돌아보는 데 느린 걸음으로 한 시간 정도 소요된다. 어디에서 바라보느냐에 따라 폭포와 주변 모습이 조금씩 달라 사진을 좋아하는 사람에게는 더없이 좋은 출사 장소이기도 하다.

**위치** 주차장 앞에 위치한 로조바츠(Lozovac) 입구로 입장하면 바로 나타난다. 4~10월에는 공원 입구에서 스크라딘스키 폭포까지 무료 셔틀을 운행하기도 한다. 4~10월 동안은 스크라딘에서 보트를 타고 폭포 앞까지 이동할 수 있다. 스크라딘에서 폭포까지 이어지는 4km의 자전거 도로도 있다.

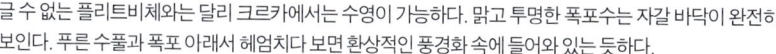

## 🔵 로스키 폭포 Roski Slap / Roski Waterfall  34227

### 크르카 국립공원의 이인자

열두 개의 폭포로 구성된 로스키도 놓칠 수 없는 절경이다. 자동차로 바로 찾아가거나 스크라딘스키 폭포에서 보트를 타고 이동하는 방법도 있다. 열두 개의 폭포 중 가장 큰 폭포는 높이 22.5m로, 이를 에워싸고 있는 여러 개의 작은 폭포들이 퍼져 나가는 물의 흐름을 이 지역 사람들은 '목걸이'라 부른다. 517개의 나무 계단을 오르면 오지다나 페치나(Oziđana Pećina) 동굴이 나타난다. 폭포 왼쪽 편에는 여러 개의 물레방아가 있는데, 달마티아 지역에서 가장 정교하고 복잡한 물레방아로 꼽힌다. 관광지로 개발되기 전 이 지역 사람들의 생활상을 보여 주는 인류학 전시도 마련되어 있다.

오지다나 페치나 동굴

## 📷 비소바츠 섬 Visovac 34228

### 로스키 폭포와 스크라딘스키 폭포 사이의 외딴 섬

1445년부터 프란체스코 수도회의 수도사들이 살기 시작한 크르카 강의 작은 섬이다. 지금 볼 수 있는 수도원 건물은 18세기에 다시 지은 것으로, 수도회의 다양한 유적과 희귀 서적, 초판 등 값진 장서로 가득한 도서관이 내부에 자리한다. 오랫동안 성모를 섬겨 온 곳으로, 세계 각지의 성지 순례자들에게도 인기가 많다. 국립공원에서는 비소바츠호를 경유하여 스크라딘스키 폭포에서 로스키 폭포까지 관광할 수 있는 크루즈를 정기적으로 운항한다. 앞서 소개한 보트 투어 요금과 시간을 참조한다.

크르카 국립공원

## 📷 스크라딘 Skradin 34229

### 색색의 가정집이 모여 있는 귀여운 마을

보트를 타고 공원에 입장하여 스크라딘스키를 마주하는 것은 대중교통을 이용하는 여행자들이 필연적으로 누리게 되는 호사이다. 시간 여유가 있다면 작은 스크라딘 마을을 한 바퀴 돌아보는 것도 나쁘지 않다. 성수기에는 보트가 만석이라 그 다음 보트를 타야 하는 경우도 많아 스크라딘 마을을 돌아볼 시간저 여유가 생기기도 한다. 마을을 걷다 보면 돌로 만든 가정집들이 많이 보인다. 대부분 파괴되었으나 아직 조금 남아 있는 성채의 흔적도 살펴볼 수 있다.

## 크르카 수도원 Manastir Krka / Krka Monastery 34230

### 크르카 강의 이름을 딴 세르비아 정교 수도원

크로아티아에서 가장 중요한 세르비아 정교 수도원이다. 크로아티아 내전 중에는 UN의 직접적인 보호를 받기도 한 곳으로, 1345년 지역의 한 귀족 부인이 대천사 미카엘에 헌정하여 건조하였다. 비잔틴과 지중해 양식이 혼재된 아름다운 수도원 옆에는 성당이 자리한다. 고대 로마 카타콤이 지하에 위치하여 방문할 수 있다. 이 카타콤은 숨겨진 예배당 역할을 하여 성 디도와 성 바오로가 직접 방문했었다는 설도 있다. 4~10월 동안에는 예약하거나 선착장에서 요청하면 공원에서 보트 투어로 다녀올 수 있고, 키스탄예(Kistanje)에서 자동차로도 방문 가능하다. 6월 중순부터 10월 중순까지는 요청 시 국립공원 가이드의 안내를 받을 수 있고, 그 외의 일정 중에는 개별 방문으로 돌아볼 수 있다. 세르비아 정교의 가장 오래된 신학 대학이기도 하여, 현재 50여 명의 신학도들이 이곳에서 수학한다.

**주소** 22305, Kistanje

## 부르넘 Burnum 34231

### 크로아티아에서 만나는 고대 로마의 흔적

키스탄예(Kistanje)에서 조금 벗어나 수도원과 6km 떨어진 곳에 위치한 크로아티아 유일의 고대 로마의 군사 원형 경기장의 유적이다. 고대 로마 원형 경기장의 특징인 타원형의 구조와 파손된 송수로의 일부를 찾아볼 수 있다. 두 개의 흰 아치로 된 이 송수로의 일부가 부르넘에서 가장 볼 만한 유적이다.

> **Tip 식사 해결하기**
>
> 공원 안에서 제대로 된 식사를 챙겨 먹는 것은 쉽지 않다. 간단한 샌드위치나 스낵 메뉴를 판매하는 큰 카페테리아가 스크라딘스키 폭포 바로 앞에 위치하여 점심이나 간식을 먹기에는 충분하다. 일정이 바쁜 하루로 이동이 많고 공원 방문 전후로 식사를 따로 챙기기가 여의치 않다면 출발지에서 간단히 준비해 오는 것도 좋다.

공원에서 가까운 곳에서 숙박을 하려면 스크라딘이 좋지만 좀 더 다양한 숙소 중에 고르고 싶다면 시베니크가 낫다. 다른 도시에서 이동하여 크르카를 다음 날 첫 일정으로 계획한다면 시베니크에서 1박을 하고 자동차 또는 버스로 스크라딘 또는 공원 입구로 바로 이동하는 편이 좋다. 호텔 예약 사이트 또는 에어비앤비 등을 통해 아파트를 예약하는 경우가 대부분이고, 가격도 훨씬 저렴하다. 그러나 계절별로 운영 시간이 다를 수 있어 여기에서는 호텔들을 소개하니 참고하자.

### 아마드리아 파크 호텔 안드리아 Amadria Park Hotel Andrija 34232

**크로아티아 최초의 어린이 호텔**

바다를 테마로 유쾌하게 꾸며 놓은, 아이들이 있는 가족 여행자들을 위한 최고의 호텔이다. 미니 클럽, 써머 클럽 등 아이들을 위한 다양한 시즌별 패키지와 놀이 프로그램을 운영하며, 다채로운 아동용 프로그램들이 진행될 동안 부모들도 편안한 휴식을 취할 수 있도록 스파 등의 다양한 편의 시설들을 마련해 놓았다. 아쿠아 파크 달마시아(Aquapark Dalmatia)와 패밀리 비치 해변과도 가까우며 아동 전용 메뉴가 있는 레스토랑 등 가족 여행에 최적화된 쾌적한 4성 호텔이다. 자다르와 스플리트 공항과도 가깝고 크르카 국립공원을 다녀오기에도 최적의 위치에 있다. 총 길이 4km가 넘는 다섯 개의 해변에 걸쳐 있어 투숙객들은 하루에도 여러 번, 여러 곳의 해변을 찾아 크로아티아의 여름을 만끽할 수 있다. 리조트 밖에 나가지 않더라도 해변과 수영장, 피트니스 센터, 스파 시설이 잘 되어 있다. 테니스 코트, 아쿠아 파크 등의 시설도 곳곳에 있어 지루할 틈이 없다. 전 객실에 발코니, 냉방 시설, TV, 미니 바가 있다.

**주소** Hotelsko Naselje Solaris b.b., 22000 Šibenik **요금** 더블룸 €150 **전화** 022 362 951 **홈페이지** www.amadriapark.com/hotel/amadria-park-hotel-andrija-ex-solaris-sibenik

### 라이프 팰리스 헤리티지 호텔 Life Palace Heritage Hotel 34233

**2015년 리노베이션 공사로 새단장한 우아한 호텔**

시베니크 해변과 가까운 4성급 부티크 호텔로, 개별 투숙객에 대한 서비스가 세심하고 따뜻하다. 시베니크의 시가지가 내다보이는 전망과 해변 전망의 객실로 나뉜다. 아기자기하고 소박한 시베니크 시내 뷰도 바다 전망 못지않게 마음에 들 것이다. 전 객실은 플랫 스크린 위성 TV, 냉방 시설과 뷔페 조식을 포함하며 호텔에는 투숙객들의 편의를 위한 스파와 레스토랑, 바도 있다. 16세 미만 아동은 1박당 €40를 추가 지불하고 엑스트라 베드 서비스를 이용할 수 있다. 24시간 리셉션을 운영하고, 무료 무선 인터넷을 제공한다.

**주소** Trg Šibenskih Palih Boraca 1, 22000 Šibenik **시간** 체크인 15:00, 체크아웃 11:00 **요금** 더블룸 €165 **전화** 022 219 005 **홈페이지** www.hotel-lifepalace.hr/en/homepage

### 호텔 스크라딘스키 부크 Hotel Skradinski Buk 34234

**스크라딘에 위치한 깔끔한 숙소**

크르카 국립공원으로 이동하는 보트편이 있는 스크라딘에 위치하여 공원과의 접근성에서는 최적인 숙소다. 객실은 미니 바와 위성 TV, 냉방 시설을 갖추고 있으며, 자동차 대여도 호텔을 통해 할 수 있다. 달마티아 지역 요리와 와인을 전문으로 하는 레스토랑도 호텔 내에 갖추고 있다. 식당을 추천하는 투숙객들의 평이 특히 많다. 34개 정도의 객실이 있고, 무료 무선 인터넷을 제공한다. 호텔뿐만 아니라 취사 시설이 딸린 아파트도 다양한 규모로 갖추고 있으니 가족 여행자라면 아파트에서 묵는 것도 좋을 것이다.

**주소** Burinovac 2, 22222 Skradin **요금** 싱글룸 €58, 더블룸 €90, 원베드룸 아파트(성인 2명, 아동 2명) €105 **전화** 022 771 771 **홈페이지** www.skradinskibuk.hr

근교도시

# 파그 Pag
### 맛과 멋이 공존하는 작은 섬

성모 승천 성당

길이 60km, 폭 2~10km의 긴 섬 파그는 자다르에서 약 70km 떨어져 있는, 조용하지만 진한 치즈 냄새가 솔솔 풍겨 오는 치즈의 고장이다. 파그 치즈는 크로아티아에서 최고로 손꼽힌다. 소금과 레이스도 유명하다. 여행지에 매력은 직접 접해 봐야만 알 수 있는 법! 파그 치즈를 안주 삼아 와인 한 잔을 마시고, 27km에 달하는 황금빛 모래사장의 해변도 거닐어 보자.

## 파그 가는 길

 버스

자다르에서 버스로 1시간이면 도착한다. 승차권은 52kn.

**파그 버스 터미널** Autobusni Kolodvor Pag
주소 Šetalošte V.Nazora, 23250 Pag  전화 053 661 114  홈페이지 www.buscroatia.com/zadar-pag

 자동차

자다르와 파그 사이 거리는 60km가 조금 안 된다. D12 도로를 따라 한 시간 남짓 운전하여 도착한다.

 파그에서 숙소 구하기

파그에는 숙박 시설이 그리 많지 않기도 하고 동절기에는 대부분 문을 닫는다. 여름 휴가 기간 중 파그에 묵으려는 사람들은 일찌감치 예약을 한다. 파그에서 숙소 구하기가 여의치 않다면 가까운 자다르에서 숙박을 하고, 꼭 파그에서 1박을 하고 싶다면 호텔 예매 사이트와 에어비앤비를 열심히 검색해 볼 것!

**파그 관광 사무소**
주소 Vela Ulica 18, 23250 Pag
전화 023 611 286
홈페이지 www.tzgpag.hr

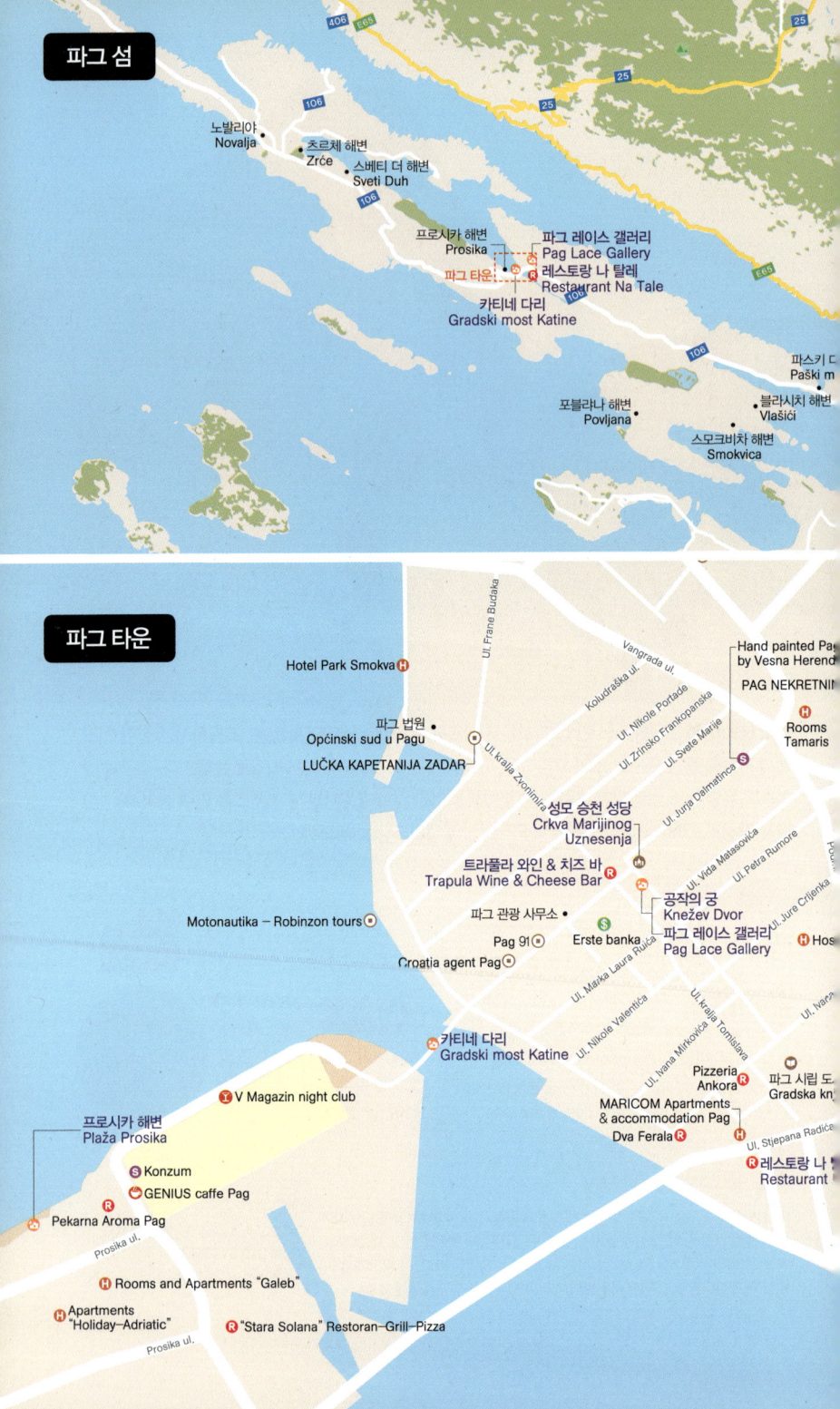

## 파그 섬의 해변

**파그 섬 북쪽의 파티 해변**

파그 섬 북쪽의 노발리야(Novalja) 마을에는 크로아티아의 이비자라 불리는 츠르체(Zrće)가 있다. 파그 섬에서 가장 큰 해변이다. 츠르체는 여름이 되면 유럽에서 가장 핫한 해변 중 하나로 급부상한다. 츠르체의 여름은 5월부터. 다양한 축제와 행사가 열리니 츠르체 홈페이지에서 일정을 미리 확인해 보자. (www.zrce.com)

츠르체 외에도 모래가 곱기로 소문난 스베티 더(Sveti Duh)를 비롯하여 포블랴나(Povljana), 스모크비차(Smokvica), 블라시치(Vlašići) 등 차로 여행한다면 찾아가기 좋은 해변들이 많다. 파그 섬의 메인 해변 프로시카(Prosika)에서는 패들 보트, 카누, 제트 스키를 즐길 수 있고, 해변가를 따라 카페와 바도 여럿 있으며 전용 주차장도 넓다.

## 성모 승천 성당 Crkva Marijinog Uznesenja / Church of the Assumption of The Holy Mary `34235`

**시내 중앙 광장에 위치한 성당**

15세기에 지어진 촘촘한 레이스 문양과 성자들의 상으로 꾸민 화려한 파사드가 인상적인 성당. 파그 마을 정중앙의 광장에 위치하여 찾기 쉽다. 파그의 골목들을 헤매다 길을 잃는 여행자들의 지표가 되어 주기도 한다. 내부에는 15세기 초반 이곳으로 옮겨 온 신비한 힘이 있다고 알려진 나무 십자가가 있다. 성당 내부는 18세기에 천장을 바로크풍으로 새로 꾸미며 보수를 거쳤다. 성당 옆에는 미사의 시작과 마을 사람의 죽음, 성당 축제 같은 파그의 소식을 알리는 데 쓰던 종탑이 있다.

 Trg Kralja Petra Krešimira IV. 23250 Pag **시간** 5~9월 09:00~12:00, 17:00~19:00 (미사는 10~4월 중에만)

> **Tip 파그 카니발** Pag Carnival
> 
> 80년 이상 맥을 이어 온 파그의 축제는 겨울과 여름 카니발로 나뉘는데, 겨울 카니발은 동네 사람들끼리만 즐기는 것으로 예수공현일이 지나고 첫 번째 토요일에 시작하여 재의 수요일에 끝난다. 이 기간 동안 토요일마다 파그 마을 광장에서 춤을 춘다. 축제 마지막 날에는 고민거리를 모두 없애 버리는 의식을 치른다. 여름 카니발은 7월 마지막 주말 이틀간 열린다. 화려한 퍼레이드로 바캉스 시즌의 여행객들을 끌어 모은다. 파그 축제만의 특징으로는 둥글게 원을 그리며 추는 슬라브 민족 무용 콜로(Kolo)와 파그 전통 의상이 있다.

## 🔵 공작의 궁 Kneźev Dvor / Rector's Palace `34236`

### 파그 문화 행사의 중추적인 역할을 하는 곳

베네치아의 지배를 받던 시절 섬 정부가 기거하던 15세기 건물로, 파그 시 광장에 위치한다. 아름다운 분수와 석조 장식으로 꾸며졌으며, 현재는 보수 공사를 거쳐 여름 시즌 다양한 문화 행사를 주최하는 전시장이자 공연장, 파티장으로 사용된다. 2010년 처음 열린 파그의 국제 레이스 축제부터 궁의 1층은 파그 레이스 전시장 역할을 해 오고 있다.

**주소** Trg Kralja Petra Krešimira IV. 23250 Pag

## 🔵 파그 레이스 갤러리 Pag Lace Gallery `34237`

### 구전으로 전해져 내려온 파그의 특별한 기술

파그의 레이스는 고대 그리스의 도시 미케네에서 영향을 받은 것이라 알려진다. 파그의 레이스는 파그 여인들이 뛰어난 손재주로 오래 전부터 만들어 온 지역 특산품인데, 파그에서는 15세기 말부터 성당 전례복으로 처음 레이스를 만들기 시작했다. 레이스를 만드는 학파가 있었던 지역 베네딕트 수도회에서 처음 시작하여 150년 이상 수집하고 보관한 수많은 레이스 작품이 크로아티아 문화 유산으로 인정받게 되었다. 2010년에는 유네스코 무형문화재로 등재되었다. 파그에서는 가구, 액자, 의상, 베개 등 다양한 옷과 소품을 꾸미는 데 레이스를 사용한다. 파그의 레이스가 특별한 이유는 보고 베끼는 본을 사용하지 않는다는 것이다. 레이스를 짜는 방법은 세대를 이어 구전으로, 손기술로만 이어져 내려온 것이다. 뛰어난 아름다움과 정교함으로 세계 각국에서 그 가치를 인정받고 있다. 1906년 파그에 레이스 학교가 설립되어 1945년까지 활발히 파그의 레이스를 가르쳐 왔다. 오늘날 파그의 레이스는 길거리에서 작은 기념품으로 판매되기도 하고, 더 가치 있고 손이 많이 간 작품들은 공작의 궁 1층에 위치한 레이스 갤러리에서 볼 수 있다.

**주소** Trg Kralja Petra Krešimira IV. 23250 Pag **시간** 6~9월 09:30~18:30 **요금** 10kn

## 프로시카 해변 Plaža Prosika / Beach Prosika 34238

**시내에서 몇 걸음이면 바다에 풍덩!**

태양 아래 잘 구워진 자갈에 몸을 노릇하게 태우고, 바닷물로 뛰어들면 발 아래 곱게 깔린 모래가 느껴지는 신기한 해변. 길이는 약 800m로 시내와 무척 가까워 여름이면 언제나 시끌시끌하다. 초여름, 초가을의 물도 꽤 따뜻하고 해 질 녘 전망이 아름답다. 파도도 격하지 않고 물도 맑고 얕아 어린 아이들과 함께 오는 가족 여행자들에게 특히 인기가 많다. 하지만 워낙 접근성이 좋은 예쁜 해변이라 인기가 굉장히 많다는 것이 단점이기도 하다. 실제 해수욕을 하려면 비성수기에 찾거나 한낮을 피해 갈 것을 추천한다. 바로 뒷골목에 상점, 레스토랑, 바 등이 있고, 테니스 코트, 비치 발리볼 코트, 워터 슬라이드 등의 놀거리가 있다. 밤에는 회전목마 등 아이들을 위한 몇 가지 놀이기구도 운행하고, 해변에는 몇 개의 바가 있다.

**주소** Prosika ul. 41, 23250 Pag **홈페이지** www.beachrex.com

## 카티네 다리 Gradski most Katine / Katine Bridge 34239

**파그에서 가장 나이가 어린 건축물**

15세기에 건축한 다리를 허물고 같은 자리에 20세기 초반 콘크리트 다리를 세웠다가, 다시 2010년 새로 다리를 세웠다. 유명한 베네치아 건축가 지암바티스타 로도리야(Giambattista Lodolija)가 1737년 건조한 옛 베네치아 다리의 디자인을 참고한 것이다. 길이는 약 30m이며 흰색의 돌로 덮어 환하게 빛난다. 보행자 전용 다리이며 파그 구시가지와 나리 산너 소금 보관소를 연결한다.

### 🍴 레스토랑 나 탈레 Restaurant Na Tale 34240

**파그 항구 앞에 자리한 인기 식당**

경치도 좋지만 무엇보다 요리 맛이 일품이다. 특제 소스와 함께 먹는 '오늘의 생선구이' 요리는 언제나 주문이 밀린다. 그날그날 잡은 신선한 생선에 따라 메뉴가 달라진다. 파그 별식인 양구이와 문어 라자냐 또한 이곳의 대표 메뉴. 크로아티아 음식은 무난한 편이어서, 입에 맞지 않는 경우는 거의 없지만 입맛이 민감한 여행객들을 위해 스테이크나 파스타 등으로 구성된 일반적인 메뉴도 있다. 와인 메뉴가 특별히 길다. 주변 지역에서 나는 가격 대비 품질이 훌륭한 와인이 많으니 반주로 곁들여 볼 것.
**주소** Stjepana Radića 4, 23250 Pag  **시간** 매일 12:00~22:00  **가격** 메인 43~180kn  **전화** 023 611 194

### 🍴 트라풀라 와인 & 치즈 바 Trapula Wine & Cheese Bar 34241

**파그 와인과 치즈를 맛보려면 여기가 최고**

파그의 모든 치즈 종류를 구비하고 있다 해도 될 정도로 엄청난 치즈 셀렉션을 자랑한다. 치즈 외에도 와인 안주로 먹기 좋은 지역 요리들로 구성한 타파스 메뉴도 인기가 많다. 와인 메뉴는 당연히 달마티아 지방, 파그 주변에서 나는 것으로 구성되어 있다. 생소한 이름들이 대부분일 테니 지역 요리와 와인에 해박한 직원들에게 조언을 구하자. 친절하게 취향에 맞는 한 병을 골라 줄 것이다.
**주소** Ul. Kralja Stjepana Držislava, 23250, Pag  **시간** 동절기 휴무  **전화** 000 271 9014  **홈페이지** www.facebook.com/TrapulaWineAndCheeseBar

# 파그의 특산물, 치즈와 소금

### 파그 치즈와 와인

파그는 양 치즈로 유명하다. 마른 섬 토양에서 자라는 짭조름하고 향이 강한 허브를 먹고 자란 양들의 치즈는 풍미가 남다르다. 파그 치즈는 성숙하고 단단하며 맛이 강하고, 파마산 치즈와 유사하다. 크로아티아의 몇몇 식당들은 고무 같고 맛이 약한 에담 치즈를 파그 치즈라 속여 파는 경우도 있다.

치즈와 잘 어울리는 파그의 와인도 있다. 파그에서 재배하여 만드는 와인 품종이 많지는 않지만 200여 종의 달마티아 지역 고유의 포도 품종 중 하나인 제지츠(Gegić) 품종을 주로 사용하여 만드는 주티카(Žutica)가 유명하다. 와인 안주로 좋은 크로아티아의 햄, 프루스트(Pršut)도 있다. 이탈리아의 프로슈토와 같은 것으로 짭조름하거나 버터향의 부드러운 맛 두 종류가 있다. 자다르 부근의 포제다르예(Posedarje)에 위치한 프루스트는 여러 상을 수상한 프루스트 명가이다.

### 파그의 소금

오래 전부터 파그의 소금은 맛이 좋기로 유명했다. 오늘날 크로아티아의 주요 기념품이자 수출 품목이기도 하다. 파그 음식 맛의 비결은 바로 이 소금! 수천년 동안 자연 증발 방법으로 생산하다 25년 전부터는 파그 시내에서 5km 떨어진 스빌노(Svilno)에 공장을 세워 이곳에서 소금을 생산한다. 크로아티아 최대 규모의 소금 공장이다.

# 스플리트
SPLIT

### 청록색 아드리아 해안가의 활기찬 도시

크로아티아에서 두 번째로 큰 도시 스플리트는 언제나 밝은 에너지로 가득하다. 1979년 스플리트의 역사 지구가 유네스코 세계 문화유산에 등재되어, 크로아티아의 중요한 문화 중심지 중 하나로 손꼽힌다. 스플리트는 역사가 고스란히 보존된 시가지도 특별하지만, 조금만 걸으면 만날 수 있는 해변과 스플리트 전체를 내려다볼 수 있는 언덕이 있어 멀리 가지 않고도 여러 가지를 경험할 수 있는 곳이다. 또한 흐바르 섬이나 트로기

르 등 주변 도시도 인접해 있어 많은 여행자들이 이 도시를 찾고 있다.

### 스플리트에서 놓치지 말아야 할 것!

1. 디오클레티아누스 궁전과 열주 광장
2. 발이 아플 때까지 걸어도 질리지 않는 **리바 산책하기**
3. 스플리트 와인 바에서 달마티아 **와인 마시기**
4. 스플리트를 내려다볼 수 있는 **마르얀 언덕 오르기**
5. 보물같은 해변에서 **일광욕 즐기기**

# Split
# Information

**스플리트 지역 정보**

**면적** | 79.38km²
**기후** | 아열대 기후와 지중해성 기후의 경계에 속하지만 여름은 덥고 습하지 않다. 겨울에는 비교적 온화하나 비가 자주 내리고, 영하로 내려가는 일은 좀처럼 없다. 1월이 가장 춥고 11월에 강수량이 가장 많으며, 7월이 가장 덥다.
**지역번호** | 스플리트 021

도시명은 이 지역에서 흔히 볼 수 있는 덤불인 칼리코톰 스피노사(Calicotome Spinosa)의 이름에서 따왔다. 고대 그리스 식민지였던 것이 확인되어 기원전 4세기부터 사람이 살았던 것으로 추정된다. 달마티아의 다른 도시들과 함께 운명을 같이 하였기에 비잔틴 왕국과 베네치아의 통치를 겪었다. 18~19세기에는 프랑스와 오스트리아령이 되기를 여러 번 반복하였다. 1918년 오스트로-헝가리아 제국이 멸망하자 이탈리아에게, 그 다음에는 독일에게 속했다가 제2차 세계 대전 후에는 유고슬라비아의 일부가 되었다. 현재는 내전 후 독립한 크로아티아의 대표 도시 중 하나이다.

## 연중행사

### 2월 스플리트 카니발
남녀노소 가면을 쓰고 길거리로 뛰어나와 즐기는 유럽 최대 축제 카니발은 스플리트에서도 어김없이 열린다.

**홈페이지** krnjeval.com

### 4월 크로아티아 보트 쇼
항구를 가득 메운 수많은 보트가 멋지게 단장하고 미모를 뽐내는 행사이다.

**홈페이지** croatiaboatshow.com

### 5월 꽃의 축제와 성 두예의 날
꽃의 축제는 디오클레티아누스 궁전의 지하실에서 5월 초에 열리는 행사이다. 해마다 특정 테마를 정하여 색과 향의 조화를 뽐낸다. 스플리트의 수호성인 성 두예의 날은 5월 7일이다. 이날은 퍼레이드와 음악, 음식을 즐기며 온 동네가 성대하게 이를 기념하니 5월 초의 스플리트는 여행하기 좋다.

### 7월 울트라 유럽(Ultra Europe)
2014년부터 스플리트에서 열리고 있는 7월 중순 이틀간의 세계 최대 EDM·하우스 축제이다. 해변가를 뒤덮는 보트 파티, 비치 파티가 열리고 세계적인 DJ들이 찾아와 스테이지를 장식한다.

**홈페이지** ultraeurope.com

### 7월 스플리트 여름 축제
7월 중순~8월 중순 한 달 동안 연극, 무용, 음악 공연 등 문화 행사가 매일같이 열린다. 시내 곳곳이 무대가 되며 1년 중 가장 성대하게 열리는 도시 축제 중 하나이다.

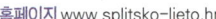

**홈페이지** www.splitsko-ljeto.hr

### 8월 신스카 알카(Sinjska Alka)
무려 300년 전통의 스플리트 승마 축제이다. 신스카 알카는 8월의 첫 번째 주말에 스플리트 옆 동네 신(Sinj)에서 열린다. 2010년 유네스코 세계 문화유산에 등재되었다.

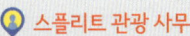

**홈페이지** www.alka.hr

> 📍 **스플리트 관광 사무소**
> **주소** Peristil bb, 21000 Split **위치** 나로드니 광장에서 도보 3분 **시간** 월~토 08:00~21:00, 일 08:00~20:00 **전화** 021 345 606 **홈페이지** www.visitsplit.com

# ✈️ 스플리트 가는 길

 **항공**  스플리트 공항(Split Airport)은 크로아티아에서 두 번째로 크고 바쁜 공항이다. 스플리트와는 20km 떨어져 있으며 면세, 환전, 주차장, 렌터카, 기념품 상점 등의 다양한 서비스를 이용할 수 있다. 홈페이지에서 출발, 도착 스케줄을 확인할 수 있으니 참고하자.

### 스플리트 공항 Split Airport
**주소** Cesta Dr. Franje Tuđmana 1270, 21217 Kaštel Štafilić **시간** 06:00~22:00 **전화** 021 203 555 **홈페이지** www.split-airport.hr

## 공항에서 시내로 이동하기

### 🚍 셔틀
공항에서 운영하는 셔틀을 타고 시내로 이동할 수 있다. 도착하는 항공편 시간 20분 후에 공항에서 셔틀이 출발하며, 스플리트 버스 터미널 1번 플랫폼에 내려 준다. 이동 시간은 30분이며, 정확한 시간표는 홈페이지(www.ak-split.hr)에서 확인할 수 있다.
**전화** 021 203 119 **요금** 편도 30kn, 1일권(2회 사용) 40kn **홈페이지** www.plesoprijevoz.hr/en

### 🚌 버스
공항 주차장을 가로지르면 나타나는 버스 정류장에서 37번 버스를 탄다. 스플리트 시가지 정중앙에 위치한 디오클레티아누스 궁전과 700m 떨어진 정류장에 선다. 공항으로 출발하는 버스도 이곳에서 탑승한다. 버스 터미널보다 도심과 가까워 숙소 위치에 따라 공항-시내 이동편을 결정하는 것이 좋을 것이다. 공항-스플리트 시내, 스플리트 시내-공항 모두 첫차는 04:00, 막차는 공항-스플리트 시내는 02:00, 스플리트 시내-공항은 03:00이다. 계절별로 스케줄이 바뀔 수 있으니 홈페이지를 참조하자(www.promet-split.hr). 보통 자정 너머의 야간 버스는 6월 중순~9월 중순 동안만 운행한다. 소요 시간은 50분이며, 요금은 1회권이 17kn이다.

### 🚖 택시
도착 층 앞에서 택시를 탈 수 있다. 대기 중인 택시가 없다면 공항 내 안내 데스크에 문의하거나 전화(021 895 237)로 콜택시를 부를 수 있다.

**자동차**

두브로브니크에서 이동하는 경우 국경을 넘어 보스니아와 헤르체고비나로 갔다가 다시 크로아티아로 넘어오는 길로 이동하기 때문에 여권, 국제 면허증 등을 요구할 때 바로 보여 줄 수 있도록 서류를 잘 가지고 다니자. 또 두브로브니크-스플리트 구간은 해안가 도로라서 경치가 무척 좋다. 단, 고속도로이니 안전 운전에 특히 신경을 쓰자.

| 목적지 | 거리 | 소요 시간 |
| --- | --- | --- |
| 자다르-스플리트 | 158km | E65 / E71 도로를 이용하여 약 1시간 40분 |
| 두브로브니크-스플리트 | 229km | E65 / D8 도로를 이용하여 약 3시간 |
| 자그레브-스플리트 | 409km | E71 도로를 이용하여 약 3시간 45분 |

**보트**

야드롤리나(Jadrolinija) 또는 스나브(SNAV)에서 운항하는 페리 보트를 타고 근교 항구 도시로 이동할 수 있다. 이탈리아의 앙코나를 비롯하여 옆 동네 트로기르(Trogir), 크로아티아의 대표적인 섬들인 흐바르(Hvar), 볼(Bol), 비스(Vis), 코르출라(Korčula) 등으로 보트 여행을 다녀올 수 있다. 시즌에 따라 요금과 운행 편수가 상이하니 홈페이지에서 미리 확인하도록 하자. 정규 노선이 없는 곳으로 이동을 원한다면 달마티아 익스프레스에서 운항하는 스피드 택시 보트를 이용해도 좋다.

**야드롤리나 Jadrolinija**
**주소** Gat Sv. Duje bb, 21000 Split **위치** 나로드니 광장에서 도보 11분 **전화** 021 338 305, 021 338 304, 021 338 333 **홈페이지** www.jadrolinija.hr

**스나브 SNAV**
**주소** Gat Svetog Duje 1, 21000, Split **위치** 나로드니 광장에서 도보 11분 **전화** 021 322 252 **홈페이지** www.snav.it/en/destinations/croazia

**달마티아 익스프레스 Dalmatia Express**
24시간 스피드 택시 보트
**전화** 099 20 099 20 **홈페이지** www.dalmatia-express.com

**두브로브니크-스플리트**

4~10월 : Kapetan Luka에서 998번 노선(www.krilo.hr)을 운항하며, 5, 9, 10월에는 자동차를 태울 수 없는 선박을 이용한다.
4월 : 월~목, 두브로브니크(16:30) - 스플리트(20:45)
6~8월 : 매일, 두브로브니크(16:30) - 스플리트(20:45)
9~10월 : 매일, 두브로브니크(16:00) - 스플리트(20:15)

**버스**

항구와 기차역 바로 옆에 위치한 버스 터미널에서 다른 도시로 오고 가는 버스를 탈 수 있다. 홈페이지에 스케줄을 매일 업데이트하고 있어 최신 운행 정보를 확인할 수 있다. 티켓 예매를 하기 위해서는 홈페이지(buscroatia.com)를 이용한다.

### 스플리트 버스 터미널 Autobusni Kolodvor Split
**주소** Obala Kneza Domagoja Br.12, 21000 Split **위치** 나로드니 광장에서 도보 7분 **시간** 매표소 월~금 06:30~20:00, 토 06:30~12:00 / 일요일 휴무 **전화** 060 327 777 **홈페이지** www.ak-split.hr

| 목적지 | 소요 시간 | 요금 |
|---|---|---|
| 자다르-스플리트 | 약 3시간 30분 | 80kn |
| 두브로브니크-스플리트 | 약 4시간 30분 | 99~125kn |
| 자그레브-스플리트 | 약 6~7시간 | 89~164kn |

**기차**

자다르, 두브로브니크와는 기차로 연결되어 있지 않고, 자그레브까지 이동하는 기차편을 운행한다. 약 8시간 정도 소요되기 때문에 야간 열차를 타는 것이 좋다. 100kn 정도 추가 금액을 지불하고 자동차도 실을 수 있다. 로커 이용이 가능하며 주변에 카페와 인터넷 카페도 여럿 있다.

### 스플리트 기차역 ŽEljeznički Kolodvor Split
**주소** Obala Kneza Domagoja 8, 21000 Split **위치** 나로드니 광장에서 도보 6분 **전화** 060 333 444, 021 338 525 **홈페이지** www.hzpp.hr

# 스플리트의 교통수단

## 🚌 버스

스플리트 시내는 그리 크지 않아 도보만으로 모두 돌아볼 수 있지만, 버스 이용을 원한다면 노선도를 참조한다. 스플리트의 대중교통은 프로메트(Promet)

가 담당하는데 낮에는 1-18, 21, 22번 노선이 05:00~23:00 동안 운행하고 23, 39, 40번 노선이 금, 토요일 야간에 운행한다. 각각의 정류장에는 노선 지도와 시간표가 안내되어 있다. 1회권은 11kn로 정류장 근처의 프로메트 스플리트 (Promet Split) 표시가 되어 있는 가판에서 9kn에 살 수 있다. 버스에 타면서 구입하면 11kn를 내야 한다. 무임승차 벌금은 70kn이다. 스플리트 시내는 전부 같은 구역으로 어디를 가든 요금 종류가 다르지 않아 편하다.

**전화** 021 407 999 **홈페이지** www.promet-split.hr

## 🚕 택시

콜택시(060 850 850)는 숙소에 요청해도 된다. 대형 호텔 앞, 병원 앞, 항구와 버스 터미널, 기차역 앞, 리바에서는 언제든지 택시를 잡을 수 있다. 기본요금은 18kn이며 1km당 10kn가 추가된다. 여행 가방 개당 2.5kn씩 추가되고, 1시간 대기 시에는 50kn가 추가된다. 별도의 야간 할증은 없다.

## ▶ 자동차

렌터카로 여행하는 경우 주차는 그리 어렵지 않다. 먼저 묵는 숙소에 주차 공간이 있는지를 확인하고, 여의치 않다면 스플리트 시내의 주차 공간을 이용하면 된다. 도심과의 근접에 따라 시간당 요금이 상이하다. 보통 시간당 3~5kn 정도다. 주차 요원이 있는 주차장의 경우 시간당 5~10kn이다. 가장 비싼 요금을 내야 하는 리바는 처음 1시간에 10kn를 지불하고 그다음부터는 1시간당 15kn이다.

### 주차 구역
**Zone 1** 월~금 06:30~21:30, 토 06:30~14:00 (불법주차 시 벌금 75kn)
**Zone 2, 3, 4** 월~금 07:00~19:00, 토 07:00~14:00 (불법주차 시 벌금 각각 48kn, 48kn, 36kn)

## ▶ 스플리트 카드 Split Card

대중교통 이용권과 스플리트 명소 할인과 무료 입장 혜택을 받을 수 있는 만능 카드이다. 4~9월 동안 스플리트의 모든 숙박 업체에서 5박 이상 머무는 경우엔 관광 사무소에서, 10~3월 동안 스플리트 호텔에서 2박 이상(금~일 포함) 숙박하는 경우에는 호텔리셉션에서 수령할 수 있다.

**홈페이지** www.visitsplit.com/en/407/split-card

### 스플리트 카드 혜택
**무료 입장** 스플리트 도시 박물관, 민족학 박물관, 자연사 박물관, 성 도미니우스 대성당 금고
**50% 할인 혜택** 해양 박물관, 고고학 유적지 박물관, 고고학 박물관, 메스트로비치 갤러리와 카스텔레, 순수 미술 갤러리
**20% 할인 혜택** HNK 스플리트 극장, 시립 유스 극장, 시립 인형 극장, 제나(Gena, 맞춤 양복점), 렌터카 헤르츠(Hertz), 달라(Dollar)의 스플리트 지점, 디오클레티아누스 궁전 지하 입장
**기타** 대부분의 혜택은 현금 결제 시만 유효하다. 25kn를 추가 지불하면 3일 버스 이용권을 포함하여 사용할 수 있다.

## 도시 곳곳이 색다른 매력을 가지고 있는
# 스플리트 추천 일정

스플리트는 작은 도시지만 열심히 걸어야 모두 둘러볼 수 있는 도시다. 골목 하나도 그냥 지나칠 수 없을 정도로 분위기가 다르고, 지도 없이 길을 걸으면 모르고 지나칠 수 있는 명소들도 많기 때문이다. 스플리트의 거리를 걸을 때는 보물찾기를 하는 기분으로 도시 곳곳을 탐험하자. 또한 하루 종일 머물면서 게으름을 피우고 싶은 환상적인 해변과 꽃나무가 무성한 마르얀도 있어서 알차게 스플리트의 일정을 짜야 할 것이다.

 **시가지를 알차게 돌아볼 수 있는 1 Day**

**Day 1** 리바 ➡ 디오클레티아누스 궁전과 열주 광장 ➡ 궁전 지하실 ➡ 성 도미니우스 대성당 ➡ 주피터의 신전 ➡ 스플리트 도시 박물관 ➡ 나로드니 광장 ➡ 브라체 라디치 광장 ➡ 닌의 그레고리우스 동상

 **스플리트의 모든 것을 보고 가는 2 Days**

**Day 1** 디오클레티아누스 궁전과 열주 광장 ➡ 궁전 지하실 ➡ 성 도미니우스 대성당 ➡ 주피터의 신전 ➡ 스플리트 도시 박물관 ➡ 나로드니 광장 ➡ 리바 ➡ 바츠비체 해변

**Day 2** 마르얀 공원 ➡ 카수니 해변 ➡ 닌의 그레고리우스 동상 ➡ 스플리트 민족학 박물관 ➡ 브라체 라디치 광장

MAPCODE 34301

# 디오클레티아누스 궁전 Dioklecijanova Palača

### 스플리트 구시가지의 심장

로마 황제 디오클레티아누스가 은퇴 후 노년을 보내기 위해 기원후 300년경 세운 궁전이다. 스플리트 부근 섬에서 채취한 석회암, 이탈리아와 그리스의 대리석 그리고 이집트의 스핑크스를 사용하여 공을 들여 지었다. 궁전이라고는 하지만 큰 성채의 모습에 더 가깝다. 총면적 30,000m²에 이르는 디오클레티아누스 궁전은 세계에서 가장 잘 보존된 고대 건축물 중 하나로, 궁전에 사용된 재료와 기술을 통해 로마 제국의 건축 기술 수준을 알 수 있다. 황제를 위한 개인 공간과 반은 군사 시설로 사용하였으며 현재는 여행자들의 쉼터와 이정표 역할을 한다. 1979년 유네스코 세계 문화유산으로 등재되었음에도 2006년 이 자리에 다양한 상업 시설을 건설하려는 시 정부의 허가가 났는데, 스플리트 시민들이 이에 강력하게 반대하여 무산되었다. 북문은 공원, 동문은 재래시장, 남문은 바다, 서문은 쇼핑가와 이어진다.

주소 Ul Kraj Svetog Duje 5, 21000 Split  위치 나로드니 광장에서 도보 2분  전화 021 348 600  홈페이지 diocletianspalace.org

### 열주 광장 Peristil  34302

궁전을 이루는 로마네스크 교회, 중세 요새 및 여러 건축물로 에워싸인 직사각형 모양의 광장을 열주 광장이라 부른다. 광장에는 낮과 밤 구분 없이 누군가가 노래를 하고 악기를 연주하고 있어, 음악을 감상하며 광장 여기저기 앉아 쉬어가는 사람들로 붐빈다.

### 궁전의 지하실 Sale Sotterranee 34303

**디오클레티아누스 궁전의 또 다른 볼거리**

바다가 궁전 벽까지 넘실댔을 건축 당시에 궁전 입구로 사용하던 곳이다. 열주 광장에서 계단으로 내려가면 바로 이어진다. 황제는 이 공간을 음식과 와인을 보관하던 저장고로 이용했다고 한다. 포도를 와인으로 만들던 압착 기계의 일부가 아직 남아 있고, 현재는 관광객들을 대상으로 스플리트 기념품들을 판매하는 상점이 있다. 특히 지하실 가득 울리는 음향 효과가 대단한데, 암살을 두려워하던 황제가 밤이면 지하실을 통해 자신의 침실로 몰래 잠입하는 침입자의 발소리를 잘 들을 수 있도록 설계한 것이라고 한다. 그래서 그런지 고대 로마 황제 중에서 암살이 아닌 자연사한 유일한 황제가 바로 디오클레티아누스이다. 스플리트의 리바를 설계한 크로아티아 건축가 비코 안드리치(Vicko Andrić)가 1850년대에 궁의 보존과 지하실 발굴 작업을 총지휘했다. 지금은 여러 전시를 주최하며, 5월 스플리트의 꽃의 축제가 이곳에서 열린다.

**주소** Obala Hrvatskog Narodnog Preporoda 22, 21000 Split **요금** 40kn

### 성 도미니우스 대성당 Katedrala Svetog Duje / Cathedral of St. Domnius 34304

**다양한 볼거리가 있는 대성당**

고대 로마 건축 양식과 고딕 양식이 혼재된 대성당이다. 본래 디오클레티아누스의 영묘였는데, 디오클레티아누스 황제의 기독교 박해 시절 순교했던, 성 두예에게 봉헌되었다. 팔각형 건물은 거의 온전히 남아 있는 24개의 기둥으로 에워싸여 있고, 내부는 돔 형태로 되어 있다. 성당 계단을 오르다 보면, 이집트에서 가져온 스핑크스상을 볼 수 있다. 예수의 생애를 묘사한 나무로 된 문이 이 성당에서 가장 오래된 것으로, 13세기에 조각된 것이다. 달마티아에서 가장 오래된 13세기 로마네스크풍 성가대 좌석과 12세기, 16세기 그리고 1908년 복원된 높이 57m의 종탑도 눈에 띈다. 이 종탑 위로 올라가 스플리트 시내를 내려다볼 수도 있다. 성당 남쪽에는 고대 로마 목욕탕의 흔적이 남아 있다. 매년 5월 7일, 스플리트의 수호성인 성 두예(Duje)의 날에는 성 도미니우스 대성당에서부터 행진이 시작된다. 매주 일요일 미사도 열린다.

**주소** Ulica Kraj Svetog Duje 5, 21000 Split **시간** 월~토 08:00~19:00, 일 12:30~18:30 **요금** 성당 15kn, 금고 15kn, 통합권 45kn(대성당+납골당+성당 보물관+종탑+주피터의 신전 입장 가능), 종탑 20kn **전화** 021 342 589

## 주피터의 신전 Jupiterov Hram u Splitu / Temple of Jupiter 34305

### 열주 광장 서쪽에 숨어 있는 신전

열주 광장에서 무척 좁은 크라이 스베티 이바나(Kraj Sveti Ivana) 골목을 따라 계속 걸으면 주피터 신전이 모습을 드러낸다. 스플리트 사람들은 이 골목을 '지나가게 해주세요.(Pusti me Proć)'라 부른다. 본래 주피터 신전과 함께 키벨, 비너스 신전도 있었으나 주피터 신전만 남아 있다. 하늘과 벼락의 신인 주피터는 고대 로마 사람들이 섬기던 신 중 하나로, 디오클레티아누스 황제는 본인이 주피터의 환생이라 믿어 자신의 영묘가 될 대성당 자리 바로 맞은편에 신전을 세웠다고 한다. 5세기에 신전 건축 시 이집트 룩소르에서 가져온 검은 화강암의 머리가 없는 스핑크스가 신전 문을 지키고 있다. 신전의 현관을 지지하던 기둥은 하나만 남아 있지만, 내부는 잘 보존되어 있다. 한때 예배당으로 사용되던 지하실에도 내려가 볼 수 있다. 내부의 정교한 프리즈(건물 위에 그림이나 조각으로 구성한 띠 모양의 장식)가 특징이다.

**주소** Ulica Kraj Svetog Ivana 2, 21000 Split **시간** 08:00~19:00 **요금** 신전 10kn, 통합권 45kn(대성당+납골당+성당 보물관+종탑+주피터의 신전 입장 가능) **전화** 021 345 602 **홈페이지** jupiterov-hram-jupiter-tempel.business.site

## 스플리트 도시 박물관 Muzej Grada Splita / Split City Museum 34306

### 스플리트의 뿌리와 역사를 알아보는 공간

중세 시대 스플리트 궁내에 살던 귀족 가문 중 하나였던 파팔리치(Papalić) 가문을 위해 지은 파팔리치 궁은 훌륭한 고딕 후기 양식의 건물이다. 섬세하게 조각한 입구를 통해 귀족들의 거처였음을 알 수 있다. 소담하나 아름다운 안뜰까지 갖춘 이 건물의 내부를 개조하여 1946년 스플리트 도시 박물관을 개관하였다. 스플리트 근처의 살로나(Salona)에서 가져온 조각상과 유물 컬렉션을 볼 수 있다. 스플리트에 지어졌던 건축물과 도시 발전의 역사 또한 미술품과 서류, 지도 전시를 통해 알 수 있다. 전시는 스플리트가 독립적인 도시였던 12~14세기를 주로 다룬다. 15~18세기 동안 도시 방어를 위해 사용하였던 무기 전시도 마련되어 있다.

**주소** Papalićeva. 1, 21000 Split **위치** 나로드니 광장에서 도보 4분 **시간** 매일 08:30~21:00 / 1월 1일, 부활절, 12월 25일 휴관 **요금** 성인 22kn, 학생·아동 12kn **홈페이지** www.mgst.net

MAPCODE 34307

## 나로드니 광장 Trg Narodni

**구시가 안에서 가장 번화한 광장**

중세 모습을 간직하고 있는 나로드니 광장은 '인민 광장'이라는 뜻으로, 디오클레티아누스 궁전 서문(철문)과 연결되어 있다. 스플리트 대부분의 명소를 찾는 길잡이 지표가 된다. 광장 안에는 베네치아 고딕 양식으로 15세기에 지어진 구시청사가 자리하고 있으며 다양한 양식의 건물들로 둘러싸여 있다. 여러 명소와 인접하고, 노천카페와 레스토랑이 즐비하다.

**위치** 열주 광장에서 도보 2분

MAPCODE 34308

## 스플리트 민족학 박물관 Etnografski Muzej Split / Ethnographic Museum Split

**달마티아 유물이 모여 있는 박물관**

1910년 개관한 달마티아 지역 민족학 박물관이다. 디오클레티아누스 궁전과 가깝기도 하다. 스플리트 번화가의 중심이자 만남의 광장인 나로드니 광장(Narodni Trg)에 위치했다가, 2004년에 지금의 위치로 옮겨 왔다. 자수 장식이 훌륭한 달마티아 지역 전통 의상 전시가 대표적인데, 달마티아 지역별로 전시해 놓았다. 특징적인 흰 실 자수와 레이스를 볼 수 있다. 또 도자기, 뜨개질, 나무 공예 등 달마티아 사람들의 손재주를 볼 수 있는 공예품이 많으며 장신구와 무기 컬렉션도 전시되어 있다. 지역 경제 활동의 변천사를 살펴볼 수 있는 유익한 공간이다. 입장권으로 바다가 보이는 테라스까지 방문할 수 있으니 멋진 뷰도 보고 내려오자.

**주소** Severova 1, 21000 Split **위치** 나로드니 광장에서 도보 1분 **시간** 월, 화, 수, 금 09:00~15:00, 목 09:00~19:00, 토 09:00~13:00 **요금** 성인 20kn, 학생·아동 10kn **전화** 021 343 108 **홈페이지** www.etnografski-muzej-split.hr

## 브라체 라디치 광장 Trg Braće Radić

### 과일이 가득한 향긋한 광장

'라디치 형제들의 광장'이 공식 명칭이지만, 스플리트 사람들은 이곳을 과일 광장(Voćni Trg)이라고 부른다. 아침부터 신선한 과일을 파는 상인들이 전부 이곳으로 모여들기 때문이다. 전통 의상을 입고 기념품을 파는 상인도 광장 한 자리를 차지하고 여행자들을 반긴다. 광장 한가운데는 스플리트 출신의 15세기 시인이자 기독교 인본주의자였던, 크로아티아 문학의 아버지라 불리는 마르코 마루리츠(Marko Marulić)의 동상이 세워져 있다. 닌의 그레고리우스 동상과 마찬가지로 이반 메스트로비츠(Ivan Meštrović)의 작품이다. 스플리트에 그의 갤러리가 있으니 두 동상을 보고 메스트로비츠에 관심이 생겼다면 방문해 보자(주소 Šetalište Ivana Meštrovića 46, 21000 Split). 눈에 띄는 팔각형 탑은 베네치아 양식의 것으로 그 옆의 성채와 함께 15세기에 세워졌다. 스플리트를 터키로부터 방어하기 위한 목적으로 건조되었다. 광장 주변에는 식사하기 좋은 카페와 레스토랑들이 많고, 작은 문을 통해 리바로 이어진다.

주소 Trg Braće Radić, 21000 Split 위치 나로드니 광장에서 도보 3분

## 리바 Riva

### 석양을 감상하기 가장 좋은 해변로

항구로 늘어오고 나가는 보트와 푸르고 높은 스플리트의 하늘을 구경하기 가장 좋은 곳은 바로 리바이다. 디오클레티아누스 궁전의 남쪽 문으로 나오면 바로 리바를 만날 수 있다. 여러 번 확장과 재공사를 거쳤던 스플리트 해안가가 지금과 같은 모습을 갖게 된 것은 2세기 전 나폴레옹 치하 때이다. 여러 상점과 기념품 가판들도 찾아볼 수 있고, 항구에서 출발하는 다양한 일일 투어 상품을 판매하는 투어 업체들도 모두 리바에 있다. 2월의 카니발을 비롯하여 스플리트 시에서 주최하는 여러 행사들도 리바를 주 무대로 하는 것이 많아 항상 볼거리가 있다. 자정이 넘도록 관광객들과 동네 사람들은 노천 카페와 바의 테라스 자리에서 맥주나 와인을 마시며 즐거운 시간을 보낸다.

주소 Riva, 21420 Split 위치 나로드니 광장에서 도보 5분

## 그레고리우스 닌의 동상 Grgur Ninski / Bishop Gregory of Nin's Statue

### 행운을 가져다주는 그의 엄지발가락

'황금문'이라고 불리는 디오클레티아누스 궁전 북문 초입에 위엄 있게 서 있는 인물은 크로아티아의 종교 지도자 그레고리우스 닌의 동상이다. 926년, 교황청에서 크로아티아 성당 체계를 개혁하라는 명이 있어 스플리트에서 회의하여 슬라빅 언어를 성당에서 퇴출하고 미사와 성당의 공식적인 모임에 라틴어만 사용할 수 있도록 규정이 바뀌었다. 이에 반기를 들었던 쪽의 주도자가 바로 그레고리우스이다. 그레고리우스는 결국 이 다툼의 승기를 들어, 크로아티아 언어를 수호한 국가적인 영웅이 되었다. 크로아티아의 유명한 조각가 이반 메스트로비치(Ivan Meštrović)가 이 동상을 세웠다. 이 동상의 엄지발가락을 만지면 행운이 온다는 풍문이 있어, 엄지발가락만 반질반질하게 윤이 나는 것을 볼 수 있다. 새

벽부터 대규모 장터가 들어서 시끌벅적한 이 지역을 더욱 붐비게 하는 스플리트의 명소다.

**주소** Ulica Kralja Tomislava, 21000, Split **위치** 나로드니 광장에서 도보 6분

## 크로아티아 국립 극장 스플리트 Hrvatsko Narodno Kazalište u Splitu(HNK)

### 달마티아에서 가장 오래된 극장 중 하나

달마티아 지역 출신의 건축가들이 설계하고 장식한 이 건물은 1893년 개관 당시 1,000명의 관객을 수용할 수 있는 규모의 남동유럽에서 가장 큰 국립 극장이었다. 본래는 스플리트를 방문하는 여러 악단, 극단의 무대로 사용되다가 19세기 말부터 스플리트에 극단이 형성되기 시작하면서 크로아티아 공연을 주로 주최하게 되었다. 현재는 자체 오케스트라를 가지고 있으며 달마티아 제1의 공연장이라 불린다. 오늘날 이곳에서는 오페라, 발레, 연극, 심포니 콘서트 등 연간 300여 개의 공연을 상연하며, 해마다 공연을 관람하는 관객 수는 12만 명이 넘는다. 정규 프로그램 외에도 매년 두 개의 정기적인 페스티벌을 진행한다. 하나는 1954년 개최된 스플리트의 여름 페스티벌(Splitsko ljeto)이며, 나머지 하나는 4월에 열리는 문학 축제 마룰리체비 다니(Marulićevi Dani)이다. 과일 광장에 서 있는 동상의 주인공 마르코 마룰리츠가 쓴 유디타(Judita) 출

간 490주년을 기념하여 1991년 처음 열렸던 문학 축제는 매해 봄에 이곳에서 열리는데, 이전 해의 크로아티아 연극 중 엄선하여 무대에 올리고 가장 뛰어난 작품에게 상을 수여한다.

**주소** Trg Gaje Bulata 1, 21000 Split **위치** 나로드니 광장에서 도보 8분 **전화** 021 344 999 **홈페이지** www.hnk-split.hr

MAPCODE **34313**

## 마르얀 공원 Park Šuma Marjan / Marjan Park

### 스플리트의 거대하고 푸른 폐

리바를 따라 계속해서 걸으면 나타나는 마르얀 언덕은 스플리트 반도의 서쪽을 크게 차지하는 도심 속의 녹색 오아시스다. 규모는 뉴욕의 센트럴 파크와 비슷하며 공원을 살펴볼 수 있는 입구와 산책로도 여러 개다. 해안가를 따라 여러 개의 해변도 있어 수영과 삼림욕을 모두 할 수 있는 일석이조의 장소다. 가장 높은 지점은 크로아티아 국기가 꽂혀 있는 해발고도 178m의 텔레그린(Telegrin)이다. 북쪽 문에서 시간당 15kn에 자전거를 대여해서 공원을 돌아봐도 좋다. 아침 일찍 가면 조깅하는 부지런한 스플리트 사람들을 만날 수 있다. 작은 동물원과 카페, 식당이 곳곳에 위치한다. 크로아티아의 대표적인 조각가 메슈드로비치가 노년을 보낸 곳이기도 하며, 그의 갤러리도 마르얀에 위치한다.

**위치** 마르얀 공원 내에는 차량 진입이 불가하여 북쪽 문(Marjanska Vrata)에 주차하고 입장 가능하다. 스플리트 시내에서는 리바를 따라 걸어 계단을 올라 찾을 수 있으며, 버스로 가려면 12번에 탑승하여 마지막 정류장에서 하차하면 된다. **홈페이지** www.marjan-parksuma.hr

MAPCODE 34314

## 바츠비체 해변 Bačvice

### 스플리트를 대표하는 해변

스플리트 해안을 따라 여러 개의 해수욕장이 있지만 그중 가장 인기가 많은 것은 단언 바츠비체다. 성수기에는 사람이 꽤 많이 몰리기도 하지만 시내에서 찾아가기 가장 편하며 바와 레스토랑 그리고 카페의 수도 가장 많고 편의 시설도 잘 되어 있기 때문이다. 크로아티아의 여름 태양이 못 견디게 뜨거워지면 스플리트 사람들은 수영복을 챙겨 바츠비체 해변으로 향한다. 물과 주변 환경이 깨끗해야 받을 수 있는 국제 인증 블루 플래그도 가지고 있다.

**주소** Šetalište Petra Preradovića, 21000 Split  **위치** 나로드니 광장에서 도보 15분

MAPCODE 34315

## 카수니 해변 Kašjuni

### 마르얀 공원 남쪽의 조용한 바닷가

조용하고 평화로운 바닷가를 찾는다면, 마르얀 공원 남쪽에 위치한 카수니 해변으로 가자. 스플리트 사람들에게 거리 상관없이 추천하는 해변을 물어보면, 가장 먼저 추천하는 곳이 카수니 해변이다. 긴 방파제가 있어서 물이 잔잔하고 안전해 가족들이 좋아하는 해변이기도 하다. 카수니 해변에는 두 개의 작은 카페가 있지만 제대로 된 식당은 없으니 참고하자. 그리고 샤워 시설은 있지만 파라솔이나 레저를 위한 보트나 장비는 대여하지 않는다. 왼쪽으로 조금 더 걸어가면 누드 비치가 나타난다. 때문에 옆 사람의 모든 것을 보게 되더라도 놀라지 말 것!

**주소** Šetalište Ivana Meštrovića 47, 21000 Split  **위치** 버스 12번 마지막 정류장에서 내려 도보 15분

> **Tip**  **피치긴 Picigin**
>
> 피치긴은 스플리트의 바닷가 놀이다. 언뜻 보기에는 의미 없는 공놀이 같지만 나름 이름이 있는 놀이다. 바츠비체 해변에서 처음 만들어진 스포츠로, 한 번씩만 피치긴(고무 공)을 건들면서 물에 닿지 않도록 패스해야 하는 간단한 공놀이다. 팀을 나누지 않고 다 같이 할 수 있는 놀이이고, 최대한 물에 떨어지지 않도록 오래 버티는 것만이 목적이기 때문에 승자도 패자도 없다. 간단해서 재미가 없을 거라 생각할지 모르지만, 스플리트 사람들이 즐겁게 피치긴을 하는 모습을 보게 되면 마음이 달라질 것이다.

# 바다를 사랑하는 사람이라면,
# 브렐라(Brela) 해변

스플리트에서 조금 떨어진 카수니 해변까지 가는 수고를 마다하지 않을 여행자라면 조금 더 멀리 이동해 더 예쁜 해변을 누려 보는 것이 어떨까? 포브스지에서 세계에서 여섯 번째로 제일 가는 해변이라 극찬한 브렐라는 크로아티아에서는 단연 가장 예쁜 해변가로 꼽힌다. 6km 길이로 뻗어 있는 모래사장은 어디서 보아도 아름답다. 해수욕 시즌은 5~10월이다.

**브렐라 관광 사무소 Turističke Zajednice Općine Brela**
주소 Trg Alojzija Stepinca b.b., 21322 Brela 전화 021 618 455 홈페이지 www.brela.hr

스플리트와 45km 떨어져 있는 브렐라로 가려면 자동차로 1시간, 버스를 타도 1시간 정도 소요된다. 마카르스카(Makarska) 또는 두브로브니크(Dubrovnik) 방향으로 가는 버스(30분 간격)를 타고 브렐라에 내리면 된다. 자동차로 찾아갈 때는 내비게이션에 브렐라의 해수욕장 이름인 푼타 라타(Punta Rata)를 입력하거나 부근의 주차장 표시를 찾아 목적지로 선택한다. 해변가에 가까울수록 주차장이 붐비고 요금이 비싸다. 브렐라 해변 바로 앞에 위치한 주차장은 1일 요금이 90kn이다.

## 브렐라를 대표하는 해변, 푼타 라타 Punta Rata 34316

자갈과 모래가 섞인 해변으로, 무성한 소나무로 가려져 있어 해변에 도착하기 전까지 그 미모를 볼 수 없다. 투명할 정도로 맑은 물 덕분에 블루 플래그를 받은 해변이다. 왼쪽으로 해안가를 따라 내려가면 큰 돌을 볼 수 있는데, 이것이 브렐라의 상징인 카멘 브렐라(Kamen Brela)이다. 배구, 테니스, 축구, 패러세일링 등 다양한 액티비티가 가능하며 식사는 해변가 카페나 식당에서 할 수 있다. 동유럽의 대표적인 길거리 음식인 팔라친케(Palačinke, 크레페와 비슷한 음식)를 간식으로 먹어도 좋다.

# Shopping
## 스플리트의 쇼핑

### 마르몬토바 거리 Marmontova

MAPCODE 34317

**스플리트의 쇼핑 대로**

기념품을 판매하는 작은 가판들과 베네통, 자라 등 중저가 유명 브랜드와 스파 브랜드들의 상점이 나란히 어깨를 맞대고 있는 스플리트의 번화가이다. 1806~1813년 동안의 짧은 기간 동안 나폴레옹의 통치를 받을 때 스플리트에 주둔하던 프랑스 장군 오거스트 마몽트(Auguste Marmont)에서 이름을 따왔다. 그가 스플리트에 있는 동안 도시 개혁을 일으켜 새로운 길을 닦고 건물을 세웠으며 처음으로 도시에 전기를 공급했었다고 한다. 이에 고마움을 느낀 스플리트 시민들이 그를 기억하고자 도시에서 가장 번화한 보행자 도로인 이 거리에 그의 이름을 붙여 주었다고 한다. 지역 디자이너들의 작은 상점과 슈퍼마켓 등 쇼핑에 관해서는 마르몬토바 거리에서 무엇이든 해결할 수 있다. 구시가지에서 조금만 벗어나면 금방 찾을 수 있다. 구시가지와 완벽한 대조를 이루는 현대적인 스플리트의 모습이 가장 잘 드러나는 곳이다. 매일 아침 06:30~14:00까지 열리는 생선 시장이 마르몬토바 한가운데 있으니 아침에 구경을 가봐도 좋다.

**주소** Marmontova Ulica, 21000 Split **위치** 나로드니 광장에서 도보 2분

> **Tip 피르야 분수를 그냥 지나치지 마세요.**
>
> 피르야 분수는 마르몬토바 거리에 놓여 있다. 분수가 작동하지 않을 때는 그저 거리를 장식하는 미술품이겠거니 생각할 수 있다. 1998년에 만든 이 독특한 분수는 깔때기 맞은편 건물에 있는 주먹 모양의 파이프에서 나온 물줄기가 반원을 그리며 깔때기 속으로 들어간다. 이 주먹 모양은 스플리트 사람들이라면 쉽게 알아보는 바디 랭귀지로 엄지가 검지와 가운데 손가락 사이로 들어간 욕이라고 한다. 보행자들에게 물이 튈까봐 분수는 그리 자주 작동하지 않지만, 여러 번 마르몬토바 거리를 오가다 보면 자연스레 보게 된다. 손이 가리키는 방향이 정확하게 자그레브 쪽이라는데, 우연이겠지?

마르몬토바 거리

### 조커 Joker

MAPCODE 34318

**모든 쇼핑을 한 번에 해결**

2007년 개점한 조커는 많은 패션 브랜드 상점들뿐 아니라 서점, 은행, 가전, 스포츠용품, 슈퍼마켓, 4층의 테라스 카페와 피트니스 센터까지 갖추어, 스플리트 사람들은 이곳을 '스플리트의 제대로 된 첫 백화점'이라 부른다. 1층에는 영화관이 자리하고 있고, 스플리트 유일의 맥도날드도 입점되어 있다. 시내 중심에서 약간 벗어나 있지만 자동차로 이동하면 무척 가깝고 주차장도 무료로 이용할 수 있어 원스탑 쇼핑 센터로 스플리트 시민들이 애용하는 곳이다. 다양한 물건을 필요로 할 때는 조커에서 한 번에 해결할 수 있다.

**주소** Put brodarice 6, 21000 Split **위치** 나로드니 광장에서 차로 4분, 도보 20분 **시간** 09:00~21:00 **전화** 021 396 909 **홈페이지** www.joker.hr

## 프리마 Prima

MAPCODE 34319

### 시내와 가장 가까운 대형 쇼핑센터

아디다스, 나이키, 베네통 등 유러피언 의류 브랜드를 전문으로 취급하는 쇼핑몰이다. 스플리트에서 가장 오래된 백화점으로 동네 사람들이 많이 찾는다. 마르몬토바 거리를 따라 올라오면 나타나는 국립 극장 바로 맞은편에 위치한다. 입점되어 있는 브랜드로는 레몬스(Lemons), 맥스 앤 코 (Max & Co), 탑 스포트(Top Sport), GEOX, 모데라토(Moderato), 리추얼(Ritual), 샘소나이트(Samsonite), 란세티(Lancetti) 등이 있다.

**주소** Trg Gaje Bulata 5, 21000 Split **위치** 나로드니 광장에서 도보 3분 **전화** 021 315 006

## 아트 마켓 Art Market

MAPCODE 34320

### 토요일만 열리는 공예품 시장

스플리트의 모든 예술, 문화 단체와 기관들이 모여 예술 작품을 통해 도시의 문화 경쟁력을 높이고자 하는 목적으로 열리는 시장이다. 마몽트 장군이 조성한 이 광장은 바다를 향해 열려 있으며 삼면이 신 르네상스 양식의 고풍스러운 건물들로 둘러싸여 있다. 흔히 이 건물들을 프로큐라티브(Prokurative)라 부른다. 열다섯 개의 가판과 서른 명의 아티스트들로 꾸려 나가고 있으며, 참여하는 단체와 예술가의 수가 늘어나고 있다. 해가 잘 드는 넓은 광장에 자리하여, 토요일 아침 리바를 산책하다가 방문하기 좋다. 판매만 하는 것이 아니라 와인 테이스팅, 야외 공연 등 재미난 이벤트를 함께 진행하기도 한다. 마켓을 찾아온 사람들이 적은 방명록에는 스플리트의 문화와 예술을 응원하는 말들이 가득하다.

**주소** Trg Republike, 21000 Split **위치** 나로드니 광장에서 도보 2분 **시간** 토요일 09:00~15:00 **홈페이지** www.facebook.com/artmarketsplit

# Restaurant
스플리트의 식당

---

### 뷔페 피페 Buffet Fife

MAPCODE 34321

**한국인 여행자들에게 이미 소문난 맛집**

마르얀으로 가는 길에 만날 수 있는 전망 좋은 식당으로 한국 사람들에게 이미 소문난 곳이다. 한국어 메뉴판까지 마련되어 있어, 한국어 메뉴를 요청하면 한국어로 인사해 주기도 한다. 꾸밈 없는 소박한 가정식을 전문으로 한다. 해산물이 대표적이며 생선구이와 해물 리조또가 인기다. 와인 스튜로 오래 끓여 부드러운 육질의 소고기 요리 파스티차다(Pašticada)와 채소 요리도 맛이 좋다. 유일한 단점은 무척 바쁠 때에는 서비스 평이 극단적으로 갈린다는 점인데, 대부분의 경우 무척 만족스럽게 식사를 한다는 평이다. 테라스 자리가 경치가 좋아 일찍부터 자리가 동이 나고, 여름에는 조금 기다렸다 자

리를 받을 수도 있다는 점을 알아두자.

**주소** Trumbiceva Obala 11, 21000 Split **위치** 나로드니 광장에서 도보 6분 **가격** 해물 리조또 50kn, 병맥주 13kn **전화** 021 345 223

## 와인 & 치즈 바 파라독스 Wine & Cheese Bar Paradox

MAPCODE 34322

### 스플리트 최초이자 최고의 와인 바

크로아티아 내수 와인 시장이 상당히 발달한 것을 감안하면 2012년 문을 연 이곳이 스플리트 최초의 와인 바라는 점이 놀랍다. 그래서 주인들도 바 이름을 '역설'이라는 뜻의 파라독스라고 지었다고 한다. 매일 밤이 되면 스플리트 사람들은 기다렸다는 듯 파라독스의 넓은 실내와 야외 테라스 자리를 가득 메운다. 파라독스는 달마티아 지방을 비롯하여 훌륭한 크로아티아 와인을 좋은 가격에 선보이고, 부담 없는 가격으로 로컬 와인을 마음껏 마셔볼 수 있다. 100여 종의 와인 라벨을 취급하며 그중 50여 종은 글라스로도 판매한다. 친절한 웨이터들은 취향에 따라 와인을 고심하여 추천하고, 잘 어울릴 안주 메뉴를 열심히 설명을 곁들여 안내한다. 아무리 사람이 많아도 서비스는 친절하다. 또한 이곳은 크로아티아에서 가장 다양한 치즈를 보유하고 있다고 자랑스레 말한다. 밤에는 조명이 은은하여 분위기가 더욱 좋다.

**주소** Ulica bana Josipa Jelačića 3, 21000 Split **위치** 나로드니 광장에서 도보 5분 **시간** 09:00~24:00 **가격** 프로슈트 55kn, 와인 1잔 26kn~ **전화** 021 787 778 **홈페이지** paradox.hr

## 비파 Bepa!

MAPCODE 34323

### 매력적인 시푸드 패스트푸드

'시푸드 패스트푸드'를 콘셉트로 한 식당이다. 일반 체인 햄버거 식당보다는 시간이 조금 더 걸리지만 여느 식당보다는 확실히 서비스가 빠르다. 패스트푸드지만 정성 들여 요리하는 비파의 메뉴들은 바쁜 나로드니 광장에서 점심을 먹기에 최적이다. 해산물을 주메뉴로 하지만 햄이나 소시지 등 육류를 이용한 샌드위치나 파스타 메뉴도 있고, 쌀쌀한 날씨에 먹고 싶어지는 따끈한 수프도 있다. 야외 테이블과 실내 자리 모두 그리 넓은 것은 아니지만, 자리 회전이 빨라 기다릴 필요가 없는 곳이다. 그리고 시내 한가운데 자리하여 찾기도 쉽다. 아낌없이 속을 채운 햄버거류가 인기가 많고, 디저트 종류도 많다. 무엇보다 모든 여행자의 입맛에 맞는 부담 없는 메뉴라는 점이 좋다.

**주소** Narodni Trg 1, 21000 Split **위치** 나로드니 광장에 위치 **시간** 08:00~24:00 **가격** 프로슈토 & 치즈 샌드위치 32kn, 피시 버거 39kn, 튜나 버거 49kn **전화** 021 355 546 **홈페이지** www.bepa.hr

### 코코로 주스 바 Kokolo Juice Bar

MAPCODE 34324

#### 상큼하고 시원한 생과일주스와 칵테일

브라체 라디츠 광장에 들어서면 알록달록한 과일들이 산더미처럼 쌓여 있는 코코로 주스 바가 가장 먼저 눈에 들어올 것이다. 광장 맞은편에 위치한 작은 소파와 간이 의자에 있는 사람들을 보면 모두 코코로의 컵을 들고 있다. 무더위와 피로도 말끔히 씻어 내는 천연 과일의 맛을 느낄 수 있다. 술과 함께 만드는 칵테일 메뉴도 있고, 요거트를 넣은 스무디를 주문해도 좋다. 과일만 깎아 샐러드를 만들어 팔기도 한다. 아침 일찍 광장을 찾았다면 다양한 과일과 요거트, 뮤즐리로 구성된 아침 식사 메뉴도 추천한다. 가장 잘 팔리는 메뉴는 모히또이다. 작은 부스 안에 직원이 많은데도 하루 종일 쉴 틈 없이 분주할 정도로 동네 사람들에게도, 여행자들에게도 인기가 좋다.

**주소** Trg Braće Radić 15, 21000 Split  **위치** 나로드니 광장에서 도보 2분  **가격** 생과일주스 22kn~, 스무디 25kn~, 아침 메뉴 35kn~, 칵테일 45kn~

### 진판델 Zinfandel

MAPCODE 34325

#### 진정한 미식가를 위한 와인 바

얼마 전 캘리포니아 와인으로 유명한 진판델 포도종의 뿌리가 크로아티아임이 밝혀졌다고 한다. 이에 주인은 2013년 스플리트 최고의 와인 바를 열겠다는 결심과 더불어 진판델의 '크로아티아 국적'을 널리 알리겠다는 목적으로 진판델 와인 바를 오픈하였다고 한다. 특히 인상적인 부분은 요리와 와인의 마리아주를 연구, 개발하여 메뉴에 올렸다는 점이다. 그리고 60명을 수용할 수 있는 중앙 바와 편안한 실내 자리에서 엄선한 크로아티아 요리와 와인을 맛볼 수 있다. 메뉴는 달마티아 지방 요리를 현대적으로 재해석한 것으로 계절 재료를 사용해 주기적으로 메뉴가 바뀐다. 100병 이상의 와인 라벨을 취급하며 그중 30병은 글라스로도 판매한다. 와인에 해박한 직원의 도움으로 주문한 메뉴와 가장 잘 어울리는 와인을 선택할 수 있다.

**주소** Marka Marulića 2, 21000 Split  **위치** 나로드니 광장에서 도보 1분  **시간** 08:00~01:00  **가격** 와인 1잔 25kn~, 3개 메뉴로 구성된 시그니처 디쉬 260kn  **전화** 021 355 135  **홈페이지** www.zinfandelfoodandwinebar.com

> **Tip 달마티아 전통 과자 우스티파크**
>
> 리바를 산책하다 보면 진한 설탕 냄새가 입맛을 자극하는 우스티파크(Uštipak)를 만날 수 있다. 작은 반죽을 도넛처럼 튀겨 파우더 설탕을 솔솔 뿌려 만드는 것이다. 프리툴(Fritule) 또는 우스팁치(Uštipci)라 부르기도 한다. 원래는 크리스마스 시즌에 먹던 것인데 오늘날에는 중독적인 맛에 때를 가리지 않고 잘 팔린다.

# Hotel
## 스플리트의 숙소

### 호텔 파크 Hotel Park

MAPCODE 34326

**서비스와 시설 모두 만족스러운 5성급 호텔**

바츠비체 해변과 불과 100m밖에 떨어져 있지 않아, 여름 휴가를 떠나오는 여행자에게 최적인 숙소이다. 시내 중심과는 도보로 10분 거리에 위치하며 버스 정류장, 기차역과 인접하여 교통도 편리하다. 2015년 전면 리노베이션을 하여 인테리어와 청결도가 최상의 수준이다. 피트니스 센터와 사우나, 야외 수영장과 칵테일 바, 서재, 고급 레스토랑을 갖추고 있다. 테라스에서의 전망이 아름다워 숙소에서 벗어나 스플리트 시내로 향하는 것이 아쉬울 정도이다. 전 객실은 클래식하고 우아하게 꾸며져 있으며 플랫 스크린 TV, 금고, 냉방 시설, 어메니티가 구비된 욕실이 있으며, 총객실 수가 72개이다. 호텔 전체가 금연이며 무선 인터넷이 제공된다. 주차장은 하루 €20에 사용 가능하다. 프런트 데스크 24시간 운영, 세탁, 드라이클리닝, 다림질, 문서, 셔틀 등 다양한 서비스를 제공한다.

**주소** Hatzeov Perivoj 3, 21000 Split **위치** 나로드니 광장에서 도보 16분 **요금** 더블룸 €194 **전화** 021 553 377 **홈페이지** www.hotelpark-split.hr

### 골리 보시 Golly Bossy

MAPCODE 34327

**최적의 장소에 위치한 저렴한 가격의 호스텔**

재미난 이름의 이곳은 온통 샛노란 색으로 꾸민 스플리트의 부티크 호스텔이다. 들어서는 순간 마음이 들뜨는 발랄한 라운지에서 세계 각지에서 온 투숙객들과 만나 인사를 나눠 보자. 요청 시 일일 투어 프로그램을 진행하는데, 플리트비체 국립 호수 공원, 크르카 국립 공원 등 근교 당일 여행 또는 워킹 투어와 같이 스플리트 시내 투어도 가능하다. 신선한 재료만 사용해 요리하는 자체 레스토랑 디 벨리(De Belly)도 추천한다. 리조또, 문어 샐러드, 치즈버거, 쿠스쿠스 등 든든하고 맛있는 메뉴를 판매한다. 차량 렌트 등 도움이 필요한 사항도 선뜻 나서주는 친절한 스태프들도 항시 대기 중이다. 도미토리 외에도 더블베드와 테라스, 조식이 포함된 스위트와 잠만 자고 가는 여행객들을 위한 캡슐 형태의 침실인 쉽 캐빈(Ship Cabin)도 있다. 무료 무선 인터넷도 제공한다.

**주소** Morpurgova Poljana 2, 21000 Split **위치** 나로드니 광장에서 도보 1분 **요금** 도미토리 240kn, 싱글룸 683kn, 더블룸 726kn **전화** 021 510 999 **홈페이지** www.gollybossy.com

### 주피터 헤리티지 호텔 Jupiter Heritage Hotel

MAPCODE 34328

**디오클레티아누스 궁전 안에 위치한 호텔**

2015년 리노베이션을 거쳐 더욱 세련되고 현대적으로 바뀐 주피터 헤리티지는 구시가지 한가운데인, 주피터 신전 옆에 위치한다. 투숙객들은 사우나를 무료로 이용할 수 있으며, 자체 레스토랑도 운영한다. 전망 좋은 옥상 테라스에는 스타일리시한 라운지 바와 자쿠지가 있다. 총객실 수는 18개이며, 전 객실에 냉방 시설, 금고, LCD 위성 TV, 미니바, iPod 도킹 스테이션이 있다. 추가 요금을 지불하고 셔틀, 공항 픽업 서비스를 이용할 수 있다. 호텔에 미리 요청하면 애완동물 동반이 가능하다. 프런트 데스크를 24시간 운영하며, 세탁, 드라이클리닝, 다림질, 환전 서비스 그리고 무료 무선 인터넷을 제공한다.

**주소** Grabovčeva Širina 1, 21000 Split **위치** 나로드니 광장에서 도보 5분 **요금** 슈페리어 더블룸 €100 **전화** 021 786 500 **홈페이지** www.lhjupiter.com

### 겟 스플리트 럭셔리 아파트먼트 Get Split Luxury Apartment

MAPCODE 34329

**간단한 취사가 가능한 레지던스 숙소**

오래된 석조 건물 1층에 위치한 아파트는 스플리트 구시가지 한가운데 위치하여 여행자가 머물기에 무척 편리하다. 냉방 시설, 플랫 스크린 TV, 무료 무선 인터넷, 냉장고, 전기 포트를 포함하는 취사 시설, 어메니티와 수건, 금고, 헤어드라이어가 구비된 욕실이 있는 2인용 아파트이다. 2015년 리노베이션 하여 방음도 훌륭하고 시설도 무척 깨끗하다. 추가 요금을 지불하고 셔틀, 공항 픽업 서비스를 이용할 수 있다. 친절한 주인이 여행에 필요한 여러 팁을 알려 준다. 주변에 식당이 워낙 많아 취사 시설을 한 번도 이용하지 않을 수도 있지만 간단한 아침 식사나 간식을 해 먹을 수 있어 취사 시설은 생각보다 무

척 유용하다. 애완동물 동반은 불가하다.

**주소** Bajamontijeva 2, 21000 Split **위치** 나로드니 광장에서 도보 1분 **시간** 체크인 13:00, 체크아웃 11:00 **요금** 딜럭스 아파트 €110 **전화** 021 786 500 **홈페이지** getsplitluxuryapartment.rentalscroatia.info

## 근교도시
# 흐바르 섬 Hvar
아드리아 해안의 화려한 바캉스 휴양지

크로아티아에서 네 번째로 큰 섬인 흐바르는 1년 2,800시간 이상의 일조량을 자랑하는 황금빛 파라다이스다. 1월 평균 기온이 8.4℃로, 겨울은 온화하고 여름은 따뜻한 기후이다. 눈은 오지 않는다. 흐바르에 머무는 동안 눈이 내린다면 숙박이 무료인 호텔도 많다. 연중 평균 기온은 16.5℃이다. 완벽한 기후 조건으로 라벤더, 로즈메리, 타임 등 각종 꽃과 허브가 만개하여 여름이면 '라벤더 섬'이라고 부르기도 한다. 성수기에는 하루에 2만 명 이상이 흐바르 섬을 찾는다. 빌 게이츠, 비욘세 등의 유명인사가 거의 해마다 찾는 휴양지이기도 하다. 흐바르 섬은 다른 지역보다 물가가 높아 여행 예산을 조금 더 배정해야 한다. 높은 수요로 경비가 조금 더 들기는 할지라도 흐바르 사람들의 인정은 크로아티아 다른 지역과 다를 바 없어 인기 휴양시에서 겪어야 하는 바가지 걱정은 하지 않아도 된다. 그리고 유네스코 세계 문화유산으로 지정된 스타리 그라드 평야 또한 흐바르 섬에 위치한다.

### 흐바르 섬 여행하기

흐바르 섬은 흐바르 타운(Hvar Town), 스타리 그라드(Stari Grad), 옐사(Jelsa), 브르보스카(Vrboska), 수크라이(Sućuraj)로 나뉘어 있다. 그중 흐바르를 대표하는 관광지이자 섬에서 가장 큰 마을이 흐바르 타운이다. 교통편도 모두 타운으로 도착하고 출발하며 식당, 숙박 시설도 흐바르 타운에 몰려 있어 대부분의 여행객들이 이곳에 머무른다. 그리고 흐바르 타운에서 차로 20분 정도 달려가면 세계 문화유산인 스타리 그라드 평야를 만날 수 있다.

**흐바르 타운 관광 사무소**
주소 Trg sv. Stjepana 42, 21450 Hvar 전화 021 741 059 홈페이지 visithvar.hr/en

# 흐바르 섬 가는 길

 보트

자동차, 버스, 비행기를 이용할 시 모두 스플리트까지 온 후 보트로 이동해야 한다. 스플리트에서 흐바르 섬까지 약 2시간이 소요된다. 렌트카를 이용하는 경우 보트 비용에 추가 요금을 지불하고 차를 실을 수 있으나 차로 찾기 쉬운지, 주차 시설은 잘 되어 있는지 미리 숙소에 알아보고 차를 가져갈 것인가를 결정하자. 대부분의 흐바르 숙소는 주차 시설이 잘 되어 있고 공용 주차가 가능한 자리도 많은 편이다. 또는 자다르 주차 시설에 차를 두고 흐바르에 다녀와서 다음 여행지로 이동하는 방법도 있다. 배편을 끊을 때에는 차를 실을 수 있는 보트인지 아닌지도 꼭 확인하도록 한다.

흐바르에는 두 개의 페리 항구가 있는데 일반적으로 스타리 그라드(Stari Grad)와 수크라이(Sućuraj)를 이용한다. 스플리트에서 오는 배는 모두 스타리 그라드에 도착한다. 보트 이동 시간은 약 1시간, 가격은 편도 40kn부터, 성수기에는 80kn까지 표값이 오른다. 여름에 운행편이 더 많고 당일에는 티켓 예매가 불가하다. 성수기에는 예매를 할 것을 권한다. 숙소를 잡아 놓고 배편이 없어서 일정이 엉망이 되는 경우가 종종 있다고, 현지 사람들이 여행객들에게 항상 당부한다. 이탈리아의 앙코나(www.splittours.hr)와 주변의 섬 코르출라, 비스 등으로도 보트가 있으며 흐바르 타운 항구에서 당일치기나 반나절 여행으로 주변 섬으로 다녀올 수 있는 개인 수상 보트나 수상 택시를 찾을 수 있다. 스타리 그라드 선착장에 내려서 바로 버스를 타고 흐바르 타운으로 이동한다. 흐바르 타운 버스 터미널은 마을 한가운데 위치한 성 스테판 성당 광장 바로 옆이다. 터미널 앞에 대형 마트 콘줌도 있고 시장도 있다. 숙소로 이동하기 전에 이곳에서 장을 봐도 좋다.

### 야드롤리나(Jadrolinija) 흐바르 지점
주소 Riva b.b., 21450 Hvar 전화 021 765 048, 021 741 132 홈페이지 www.jadrolinija.hr

# 흐바르 섬의 교통수단

흐바르 섬 마을 안에서는 대중교통이 운행하지 않고 각 마을을 연결하는 버스가 다닌다. 흐바르 관광청 홈페이지에서 섬 내의 버스와 페리 스케줄을 확인할 수 있다(www.tzhvar.hr/en/how). 버스 터미널 뒤 주차장이 택시 정류장인데, 택시가 없는 경우 전화(098 338 824)로 부를 수 있다. 단, 크로아티아에서 가장 택시비가 비싼 곳이 바로 흐바르인데, 눈 하나 깜짝 안하고 기본 요금 거리에 100kn를 부르는 모습을 볼 수 있다.

흐바르 섬

### 스파뇰 요새 Fortica Španjola / Spanjola Fortress 34330

**흐바르 타운과 바다를 한눈에 담을 수 있는 곳**

베네치아의 통치를 받던 16세기에 지어진 흐바르 타운 언덕 위의 성채는 여러 번의 파손과 보수를 거쳐 지금의 모습이 되었다. 올라가는 길이 푸르고 상쾌해 싼 시간 나직한 성채을 즐기고 싶다면 올라가 볼 것을 추천한다. 내부엔 지하 감옥과 고대와 중세 시내 유물들이 전시된 박물관도 있다. 성채는 긴 성벽으로 이어져 마을 보호하듯 에워싸는 모습을 하고 있다. 성벽에는 네 개의 문이 있는데, 남서쪽으로 있는 것이 정문으로 포르타 마에스트라(Porta Maestra)라 부른다. 주교의 궁 맞은편에 있는 남동쪽 문은 성모 마리아의 문, 서문은 고야베(Gojave), 동문은 바데오르(Badeor) 또는 시의 문, 그라드노 브로타(Gradno Vrota)라 부른다. 그리고 무엇보다 스파뇰 요새는 바다와 항구가 시원하게 들어오는 전망이 멋지다.

**주소** Spanjola, 21450 Hvar **위치** 성 스테판 광장에서 계단을 따라 올라가다 성채 표시가 된 안내를 따라 걸어 올라간다. **시간** 09:00~21:00 **요금** 30kn

###  성 스테판 성당과 광장 34331
Katedrala Sv. Stjepana / Cathedral of Saint Stephen

**마을의 중심이 되는 큼직한 성당과 광장**

항구의 아름다움을 등지고 고개를 돌리면 마주하게 되는 것이 탁 트인 직사각형 광장이다. 총면적 4,500m²으로 달마티아 지방에서 가장 큰 광장이다. 처음 만들어졌을 때는 지금보다 더 넓었고 정원들로 둘러싸여 있었으나, 시가지가 조성되며 건물을 지을 공간이 부족해 광장 일부를 사용하여 건물을 지었다고 한다. 성채와 마찬가지로 베네치아 통치 시절에 조성되었는데, 그래서 광장의 모습이 산 마르코 광장과 조금 닮아 있다. 상점과 식당들이 광장 주변을 에워싸고 있고, 작은 우물과 성당이 광장 끝에 자리한다. 16세기에 세워진 르네상스 양식의 성 스테판 성당은 원래 베네딕트 수도원이 있던 자리에 세운 것으로, 흐바르 섬의 수호성인이자 순교자였던 성 스테파노 1세 교황에게 헌정된 것이다. 주변의 코르출라 섬에서 가져온 돌로 지은 것으로, 내부에는 이탈리아 회화 작품들이 걸려 있다. 북쪽의 종탑은 흐바르 건축가들이 16세기 중반에 세운 것으로 흐바르 선착장 맞은편에 위치한 성 프란체스코 수노원의 종탑을 참고하여 설계한 것이다. 높아질수록 창문의 수가 하나씩 늘어나는 외관이 눈에 띈다.

주소 Trg Svetog Stjepana, 21450 Hvar 시간 하루 두 번 있는 미사 30분 전에 성당 문이 열린다.

> **Tip 흐바르에서 쇼핑하기**
> 
> 라벤더 재배가 성행하여, 항구에 라벤더 가판들이 여럿 늘어서 있다. 기념품으로 라벤더 비누나 포푸리, 라벤더 과자 등을 살 수 있다. 성 스테판 성당 광장 주변이나 뒷골목으로 가면 수영복이나 하바이아나스 쪼리 등 바캉스용 의류, 수영복, 물놀이에 필요한 것을 팔기도 한다.

## 아스날 Arsenal 34332

### 무기고를 개조하여 만든 유럽 최초의 시립 극장

13세기 무기고를 개조하여 만든 1612년 개관한 흐바르의 극장은 유럽에서 가장 처음 시에서 주도하여 건축한 것이다. 수십 년간 지역의 여러 계급이 다툼을 벌이다 평화를 찾은 다음 해에 문을 연 건물이라 흐바르 사람들에게 의미가 깊은 곳이다. 입구 상단에 '평화를 찾은 지 두 번째 해'라는 뜻의 라틴어 'ANNO SECVNDO PACIS MDCXII'가 새겨져 있다. 외관은 처음 건물이 건조되었을 당시 거의 그대로 잘 보존되어 있고 내부 인테리어는 19세기에 극단이 설립되며 지금의 모습을 갖추게 되었다. 극장 안에는 19, 20세기의 벽화 두 점이 있다. 20~30년 전까지만 해도 정기적으로 공연이 열렸지만, 시설의 낙후로 인해 요즘에는 매우 드물게 실내악 공연을 가끔 주최한다. 정부 차원에서 아스날의 보존과 복원을 위한 계획이 있어 몇 년 후 흐바르의 인기 공연장이 되지 않을까 바라본다.

주소 Trg Svetog Stjepana, 21450 Hvar

## 로지아 Loggia 34333

### 기품 있는 르네상스 건축물

르네상스 건축물의 훌륭한 예로 꼽히는 흐바르의 로지아와 옆의 시계탑은 1289년의 기록에서 처음 찾을 수 있다. 처음의 위치가 어느 곳인지 알 수 없으나, 현재 자리에는 15세기에 세워진 것으로 전해진다. 터키의 침략으로 크게 훼손되었으나 복원하였고, 19세기까지 카페로 사용되다 1970년대에 다시 추가 복원 공사를 거쳐 지금의 모습을 하고 있다. 현재는 호텔 팔래스(Hotel Palace)의 우아한 빈티지 살롱 공간으로 사용되고 있다. 이 호텔은 크로아티아의 명사들과 주변 국가의 왕족, 귀족들이 흐바르를 찾을 때 항상 머무는 곳이다. 로지아의 대표적인 특징인 작은 기둥은 17세기 르네상스 건축의 대가 트리푼 보카니츠(Tripun Bokanić)의 작품이다. 19세기에 세워진 시계탑은 공작의 궁전 자리에 세워진 것이다.

주소 Trg Svetog Stjepana, 21450 Hvar

## 🎥 프란체스코 수도원 Franjevački Samostan u Hvaru / Franciscan Monastery `34334`

### 선원들의 휴식처로 사용되었던 수도원

15세기에 세워진 이 수도원은 항구 바로 옆에 위치한다. 그 옆의 호리호리한 종탑은 16세기에 세워진 것으로 코르출라 섬의 유명한 석공 가문의 작품이다. 수도원 내부에는 섬에서 가장 오래된 유물과 유적들의 컬렉션을 전시하고 있다. 회화 작품, 문서, 레이스, 오래된 동전 등 다양한 물건으로 흐바르의 지난 날을 돌아볼 수 있다. 특히 주목받는 전시품으로는 1524년 인쇄된 프톨레미의 아틀라스와 대형 작품인(8.5m × 2.5m) 이탈리아 라베나 출신의 마테오 잉골리(Matteo Ingoli)의 16세기 작품 〈최후의 만찬〉도 수도원의 자랑이다. 수도원 안에 있는 정원에는 300년도 더 된 사이

프러스 나무가 있다. 옆에 있는 작은 예배당에도 여러 회화 작품들이 걸려 있어 갤러리나 박물관이 없는 흐바르 섬에서 전시가 보고 싶을 때 찾아가기 좋다. 실내 음향이 좋아 여름에 종종 연주회가 열리기도 한다. 수도원은 해변과도 맞닿아 있어 수영하는 사람들은 물속에서 수도원의 멋진 건물과 종탑의 모습을 감상할 수 있다. 작지만 물이 맑고 조금만 헤엄쳐 나가면 항구까지 볼 수 있다. 작은 카페도 하나 있다.

**주소** Šetalište Put Križa, 21450 Hvar  **시간** 월~토 10:00~12:00, 17:00~19:00 (비수기에는 오전만 개방)  **요금** 30kn  **전화** 021 741 193

## 🎥 포코니 돌 Pokonji Dol `34335`

### 편온한 자갈 해변

흐바르 시내에서 20분 떨어진 거리의 자갈 해변이다. 항구 앞 해변보다 조금 더 크고 사람은 훨씬 적어 평온하고 한가롭다. 바로 앞에 전통 달마티아 요리 및 간단한 스낵을 판매하는 무스타쵸(Mustaćo) 식당도 있다. 카누 등 물놀이 장비를 대여할 수도 있으며 조금 더 걸어 내려가면 점점 더 인적이 드문 해변인 메키체비카(Mekićevica), 밀나(Milna), 자라체(Zaraće)를 만날 수 있다.

**위치** Ive Roića, Lucije Rudan 등 해변으로 향하는 돌계단으로 이어지는 흐바르 시내 거리를 따라 내려온다. 돌계단을 따라 울창한 나무들을 지나면 금세 해변이 모습을 드러낸다.

# 흐바르 섬에서 즐기는 레저

**해수욕보다 더 액티비티한 레저 스포츠를 찾는다면**

온통 물인 섬에서 여름 레저 스포츠는 필수! 흐바르에서는 카약, 패들 보트, 다이빙, 스노클링 등 다양한 활동을 해볼 수 있다. 흐바르에서 당일치기 여행으로 인기가 좋은 파클레니(Pakleni) 섬으로 이동하여 즐기는 프로그램들이 대부분이다. 한국에 비해서 가격도 저렴한 편이고, 작은 시내 구경을 마치고 남는 시간을 알차게 활용할 수 있어 인기가 많다. 한여름 무더위는 흐바르의 맑은 물살을 가르며 이겨내자.

요금 카약 1인당 375kn(4시간. 장비, 점심 포함)  홈페이지 www.hvar-adventure.com

## 흐바르 섬을 대표하는 여행사

### 펠레그리니 투어스 Pelegrini Tours

흐바르 항구에 위치한다. 호텔 예약, 픽업, 렌터카, 보트 대여, 일일 투어 등 흐바르 여행에 필요한 전반적인 사항을 모두 이곳에서 해결할 수 있다. 낚시, 크르카 국립 공원, 와인 테이스팅, 비스 섬, 파클레니 섬 등 구미가 당기는 프로그램들을 폭넓게 갖추고 있다.

주소 Riva bb, 21450 Hvar 전화 021 742 743 홈페이지 www.pelegrini-hvar.hr

### 루카 렌트 Luka Rent

흐바르 항구에 위치한다. 카약, 클라이밍, 워터 스포츠, 와인 테이스팅 등의 일일 투어 프로그램들을 갖추고 있다. 스플리트와 흐바르에서의 렌터카 서비스도 담당한다.

주소 Riva bb, 21450 Hvar 전화 021 742 946 홈페이지 www.lukarent.com/en/home

### 🍴 피그 카페 바 Fig Café Bar 34336

#### 오픈 시간에 찾아가도 줄을 서는 음식점

2015년에 오픈 이후 이미 소문난 맛집이다. 심지어 동네 사람들도 줄을 서서 찾는 곳이다. 신선한 재료를 중시하기 때문에 오후 늦게 찾아가면 재료가 떨어져 먹지 못하는 메뉴도 있다. 한국에서 4년 정도 살았다던 주인은 한국어를 기가 막히게 구사한다. 추천하는 메뉴는 스파이시 에그(Spicy Egg)다. 살짝 매콤한 맛이 달걀과 잘 어우러져 전날 신나게 파티를 했던 사람들의 속풀이 아침 메뉴로도 좋고, 든든한 브런치 메뉴로도 일품이다. 신선한 치즈, 프로슈토 등을 잔뜩 올려 푸짐하게 나오는 플랫 브레드는 와인 안주로 최고다. 좀 더 늦게까지 문을 열고 자리가 많았으면 하는 것이 유일한 바람이다. 매일 와도 질리지 않는 흐바르 타운의 일등 식당이다. 골목 사이에 위치하여 찾아가는 것이 쉽지는 않은데, 성 스테판 성당 광장에서 성당을 바라보고 미자로라(Mizarola)와 엑스 로코(Ex Rocco) 레스토랑 사잇길로 들어가 20m 정도 내려가면 피그 카페의 작은 간판이 보인다.

주소 22 Trg Sv. Stjepana, 21450 Hvar 시간 하절기(5월부터) 10:00~22:00 가격 스파이시 에그 70kn 전화 099 267 9890 홈페이지 figrestaurants.com


### 🍴 달마티노 Dalmatino 34337

#### 흐바르의 1등 스테이크 & 피시 하우스

육류와 생선 요리 모두 자신 있게 내세우는 흐바르 인기 최고의 레스토랑이다. 흐바르 지역 와인과 어울리는 요리를 선보이며 주인집 가문 대대로 내려오는 레시피를 사용한다. 트러플 소스가 특히 맛있기로 유명한데, 스테이크와 곁들여도 좋지만 트러플 뇨끼도 못지않은 단골 메뉴로 꼽힌다. 홈메이드 디저트 등 메인 요리 외에도 맛있는 메뉴가 많아 코스를 갖추어 먹는 저녁 식사 장소로 추천한다. 수년간 인기 맛집으로 꼽혔지만 친절하고 세심한 서비스는 변함없어 단골이 많다. 익숙하지 않은 흐바르 지역이나 크로아티아 전통 요리에 대해 물어보면 자세히 대답해 주기 때문에 낯선 메뉴도 과감히 주문해 볼 수 있다. 훌륭한 식사에 감동한 사람들은 벽에 메모를 남기고 갈 수 있다. 성수기에는 예약하는 것이 좋다.

주소 Sveti Marak 1, 21450 Hvar 시간 월~금 12:00~01:00, 토~일 17:00~01:00 가격 비프 필레 200g 150kn, 튜나 스테이크 150kn 전화 091 5293 121 홈페이지 www.dalmatino-hvar.com


> **Tip** 일조량이 엄청난 흐바르는 크로아티아의 손꼽히는 와인 산지이다. 남쪽은 적포도주, 스타리 그라드와 옐사 사이의 평원은 백포도주를 재배한다. 1년 중 해가 비치는 시간을 계산하여 '2718'이라 이름 붙인 와인도 있다. 흐바르 음식과 와인의 궁합도 좋으니 식사 때 와인 팔레트를 넓혀 볼 겸 한잔 주문해 보자.

### 🍴 카르페 디엠 Carpe Diem  34338

**지금 이 순간을 즐기기에 완벽한 바 & 클럽**

어제는 그저 꿈이고, 내일은 신기루일 뿐. 오늘을 최대한 즐기자는 철학으로 만들어진 흐바르 최고의 바 & 클럽이다. 영국의 해리 왕자가 신나게 파티를 하다가 파파라치 사진이 찍혀 유명세를 탔던 곳이다. 여름에 흐바르에서 가장 신나는 파티를 여는 곳으로, 낮에는 여유롭게 칵테일을 마시는 라운지 바였다가 밤이 되면 DJ와 함께 신나는 클럽으로 돌변한다. 자매 클럽인 카르페 디엠 비치(Carpe Diem Beach)는 스피그 섬 앞에 위치한 파클레니의 마린코바츠(Marinkovac) 섬에 있다. 거의 매주 다른 테마로 파티를 열어 흐바르에 오래 머물러도 카르페 디엠에는 여러 번 가게 된다. 특히, 올 화이트 룩으로 차려 입는 요트 주간의 파티가 가장 성대하고 화려하게 열린다.

**주소** Riva bb, 21450 Hvar  **시간** 하절기 매일 09:00~02:00  **가격** 칵테일 75kn, 평균 입장료 100~200kn(파티마다 상이)  **전화** 021 742 369  **홈페이지** www.carpe-diem-hvar.com

229

### 훌라 훌라 Hula Hula 34339

**아침부터 파티가 시작되는 라운지 클럽**

600m² 남짓한 해변가 라운지 클럽이다. 낮에는 편안하고 감각적인 라운지 바인데, 일찍부터 파티가 시작되어 샴페인 터지는 소리가 정오부터 들릴 때도 있다. 수영과 스노클링을 위한 공간도 따로 마련되어 있어, 헤엄치다가 칵테일을 한잔 마시고 또 다시 물속으로 뛰어든다. DJ도 바텐더도 실력이 출중해 음악도 술도 부족함이 없다. 보트 대여도 가능하며 클럽을 전체로 빌려 파티를 주관하는 것도 가능하다. 웨딩이나 생일 파티 등 프라이빗 행사도 진행한다.

**주소** Petricevo Setaliste 10, 21450 Hvar  **시간** 09:00~22:30  **가격** 글라스 와인 34kn, 탄산음료 24kn, 맥주 28kn~, 칵테일 71kn~  **전화** 095 911 1871  **홈페이지** www.hulahulahvar.com

### 릴랙스 라운지 & 씨 뷰 인 흐바르 A2 Relax Lounge & Sea View in Hvar A2 34340

**해와 바다와 바람과 별이 있는 남향 아파트**

모던하고 깔끔한 연두색 인테리어가 인상적인 흐바르 시내의 아파트이다. 호스트가 아래층에 살고 있으나 완전히 분리된 독채의 구조다. 버스 터미널까지 픽업을 와 주는 친절한 호스트 부부는 흐바르에서 지내며 필요한 모든 정보를 알려 준다. 도심과는 걸어서 15분이며, 근처에 작은 슈퍼마켓과 식당 몇 개가 있어 편의성도 좋다. 호텔 방보다 넓고 취사 시설도 있으며 냉방 시설도 잘 되어 있는 쾌적한 스튜디오 원룸은 해가 뜨고 질 때 테라스에서 보는 경치도 아름답다. 또 숙소가 흐바르 선착장 부근이 아니라 해변가 근처 도보 5분 거리에 있어, 눈 뜨자마자 바닷가를 향해 달려갈 수 있다. TV, 헤어드라이어, 비치 타월, 무선 인터넷을 제공하며 요청 시 애완동물 동반도 가능하다.

**주소** Lucije Rudan, 21450 Hvar  **시간** 체크인 12:00, 체크아웃 10:00  **홈페이지** www.airbnb.co.kr/rooms/696964

## 아드리아나 흐바르 스파 호텔 Adriana Hvar Spa Hotel 34341

### 환상적인 경치의 옥상 바와 수영장이 있는 호텔

순차니 흐바르 호텔(Suncani Hvar Hotels) 체인 소속으로 스파와 실내외 수영장을 갖춘 4성급 호텔이다. 흐바르 타운과 도보 5분 거리에 위치하여 모든 여행 명소와 가깝다. 객실 수는 69개이며, 퀸 사이즈 베드, 인체 공학적 매트리스, 냉방 시설, 플랫 스크린 위성 TV, 금고, 미니바를 포함한다. 지중해 요리를 전문으로 하는 자체 레스토랑, 항구를 향해 있는 트렌디한 로비 바, 특히 전망이 훌륭한 옥상 테라스 바도 있다. 이곳에서 내려다보는 성 스테판 성당과 광장의 야경만으로도 흐바르 여행의 가치가 있다. 문서 작업, 드라이클리닝, 세탁, 다림질 서비스도 이용 가능하다. 다이빙, 낚시 등 다양한 액티비티를 근처의 해변에서 할 수 있어 원하면 데스크에 문의하면 된다. 애완동물 동반도 가능하며 컨시어지 서비스를 제공하고 24시간 프런트 데스크를 운영한다. 주차는 불가하다.

주소 Obala Fabrika 28, 21450 Hvar  시간 체크인 15:00, 체크아웃 12:00  요금 더블룸 €199  전화 021 750 555  홈페이지 www.suncanihvar.com/adriana-hvar-spa-hotel.html

## 흐바르 아웃 호스텔 Hvar Out Hostel 34342

### 가격 대비 만족스러운 알뜰한 호스텔

스플리트에서 부즈 & 스누즈(Booze & Snooze)를 성공적으로 운영하던 팀이 흐바르에도 호스텔을 열었다. 스쿠터 렌트, 일일 투어, 여행 기간 중의 파티나 이벤트 등 흐바르라면 뭐든지 알고 있는 전문가들이라 믿을 수 있다. 카르페 디엠 클럽과 항구와도 가까워 타운의 각종 관광 명소와도 접근성이 좋다. 섬과 주변 지역의 정보를 아낌없이 쏟아 내는 친절한 이곳의 스태프들 덕분에 여행의 질이 높아질 것이다. 공용 주방이 있고, 석양을 감상하기 좋은 옥상 테라스 바에서 맥주를 마시거나 함께 묵는 여행자들과 친해지는 시간을 가질 수도 있다. 무료 무선 인터넷을 제공하고, 24시간 오픈 및 24시간 온수 사용, 개별 로커 사용이 가능하다.

주소 Burak 24, 21450 Hvar  요금 트윈룸 425kn, 6인 도미토리 180kn  전화 021 717 375  홈페이지 www.facebook.com/Hvar-Out-Hostel-177475848977922

근교도시

# 트로기르 Trogir

도시 전체가 하나의 박물관

그리스 식민지로 설계된 트로기르의 지명은 그리스어로 숫염소를 뜻하는 트라고스(Tragos)에서 유래하였다. 거주 단지의 위치와 규모, 형태에서 헬레니즘 시대의 직교형 도로 계획을 그대로 간직한 역사가 깊은 도시다. 이례적으로 현대적인 변화를 최소화하여 보존 상태가 훌륭하다는 이유로 시가지 전체가 1997년 유네스코 세계 문화유산에 등재되었다.
골목마다 식당과 젤라테리아가 있으며, 도시 규모에 비해 숙박 업소를 찾는 것도 무척 수월하다. 워낙 동네가 작고 스플리트와 가까워 당일치기 여행으로 다녀오거나 자다르 가는 길에 방문하는 것으로 충분하다.

📍 **트로기르 관광 사무소** Turistička Zajednica Grada Trogira
**주소** Trg Ivana Pavla II 1, 21220 Trogir **전화** 021 885 628 **홈페이지** www.trogironline.com

# 트로기르 가는 길

**보트**

스플리트에서 서쪽으로 27km 떨어진 곳에 위치하여 당일치기 여행으로 다녀오기 어렵지 않다. 자동차로는 D8 도로를 이용하여 약 40분 정도 소요되며, 버스로도 30분이면 도착한다(www.buscroatia.com/split-trogir, 편도 18kn). 스플리트 공항과는 불과 3km 떨어져 있으며, 스플리트 대중교통을 이용하여 트로기르까지 갈 수 있다. 04:00~24:00 사이 30분마다 운행하는 37번 버스를 탄다. 버스에서 내리면 작은 다리를 건너 바로 시가지로 진입하게 된다. 차로 이동하는 경우 버스 터미널 주변의 넓은 주차 공간(유료)을 이용하면 된다.

**트로기르 버스 터미널** Autobusni Kolodvor Trogir
주소 Ulica Kneza Trpimira 2A, 21220, Trogir

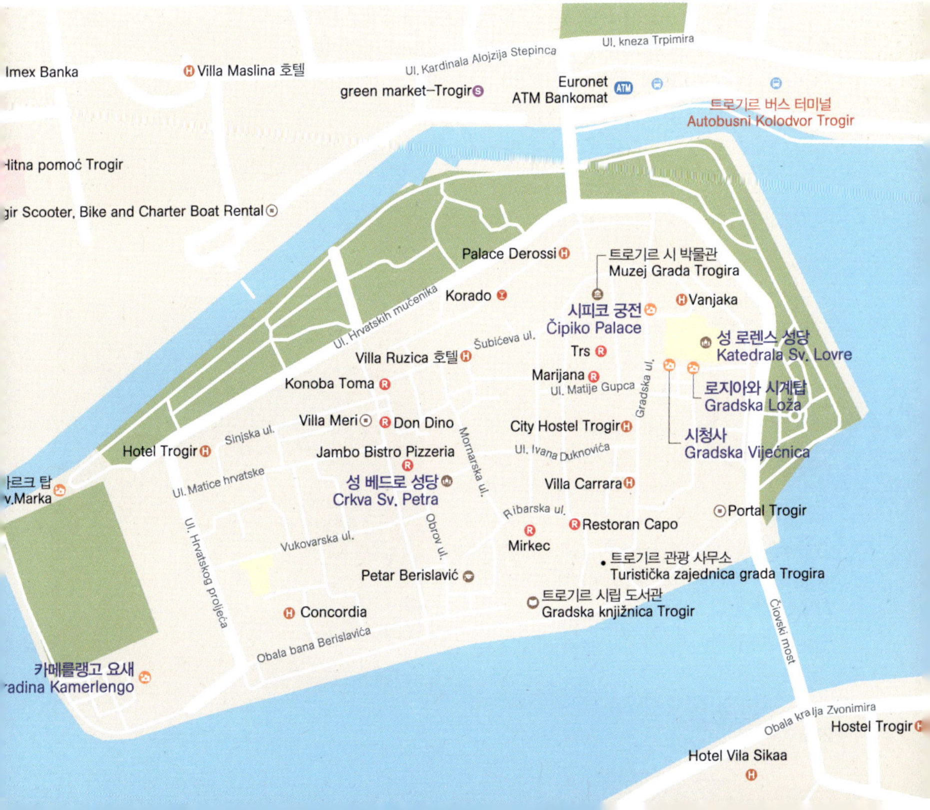

## 성 로렌스 성당 Katedrala Sv. Lovre / Cathedral of Saint Lawrence  34343

### 다양한 건축 양식이 혼재된 성당

13~15세기에 건축된 성 로렌스 성당은 건축 기간이 길어 로마네스크, 고딕, 르네상스 양식을 곳곳에 반영한다는 점이 특징이다. 1903년 종탑 기반을 수리하면서 발견된, 헤라 신에게 바치는 제단으로 말미암아 성당 자리에 원래 고대 그리스, 로마 시대의 신전이 있었던 것으로 추정된다. 세 개의 신도석이 있으며 정교한 조각으로 장식된 정문으로 유명하다. 이 문은 크로아티아 출신의 거장 라도반(Radovan)의 대표작으로 베네치아의 상징인 사자와 아담과 이브가 새겨져 있다. 달마티아 지방에서 가장 귀중한 석조 작품으로 꼽힌다.

주소 Trg Ivana Pavla II., 21220 Trogir  시간 09:00~12:00, 16:00~19:00(동절기에는 오전만 개방)  요금 종탑 18kn

## 시피코 궁전 Čipiko Palace  34344

### 시피코 가문의 화려한 저택

성낭의 서쪽 끝과 마주하는 시피코 궁은 13세기에 세워졌다. 15세기 이 지역에서 세력을 떨치던 시피코 가문의 집이었다. 유명 건축가들이 참여하여 지은 것으로 가문이 점점 힘과 부를 확장함에 따라 두 건물을 합쳐 확장하였다. 베네치아풍의 고딕 양식 창문과 정문 앞 나무 조각상이 대표적인 특징이다. 현재는 음악 학교 건물로 사용되고 있으며, 일부는 트로기르 시청사로도 활용된다.

주소 Trg Ivana Pavla II., 21220 Trogir

## 로지아와 시계탑 Gradska Loža / Loggia  34345

**트로기르의 상징**

성 로렌스 성당과 시피코 궁전과 함께 트로기르의 메인 광장에 자리한 15세기 로마네스크 양식의 로지아는 성모 성당과 이어져 있으며 훌륭하고 견고한 기둥이 특징이다. 한때 재판소로 쓰였으며 내부에 재판장이 사용하던 책상 뒤 1471년 제작된 '정의'라는 벽 장식이 유명하다. 트로기르의 상징과도 같은 시계탑은 성 세바스티안 성당의 일부였던 것으로 현재 트로기르 시가지의 중심 광장에 로지아와 나란히 위치한다. 푸른 다이얼과 돔 형식의 지붕이 특징이다.

주소 Trg Ivana Pavla II., 21220 Trogir

## 시청사 Gradska Vijećnica(Općinska Palača) / City Hall(Rector's Palace)  34346

**이바나 파블라 광장의 또 다른 명소**

15세기 초 막강했던 트로기르의 경제적, 정치적인 힘을 보여 주는 건물이다. 고딕 양식의 계단과 넓은 난간, 시의 문양 등으로 장식되어 있다. 지역 통치자(렉터, Rector)가 이 건물에 살았다고 하여 렉터 궁이라 부르기도 한다. 크고 작은 의회 모임이 예전부터 이곳에서 열렸으며 17세기에는 극장으로 쓰였다가 19세기에 파손되어 다시 르네상스 양식으로 재건되었다. 현재의 말끔한 모습은 20세기 말 보수공사 덕분이다.

주소 Trg Ivana Pavla II., 21220 Trogir

## 카메를랭고 요새 34347

Gradina Kamerlengo / Kamerlengo Fortress

**트로기르를 든든히 지키는 요새**

베리가(Veriga) 탑을 확장하며 15세기에 건축하였다. 베리가를 포함하여 세 개의 탑을 잇는 구조로 되어 있으며 바다와 트로기르 시가지의 경계를 짓는다. 당시 트로기르 통치자의 궁으로 사용했다. 보존 상태가 훌륭하며 여름에는 여러 공연이 요새 안에서 열린다. 베네치아 통치 중에 건설되었기 때문에 요새 이름은 베네치아 공국의 직위 중 하나인 카메를렝고를 사용했다고 한다.

**주소** 21220 Trogir **위치** 트로기르에 도착하여 바다를 면하는 도시 끝까지 걸어와 바다를 등지고 맨 왼쪽에 위치한 요새를 찾을 수 있다.

## 성 베드로 성당 Crkva Sv. Petra / St. Peter's Church 34348

**평범한 외관과 대조되는 내부**

한때는 베네딕트 수도회의 일부였던 이 성당은 14세기에 지어졌다. 평범하고 별다를 것 없는 외관과 대조되는, 여러 회화 작품이 걸려 있는 화려한 실내가 눈길을 끈다. 특히 이탈리아 화가들의 그림이 많으며 성당의 매끄러운 판넬 천정을 담당한 야코브 주센(Jakov Jucen)의 17세기 조각상들도 있다. 높은 제단 위에는 나무로 제작한 성 베드로와 바울의 목상도 있다. 1층과 2층 일부는 최근 시립 도서관으로 사용되기 시작하였다.

**주소** Mornarska Ulica, 21220, Trogir **시간** 시간이 항상 바뀌기 때문에 트로기르 관광 사무소에 먼저 문의하는 편을 권한다.

**근교도시**
# 프리모스텐 Primošten
그림 같은 아드리아 해안가 마을

심장을 뛰게 하는 맑고 푸른 바다가 시원하게 뻗어 있는 해안가 마을이다. 1960년대부터 관광 사업이 발전한 아드리아 해안가를 오래 전부터 대표해 온 바캉스 타운이다. 원래 섬이었다가 16세기부터 내륙과 이어진 마을로, 이름도 '이어진'이라는 뜻이다. 인구가 2천 명이 채 되지 않는 작은 이 동네는 스플리트, 트로기르, 크르카 국립공원과 가까워 이 세 곳을 여행하는 사람들이 중간 경유지로 즐겨 찾는다. 스플리트에서 출발하는 크르카 국립공원 여행 프로그램 중에는 프리모스텐에 내리지 않고 차로 지나쳐만 가는 것도 있다.

총면적 91.94km²로 시내는 무척 작아 돌아보는 데 한두 시간도 걸리지 않아, 예쁜 해변만 마음껏 즐기다 떠나면 된다. 프리모스텐은 무척 작지만 일찌감치 관광업이 성행해 왔기 때문에 식당과 숙박업소가 많다. 관광지 특유의 여러 음식을 다 하는 '다이너'나 '델리'와 같은 식당이 대부분이며, 맛보다는 해변과 가까운 접근성과 바닷가 경치가 식당의 최대 장점이다.

📍 **프리모스텐 관광 사무소**
**주소** Rudina biskupa J. Arnerića 2, 22202 Primošten **전화** 022 571 111 **홈페이지** www.tz-primosten.hr

# 프리모스텐 가는 길

프리모스텐

 **자동차**

스플리트와 60km 떨어져 있어, 자동차로도 버스로도 1시간 정도 걸린다. 자다르에서는 차로 1시간 30분 소요된다. 유료 주차장이 버스 터미널 주변으로 여러 곳이 있다. 성수기에는 자리가 금세 동나 주차하는데 시간이 조금 걸릴 수 있다.

**버스**

〈프리모스텐 버스 터미널 주요 노선〉

| 목적지 | 소요 시간 | 요금 |
|---|---|---|
| 스플리트-프리모스텐 | 약 1시간 | 36kn |
| 시베니크-프리모스텐 | 약 30분 | 23kn |
| 자다르-프리모스텐 | 약 2시간 30분 | 57kn |

**프리모스텐 버스 터미널**
주소 Zagrebačka Ulica, 22202 Primošten  홈페이지 www.buscroatia.com

### 📷 말라 라두차 해변 Mala Raduča  34349

**엽서 속에서 보던 아름다운 자갈 해변**

완만한 곡선을 그리며 시원하게 뻗은 프리모스텐을 대표하는 해변이다. 워터 스키, 배드민턴, 다이브, 패들 보트, 패러세일링, 배구 등 다양한 스포츠와 액티비티를 할 수 있도록 장비를 대여하며, 해변을 따라 바와 카페, 레스토랑과 콘줌 등 슈퍼마켓도 많아 식사와 간식도 문제 없다. 해변용 샌들이나 물놀이 장비도 근처에서 판매한다. 아이들을 위한 놀이터나 놀이 기구도 많아서 가족 단위로 찾는 여행객도 많다. 라두차 해변은 길 하나를 사이에 두고 두 개로 나뉘는데, 마을로 향하는 곳에 펼쳐진 것이 작은 라두차라는 뜻의 말라 라두차이고, 버스 정류장과 주차장에서 마을과 멀어지는 쪽으로 걸으면 나타나는 것이 큰 라두차라는 뜻의 벨리카 라두차(Velika Raduća)이다. 벨리카 라두차가 상대적으로 사람이 더 적으니 말라 해변이 너무 붐빈다면 이곳을 찾자. 아니면 성 조지 성당을 향해 걷다 보면 라두차와 조금 떨어진 곳에 바위와 벤치가 있는데, 이곳에서도 해수욕을 즐길 수 있다.

**주소** 22202 Primošten

### 📷 성 조지 교구 성당 Zupna Crkva Sv. Jurja / Church of St. George  34350

**양지바른 언덕 위에 자리한 성당**

프리모스텐의 건축적인 특징은 집을 모두 돌로 지었다는 것이다. 새로 지은 집들은 다른 재료도 많이 사용하지만 전통적인 프리모스텐의 집들은 모두 돌로 지었으며, 거리에서 쉽게 찾아볼 수 있다. 돌집들을 여럿 지나 오르막길을 올라가면 나타나는 성 조지 성당은 15세기에 지었다가 18세기에 재건하였다. 로즈메리 등 허브로 가득한 정원은 공동묘지이다. 죽어서도 프리모스텐의 가장 아름다운 모습을 바라볼 수 있도록 배려한 것이 아닐까?

**주소** A. Kačića Miošića 2, 22202 Primošten  **전화** 022 570 401  **홈페이지** www.zupa-primosten.info

## 성 로코 성당 Crkva Sv. Roka / St. Roch's Church 34351

**프리모스텐 마을 초입에 위치한 성당**

그리 크지 않고 화려하지도 않지만 소담한 이 성당은 무척 중요한 문화재이다. 성당 앞에 있는 것은 이반 사리츠(Ivan Šarić) 신부의 동상이다. 사리츠 신부는 1925년 크로아티아 왕국 건국 1,000년을 기념하여 바티칸으로 유고슬라비아 성지 순례단을 이끌고 방문하였던 인물이자 1940년 최초의 크로아티아어 성경 번역을 임명받기도 한 크로아티아 가톨릭의 중요 인물이다.

## 오로라 Aurora 34352

**크로아티아에서 가장 큰 클럽 중 하나**

낮에는 휴양지지만 프리모스텐의 밤이 찾아오면 세계 최고의 DJ들과 크로아티아의 파티를 즐기려는 사람들이 몰려 핫한 클럽으로 뜨거워진다. 오로라는 두 개의 실내 바와 세 개의 오픈 테라스 공간으로 이루어진 대형 클럽이다. 피자리아와 레스토랑도 갖추고 있으며, 두 개의 VIP 공간도 따로 마련되어 있다. 야외 댄스 플로어 끝까지 소리를 전달할 수 있는 사운드 시스템은 항상 최신으로 갖추고 있다. R&B, 힙합, 라운지, 재즈, 하우스 등 다양한 장르의 음악을 모두 플레이하여, EDM부터 락 그룹 라이브 공연까지 프로그램 구성이 다채롭고 신선하다. 무엇보다 거품 파티가 특히 유명하다. 매년 발전과 변화를 거듭해 오고 있어 1991년부터 달마티아 지역에서 손꼽히는 탑 클럽 자리를 양보하지 않고 오랫동안 자리를 지켜왔다.

주소 Kamenar 3, 22202 Primošten  시간 6~9월 22:00~05:00  전화 098 9201 964  홈페이지 auroraclub.hr

# 두브로브니크

**DUBROVNIK**

### 크로아티아 여행의 하이라이트

두브로브니크는 바다에서 봐도, 성벽 위에서 봐도, 스트라둔 대로에서 한 바퀴를 돌아 둘러봐도 '아드리아해의 진주'라는 별명이 꼭 들어맞는 크로아티아에서 제일가는 관광 도시이다. 크로아티어로 '작은 떡갈나무 숲'이라는 뜻의 두브로브니크는 유네스코 세계 문화유산에 등재된 구시가지와 그 주변을 둘러싼 보석 같은 해변 그리고 환상적인 전망을 볼 수 있는 언덕이 있는 천혜의 환경 한가운데 자리한다. 지진을 딛고 복원한 위풍당당한 건물들과 수 세기 동안 지켜 온 달마티아 지방의 문화는 낯설면서도 친근하게 다가온다. 낙원을 보고 싶으면 두브로브

니크로 가라던 버나드 쇼의 말처럼 여행자들은 매력적인 이 도시에 자연스럽게 빠져든다.

### 두브로브니크에서 놓치지 말아야 할 것!

1. 구시가지의 면면을 볼 수 있는 **성벽 투어**
2. 작은 골목들 하나하나가 인상적인 **스트라둔 걷기**
3. 디테일이 아름다운 **도시의 구석구석**
4. 낭만의 절정, 구 항구의 **야경 감상**
5. 시내 주변의 **아름다운 해변**

# Dubrovnik Information

## 두브로브니크 지역 정보

**면적** | 1,782km²
**기후** | 지중해성 기후. 1년 중 맑은 날이 250일 이상으로 평균 기온은 17℃이다. 겨울 평균 기온 10℃, 여름 평균 최고 기온 26℃, 여름 바다 평균 수온 21℃이다. 해수욕 시즌은 보통 4~10월까지다.
**지역번호** | 두브로브니크 020

7세기 처음 도시가 형성되어, 해상 무역 도시 국가인 라구사(Ragusa) 공화국으로 시작하였다. 두브로브니크라는 이름은 참나무가 많은 지역이라서 참나무를 뜻하는 두브라바(Dubrava)에서 유래되었다고 한다. 1979년 구시가지가 유네스코 세계 문화유산에 등재되었다. 이후 1991년 구 유고슬라비아 연방이 해체되면서 독립을 선언한 크로아티아를 세르비아가 공격하기 시작했는데, 이에 서구의 석학들이 유럽 문명과 예술의 상징적 도시인 두브로브니크를 지키고자 발 벗고 나섰다고 한다. 이후 유네스코의 지원 아래 복원되어 지금의 아름다운 모습을 지킬 수 있었다.

### 연중 행사

#### 2월 3일 성 블라이세 축일
'두브로브니크 시의 날'이며, 두브로브니크의 수호성인 '성 블라이세'를 기리는 날이다. 1190년부터 있었던 축제이며, 다양한 공연과 전시, 축하 의식이 있다. 2016년은 성 블라이세 순교 1700주년을 기념하여 더욱 성대하게 치른 바 있다.

#### 7~8월 두브로브니크 여름 축제
7월 초부터 8월 말까지 약 45일 이상 진행되는 두브로브니크 최대의 축제(Dubrovačke Ljetne Igre)이다.

---

 **두브로브니크 관광 사무소** Turistička Zajednica Grada Dubrovnika
플라차(Placa Ul. 21, 20000 Dubrovnik) 지점도 있다.
**주소** Brsalje 5, 20000 Dubrovnik **위치** 필레 문에서 도보 1분 **시간** 월~토 08:00~19:00, 일 09:00~15:00 **전화** 020 312 011 **홈페이지** www.tzdubrovnik.hr

# ✈ 두브로브니크 가는 길

**항공**

두브로브니크 시내에서 약 15.5km 떨어져 있는 공항은 1936년에 생겼지만, 현재 위치로는 1960년에 옮겨 왔다. 두브로브니크 항공을 비롯하여 여러 나라의 항공사가 다양한 노선을 운항한다. 여러 개의 주차장과 택시 정류장, 버스 정류장, 렌터카 센터가 있다. 공항 내에서 환전도 가능하며 ATM도 있다. 자그레브-두브로브니크 직항 노선은 55분 정도 소요된다.

<u>두브로브니크</u> 공항 Zračne Luke Dubrovnik / Dubrovnik Airport
**주소** 20213 Čilipi **홈페이지** www.airport-dubrovnik.hr

## 공항에서 시내로 이동하기

### ▶ 셔틀

공항 도착편에 맞춰 플라타누스(Platanus) 사에서 운행하는 셔틀을 타고 시내로 이동할 수 있다. 만석이 될 때까지 기다렸다가 출발하는 경우가 많아 탑승 후 대기 시간이 최대 30분 정도 있을 수 있다. 구시가지의 필레 문에 먼저 정차하고, 그 다음 그루쉬(Gruž) 항 부근의 버스 터미널에 정차한다. 도착층에서 나와 택시를 타고 시내로 이동하면 250kn(€35) 정도 요금이 나온다.

**요금** 편도 45kn **홈페이지** www.platanus.hr/shuttle-bus.html

> **Tip** 그루쉬 항 부근 버스 터미널 → 공항 셔틀
> 그루쉬(Gruž) 항 부근의 버스 터미널에서 공항으로 출발하는 셔틀도 있다. 크로아티아 국내 노선과 오스트리아 항공사의 경우 두브로브니크 공항에서 출발하는 항공편 출발 시간보다 1시간 30분 일찍 터미널에서 셔틀이 출발한다. 다른 노선과 다른 항공사의 경우 예정된 출발 시간보다 2시간 정도 일찍 셔틀이 출발한다. 티켓은 버스 기사에게 직접 구입하면 된다. 가격은 35kn이다.

 **버스**

그루쉬(Gruž) 항 옆에 버스 터미널이 위치한다. 매표소와 짐 보관소가 있으며 근처에 관광 안내소, 택시 정류장, 콘줌 슈퍼마켓이 있다. 크로아티아 주요 도시에서 오고 가는 버스와 시내버스 모두 이곳에서 탈 수 있다.

<u>두브로브니크 버스 터미널</u>
**주소** Obala Ivana Pavla II, 20000 Dubrovnik **위치** 필레 문에서 자동차로 20분 **전화** 060 305 070

| 목적지 | 소요 시간 | 요금 |
|---|---|---|
| 스플리트-두브로브니크 | 약 5시간 | 150kn |
| 자다르-두브로브니크 | 약 8시간 | 180kn |
| 자그레브-두브로브니크 | 약 11시간 | 250kn |

 **자동차**

| 목적지 | 거리 | 소요 시간 |
|---|---|---|
| 스플리트-두브로브니크 | 227km | 약 3시간 |
| 자다르-두브로브니크 | 347km | 약 4시간 15분 |
| 자그레브-두브로브니크 | 600km | 약 7시간 |

 **기차**

두브로브니크에는 기차역이 없다. 가장 가까운 기차역은 스플리트와 두브로브니크 중간쯤에 위치한 플로체(Ploče)가 가장 가깝다. 이 역과 크로아티아 주요 도시들과의 기차편도 많지 않고, 시간도 오래 걸려 추천하지 않는다.

> **Tip** 두브로브니크에 도착해 보면 경사가 꽤 심한 계단이 많다. 그래서 이용하는 숙소가 계단을 올라가야 하는 곳인지, 셔틀이나 택시가 내려줄 수 있는 위치부터 숙소까지 거리와 계단의 여부를 꼭 알아보도록 하자. 무거운 짐을 들고 두브로브니크 계단을 오르락내리락하는 것은 결코 쉬운 일이 아니다.

 **보트**

여름 성수기 중 스플리트, 흐바르 섬, 브라츠 섬, 코르출라 섬 등과 두브로브니크를 잇는 배편을 운항한다. 이탈리아 바리(Bari)에서도 야간 보트를 타고(22:00~08:00) 두브로브니크를 오갈 수 있다(양방향 모두 출발). 도심과 2km 떨어진 그루쉬 항구에 도착하여 필레 문까지 택시를 타면 보통 70~80kn 정도의 요금이 나온다. 도보로는 20분 소요된다. 시내버스 1a, 1b, 1c, 3, 8번 노선도 항구 앞에 선다.

**그루쉬 항구 Luka Gruž**
**위치** 필레 문에서 자동차로 20분

> **Tip 스플리트-두브로브니크**
> 4~10월 : Kapetan Luka에서 998번 노선(www.krilo.hr)을 운항한다.
> 5, 9, 10월에는 자동차를 태울 수 없는 선박을 운항한다.
> 4월 : 월~목, 스플리트(07:45) – 두브로브니크(12:00)
> 6~8월 : 매일, 스플리트(07:45) – 두브로브니크(12:00)
> 9~10월 : 매일, 스플리트(07:30) – 두브로브니크(12:00)

## 🚌 두브로브니크의 교통수단

### ▶ 버스

두브로브니크의 버스는 리베르타스(Libertas) 사에서 담당한다. 중요한 버스 정류장의 여러 노선들의 스케줄을 확인할 수 있고, 관광 사무소에도 버스 스케줄을 문의할 수 있다. 1회권의 요금은 15kn 정도이고, 탑승하면서 운전기사에게 직접 구입하면 된다. 운전기사가 거스름돈을 주지 않는 경우가 다반사이니 딱 맞추어 잔돈을 지불하거나 미리 표를 구입하자. 관광 사무소, 정류장 근처의 신문 가판대나 티삭(Tisak)에서 구입하면 12kn이다. 탑승 후 버스 내 비치된 기계에 찍어 인증해야 한다. 교통 카드를 사용하는 경우 센서 위에 대고 인증한다. 인증 후 1시간 동안 유효하며, 1시간 동안 모든 방향으로 횟수에 구애받지 않고 환승이 가능하다. 1일 교통권은 30kn이다(첫 인증 후 24시간 유효).

### ▶ 택시

최대 탑승 가능한 승객 수는 4명이다. 택시의 미터기는 승객 탑승 시 켜져 있어야 하며, 기본요금 27kn를 표시해야 한다. 1km마다 9kn가 추가되며, 여행 가방 1개당 2kn를 추가로 지불한다. 1시간 대기에는 150kn를 지불한다. 요청하면 언제든지 영수증을 제공해야 한다.

### ▶ 보트

주변 섬인 로크룸, 엘라피티(콜로쳅, 로푸드, 시판), 믈예까지 정기적으로 운항하는 보트가 있다. 성수기 중에는 운항하는 보트가 더 많으며, 티켓을 미리 구매하는 것을 추천한다. 여름 시즌이라도 보통 하루 전에 항구 또는 관광 사무소 등에서 직접 다음 날 티켓을 구매하면 충분하다.

**홈페이지** www.jadrolinija.hr, www.gv-line.hr

## 두브로브니크 카드 Dubrovnik Card

무료 대중교통권과 도시 지도, 할인 혜택 그리고 안내 책자까지 주는 두브로브니크 카드는 생각보다 인기가 없다. 대부분의 명소들은 구시가지에 모여 있어 버스를 탈 일이 없다고 생각하기 때문이다. 그러나 두브로브니크의 예쁜 해변에 가려면 버스를 타야 하며 공항 이동이 필요할 수도 있으니 구입하는 것이 이득인지 아닌지 따져 보고 결정하자. 무엇보다 중요한 성벽 투어가 포함되어 있고, 이와 함께 렉터 궁전만 다녀와도 이득이다.

온라인으로 주문하면 이메일로 바우처를 받게 된다. 필레 문 옆에 위치한 관광 사무소에 가서 바우처를 보여 주고 카드를 수령하면 된다. 관광 사무소, 주요 호텔, 여행 에이전시를 포함하는 오프라인 구입처 47곳의 위치는 홈페이지(www.dubrovnikcard.com)에서 확인 가능하다. 교통권이 필요 없다면 렉터 궁전, 해양 박물관, 루프 민족학 박물관, 레벨린 성채의 고고학 전시, 마린 드르지카의 집, 두브로브니크 아트 갤러리, 자연사 박물관, 둘치츠, 마슬, 풀리티카 갤러리 통합 입장권을 100kn에 구입하여 이용해도 좋다.

공통 사항 안내 책자 제공, 성벽 투어, 6개의 박물관(마린 드르지카의 집, 해양 박물관, 자연사 박물관, 렉터 궁전, 루프 민족학 박물관), 2개의 갤러리(아트 갤러리 두브로브니크, Dulčić-Masle-Pulitika) 무료 입장.

1일권 250kn(온라인 구입 시 225kn), 24시간 유효(첫 사용 시간부터), 24시간 동안 1명의 성인과 7세 미만 아동 대중교통 무료(버스 첫 사용부터 24시간 유효)

3일권 300kn(온라인 구입 시 270kn), 3일간 유효(첫 사용 시간부터), 1명의 성인과 7세 미만 아동 대중교통 6회 무료 이용

1주일권 350kn(온라인 구입 시 315kn), 7일간 유효(첫 사용 시간부터), 1명의 성인과 7세 미만 아동 대중교통 10회 무료 이용

> **Tip 일일 보트 여행**
> 두브로브니크 주변 섬으로 단순히 교통편만 원한다면 선박 회사를 통해 구입하는 것이 좋지만, 보트로 이동하여 섬의 투어를 원한다면 왕복 배편과 식사, 가이드를 포함하는 일일 투어 상품 이용을 추천한다. 투어 상품을 이용하면 그루쉬 항구까지 가지 않고, 시내에 있는 구 항구에서 바로 탑승이 가능하다.

## 한 번으로는 모든 매력을 알 수 없는
# 두브로브니크 추천 일정

두브로브니크는 한 번 봤다고 해서 만족할 수 있는 여행지가 아니다. 처음 마주한 구시가지 도시의 웅장함에 반하고, 다시 봐도 놀라운 아드리아해의 아름다움에 빠져들어 그다음 여행을 꿈꾸게 하는 곳이다. 이외에도 다양한 투어와 근교 섬의 볼거리 또한 여행자들을 두브로브니크의 끝없는 매력으로 빠지게 한다. 이러한 '아드리아해의 보물'을 최대한으로 누리기 위해서는 효율적이고 야무진 일정이 필요하다.

 **역사와 자연으로 알차게 보내는 1 Day**

**Day 1** 플라차(스트라둔) ➡ 성 블라호 성당 ➡ 렉터 궁전 ➡ 스폰자 궁전 ➡ 프란체스코 수도원과 약국 박물관 ➡ 성벽 투어 ➡ 군둘리체바 시장 ➡ 두브로브니크 대성당 ➡ 구 항구 ➡ 반예 해변 ➡ 레벨린

 **천천히 도시를 여행하는 2 Days**

**Day 1** 플라차(스트라둔) ➡ 성 블라호 성당 ➡ 렉터 궁전 ➡ 스폰자 궁전 ➡ 프란체스코 수도원과 약국 박물관 ➡ 군둘리체바 시장 ➡ 두브로브니크 대성당 ➡ 구 항구 ➡ 반예 해변 ➡ 레벨린

**Day 2** 성벽 투어 ➡ 전쟁 사진 전시관 ➡ 마린 드르지크의 집 ➡ 스르지 언덕 & 케이블카 ➡ 성 야고보 해변

 **근교까지 돌아보는 3 Days**

**Day 1** 플라차(스트라둔) ➡ 성 블라호 성당 ➡ 렉터 궁전 ➡ 스폰자 궁전 ➡ 프란체스코 수도원과 약국 박물관 ➡ 군둘리체바 시장 ➡ 두브로브니크 대성당 ➡ 구 항구 ➡ 반예 해변 ➡ 레벨린

**Day 2** 성벽 투어 ➡ 전쟁 사진 전시관 ➡ 마린 드르지크의 집 ➡ 스르지 언덕 & 케이블카 ➡ 성 야고보 해변

**Day 3** 로크룸 또는 엘라피티 섬 일일 투어 or 왕좌의 게임 투어 + 라파드 or 코파카바나 해변

MAPCODE 34401

## 성벽 Gradske Zidine / Walls of Dubrovnik

**유럽에서 손꼽히는 아름다움을 간직한 성벽**

유럽에서 가장 아름답고, 가장 견고한 성채로 꼽힌다. 구시가지를 에워싸고 있는 두브로브니크의 성벽은 10세기에 처음 세워졌으나, 14세기까지 증축과 보완을 거쳐 현재의 모습을 하게 되었다. 19세기에 더욱 튼튼한 방어를 위해 추가 공사가 있었다. 총길이는 1,949km이며, 최고 높이는 6m, 두께는 3m이다. 두 개의 탑인 민체타(Minceta), 보카르(Bokar)와 두 개의 요새가 있다. 그냥 뻗어 있는 높은 길 같지만 걷다 보면 다양한 구조와 굴곡, 문과 창문을 발견하게 되고, 이를 통해 내다보는 구시가시의 다양한 모습에 마음을 뺏기게 된다. 성벽 위에서 보게 되는 것은 미니어처 같은 시가지와 작고 붉은 지붕, 바다뿐만이 아니다. 주변에 사는 사람들이 널어놓은 빨래, 집 앞을 빗자루로 쓸고 있는 사람, 동네 고양이들의 산책 등 두브로브니크의 일상과 마주하게 된다.

**위치** 필레 문을 지나 바로 왼쪽으로 올라가는 계단으로 입장해도 되고, 성 요한 성채 입구(Glavni Ulaz) 또는 성 누가 성채(주소 Ul. Svetog Dominika 4, 20000 Dubrovnik) 입구를 이용해도 된다. 출입구 앞에서 요금을 지불하고 티켓을 받는다. **시간** 1~2월 10:00~15:00, 3월 09:00~15:00, 4~5월 09:00~18:30, 6~7월 08:00~19:30, 8~9월 15일 08:00~19:00, 9월 15일~10월 09:00~18:00, 11~12월 09:00~15:00 / 12월 25일 휴무 **요금** 성인 200kn, 18세 미만과 학생증 소지자 50kn **홈페이지** www.wallsofdubrovnik.com

---

**Tip** 로브리예나체 요새 Lovrijenac

당일 성벽 투어 티켓을 가지고 가면 무료입장이 가능하니 체력이 좋은 여행자에게만 추천한다. 요새를 또 볼 필요 있겠냐고 생각하겠지만 37m 높이의 절벽에 세워진 로브리예나체는 구시가지의 성벽과 완전히 다르다. 열 개의 대형 대포와 함께 바다와 육지의 공격 모두를 막아내는 역할을 했던 것으로, 11세기 초에 축조된 것으로 추정된다. 입구 위에는 고대 언어로 '자유는 세상의 모든 금과도 바꿀 수 없다.(NON BENE PRO TOTO LIBERTAS VENDITUR AURO)'라고 새겨져 있다. 두브로브니크 여름 축제 중 여러 공연이 로브리예나체 요새에서 열린다.

**주소** Dubrovnik, 20000, Croatia **위치** 필레 문으로 나와 왼쪽 방향으로 도보 4분. Ul. Od Tabakarije와 Ul. Svetog đurđa를 지난다.

# 두브로브니크의 문

### 필레 문 Vrata od Pila / Pile Gate 34402

두브로브니크의 서문인 필레 문은 수 세기 동안 도시를 방어해 왔다. 여러 번의 전쟁이 있었지만, 다행히 무탈하게 보존되어 여전히 수많은 시민들과 여행자들을 구시가지로 안내하는 역할을 하고 있다. 두 개의 문으로 이루어져 있는데, 내부의 문은 15세기에, 바깥쪽 문은 1537년에 세워졌다. 두 문을 잇는 것은 1350년에 조성된 수로 위 도개교이다. 원래는 매일 밤 감아올려 닫았는데 현재는 항상 열어 놓는다. 안쪽 문에 움푹 들어간 공간에는 저명한 크로아티아 종교 조각가 이반 메슈트로비치의 작품인 두브로브니크의 수호성인 성 블라이세의 조각상이 있다.

주소 Ulica Vrata od Pila, 20000 Dubrovnik

### 플로체 문 Vrata od Ploča / Ploce Gate 34403

플로체 문 역시 두 개의 문으로 구성되어 있다. 안쪽의 것은 원래 옆에 있는 성당의 이름에서 따와 성 누가의 문이라고 부른다. 폭이 2m밖에 되지 않는 작은 로마네스크 양식의 문이며, 아치에는 성 블라이세의 머리를 새긴 조각이 있다. 그 옆에 있는 더 큰 문은 19세기 말 오스트리아의 통치를 받던 때에 만든 것이다. 바깥쪽의 플로체 문은 1450년 시메오네 델라 카바가 설계한 것으로 19세기에 그 폭을 좀 더 확장했다. 그리고 이곳 문 앞에 돌다리를 놓아서 레벨린 요새로 이어지도록 하였다.

위치 필레 문에서 도보 5분

### 부자 문 Vrata od Buže / Buza Gate 34404

북쪽에 위치한 '구멍'이라는 뜻의 부자 문은 1908년에 만들어져 비교적 새로 생긴 문이다. 당시 주둔하던 오스트리아군이 좀 더 쉽게 시가지 안의 테니스 코트를 이용할 수 있도록 만들었는데, 사실 15세기부터 이 위치에 문을 하나 더 만들려는 두브로브니크 시의 고민이 있었다고 한다. 그때 당시 라이벌 해상 국가인 이탈리아 제노아의 도시 설계자들을 불러 상의한 결과 문을 만들라는 조언을 받았지만, 제노아에게 이득이 될 거라는 생각에 반대로 문을 만들지 않자고 결론을 내렸다고 한다. 현재는 주차장과 택시 정류장, 스르지 언덕 케이블카 등 부자 문 덕분에 편리하게 접근할 수 있는 것이 많다.

위치 필레 문에서 도보 6분

# 스르지 언덕 & 케이블카

MAPCODE 34405

### 시가지를 한눈에 볼 수 있는 천연 전망대

맑은 날에는 최대 60km 밖까지 내다볼 수 있는 스르지 언덕은 두브로브니크 전체를 내려다볼 수 있는 전망대이다. 해발고도 405m에 위치한 언덕에 도착하면 망원경이 설치된 세 개의 테라스와 파노라마 뷰의 레스토랑, 기념품 상점, 화장실, 최대 120명을 수용할 수 있는 반원형의 야외 공연장이 있다. 크로아티아 내전 당시 전투가 있었던 지역이기도 하며, 19세기에 지어진 임페리얼 성채가 아직 남아 있다.

이 스르지 언덕을 오를 수 있도록 해주는 것은 최대 30명이 탈 수 있는 두 대의 케이블카이다. 1969년 개설된 이 케이블카는 약 2백 50만 명 이상을 스르지 언덕으로 실어 날랐다. 4분 남짓한 시간에 778m 높이를 오르는 케이블카를 타고, 점점 넓게 시야에 들어오는 두브로브니크 시가지와 바다 경치를 감상하자.

**주소** Ul. Kralja Petra Krešimira IV, 20000 Dubrovnik(케이블카 승강장) **위치** 부자(Buža) 문을 지나 케이블카 표지판을 따라 오르막길을 올라 소방서를 지나서 찾을 수 있다. **시간** 1월 12월 09:00~16:00 / 2~3월, 11월 09:00~17:00 / 4월, 10월 09:00~20:00 / 5월 09:00~21:00 / 6~8월 09:00~24:00 / 9월 09:00~22:00 (30분 간격으로 매일 운행, 상행선은 30분 전 운행 마감) **요금** 성인 €21.50, 4~11세 €10.75

## 플라차(스트라둔) Placa(Stradun)

**두브로브니크 구시가지의 동맥**

서쪽의 필레 문부터 동쪽의 플로체 문까지 이어지는 총길이 280m의 길을 두브로브니크 구시가지의 주 대로이다. 1468년에 건설되었고, 바닥은 대리석으로 포장하였다. 온종일 관광객과 사람들로 가득하다. 아침에 가장 먼저 발소리가 들리고 밤에는 가장 마지막 말소리가 들리는 곳이다. 플라차라는 대로명 말고도 '거리'를 뜻하는 이탈리아어 '스트라다'에서 비롯한 스트라둔이라는 이름으로도 많이 불린다. 화려한 궁전들로 가득했던 거리였지만, 현재 대로 양옆에는 이렇다 할 특징이 없는 건물들로 가득하다. 두 번의 지진이 있은 후 지진으로 인한 화재에 피해를 보지 않도록 모든 건물을 석재, 대리석으로 지었고 또 도시의 많은 부분이 파괴되어 주거용 건물을 서둘러 지어야 했기에 높이와 외관 등이 거의 비슷한 모양으로 공사하였기 때문이다. 플라차에 위치한 많은 건물은 대부분 1층은 상점, 레스

토랑, 카페, 갤러리 등으로 사용하고 위층은 주거용 가정집으로 쓰고 있다.

**위치** 필레 문에서 도보 1분

> **Tip**  **시로카 거리만 폭이 넓어요**
> 플라차를 가로지르는 수많은 길은 모두 정해진 규격에 따라 그 폭이 정해진 것이다. 유일한 예외가 바로 '넓은' 이라는 뜻의 시로카(Siroka) 거리다. 시로카 길은 다른 거리에 비해 폭이 약 세 배가 넓다. 이 거리 위에 한때 곡창으로 사용하던 건물이 있어 통행자의 수가 많이 몰려 어쩔 수 없이 예외를 두었다고 한다.

## 오노프리오 분수 Velika Onofrijeva Fontana / Large Onofrio's Fountain

### 여행자를 가장 먼저 반겨 주는 분수

필레 문을 지나 스트라둔에 들어서는 여행자를 가장 먼저 반겨 주는 것이 바로 오노프리오 분수다. 1448년에 오노프리오 데 라 카바(Onofrio de la Cava)가 만든 분수로 그의 이름에서 분수 이름을 가져왔다. 중앙에 커다란 돔이 있고, 이를 둘러싸는 열여섯 개의 수도가 있다. 계단식 구조로 분수 주변에 사람들이 기대어 앉아 쉬어가기도 하는 이곳은 두브로브니크 사람들의 일상과 무척 가까이 있다. 원래는 돔 위에 대형 쿠폴라가 올려져 있었지만, 1667년 대지진으로 파괴되었다. 분수의 물은 시에서 약 12km 떨어진 수로로부터 공급받는데, 이 수로도 오노프리오가 설계한 것으로 크로아티아에서 건설된 최초의 수로 중 하나라고 한다.

 주소 Poljana Paska Milićevića, 20000 Dubrovnik 위치 필레 문에서 도보 1분

> **Tip** 오노프리오 소분수 Mala Onofrijeva Fontana / Small Onofrio's Fountain
> 스트라둔 필레 게이트 쪽에 자리한 오노프리오 분수의 미니 버전이다. 분수의 물이 깨끗해 식수로 이용할 수 있어서 '두브로브니크의 오아시스'라는 별칭을 가지고 있다.

## 렉터 궁전 Knežev Dvor / Rector's Palace

### 루자 광장에서 가장 아름다운 건물

1435년, 두브로브니크 수로와 분수를 건설한 오노프리오 데 라 카바(Onofrio de la Cava)가 건축했다. 후기 고딕과 초기 르네상스 양식이 혼재되어 있으며, 궁전 정면의 여러 기둥과 석조 벤치가 낭만적인 분위기를 더한다. '렉터'는 최고 통치자를 가리키는 지위명이다. 이 궁전은 렉터가 재임 기간 동안 머물던 곳으로, 재임 기간 중 공무를 보기 위해서나 공휴일을 제외하고는 이 궁전을 떠날 수 없었다고 한다. 집무실, 무기고, 지하 감옥 등으로 이뤄져 있으며, 15세기 두 번의 화약 폭발과 대지진을 겪은 후 17세기에 바로크풍으로 보수하였다. 현재는 과거 렉터들의 생활상을 엿볼 수 있는 고풍스러운 가구, 의상, 회화 작품 등을 전시하는 문화 역사 박물관으로 사용되고 있다. 15,000점의 회화 작품 중 대부분은 베네치아와 달마티아 예술가들의 작품이다. 궁 1~2층을 사용하는 박물관은 겨울~봄 동안 전시를 쉬는 경우도 있으니 홈페이지에서 전시 일정을 확인하도록 하자. 두브로브니크 여름 축제 기간 동안 내부 정원에서는 음악 연주회와 콘서트가 종종 열린다. 2018년 5월 31일까지 폐관.

**주소** Pred Dvorom 3, 20000 Dubrovnik **위치** 필레 문에서 도보 5분 **시간** 09:00~18:00 **요금** 성인 80kn, 학생 25kn, 두브로브니크 카드 소지자 무료 / 렉터 궁전 문화역사관, 해양박물관, 민족박물관, 레벨린 요새의 고고학 전시, 마린 드르지치의 집, 두브로브니크 자연사박물관, 두브로브니크 현대미술박물관, 갤러리 둘치크 마슬 풀리티카, 스튜디오 풀리티가 입장을 모두 포함하는 통합권(120kn)을 구입하는 것이 경제적이다. 학생가는 25kn **전화** 020 321 497

## 두브로브니크 대성당 Dubrovačke Katedrale / Dubrovnik Cathedral

### 사자왕의 전설이 얽힌 대성당

전설에 따르면 '사자왕'이라는 별명이 있는 영국의 리처드 1세가 1192년 십자군 전쟁에서 고국으로 돌아가다 배가 난파해 두브로브니크 부근의 로크룸 섬에 조난당했다고 한다. 목숨을 살려준 것에 감사하는 마음으로 왕은 고국으로 돌아가면 이 지역에 큰 성당을 짓겠다고 약속했는데, 그렇게 지어진 것이 두브로브니크 대성당이라는 것이다. 역사적인 자료가 뒷받침되지는 않지만, 꽤 유명한 이야기라고 한다. 대성당은 12~14세기에 로마네스크 양식으로 지어졌지만, 안타깝게도 1667년의 대지진에 완전히 무너졌다. 이후 이탈리아 건축가에 의해 바로크 양식으로 재건되었다. 높이 솟은 돔 모양의 지붕이 특징적이고, 금으로 된 작은 보석 상자에는 성 블라이세의 유골과 발이 보관되어 있어 유명하다. 금고에는 성인의 유물 외에도 100개 이상의 금과 은으로 된 보물이 있다.

**주소** Poljana Marina Držića 1, 20000 Dubrovnik **위치** 필레 문에서 도보 6분 **시간** 5~10월 월~토 08:00~17:30, 일 11:00~17:30, 11~4월 10:00~12:00, 15:00~17:00 **전화** 020 323 459

MAPCODE 34410

## 스폰자 궁전 Palača Sponza / Sponza Palace

### 여러 목적으로 사용되어 온 궁전

스트라둔 끝까지 걸어 내려가면 만날 수 있는 스폰자 궁전은 원래 16세기 세관의 목적으로 지어졌다. 이를 잘 보여주듯 궁전의 아치에는 '내가 물건을 측정할 때 신이 나와 함께 측정하리니 우리의 저울에는 누구도 속임수를 쓸 수 없을 것이다.(FALLERE NOSTRA VETANT; ET FALLI PONDERA: MEQUE PONDERO CVM MERCES: PONDERAT IPSE DEVS)'라고 새겨져 있다. 당시 두브로브니크에 유행하던 후기 고딕 양식과 르네상스 양식이 혼재된 커다란 직사각형 건물이다. 우아한 아케이드와 긴 고딕 양식 창문 등은 1667년의 대지진에도 손상을 입지 않고, 잘 보존되어 여전히 아름답다. 이름은 빗물이 고이던 장소라는 뜻의 스폰냐(Spongja)라는 단어에서 유래하였다. 설계와 건축 총담당은 파스코예 밀리체비치(Paskoje Milićević)가, 현관과 건물의 조각 장식은 석공으로 유명한 코르출라 섬 출신의 안드리지치(Andrijić) 형제가 담당했다. 금고, 무기고, 은행 등 여러 용도로 사용되어 오다 현재는 공문서 보관소의 중요한 역할을 담당하고 있다. 또 매년 두브로브니크 여름 축제의 개막식이 이곳에서 열린다. 최고 통치자 역할을 맡은 연기자가 극단을 맞이하며, 시의 열쇠를 건네는 연기로 여름 축제가 시작된다. 중앙 홀은 미술 전시 장소로 쓰인다. 16세기 말에 여러 명의 시인들이 두브로브니크 최초의 문학 단체 아카데미아 데이 콘코르디(Academia dei Concordi)를 스폰자 궁전의 홀에서 결성하였다고 한다.

**주소** Trg Luža, 20000 Dubrovnik **위치** 필레 문에서 도보 5분 **시간** 동절기 10:00~15:00, 하절기 09:00~21:00 **요금** 25kn

### 궁 옆의 종탑

궁 옆에 서 있는 높이 35m의 종탑은 1444년에 건설되었으나 파괴되어, 1928년에 다시 건설된 것이다. 1667년의 대지진 후 피사의 사탑처럼 점점 기울기 시작해 안전하지 않다고 판단하여 일부러 무너뜨리고 같은 도안으로 새로 쌓아 올렸다. 2톤 무게의 청동 종과 숫자 대신 태양의 모양으로 시간을 알리는 시계가 있다. 두브로브니크 사람들은 처음 달았던 종의 소리를 좋아하지 않아 1509년 종을 새로 만들어 지금까지 사용하고 있다.

## 성 블라호 성당 Crkva Svetoga Vlaha / Church of Saint Blaise

### 두브로브니크 수호성인 성 블라이세를 위한 예배당

두브로브니크의 사람들은 언제 어디서나, 어떤 위험에 처해 있을 때나 항상 수호성인 '성 블라이세'에게 기도했다고 한다. 1368년에 세워져 그에게 헌납된 성당이니 시민들로부터 가장 사랑받는 성당이다. 성당 입구 위에 그의 조각상이 세워져 있다. 1667년 대지진 때 파괴되어, 지금의 건물은 1717년 재건한 것이다. 1971년에는 지역 예술가들이 성당 창문을 스테인드글라스로 장식하였다. 정문 앞 계단에서는 도시의 주요한 행사들이 개최된다.

**주소** Trg Luža, 20000 Dubrovnik **위치** 필레 문에서 도보 5분 **전화** 020 324 999

## 오를란도브 게양대 Orlandov Stup / Orlando's Column

루자 광장 한가운데 서 있는 것은 오를란도브상이다. 천진한 표정의 소년은 이슬람 세력의 공격으로부터 두브로브니크를 구한 전설 속 중세 영웅 기사 롤랑이다. 요정이 만들어 주었다는 그의 명검인 '뒤랑달'과 방패를 들고 있는 이 상은 두브로브니크의 자유의 상징이라고 한다. 1418년 조각가 안툰 두브로브차닌(Antun Dubrovčanin)과 보니노 디 밀라노(Bonino di Milano)에 의해 제작되어 해마다 성 블라이세 축일의 시작과 끝을 알리는 국기 게양대로 쓰인다. 흥미로운 점은 '두브로브니크의 팔꿈치'라 부르는 이 석상의 오른쪽 팔꿈치에서 손까지의 길이인 51.2cm가 과거 상거래의 표준 길이 단위로 쓰였다는 것이다.

# 프란체스코 수도원과 약국 박물관
Muzejska Zbirka i Stara Apoteka Samostana Male Braće / Franciscan Monastery and Old Pharmacy Museum

### 수도원과 700년간 성업 중인 수도원의 약국

필레 문을 지나자마자 왼쪽으로 난 작은 골목으로 들어서면 프란체스코 수도원이 있다. 14세기에 처음 건설되었을 당시 두브로브니크에서 가장 훌륭한 건축물로 칭송받았으나, 1667년 대지진을 피해 가지 못하고 상당 부분 파손되어 바로크풍으로 복원하였다. 성인 프란체스코의 생애를 다룬 프레스코화와 여러 개의 기둥이 에워싸고 있는 중앙 정원, 정교한 조각으로 장식한 고딕 양식의 커다란 남쪽 문이 특히 인상적이다. 귀중한 고서와 원고, 공예품, 작가와 역사가들의 작품과 기록 등을 대량 소장하고 있는 도서관도 있다. 이곳은 아직도 영업 중인 약국을 겸하는데, 1317년 수도사들이 처음 문을 열었다는 설이 지배적이나, 관련된 문서들이 대지진 때 모두 불에 타 버려 확실히 알 길이 없다.

또한 이곳은 휴점 없이 계속해서 영업하고 있는 약국으로 유럽에서 가장 역사가 오래된 곳이다. 이곳을 찾는 대부분의 사람들은 수도원 구경보다 약국 쇼핑을 목적으로 하는데, 수세기 동안 전해져 오는 비밀 레시피로 방부제 없이 만든 천연 장미 크림, 라벤더 크림, 아몬드 크림 등이 무척 인기가 좋다.

**주소** Placa 2, 20000 Dubrovnik **위치** 필레 문에서 도보 1분 **시간** 하절기(3월 마지막 일요일~10월 마지막 일요일) 09:00~18:00 / 동절기 09:00~17:00 **요금** 성인 30kn, 아동 15kn **전화** 020 321 410

## 전쟁 사진 전시관 War Photo Limited

**크로아티아의 아픈 역사를 생생히 기록한 전시관**

뉴질랜드 출신의 사진작가 웨이드 고다드(Wade Goddard)는 두브로브니크가 포위당했던 1990년 초 이곳에 도착해 사진을 찍기 시작했다. 그는 전쟁 중 한 도시 내에서 일어난 여러 가슴 아픈 상황을 기록하였다. 그리고 보다 많은 사람들에게 전쟁의 면면을 알리고자 2003년 사진 전시관을 열었다. 두브로브니크뿐 아니라 전쟁을 겪은 세계 각국의 상황을 사진으로 담아낸 여러 작가들의 작품들을 전시한다. 전시관은 총 2층이며, 관람객들이 안내 책자를 읽으며 전시를 감상할 수 있다. 1층에는 사진 작품만을 전시하고 2층은 비디오와 플라스마 스크린 등 좀 더 다양한 매체의 기록을 볼 수 있다. 가장 인상 깊은 것은 90년대의 포위 상황을 가감 없이 보여 주는 두브로브니크의 사진들이다. 가족을 잃은 사람들과 폭탄으로 망가진 차 앞에서 망연자실한 가족들, 텅 빈 플라차 대로 등 피부에 와 닿는 전쟁의 참혹한 현실과 마주 서게 된다. 아픈 역사를 딛고

씩씩하게 일어나 준 크로아티아와 두브로브니크에 감사한 마음과 전쟁에 대한 경각심을 동시에 경험하게 된다. 작품 중 몇 개는 인화하여 판매한다.

**주소** Antuninska 6, 20000 Dubrovnik **위치** 필레 문에서 도보 4분 **시간** 4~5월,10월 (수~월) 10:00~16:00, 6~9월 (매일) 09:00~21:00, 11~3월 휴관 **요금** 성인 50kn, 학생 40kn **전화** 020 322 166 **홈페이지** www.warphotoltd.com

## 구 항구 Stara Luka / Old Port

**아침저녁으로 찾아가야 하는 항구**

작은 투어 보트와 두브로브니크 시민들의 개인 소유 보트가 정박하는 구 항구이다, 카세(Kaše) 방파제가 바닷물과 파도를 막아 주어 언제나 평온하나. 낮에는 주변 섬으로 떠나는 투어 보트들이 있고, 밤이 되면 노란 가로등 불빛에 항구 부근의 건물과 사람들을 거울처럼 비춘다. 항구 앞에 위치한 성 요한 요새 아래 있는 작은 바다 수영장 포르포렐라(Porporela)는 방파제처럼 가로로 뻗어 있다. 해변이라고 하기엔 너무 작지만, 인기가 많아 수영하는 사람들을 여럿 볼 수 있다. 수영장은 돌길에서 물로 이어지는 작은 사다리를 타고 내려가면 된다. 두 개의 레스토랑과 기념 장신구를 파는 가판 몇 개가 있어 항상 붐빈다. 끝이 보이지 않는 바다 앞에 서 있는 기분도 좋지만, 무엇보다 야경이 정말 아름답다.

**주소** Ribarnica Ulica 1, 20000 Dubrovnik **위치** 필레 문에서 도보 5분

MAPCODE 34415

## 반예 해변 Banje

**도시를 대표하는 인기 만점의 해변**

구시가지에서 가장 가까워 인기가 가장 많은 해변이다. 넓고, 다양한 액티비티를 즐길 수 있지만 동네 사람들의 말에 따르면 유명세만큼 사람들이 많이 찾아 수질에 가끔 문제가 있을 때도 있다고 한다. 모래사장 위에서 선탠을 하는 데 그치지 않고 바다 수영을 즐기고 싶다면 반예보다는 다른 해변가를 추천한다. 샤워 시설은 물론이고 선베드, 제트 스키와 튜브 등 물놀이 장비도 대여해 주며, 반예 해변 레스토랑은 라운지와 클럽을 겸하여 레벨린 못지않게 밤마다 북적인다.

**주소** Ulica Frana Supila 10A, 20000 Dubrovnik **위치** 필레 문에서 도보 12분 **홈페이지** www.banjebeach.com

# 두브로브니크의 해변

### 성 야고보 해변 Sveti Jakov 34416

**두브로브니크 사람들이 추천하는 최고의 해변가**

성 야고보 성당 아랫길로 내려가면 두브로브니크에서 가장 예쁜 해변이 나타난다. 두브로브니크 사람들이 입을 모아 최고의 해변이라 말한다. 동네 사람들에게 인기가 더 좋은 곳이지만 성수기 평일 낮에는 한가한 편이라 아무리 바쁜 여름 시즌이라도 여유롭고 편하게 바다를 즐길 수 있다. 작은 카페와 레스토랑도 있다.

**주소** Ulica Vlaha Bukovca, 20000 Dubrovnik **위치** 필레 문에서 5번, 8번 버스를 타고 빅토리야(Victorija)에서 하차 후 도보 20분

### 라파드 해변 Lapad 34417

**가장 빼어난 자연미를 자랑하는 해변**

두브로브니크 구시가지 주변에서 가장 빼어난 자연미를 자랑하는 라파드 반도의 해변이다. 구시가지와는 2.5km 정도 떨어져 있어 버스를 타고 찾아가야 한다. 라파드의 거주 지역을 지나쳐 걸으면 반예 해변과 같은 화려함은 없지만, 평온하고 깨끗한 바다를 만날 수 있다. 주변에 여러 호텔과 레스토랑, 카페, 녹이터, 슈퍼마켓이 있다.

**주소** Šetalište Kralja Zvonimira 37, 20000 Dubrovnik **위치** 필레 문에서 5번, 6번 버스를 타고 라파드 우체국(Ulica Kralja Tomislava와 Ulica Miljenka Bratoša 거리 교차점에 위치)에서 하차 후, 도보 10분

###  코파카바나 해변 Copacabana 34418

**브라질의 코파카바나를 연상하게 하는 해변**

라파드와 마찬가지로 6번 버스를 타고 찾아갈 수 있는 바빈 쿡(Babin Kuk) 지역의 대표적인 해변이다. 브라질의 코파카바나를 연상하게 하는 큼직한 브라질 국기가 해변 초입에 걸려 있다. 하나의 해변이지만 커브를 그리는 모래사장 덕분에 여러 구역으로 나뉜 듯하여 마치 대형 야외 수영장 같다. 각종 스포츠용품을 대여해 주며 카페와 식당, 간이 스낵 바도 있다. 물놀이에 적합하고, 가장자리 깊이가 얕아 가족 단위로도 많이 찾는다. 탈의실과 샤워실도 갖추고 있다.

**주소** Šetalište Nika i Meda Pucića, 20000 Dubrovnik **위치** 필레 문에서 5번, 6번 버스를 타고 종점(Dubrovnik President) 정류장에 하차하여 Mali Stradun을 따라 도보 10분

## 마린 드르지크의 집 Dom Marina Držića / House of Marin Drzic

**16세기 크로아티아 최고의 극작가를 위한 박물관**

루자 광장 종탑 옆에 있는 동상은 〈티레나〉, 〈스타나츠의 이야기〉, 〈드주호 크르페타〉 등 크로아티아 사람이라면 누구나 아는 작품들을 남긴 크로아티아 문학의 아버지라 불리는 드르지크(1508~1567)다. 대지진 때 도시가 파괴된 모습을 보고 전 재산을 헌납하기도 하였다. 크로아티아의 셰익스피어이자 괴테, 단테이자 몰리에르라고 적어 놓은 박물관 내의 일대기는 절대 농담이 아니다. 이곳은 그가 태어나 자랐던 건물로 그의 작품과 일생을 책, 기록, 작품 속 캐릭터의 재현과 연극 영상과 인형 등으로 살펴볼 수 있다. 전시관 곳곳에 책에서 발췌한 대사나 인용구를 적어 놓았고, 인상 깊은 그의 작품 속 장면을 그림, 판화 등으로 표현한 작품들도 있다. 여러 매체를 통해 그의 작품 세계와 크로아티아 문학의 일부를 살펴볼 수 있는 흥미로운 박물관이다. 1층에 마련된 작은 기념품 상점에서 그의 책을 (영어, 크로아티아어) 살 수 있다.

**주소** Široka 7, 20000 Dubrovnik **위치** 필레 문에서 도보 3분 **시간** 화~일 09:00~20:30 / 1월 1일, 2월 3일, 12월 25일 휴관 **요금** 박물관 통합권 120kn / 마린 드르지크의 집 관람권 원하면 기념품 상점에서 엽서를 한 장 사면 된다. 가격은 10kn 정도. **전화** 020 323 242 **홈페이지** muzej-marindrzic.eu

## 레벨린 Revelin

**2011년 문을 연 두브로브니크 최고의 클럽**

16세기 요새가 이렇게 신나는 파티 장소가 될 수 있으리라 누가 생각했을까? 밤이 깊어지면 두브로브니크의 젊은이들은 플로체 문 쪽으로 모여든다. 야경을 감상하며 야외에 마련된 간이 바에서 간단히 목을 축이고, 매일 다양한 테마로 열리는 레벨린의 파티를 즐긴다. 거친 돌을 쌓은 어두운 실내와 아치형 복도는 성채에도 적합하지만 클럽에는 더욱 잘 어울리는 설계다. 긴 바와 큰 댄스 플로어를 갖춘 레벨린에는 여름마다 국내외 인기 DJ와 뮤지션들로 풍성한 라인업을 갖춘다. Top DJ 잡지에서 세계 100대 클럽 중 하나로 선정된 바 있으며, 레벨린을 다녀간 DJ와 뮤지션으로는 액스웰(Axwell),

칼 콕스(Carl Cox), 보이 조지(Boy George), 베니 베나시(Benny Benassi), 마크 나이트(Mark Knight), R3HAB, 폴 밴 다이크(Paul Van Dyk), 너보(Nervo), LMFAO 등이 있다.

**주소** Sv. Dominika bb, 20000 Dubrovnik **위치** 필레 문에서 도보 6분 **시간** 하절기 23:00~06:00, 동절기 금~토요일 이벤트가 있을 때만 오픈 **요금** 70~150kn(파티마다 상이) **전화** 098 533 531 **홈페이지** www.clubrevelin.com

# 왕좌의 게임 Game of Thrones 의 도시

조지 마틴(George Martin)의 소설 〈얼음과 불의 노래(A Song of Ice and Fire)〉를 원작으로 하는 〈왕좌의 게임〉의 상당 부분을 두브로브니크에서 촬영했다. 드라마의 인기에 힘입어 〈왕좌의 게임〉을 테마로 하는 촬영지 투어가 있는데, 여러 투어 업체들이 앞다퉈 투어 프로그램을 만들어 판매하고 있다. 두브로브니크 시내의 기념품 상점에서도 쉽게 〈왕좌의 게임〉과 관련된 머그잔이나 티셔츠 등을 발견할 수 있다. 캐스트 중 마조리 역할을 맡은 나탈리 도머(Natalie Dormer)는 촬영지 중 가장 마음에 들었던 곳으로 두브로브니크를 꼽기도 했다고 한다.

아래의 대표적인 투어 업체 외에도 필레 문과 필레 광장, 관광 사무소 주변에 항상 투어 업체들이 브로슈어를 들고 호객을 하니 예약하지 않아도 쉽게 투어를 구할 수 있다. 성수기 시즌에 투어 자리가 없을까 걱정된다면, 하루 이틀 전에 예약하면 된다. 보통 예약금으로 30kn 정도를 지불하고 예약 확인증을 받는다.

### 📷 비아터 Viator

투어는 필레 광장에서 출발한다. 3시간 30분 코스로 성채들을 돌아보며 드라마 제작 비하인드 스토리와 촬영 이야기를 듣는다. 5시간 30분 코스는 추가 옵션으로 드라마에서 킹스 랜딩의 궁전 정원으로 쓰인 트르스테노(Trsteno) 수목원도 방문해 볼 수 있다.

**요금** 3시간 30분 코스(두브로브니크 성벽 투어 + 로브리예나체 요새 투어) 450kn, 5시간 30분 코스 895kn **홈페이지** www.viator.com/tours/Dubrovnik/Dubrovnik-Game-of-Thrones-Walking-Tour/d904-51126P22

### 📷 두브로브니크 워킹 투어 Dubrovnik Walking Tour

투어는 필레 문에서 출발한다. 성채들을 돌아보며 드라마 제작 비하인드 스토리와 촬영 이야기를 듣고, 투어에서 소개하는 장소와 드라마 속 씬(Scene)을 매치하기 위해 이미지 자료를 보여 준다.

**요금** 180kn(두브로브니크 성벽 투어 + 로브리예나체 요새 투어) **시간** 3월 15일~4월 30일 11:00 / 5~10월 11:00, 16:30 **홈페이지** www.dubrovnik-walking-tours.com

# Shopping
## 두브로브니크의 쇼핑

### 군둘리체바 시장 Gundulićeva Poljana / Gunduliceva Market

MAPCODE 34421

**신선한 과일과 맛있는 기념품을 파는 시장**

두브로브니크에서 가장 역사가 오래된 시장이다. 장이 서는 광장 한가운데 우뚝 선 동상은 50kn 지폐에 등장하는 17세기 크로아티아 시인 이반 군둘리치(Ivan Gundulić)이다. 그리고 두브로브니크에서 태어난 군둘리치의 대표 작품 중 하나인 《오스만(Osman)》의 장면들이 동상 하단 동판에 새겨져 있다. 이곳에서는 잘 익은 무화과가 한 바구니를 단돈 20kn면 살 수 있다. 주변에서 나는 신선한 계절 과채 외에도 견과류, 올리브 유, 핸드메이드 린넨 테이블 보, 라벤더 포푸리 주머니, 꿀, 두브로브니크와 크로아티아산 주류도 판매한다. 직접 만들어 파는 독주 로자(Loza)와 트라바리카(Travarica)는 다른 지역에서는 볼 수 없는 상품이다. 규모는 그리 크지 않아 발품을 팔며 물건 값을 비교해 보지 않아도 된다는 장점이 있다. 해변에 피크닉을 가기 전 이곳에 들러 과일 한 바구니를 사가자. 시장 주변에는 여러 카페와 식당이 있어 장을 보고 커피를 한잔하며 쉬었다가 이동하기도 좋

다. 두브로브니크 사람들은 보통 토요일에 장을 보러 나오기 때문에 토요일이 가장 북적거린다.

**주소** Gundulićeva Poljana, 20000 Dubrovnik **위치** 필레 문에서 도보 5분 **시간** 월~토 06:00~13:00

## 그루쉬 시장 Gruž Poljana / Gruz Market
### 시끌벅적한 분위기의 활기찬 시장

군둘리체바 시장과 동일한 상품을 판매하지만, 규모는 훨씬 크고, 가격도 더 싸다. 두브로브니크에서 이름난 레스토랑도 신선한 식재료를 구입하기 위해 그루쉬 시장을 찾는다고 한다. 월~토요일 중에만 생선 시장이 열리니 구경하려면 일요일을 피해 찾아가자. 두브로브니크 부근의 엘라피티 섬의 어부들이 아침 일찍부터 생선을 나르는 모습을 구경하는 것도 재미있다. 생선을 사고 싶다면 늦어도 오전 7시에는 도착해야 좋은 품질의 생선을 구할 수 있다. 금요일이 가장 생선이 많다고 하는데, 1kg당 100kn가 넘는 비싼 생선도 눈 깜짝할 사이에 팔려나간다고 한다. 그루쉬 시장의 특징은 철저히 정찰제를 지켜 흥정이 안 된다는 것이다. 시장이 파할 때쯤 떨이로 파는 것들은 약간의 할인을 하기도 한다.

MAPCODE 34422

시장 부근에 맛집이 여럿 있어 점심 시간 전에 시장 구경을 하고 식사를 하기에 좋다.

**주소** Obala Stjepana Radića 21, 20000 Dubrovnik **위치** 그루쉬행 모든 버스(그루쉬 시장 정류장) 또는 구시가지에서 도보 15분 **시간** 월~토 06:00~18:00, 일 06:00~11:00 / 생선 시장 월~토 06:00~12:00

## 마리아 부티크 Maria Boutique
### 두브로브니크 패셔니스타들의 아지트

두브로브니크에서 신나게 쇼핑을 할 상상을 했다면 도시에 도착하자마자 접게 될 것이다. 기념품 상점들은 골목마다 있지만, 정말 쇼핑다운 쇼핑을 할 만한 곳이 거의 없기 때문이다. 하지만 아제딘 알라이아(Azzedine Alaia), 셀린느(Celine), 생 로랑(Saint Laurent), 지방시(Givenchy), Stella McCartney, 릭 오웬스(Rick Owens) 등 럭셔리 브랜드들이 모두 모여 있는 콘셉트 숍인 이곳이 두브로브니크 쇼핑의 체면을 겨우 살린다. 스트라둔을 지나 플로체 문을 향해 걸어 올라가면 총면적 150m²의 큰 매장을 발견할 수 있다. 2007년 두브로브니크에 처음 문을 열고, 세련되고 우아한 쇼핑 공간에 목말라 있던 두브로브니크 패션 피플들의 마음을 단박에 사로잡았다. 2010년에는 자그레브에도 진출하였다. '럭셔리 미니멀리즘'을 테마로 한 인테리어는 유명 이탈리아 건축가 마르코 보넬리(Marco Bonelli)의 작품이다. 의류와 가방뿐 아니라 톰 빈스(Tom Binns), 에릭슨 비몬(Erickson Beamon), 비키 사르쥬(Vicki Sarge), 메종 미셸(Maison Michel) 등의 액세

MAPCODE 34423

서리 브랜드도 찾아볼 수 있다.

**주소** bb,, Ulica Svetog Dominika, 20000 Dubrovnik **위치** 필레 문에서 도보 5분 **전화** 020 321 330 **홈페이지** www.mariastore.hr

**자그레브점** 34424

**주소** Masarykova 8, 10000 Zagreb **전화** 01 4811 0 11

## 아쿠아 Aqua

MAPCODE 34425

**여름과 가장 잘 어울리는 옷을 판매하는 곳**

자그레브 출신의 한 커플이 2002년 바다를 콘셉트로 런칭한 의류 브랜드다. 본점은 브라치 섬의 볼(Bol) 마을에 위치한다. 세계에서 가장 아름다운 해변 중 하나로 꼽히는 볼의 자연 경관이 아쿠아의 여름 느낌 충만한 디자인에 영감을 불러일으킨 듯하다. 여름에 더욱 갖고 싶어지는 스트라이프 아이템들이 주를 이루며, 티셔츠, 원피스, 가방, 비치 타월, 아동복 등 상품군도 다양하다. 크로아티아 전역의 큰 도시에서 쉽게 아쿠아 매장을 볼 수 있으며 최근에는 바다를 건너 서부 유럽까지 진출하려는 움직임을 보이고 있다.

**주소** Placa 14, 20000 Dubrovnik **위치** 필레 문에서 도보 3분 **전화** 020 323 683 **홈페이지** www.aquamaritime.hr

## 우예 UJE

MAPCODE 34426

**지중해의 맛을 판매하는 식료품 상점**

달마티아어로 '오일'을 뜻하는 우예는 스플리트에 본사를 두고 있는 식료품 상점 체인이다. 이름에서 알 수 있듯 올리브 오일이 대표 상품이다. 케이퍼 피클, 절인 해산물과 여러 종류의 잼 등 지중해의 냄새가 물씬 풍기는 다양한 식품들을 볼 수 있다. 브라치 섬에서 나는 올리브로 만든 브라키아(Brachia) 올리브유가 맛이 훌륭하기로 소문나 있는데, 우예에서 기념품으로 사가지고 가기에도 좋다. 잼 중에는 레몬 스프레드가 상큼하고 맛이 진하다. 크로아티아산 허브와 향신료도 볼 수 있다. 스트라둔에는 9번지에도 매장이 있으며 구시가지에도 하나의 매장이 더 있다(Od Puča 2).

**주소** Placa bb, 5, 20000 Dubrovnik **위치** 필레 문에서 도보 3분 **시간** 월~토 09:00~21:00, 일 09:00~14:00 **홈페이지** www.uje.hr

## 본보니에르 크라스 Bonbonnière Kraš

MAPCODE 34428

**스타일리시한 수제 초콜릿 상점**

스트라둔 한복판에 오픈한 반짝반짝 빛나는 초콜릿 상점. 크라스는 크로아티아의 유명 초콜릿 전문 브랜드로, 파시즘에 대항해 싸운 요시프 크라스(Josip Kraš)의 이름을 따 1911년 창립했다. 100년이 넘는 역사를 자랑하며, 자체 초콜릿 마에스트로들이 있어 크라스만의 레시피를 개발하고, 주력하는 것은 역시 여러 종류의 초콜릿과 프랄린이다. 그 외에 캔디, 쿠키, 웨이퍼, 티 비스킷, 리큐르도 판매하고 있다. 포장된 과자류는 가격도 비싸지 않으니 스트라둔을 걸어가다 입이 심심할 때 들러 보자. 인기 많은 것은 크로아티아 전통 아몬드 디저트 바자데라(Bajadera) 누가와 체리 필링으로 채워진 다크 초콜릿 그리고트(Griottes)도 추천한다. 크라스의 고급스러운 수제 초콜릿은 크로아티아 와인과도 무척 잘 어울리고, 선물하기 좋게 예쁘게 포장도 해준다. 두브로브니크에는 그루즈 시장 부근에 지점이 하나 더 있고, 자그레브·스플리트 등 크로아티아 전역에 지점이 있다.

**주소** Ul. Zamanjina 2, 20000 Dubrovnik  **위치** 필레 문에서 도보 3분  **시간** 월~금 08:00~22:00, 토~일 09:00~21:00  **전화** 091 2100 012  **홈페이지** portrait.hr

### 그루즈 시장 부근

**주소** Obala Stjepana Radića 29, 20000 Dubrovnik  **시간** 월~토 07:00~20:00  **전화** 020 313 668

# Restaurant
두브로브니크의 식당

## 카페 부자 Café Buža 1 & 2

**전망이 끝내주는 두브로브니크 최고의 카페**

MAPCODE 34429 | 34430

성벽을 따라 걷다 보면 놓칠 수 없는 곳이 카페 부자이다. '부자(Buža)'는 좁고 어둑한 구멍이라는 뜻인데, 좁고 어두운 성벽의 구멍을 통과하면 생각지도 못한 풍경에서 카페를 만날 수 있다. 메뉴는 그리 특별할 것 없고 가격도 꽤 비싸지만 경치로 모든 것이 용서되는 두브로브니크의 일등 카페다. 부자 카페 1은 절벽 앞 좁은 공간에 자리하여 좁지만 친밀한 분위기가 있고, 부자 카페 2는 아찔한 높이의 절벽에서 다이빙과 바다 수영을 즐길 수 있어, 젊은 여행객들에게 인기가 많다. 무더운 여름날 테라스 자리에서 마시는 시원한 맥주 한 병으로는 더위가 가시지 않는다면 스릴 만점인 바다 수영을 해 보자. 보통 부자 카페 2가 인기가 더 많아서 기다렸다가 앉아야 하는 경우가 대부분이다. 절벽과 가까운 자리들이 가장 먼저 동이 난다. 인터넷으로 검색하면 주소와 정보는 부자 2에 대한 것만 찾을 수 있다.

**주소 부자 1** Ul. Ispod Mira 14, 20000 Dubrovnik **부자**

**2** Crijevićeva Ulica 9, 20000 Dubrovnik **위치 부자 1** 두브로브니크 대성당 정문을 우측에 두고 작은 계단을 오르면 좌측에 카르멘 테라스가 있다. 여기를 지나쳐 좀 더 걸으면 부자 1로 이어지는 좁은 입구가 나타난다. **부자 2** 군 둘리체바 광장에서 계단을 올라 성 이그나티우스 교회가 나타나면 오른쪽으로 꺾어 성벽을 왼쪽에 두고 계속 계단을 따라가면 'cold drinks'라는 표지가 왼쪽에 보인다. 이 표지가 붙은 골목길로 들어가면 부자 2가 있다. **시간** 하절기 10:00~, 동절기는 날씨에 따라 / 여름에도 바람이 많이 불거나 비가 세차게 내리면 휴무 **가격** 레몬 맥주 39kn, 하우스 와인 44kn

## 재즈 카페 트루바두 Jazz Caffe Troubadour

**밤이 되면 구시가지를 재즈 선율로 가득 메우는 카페**

1960년대 크게 인기몰이를 하였던 밴드 두브로바키 트루바도리(Dubrovački Trubadori)의 멤버 마르코(Marko)가 주인이다. 관객들의 호응에 맞추어 팝이나 포크송 등 다양한 장르의 음악을 재즈로 편곡하여 연주하는데, 시간 가는 줄 모르고 공연을 감상하게 된다. 무엇을 주문해도 큰 잔 가득 담겨 나오는 넉넉한 인심도 좋다. 기본 칵테일 메뉴는 거의 갖추고 있고, 맥주와 탄산음료 등 논 알코올 음료도 여러 종류이다. 식사보다는 간단한 스낵으로 좋은 요리 메뉴도 몇 가지 있다. 에너지 넘치는 웨이터들의 신속, 정확, 친절한 서비스도 트루바두의 강점이다. 테라스 자리는 비워지기 무섭게 채워지니 7, 8월의 밤에는 조금 기다릴 각오도 해야 한다. 그러나 광장한 켠에 서서 보는 공연도 그 나름의 재미가 있다.

MAPCODE 34431

두브로브니크의 밤을 음악과 함께 보내고 싶다면 트루바두를 찾아가자.

**주소** Buničeva Poljana 2, 20000 Dubrovnik **위치** 필레 문에서 도보 6분 **가격** 아페롤 칵테일 75kn, 키르 로얄 75kn **전화** 020 323 476 **홈페이지** www.facebook.com/pages/Jazz-Caffe-Troubadour/202849359759389

## 드비노 와인 바 D'Vino Wine Bar

**크로아티아 와인의 진수를 맛볼 수 있는 바**

MAPCODE 34432

2008년 두브로브니크의 가장 큰 대로 스트라둔에 문을 연 두브로브니크 최초의 와인바다. 100여 송류가 넘는 크로아티아 와인을 병으로 판매한다. 그중 70여 개가 넘는 인기 품목은 잔으로도 판매하여 저녁 식사 후 부담 없이 가볍게 한잔할 수도 있다. 치즈와 올리브, 말린 과일로 된 간단한 안주부터 식사로 대체해도 될 든든한 요리까지 메뉴에 있다. 메뉴판에는 친절하게 와인의 원산지와 특징, 어울리는 안주를 설명해 두었다. 와인 문외한이라도 친절한 스태프들이 좋아할 만한 와인을 추천해 준다. 새벽 두 시까지가 정규 영업시간이지만 드비노 앞 계단에서 늦게까지 마시는 손님들이 있어 두 시를 훌쩍 넘겨 마감하는 일이 다반사다. 와인을 특히 좋아하는 사람이라면 드비노에서 자체 개발하여 운영하는 와인 투어도 추천한다. 신청자에게 맞춤형 프로그램을 제안하니 관심이 있다면 로컬 와이너리 몇 곳을 방문하는 투어를 문의해 보자.

**주소** Palmotićeva Ul. 4A, 20000 Dubrovnik **위치** 필레 문에서 도보 3분 **시간** 10:00~ **가격** 하우스 와인 25kn~, 드비노 테이스팅 3잔 세트 50kn, 치즈 모둠 46kn~ **전화** 020 321 130 **홈페이지** www.dvino.net

### 타지 마할 Taj Mahal

MAPCODE 34433

#### 크로아티아에서 즐기는 보스니아 요리

구시가지 식당 중 연중 내내 오픈하는 몇 안 되는 곳이다. 달마티아 해산물 식당 음식이 물린다면, 찾아가 봐도 좋을 보스니아 음식 전문점이다. 실내 자리는 테이블 다섯 개, 테라스도 그리 넓지 않고 종종 자리를 기다려야 하지만, 음식 맛이 좋아 손님들은 모두 줄을 서서 이국적인 보스니아 음식을 먹고 간다. 기다리는 것이 싫다면 예약도 가능하다. 고기 메뉴가 주를 이루며, 여러 종류의 고기를 맛볼 수 있는 그릴 케밥이 가장 인기가 많다. 채소와 닭고기를 푹 끓여 만드는 수프 베고비츠 코르바(Begović Čorba)와 시금치와 치즈로 속을 해 넣은 파이 젤랴니차(Zeljanica)도 맛있다. 터키식 디저트 바클라바도 판매한다. 보스니아 전통 음악 세브다(Sevdah) 선율을 감상하며 이국적인 맛을 즐겨 보자. 타지 마할의 성업에 힘입어 2013년에는 호텔 레로(Hotel

Lero)에도 지점을 냈다.

**주소** Gučetića 2, 20000 Dubrovnik **위치** 필레 문에서 도보 4분 **전화** 020 323 221 **시간** 12:00~24:00 **가격** 소고기 버거 110kn, 후추 소스 비프 스테이크 175kn, 감자 파이 40kn **홈페이지** www.tajmahal-dubrovnik.com

### 바르바 Barba

MAPCODE 34434

#### 간단하지만 든든하게 먹는 한 끼

2014년 여름에 개점하여 스트라둔 뒷골목 식당들 중 가장 인기가 많은 맛집 중 한 곳이 되었다. 이름은 달마티아어로 '아저씨', '삼촌', '뱃사람'이라는 뜻이다. 해산물 스트리트 푸드를 콘셉트로 하여 간단한 점심 식사로 딱이다. 10명 정도 수용 가능한 작은 규모이지만, 테이크아웃도 가능하다. 대표 메뉴는 문어 버거와 새우튀김이다. 튀김 옷이 얇고 바삭바삭하며 소스가 맛있다. 생굴과 참치, 연어 샌드위치, 새우와 파마산 치즈 샐러드 등 지역에서 나는 재료로 만드는 건강한 요리가 많다. 매일 바뀌는 오늘의 메뉴는 잘 보이게 식당 앞 칠판에 적어 걸어 둔다. 미리 만들어 두는 것 없이 주문 즉시 요리를 시작해 따뜻하고 신선한 요리를 먹을 수 있다. 식재료를 모두 사용하면 일찍 문을 닫는다는 점에 유의하자.

**주소** Boškovićeva 5, 20000 Dubrovnik **위치** 필레 문에서 도보 4분 **시간** 3~12월 10:00~22:00 **가격** 문어 버거 56kn, 문어 샐러드 59kn **전화** 091 205 3488 **홈페이지** www.facebook.com/dubrovnik.barba

## 레이디 피 피 Lady Pi Pi

**한국인들에게 소문난 스테이크 전문점**

식당 1층 카운터 옆에 있는 여자아이가 소변을 보고 있는 동상 때문에 식당 이름이 우스꽝스러운데, 주인 마야의 부모님이 장난 삼아 붙인 이름이 그대로 사용되고 있는 것이라 한다. 크로아티아 요리가 주가 된다. 스테이크 전문점으로 한국에 소문이 나서 한국 여행객들은 부쏘킨스테이크만 주문을 한다는데, 직접 다듬어 튀기는 바삭한 감자튀김과 생선구이도 추천하는 메뉴이니 다른 것도 꼭 먹어 보자. 아침에 가면 저녁의 시끌벅적한 분위기와는 전혀 다른 싱그러운 자연 속에서 브런치를 즐길 수 있어, 일찍 도착해서 전망 좋은 테라스 자리를 잡을 것을 추천한다. 예약은 불가하고, 비가 오는 날에는 문을 닫는다.

MAPCODE 34435

**주소** Antuninska 21, 20000 Dubrovnik **위치** 필레 문에서 도보 5분 **시간** 5월~10월 09:00~15:00, 18:00~22:00 **가격** 참치 스테이크 150kn, 굴라시 90kn **전화** 020 321 154 **홈페이지** www.facebook.com/LADY.PI.PI.Dubrovnik

### 오르산 Orsan

MAPCODE 34436

**요트가 정박한 항구를 전망할 수 있는 식당**

두브로브니크 요트 클럽의 전용 레스토랑이다. 그루쉬 항구 옆에 위치한 소문난 맛집으로 크고 작은 여러 가지 색의 보트에서 아름다운 풍경을 배경으로 식사할 수 있다. 2009년에 대대적인 리노베이션을 거쳐 미니멀하고 깔끔한 지금의 모습을 갖게 되었다. 지역에서 해산물 요리로 1, 2등을 다투는 식당으로 신선한 생선구이와 문어 샐러드, 오징어 먹물 리조또가 대표 메뉴이다. 육즙 가득한 스테이크 메뉴도 있어, 모두를 만족시키는 곳이다. 여름 시즌에는 아침 메뉴도 있고, 디저트도 훌륭하다. 날씨 좋은 날에는 꼭 테라스에 앉아 식사를 하자. 음식 맛

과 경치, 어떤 것 하나 빠지는 것이 없다. 성수기 저녁 시간은 예약을 하는 것이 좋다.

**주소** Ivana Zajca 2, 20000 Dubrovnik  **위치** 필레 문에서 6번, 9번 버스를 타고 Orsan 정류장 하차  **시간** 08:00~24:00  **가격** 문어 샐러드 96kn, 비프 스테이크 155kn  **전화** 020 436 822  **홈페이지** restaurant-orsan-dubrovnik.com

---

 **Tip 아란치니 Arancini**

특별한 날에만 만들어 먹었던 달콤한 아란치니는 이제 두브로브니크 사람들이 매일같이 먹는 간식이다. 식사 후 두세 개를 집어 먹지 않으면 입이 심심한 아란치니는 처음 만들었던 전통 레시피를 엄격히 지켜 만든다. 모과와 비슷한 마르멜로 열매로 콘톤야타(Kontonjata) 치즈를 만들어 장미 꽃잎 리큐르 로졸린(Rozolin)과 말린 무화과, 브랜디 등을 달콤하고, 쌉싸름한 오렌지 껍질과 버무려 설탕을 솔솔 뿌리면 완성이다. 크로아티아 어느 도시든 맛볼 수 있지만, 특히 두브로브니크에서 인기가 높다. 그 이유는 농약을 치지 않은 유기농 두브로브니크산 오렌지로 만드는 아란치니가 맛이 가장 좋기 때문이다. 맛이 강해 한 번에 많이 먹을 수는 없어, 시장이나 길거리 가판에서 판매하는 20kn짜리 한 봉지면 여행 내내 당 충전에 무척 효과적이다. 시장에서는 말린 무화과나 캐러멜을 입혀 굳힌 견과류와 함께 판매하기도 한다.

# Hotel
두브로브니크의 숙소

### 힐튼 임페리얼 두브로브니크 Hilton Imperial Dubrovnik

MAPCODE 34437

**필레 문 바로 앞 명당자리에 위치한 5성 호텔**

1895년에 지어진 건물과 그 옆의 1913년 완공된 빌라 건물을 사용하는 힐튼 체인의 대형 호텔로 구시가지와 도보 3분 거리에 자리한다. 약간의 언덕 위에 위치하여 객실에서 보이는 바다와 시가지의 전망이 훌륭하고, 이그제큐티브 라운지, 7개의 미팅 룸, 비즈니스 센터, 빠른 속도의 무선 인터넷을 제공한다. 다양한 시설을 갖춘 헬스장과 스파, 실내 수영장, 스타일리시한 라운지 바, 지중해 요리와 크로아티아산 와인을 전문으로 하는 레스토랑 포랏(Porat)도 있다. 조식의 맛도 좋고 양도 푸짐하여 호텔 식당에 대한 전반적인 평이 무척 좋다. 컨시어지 서비스도 흠잡을 곳 없다. 총객실 수는 147개이며, 주차 시설(유료)이 있다.

**주소** Marijana Blažića 2, 20000 Dubrovnik **위치** 필레 문에서 도보 4분 **시간** 체크인 14:00, 체크아웃 12:00 **요금** 트윈룸 €390 **전화** 020 320 320 **홈페이지** www3.hilton.com/en/hotels/croatia/hilton-imperial-dubrovnik-DBVHIHI/index.html

### 부티크 호텔 스타리 그라드 Boutique Hotel Stari Grad

MAPCODE **34438**

#### 구시가지 한가운데 위치한 여덟 개의 특별한 객실

2013년 리노베이션을 거쳐 더욱 깔끔한 모습으로 여행객들을 맞고 있는 부티크 호텔이다. 스트라둔과 불과 몇 걸음 떨어져 있지 않지만, 조용한 골목에 위치하여 숙면을 취하는 데는 전혀 지장이 없다. 객실 수가 적어 개별 투숙객에 대한 서비스가 세심하고 따뜻하다. 전 객실은 냉방 시설, 위성 TV, 금고, 하이드로 마사지 샤워기가 설치된 욕실을 포함한다. 조식은 옥상 테라스 레스토랑에서 제공되어 두브로브니크 시내와 아드리아해의 파노라마 뷰를 감상하며 하루를 시작할 수 있다. 요청 시 공항 셔틀 서비스를 제공한다. 프런트 데스크와 상담하여 다양한 액티비티, 일일 투어 프로그램을 예약할 수 있다. 주차는 성벽 바로 앞에 할 수 있도록 안내하고 있다. 세탁, 드라이클리닝, 다림질, 문서 서비스 이용이 가능하며, 24시간 프런트 데스크를 운영한다.

**주소** Od Sigurate 4, 20000 Dubrovnik **위치** 필레 문에서 도보 3분 **시간** 체크인 14:00, 체크아웃 12:00 **요금** 디럭스 더블룸 €270 **전화** 020 322 244 **홈페이지** hotelstarigrad.com

### 올드 타운 호스텔 Old Town Hostel

MAPCODE **34439**

#### 스트라둔에서 불과 15m 떨어진 호스텔

두브로브니크 구시가지 한복판에 문을 연 호스텔이다. 400년 된 건물에 자리하며 파스텔톤의 부드러운 인테리어로 꾸며져 있다. 공용 공간인 라운지와 주방이 있으며 4~7인 도미토리와 트윈, 더블, 개별 객실을 모두 갖추고 있다. 컴퓨터, 무선 인터넷, 24시간 아침 식사와 차, 위성 TV, 도시 지도, 버스와 페리 시간표 안내, 금고, 24시간 온수 샤워, 헤어드라이어, 수건과 침대보, 환전 서비스, 짐 보관 서비스를 무료로 제공한다. 약간의 수수료를 받고 어댑터를 대여하고, 세탁, 인쇄, 공항 셔틀, 비치 타월 제공 등의 서비스를 받을 수 있다. 개인 책과 호스텔에 비치된 책을 교환하는 이벤트뿐만 아니라 가라오케 나이트, 팬케이크 만들기, 샴페인과 상그리아의 밤, 로크룸 섬 투어 등 다양한 호스텔 자체 행사도 있어서 여행지에서 친구를 만들 수 있는 다양한 기회가 있다.

**주소** Od Sigurate 7, 20000 Dubrovnik **위치** 필레 문에서 도보 3분 **전화** 020 322 007 **홈페이지** www.facebook.com/DubrovnikOldTownHostel

### 아파트먼트 마야 Apartment Maja

MAPCODE 34440

#### 레이디 피 피 주인이 운영하는 연두색 스튜디오

1~2인이 머물기에 완벽한 조건의 숙소이다. 취사 시설과 넓고 편안한 침대, 깨끗하고 배관 좋은 욕실을 갖추고, 문만 열면 스트라둔으로 나설 수 있는 위치에 있다. 청량한 크로아티아의 여름과 잘 어울리는 흰색과 연두색으로 꾸며져 있다. 옷장, TV와 욕실용품, 냉난방 시설도 마련되어 있으며, 집처럼 편안하고 호텔처럼 깔끔하다. 두브로브니크의 좁은 골목에 자리해서 이곳에서 사는 기분으로 여행할 수 있다는 것도 좋다. 아침에 문을 열고 나서면, 이웃들과 인사를 나눌 수 있는 정겨운 숙소다. 또 몇 계단만 걸어 올라가면 집주인 마야가 운영하는 인기 레스토랑 '레이디 피 피'가 있다. 여행 중 발생할 수 있는 다양한 상황에 발 벗고 나서 주는 친절한 주인 마야는 두브로브니크 여행의 일등 도우미이다. 숙소 이용자는 레이디 피 피에서 20% 할인 혜택도 받는다. 5박 시 숙박료 5% 할인, 7박 시 10% 할인이 된다. 무료 무선 인터넷을 제공한다.

**주소** Antuninska, 20000 Dubrovnik **위치** 필레 문에서 도보 3분 **시간** 체크인 14:00, 체크아웃 12:00 **홈페이지** www.airbnb.co.kr/rooms/5257901

### 푸지크 팰리스 The Pucic Palace

MAPCODE 34441

#### 궁전 건물에서 보내는 하룻밤

18세기 바로크 궁전 건물에 위치한 푸치크는 시내 각종 명소와 무척 가깝고 반예 해변과도 300m 거리에 있다. 해변에 도착하여 푸치크 투숙객임을 밝히면 전용 파라솔과 선베드를 내어 준다. 호텔은 대리석 계단과 지역 아티스트들의 그림으로 꾸며져 있다. 전 객실은 핸드 메이드 러그가 깔려 있고, 높은 천장의 우아한 인테리어다. 플랫 인터랙티브 TV, 대형 욕실과 불가리 어메니티가 준비되어 있다. 낭만적인 와인 바와 테라스 식당, 로열 카페도 있어 낮에도 밤에도 달마티아 요리와 크로아티아 와인, 위스키와 시가를 즐길 수 있다. 조식 요청 시 유기농 식단으로 준비해 준다. 주차는 플로체 문밖의 공용 주차장에 가능하다. 짐이 많은 경우 호텔에 미리 얘기하면 주차장까지 직원이 마중을 나와 준다. 총객실 수 19개이며, 무료 무선 인터넷을 제공한다.

**주소** Ulica Od Puca 1, 20000 Dubrovnik **위치** 필레 문에서 도보 4분 **시간** 체크인 14:00, 체크아웃 12:00 **요금** 더블룸 €230 **전화** 020 326 222 **홈페이지** www.thepucicpalace.com

# 엘라피티 섬 Elaphiti Islands

아드리아해에 흩뿌려진 세 개의 작은 보석

알콩달콩 사이좋게 모여 있는 엘라피티 군도의 섬 세 개를 한 번에 여행하자. 반경 30km²가 채 되지 않는 해역에 위치한 850여 명의 인구의 작은 군도는 두브로브니크 북서쪽에 위치한다. 총 13개의 섬으로 이루어져 있지만, 여행자들이 찾아갈 수 있는 곳은 콜로쳅, 시판, 로푸드다. 엘라피티 섬은 1세기에 쓰여진 〈자연사(Naturalis Historia)〉에 고대 로마의 통치자 플리니 더 엘더(Pliny the Elder)가 처음으로 섬들을 언급했던 기록이 남아 있다. '엘라피티'라는 요정의 이름같이 예쁜 지명은 고대 그리스어로 '사슴'이라는 뜻이다. 예전에 이 섬들에 사슴이 엄청나게 많이 서식하여 이름을 붙인 것이라고 한다. 2천여 년의 세월이 지나는 동안 한 마리도 남아 있지 않고 사라져 버렸지만, 여전히 섬의 자연환경은 티 없이 깨끗하고 아름답다.

# 엘라피티 섬 가는 길

 두브로브니크 구 항구에서 출항하는 크루즈 보트를 이용한다. 여러 여행사들이 엘라피티 투어를 마련하고 있어 성수기에도 쉽게 예약할 수 있다. 보통 가격은 250~300kn이다(학생 할인을 해 주는 곳도 있다). 가끔 큰 인심이라도 쓰듯 성인도 학생 가격에 예약해 준다는 여행사도 많아 기분 좋게 할인가로 크루즈를 예약할 수도 있다.

엘라피티 크루즈는 보통 아침 9시나 10시쯤 출항한다. 미처 전날 예약을 하지 못했다면, 출발 시간보다 조금 더 일찍 항구를 찾아가는 것이 좋다. 남는 자리가 있는 크루즈 보트가 있으면 당일 티켓 구매도 가능하다. 수영복, 비치 타월, 스노클링 안경이나 튜브 등 물놀이에 필요한 장비는 섬에서도 살 수 있지만 미리 챙겨 가면 더욱 유용하다.

## ◎ 대표적인 엘라피티 크루즈 여행사

### 아틀라스 크로아티아
왕복 보트와 뷔페 점심 식사가 포함되어 있고, 각 섬에서 자유 시간이 주어진다.

**요금** 성인 450kn, 4~12세 성인 가격의 50% **홈페이지** www.atlas-croatia.com/excursions/excursions-from-dubrovnik-region/elaphite-islands-karaka-cruise

### 두브로브니크 보츠
엘라피티 섬 크루즈, 흐바르-두브로브니크 왕복 교통편을 포함하여 개인 또는 프라이빗 단체 맞춤 투어를 제공한다.

**홈페이지** www.dubrovnikboats.com

## 📷 콜로쳅 Koločep

두브로브니크에서 불과 5km 떨어진 곳에 있어 파도의 고저를 미처 느끼기 전에 닻을 내리는 첫 번째 섬이다. 두브로브니크 구 항구가 멀어져 점이 되어 버리면 바로 콜로쳅 해안가가 시야에 들어온다. 20~30분 정도 콜로쳅을 보고 다시 배로 돌아온다. 200명도 살지 않는 이 작은 섬에는 여행자들을 맞이하는 작은 카페나 레스토랑도 몇 개 없다. 배가 잠시 멈춰 선 항구 근처 작은 해변에 발을 담가 보는 것이 전부지만 두브로브니크와 또 다른 전원적인 풍경이 색다르다. 9~11세기 사이 크로아티아 왕들이 세운 일곱 개의 프리로마네스크(Pre-Romanesque) 양식의 성당들이 콜로쳅의 윤곽을 다채롭게 만들어 준다. 콜로쳅에서는 가재가 유독 많이 잡혀 해안가 식당 몇 곳에서 가재를 굽는 냄새도 솔솔 풍겨 온다. 낚싯대를 드리운 동네 사람들과 눈인사를 하고 좀 더 한가로운 바다를 즐기다 배에 다시 오른다.

## 📷 시판 Šipan

시판은 엘라피티 섬들 중 가장 크지만 면적이 넓어 그런지 인구 밀도는 낮다. 스코치부하(Skočibuha) 가문의 16세기 별장이 있는 수즈라즈(Suđurađ) 마을에 정박하여 자유 시간을 갖게 된다. 골목에는 소일거리로 조개 껍데기를 파는 시판 섬 꼬마들과 크로아티아 와인 상점뿐이다. 시판은 유독 와인 상점이 많은데, 와인을 즐기는 여행자들은 식사 때마다 다른 곳에서 쉽게 접할 수 없는 이곳의 와인을 음미하는 호사를 누리곤 한다. 구경하러 들어가면 크로아티아 와인을 잘 모르는 여행자들을 위해 여러 잔을 테이스팅할 수 있다. 과일 향, 토지 내음이 나는 와인을 천천히 목으로 넘기고 나면 혀끝에 남는 초콜릿 향 등 와인 초보자도 쉽게 느낄 수 있는 개성 강하고 진한 맛에 반하지 않을 수 없다.

## 📷 로푸드 Lopud

엘라피티 크루즈의 하이라이트인 로푸드(Lopud) 섬에 마지막으로 들르게 된다. 15세기에 세워진 프란체스코회 수도원의 높이 솟은 시계탑이 멀리서부터 항구로 들어오는 보트들을 반겨 준다. 사람들도 상점도 빼곡히 들어선 것이 전형적인 휴양지 분위기를 풍기는 로푸드에서는 자유 시간도 가장 길다. 하루 중 태양이 가장 뜨거울 세 시간을 이곳에서 보내게 된다. 로푸드 섬에서는 조금 더 부지런해야 하는데 배에서 내리자마자 해변이 보이는 이전의 두 섬과는 달리, 로푸드의 가장 예쁜 해변인 슌이(Mozaljunj)는 골프장에서나 볼 수 있는 버기 카트(Buggy Cart)를 타고, 항구 반대편으로 이동해야 나타나기 때문이다. 로푸드가 인기가 많은 이유 중 하나는 바로 모래 해변 때문이다. 크로아티아 대부분의 해변은 자갈 해변이라 아쿠아 슈즈를 신지 않으면 조심스레 발 디딜 곳을 살펴 가며 물에 들어가야 한다. 그러니 고운 모래가 끝없이 펼쳐진 슌이 해변은 아침부터 붐비기 시작한다. 어둑해질 때쯤 두브로브니크로 복귀하여 저녁 식사를 하고 알찬 하루를 마무리하는 일정이다.

> 근교도시

# 로크룸 섬 Lokrum Island
아드리아해 섬들의 왕

두브로브니크에서 남동쪽으로 보트로 10분만 가면 나타나는 로크룸은 섬들의 왕이라 불린다. 1023년 로크룸은 두브로브니크에 있던 여러 공화국 가운데 최초로 베네딕트회 수도원이 되었는데, 이때부터 세계 각지의 이국적인 나무를 재배한 데서 비롯하여 섬의 이름은 라틴어로 '새콤한 과일'이라는 뜻이 '아쿠르멘(Acrumen)'이라는 단어에서 가져왔다고 한다. 섬의 울창한 숲과 공원 일대는 1959년 자연 보호 지구와 특별 삼림 재배지로 지정되었다. 4~10월 동안만 섬을 방문할 수 있다.

# 로크룸 섬 가는 길

**로크룸 섬**

### 크루즈

두브로브니크와 무척 가까워 당일치기 여행지로 인기가 가장 많고, 보트도 자주 운항한다(날씨가 궂으면 보트를 운항하지 않으니 참고할 것). 배에서 내려 바로 보이는 분홍색 건물은 섬 관리자의 건물로 쓰던 것으로 현재 로크룸 관광 사무소가 위치한다. 간단한 기념품도 살 수 있고, 보트나 기타 관광 정보를 얻을 수 있다. 로크룸 섬 지도와 브로슈어도 구입 가능하다.

| 운행 노선 | 운행 시간 |
| --- | --- |
| 두브로브니크 구 항구-로크룸 | 09:00~18:00(30분 간격) |
| 로크룸-두브로브니크 | 10:14~19:00(30분 간격) |

전화 020 311 738  홈페이지 www.lokrum.hr

### 📷 포르토츠 항구 Port Portoč  `34442`

나무 그늘에 가려진 항구 옆 해변가는 바위가 많지만, 돌이 반들반들하고 넓고 평평하여 해수욕하기에 좋다. 30분마다 오고 가는 보트를 구경하며 로크룸을 떠나기 전 아쉬움을 달래는 마지막 물놀이는 이곳에서 하면 된다.

### 📷 베네딕트 수도원 Benediktinski Samostan / Benedictine Monastery  `34443`

1667년 지진 참사 때 파괴된 후 쇠퇴하다가 1798년 완전히 버려진 수도원 터이다. 훗날 멕시코의 황제가 된 오스트리아 합스부르크의 막시밀리안 대공이 이 자리에 고전주의 양식의 저택을 지으려 했는데, 공사가 미완성으로 끝나 그 상태 그대로 남아 있다.

## 막시밀리안의 정원 Maksimilijanovi Vrtovi / Gardens of Maximilian 34444

수도원 뒤에 위치한 올리브 나무로 가득한 정원을 막시밀리안의 정원이라 부른다. 1859년 로크룸을 여름 별장으로 사용하려 구입했던 합스부르크의 막시밀리안 페르디난드가 들여온 수많은 식물 중 계속해서 맥을 이어온 것은 올리브 나무로, 올리브 나무가 지천인 정원을 거닐면 저절로 건강해지는 기분이 든다. 나머지는 새로 씨를 뿌려 주거나 종을 바꾸어 자라도록 관리하고 있다.

## 수목원 Botanički Vrt / Botanical Garden 34445

여행을 무척 좋아했던 막시밀리안은 500여 종의 나무와 꽃을 칠레, 호주, 캘리포니아, 남아프리카 등지에서 옮겨 오는 등 아름다운 정원을 조성하는 데 공을 많이 들였다. 이 때문에 로크룸 전체가 큰 공원처럼 푸르고 무성해지기 시작했다고 한다.

> **Tip** 로크룸 섬의 공작새
> 막시밀리안이 로크룸에 가져온 것 중 또 하나는 카나리 섬 제도의 공작새이다. 지난 150년 동안 섬에 무척 잘 적응하여 섬 곳곳을 활보하고 다니는 것을 쉽게 볼 수 있다. 사람을 무서워하지 않아 로크룸 섬을 찾는 사람들은 공작새와 기념사진을 꼭 찍어 간다.

### 🔵 로열 요새 Utvrda Royal / Fort Royal `34446`

1806년 프랑스가 주도하여 지은 높이 91m의 로열 요새는 섬에서 가장 높은 건축물이다. 로크룸 섬 전체와 두브로브니크까지 조망할 수 있다. 별 모양의 독특한 구조가 특징이며 요새를 지을 당시 재배했던 소나무 숲도 아직 남아 있다.

로크룸 섬

## 사해 Mrtvo More / Dead Sea 34447

작은 소금물 호수는 그 농도가 무척 진해 사해라고 부른다. 염분이 많아 쉽게 뜨니 수영 초보자라도 즐겁게 물놀이를 할 수 있다. 단, 물을 마시지 않도록 주의하자.

## 스칼리카 해변 Uvala Skalica / Skalica Beach 34448

파도에 이리저리 깎여 단면은 거칠고 표면은 평평한 넓은 바위가 있는 해변이다. 무더운 여름날에는 돌 표면이 뜨거워 태닝을 하려고 누워 있으면 앞뒤로 동시에 타는 기분이 든다. 좀 더 뒤편으로 들어가면 누드 비치 구역이 나타난다.

# 테마 여행

- 미식가를 위한 **크로아티아의 전통 맛**
- 여행의 즐거움을 한껏 높여 줄 **크로아티아 맥주와 와인**
- 여유로운 오후, **카페 타임 in 크로아티아**
- 에너지 넘치는 여행자를 위한 **크로아티아의 축제**
- 크로아티아의 **레저와 액티비티**

| THEME TRAVEL 01 |

# 미식가를 위한
# 크로아티아의 전통 맛

다른 나라를 여행하는 큰 재미 중 하나는 바로 음식이다. 맛있다는 음식점을 찾아가 맛보고, 여행하는 지역의 고유한 맛도 느껴 보면서 바쁜 일정의 고단함을 덜고 남은 하루를 위한 에너지를 채울 수 있다. 산 좋고 물 좋은 곳에서 나는 다양한 재료를 만든 맛 좋은 음식과 그들만의 와인과 맥주까지 모두 갖춘 크로아티아는 식사 때가 기다려지는 미식가들을 위한 여행지다.

## 크로아티아 요리의 특징

크로아티아 요리는 지역마다 특징이 뚜렷하다. 고대부터 사람이 살기 시작한 땅이었고 여러 국가와 민족의 침략과 지배를 겪었으며 인접 국가들의 영향도 많이 받았다. 오스트리아-헝가리의 귀족들의 식문화에도 영향을 받았다.

크게는 내륙과 해안가로 나뉘는데, 내륙의 요리는 슬라브족과 헝가리, 오스트리아, 터키 요리의 영향을 많이 받았다. 요리에 라드를 많이 사용하고 흑후추, 파프리카, 마늘 등의 향신료를 주로 사용한다. 육류를 장기간 보관할 수 있는 다양한 용기와 훈제 등 가공 방식도 발전하였다. 해안가 요리의 경우 그리스, 로마, 일라리아인들이 살던 지역으로 이들과 더불어 이탈리아(특히 베네치아)와 프랑스의 영향을 많이 받았다. 올리브유와 로즈메리, 세이지, 오레가노, 육두구, 정향 등의 향신료를 주로 사용하고, 가공한 돼지고기도 많이 먹는다.

특정한 요리법과 대표 요리가 있는 유명한 지역으로는 이스트리아(Istria)와 달마티아(Dalmatia)가 있다. 물론, 해당 지역의 음식을 좀 더 쉽게 접할 수 있다는 것이지, 다른 지역의 요리를 맛볼 수 없는 것은 아니다.

최근 몇 년 동안 두브로브니크와 자그레브에는 태국, 멕시코, 일본, 남미 등 세계 각지의 요리 전문 식당들이 굉장히 많이 생겨나기 시작했고, 크로아티아의 전통 요리를 현대화하거나 파인다이닝으로 발전시키는 곳도 많아졌다. 크로아티아 와인과 올리브유의 수출이 증가하면서 등급 체계도 더 구체적으로 모습을 갖춰 가고 있다.

음식도 문화다. 음식을 통해 여행지의 맛깔난 문화를 접해 보자!

## 크로아티아의 식문화

- 하루 중 가장 잘 챙겨 먹는 중요한 끼니는 점심이다. 아침(Doručak, 도루차크)을 먹고 9~11시 사이에 가블렉(Gablec) 또는 마렌다(Marenda, '포크와 나이프로 먹는 아침식사' 라는 뜻)라 부르는 간식을 먹기 때문에 점심 시간이 조금 늦다. 점심(Ručak, 루차크)을 거하게 먹고 나서 저녁(Večera, 베체라)은 점심 때 남은 음식으로 먹기도 하고 조금 더 가볍게 먹는다.

- '잘 먹겠습니다'는 크로아티아어로 '도바르 테크(Dobar Tek)!'이다. 누군가 '도바르 테크'를 선창하면 나머지 사람들은 '흐발라(Hvala)'라고 답한다.

- 대부분이 가톨릭인 크로아티아에서는 종종 식사 전에 기도를 올리기도 하고, 축일이나 공휴일에는 특별히 고기를 많이 요리한다.

- 일반 식당은 코노바(Konoba), 조금 더 고급스러운 식당은 레스토란(Restauran)이라고 부른다.

- 크로아티아 사람들은 식사 후 대부분 팁을 남긴다. 10% 정도가 일반적이며 잔돈이 남으면 잔돈을 두고 오는 정도도 괜찮다. 정말 훌륭한 서비스를 받았을 경우에는 15% 정도를 남긴다. 종종 커버 차지라고 하여 서비스에 대한 비용을 음식 값에 더해 계산서에 청구하는 곳도 있으니 이런 식당의 경우 팁을 좀 더 적게 남긴다.

**크로아티아를 대표하는 식재료와 요리**

### ▶ 생선

크로아티아 사람 중에 생선을 좋아하지 않는 사람이 있을까? 맑고 깨끗한 아드리아해 덕분에 생선은 지천이다. 신선한 생선을 간단히 그릴에 올려 올리브유와 소금, 후추만으로 간을 해 구워 먹는 것은 생선구이가 일반적이고 다른 요리도 많다. 도미, 농어, 쏨뱅이가 가장 흔하다.

생선구이

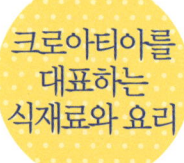
브로데트

### ★ 대표적인 생선 요리

브로데트 Brodet : 달마티아 지방의 생선 스튜. 주로 장어를 많이 사용하고 폴렌타(Polenta, 옥수숫가루를 끓는 물에 넣어 만드는 죽 형태의 요리) 또는 쌀과 함께 서빙한다.

### ▶ 소고기와 돼지고기

크로아티아 사람들은 생선 못지않게 고기도 즐긴다. 다진 고기를 작게 뭉쳐 간단히 구워 먹는 체바피(Ćevapi)나 양고기, 닭고기, 돼지고기 등 다양한 고기를 꼬치에 끼워 구워 먹는 라즈니치(Ražnjići) 등 간단한 레시피로 손쉽게 해 먹는 편이다. 각 지역의 고유한 과일과 빵 같은 여러 식재료와 조합을 이룬 다양한 고기 요리를 맛볼 수 있다.

파스티차다

### ★ 대표적인 소고기 요리

**파스티차다** Pašticada : '달마티아 요리의 여왕'이라 불리는, 달마티아에서 가장 인기 있는 요리다. 각 가정마다 파스티차다를 만드는 특별한 레시피가 있을 정도로 종류가 다양하다. 송아지 살코기를 며칠 동안 식초에 절여 자체 육수와 레드 와인으로 몇 시간 푹 삶은 후 뇨끼와 서빙한다.

### ★ 대표적인 돼지고기 요리

**프루스트** Prsut : 돼지고기를 가공한 것으로, 이탈리아의 프로슈토와 같은 것이다. 주로 이스트리아, 달마티아 지방에서 많이 생산하고 애피타이저와 와인 안주로 먹는다.

### ▶ 이스트리아 트러플 Tartufima

이스트리아에서 트러플을 빼놓을 수 없다. 이 지역으로 여행을 오는 사람들 중에 미식가들도 많다. 이스트리아 지방 자체적인 트러플 기준이 있어 레스토랑에 '타르투포 베로(Tatufo Vero)'라는 표시가 있으면 기준에 부합하는 트러플을 사용한다는 뜻이라고 한다. 최고급 이스트리아 화이트 트러플은 1kg에 3천 유로에 팔린다.

### ★ 대표적인 트러플 요리

**푸쉬** Fuži : 이스트리아의 대표 요리로, 반죽부터 직접 해서 만드는 파스타 요리다. 크로아티아 가정에서 가장 흔하게 만들어 먹는 음식으로, 트러플을 아낌없이 뿌려 넣는 것이 특징이며, 이스트리아 와인과 잘 어울린다.

### ▶ 파그 치즈 Pag Sir

달마티아 지방의 섬 파그(Pag)에서 나는 치즈는 품질이 좋아 전 세계적으로 유명하다. 요리에 넣어 먹어도, 와인 안주로 먹어도 좋다. 파그 섬까지 가지 않더라도 크로아티아 전역의 여러 훌륭한 레스토랑과 바에서 파그 치즈를 맛볼 수 있다.

### Tip 페카 Peka

페카는 요리 이름이 아니라 크로아티아에서 무척 자주 이용하는 요리 방법이다. 종 또는 돔 형태의 테라코타 그릇에 페카라고 부르는 철 뚜껑을 덮어 나무로 불을 때는 방식이다. 테라코타 그릇 안의 요리가 익으면 잉걸불을 페카 위에 얹어 잔열로 요리를 마무리한다. 이 방식으로 육류와 생선을 요리하며 감자와 함께 요리하는 것이 일반적이다.

| THEME TRAVEL 02 |

## 여행의 즐거움을 한껏 높여 줄
# 크로아티아 맥주와 와인

이탈리아 피자가 맛있는 이유는 도우 반죽할 때 쓰는 물부터 달라서라는데, 크로아티아의 와인과 맥주가 유달리 맛이 좋은 것도 크로아티아의 물이 깨끗하기 때문이다. 전국의 수돗물이 식수로 음용이 가능하다. 좋은 물을 바탕으로, 유럽에서 가장 일조량이 많은 축복받은 기후 조건과 비옥한 땅, 성실하게 일하는 사람들의 정성이 모여 크로아티아의 질 좋은 주류를 만든다.

**와인**
Vino

크로아티아는 고대 그리스 때부터 와인을 만들어 온 땅이다. 지금도 크로아티아 전통 포도 품종이 자라고 있다. 총생산량은 5만 톤 정도로, 세계 와인 생산 국가 중 30위 정도에 해당한다. 크로아티아에서 와인은 일상에서 뗄 수 없는 음료로 식사와 함께 자연스레 곁들인다. 물을 섞어 마시는 경우도 많은데, 탄산수와 화이트 와인을 섞은 음료를 게미슈트(Gemišt), 물과 레드 와인을 섞은 것을 베반다(Bevanda)라 한다.

크로아티아의 와인 산지는 크게 내륙(Kontinetalna, 콘티네탈나)과 섬과 해안가(Primorska, 프리모르스카)로 나뉜다.(EU 가입 후 공식적으로 유럽 연합 기준에 따라 나뉘는 지역은 동부 내륙, 서부 내륙, 해안가다.) 내륙은 인근의 슬로베니아, 오스트리아, 헝가리와 유사한 풍부하고 프루티한 맛의 화이트 와인이 주이고, 북쪽 해안가의 이스트리아는 가까이 위치한 이탈리아의 와인과 유사하다. 크로아티아 남부 와인은 지중해풍의 레느가 있다. 섬과 해안가 와인은 각 지역의 고유한 포도 종을 사용하며 각각의 개성이 강하다. 달마티아 지방의 섬 와인들이 크로아티아에서 가장 인기가 많고 품질이 좋기로 유명하다. 지리적으로는 300개 이상의 세부적인 와인 산지로 구분되고, 총 700여 종류의 와인을 생산한다. 화이트 와인의 종류가 더 많고(67%), 로제 와인은 거의 찾아볼 수 없다.

### ▶ 크로아티아의 포도

크로아티아의 포도 품종은 여러 지역에 분포되어 자라는 것이 아니라 특정 지역에서만 자라는 경우가 많다. 그 종류도 많아 이름을 외우기가 무척 어렵다.

| | |
|---|---|
| 레드 | 전문가들이 인정하는 크로아티아 최고의 레드 포도 품종은 훌륭한 달마티아 와인을 만드는 플라바츠 말리(Plavac Mali). 크로아티아가 원산지인 진판델(Zinfandel) 종과 유전적으로 동일한 것이다. |
| 화이트 | 이스트리아의 말바치자(Malvazija)와 코르출라 섬의 포십(Posip)이 크로아티아에서 가장 훌륭한 화이트 와인을 만든다. |

## 크로아티아 와인 라벨

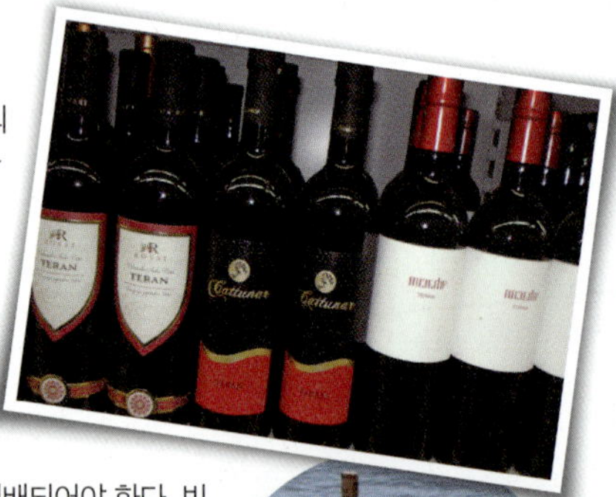

크로아티아도 EU 와인 규정을 적용받아 와인 품질의 등급화가 이루어지고 있다. 라벨로 쉽게 그 품질을 알 수 있다. 프랑스 와인 등급 AOC와 비슷하게 크로아티아 와인은 세 가지 등급으로 나뉜다. 등급에 따라 언제, 어떻게 수확하여 어떤 조건으로 성숙시키고 발효시켰는지에 대한 기준 등을 만족시켜야 한다. 또 라벨에는 그 원산지가 표시되어 있어, 같은 지역에서 자란 포도로 빚은 와인인지를 확인할 수 있다. 이 표시를 하려면 사용된 포도의 85%가 같은 지역에서 재배되어야 한다. 빈티지 표시를 하려면 최적의 성숙 기간 이상 셀러에서 보관되어야 한다.

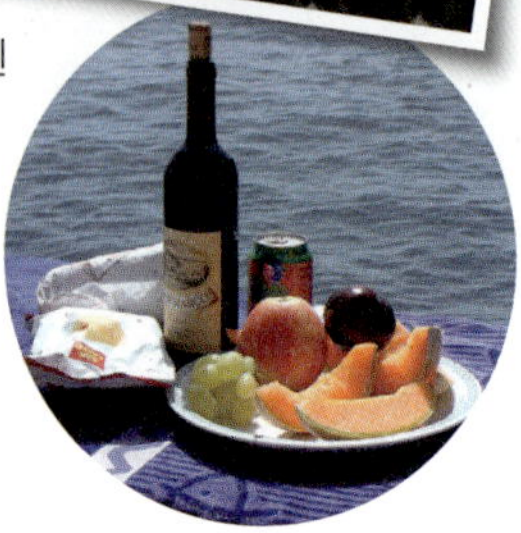

| Vrhunsko Vino | Kvalitetno Vino | Stolno Vino |
|---|---|---|
| 브르훈스코 비노 | 크발리테트노 비노 | 스톨노 비노 |
| 가장 훌륭한 등급의 와인 | 검증된 품질의 와인 | 테이블 와인 |

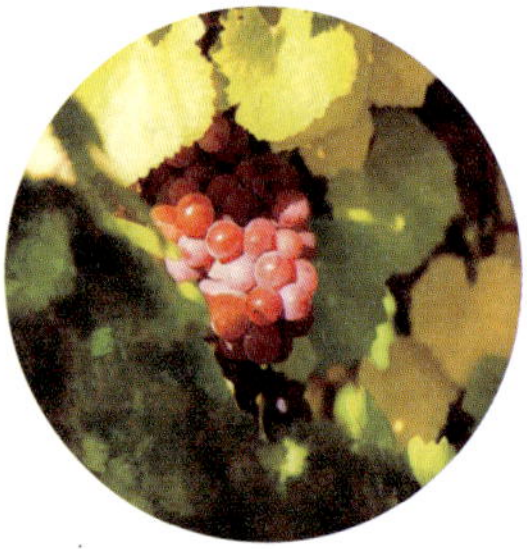

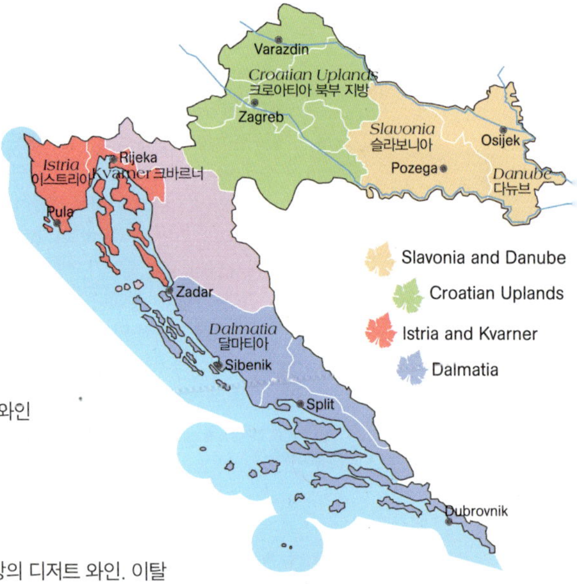
Varazdin
Croatian Uplands
크로아티아 북부 지방
Zagreb
Slavonia
슬라보니아
Osijek
Pozega
Danube
다뉴브
Rijeka
Istria
이스트리아
Kvarner 크바르너
Pula
Zadar
Dalmatia
달마티아
Sibenik
Split
Dubrovnik
Slavonia and Danube
Croatian Uplands
Istria and Kvarner
Dalmatia

크로아티아 와인 산지

## 크로아티아 와인의 종류

| | |
|---|---|
| **수호** Suho | 드라이 와인 |
| **폴루수호** Polusuho | 세미-드라이 와인 |
| **슬라트코** Slatko | 달콤한 와인 |
| **비예로** Bijelo | 화이트 와인 |
| **츠르노** Crno | 레드 와인 |
| **로사** Rosa | 로제 |
| **프로세크** Prošek | 달마티아 지방의 디저트 와인. 이탈리아 빈 산토 Vin Santo와 비슷하다. |

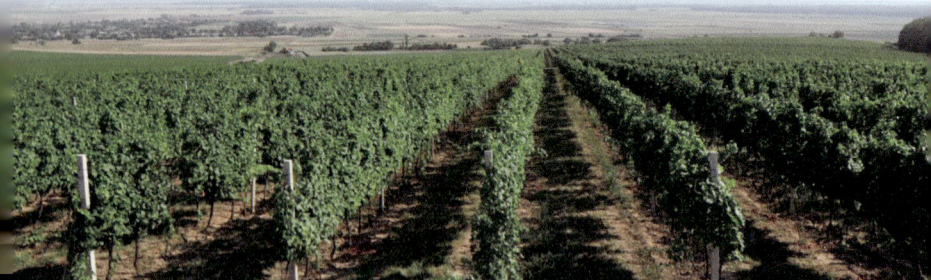

## 맥주 Pivo

크로아티아 최초의 맥주 양조장은 17세기 말 오시예크(Osijek)에 세워졌지만 현재 크로아티아 맥주의 수도는 자그레브다. 수많은 로컬 양조장들이 해마다 생겨나고 있으며 유명 펍들이 자체 맥주를 개발하는 등 맥주 트렌드가 빠르게 변화하는 도시이다. 수입 맥주도 쉽게 볼 수 있지만 크로아티아 사람들은 자국 맥주를 가장 즐겨 마신다. 바둑판무늬의 크로아티아 국기가 라벨 뒤에 그려져 있어 쉽게 알아볼 수 있다. 카를로바코와 오주스코가 크로아티아 맥주의 양대산맥이다. 자그레브를 비롯한 크로아티아 북쪽에서는 주로 오주스코를, 남부에서는 카를로바코를 더 즐겨 마신다. 최근에는 크래프트 맥주, 아티산 맥주 등 크로아티아 맥주가 좀 더 다양해지고 있다. 크래프트 맥주에 관한 가장 방대하고 자세한 정보를 전달하는 웹사이트 레이트비어(RateBeer)는 자그레브의 '즈마스카 피보바라(Zmajska Pivovara, Dragon Brewary)'의 크래프트 비어를 2014년 최고의 크래프트 비어 TOP 10 중 하나로 꼽기도 하였다.

### ● 오주스코 Ožujsko
'3월'이라는 뜻의 라거 맥주(5%). 3월에 거둔 보리로 만든 맥주가 가장 맛있다고 하여 붙여진 이름이다. 크로아티아 최대 맥주 양조장인 자그레브의 '자그레바츠카 피보바라(Zagrebačka Pivovara)'의 플래그쉽 브랜드이다.

### ● 카를로바코 Karlovačko
카를로바츠(Karlovac)에서 양조한 맥주(5.4%).

### ● 판 Pan
칼스버그(Calsberg) 그룹에 속한 라거 맥주. 1997년 크로아티아 맥주 시장에 등판한 신예로, 카를로바코와 오주스코 못지않은 인기를 누리고 있다.

**Tip** 크로아티아어로 '건배'는 지빌리(Živjeli)!

| THEME TRAVEL 03 |

# 여유로운 오후,
# 카페 타임 in 크로아티아

커피를 좋아하지 않더라도, 크로아티아 각 지역의 카페를 찾을 이유는 많다. 무엇보다 현지 사람들의 편안하고 자연스러운 모습 안에 어우러져 고소하고 깊은 맛의 커피와 달콤하고 건강한 디저트와 향긋한 차 그리고 낮이라도 한잔 들이키기 좋은 시원한 맥주까지 저렴한 가격에 즐길 수 있으니 말이다. 따사로운 햇살과 찰랑이는 바다 전망을 감상할 수 있는 좋은 자리에 위치한 곳들도 많다. 멋진 카페에서 즐기는 향기로운 차 한잔과 달콤한 디저트로 여행의 추억 한 장을 더해 본다.

## 크로아티아 카페 문화

크로아티아의 스타벅스 개점이 무기한으로 연기되었다. 크로아티아 사람들의 남다른 로컬 카페 사랑 때문이다. 크로아티아 사람들은 1년 평균 2백 25만 시간을 커피를 마시며 보내고(한 사람당 하루 30분에 해당한다), 1인 평균 5kg에 해당하는 22,500톤의 커피를 소비한다. 크로아티아에서 커피를 마신다는 것은 사회적인 활동으로, 시간을 가리지 않고 누구를 만날 때면 항상 카페에 함께 가서 커피를 마신다. 커피의 맛과 향도 중요하지만 크로아티아 사람들에게 가장 중요한 것은 다른 사람과 편안하고 즐거운 시간을 보낸다는 것이다. 비즈니스를 하는 사이에도 카페 미팅을 하는 경우가 굉장히 많다. 바쁜 친구에게 요즘 얼굴도 잘 보지 못한다고 투정할 때도 '나 만나서 커피 한잔 할 시간도 없구나!(Nemaš Vremena ni za Kavu, 네마스 브레메나 니 자 카부)', 돈이 없을 때도 '커피 한잔 사 마실 돈이 없어.(Nemam ni za Kavu, 네맘 니 자 카부)'처럼 커피를 이용한 표현을 쓸 정도로 크로아티아 사람들과 커피의 관계는 깊고 끈끈하다. 함께 커피를 마시자는 표현은 우리 시간을 함께 보내자라는 의미처럼 사용된다.

크로아티아의 커피는 터키와 이탈리아의 영향을 크게 받았다. 향과 맛이 진한 아라비아 커피(Turska Kava, 투르스카 카바)가 가장 흔하고, 이탈리아에서는 에스프레소가 건너와 터키 커피의 인기를 넘어섰다.

## 알아 두면 재미난 크로아티아 커피 문화

- 토요일 오전에 마시는 커피는 좀 더 특별하다. 자그레브에서는 이것을 스피차(Špica)라 부르는데, '흥미로운 일이 일어나는 곳에 있는 것'을 뜻한다.

- 누군가를 집에 초대할 때 크로아티아 사람들은 보통 '커피 마시러 오세요.(Dođi na Kavu, 도디 나 카부)'라 말한다. 손님을 초대해 내놓는 첫 잔의 커피는 '카바 도체쿠사(Kava Dočekuša)'라 부르고, 손님을 보내는 마지막 잔은 '카바 시크테루사(Kava Sikteruša)'이다. 식사가 길어

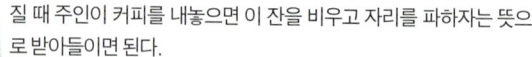

질 때 주인이 커피를 내놓으면 이 잔을 비우고 자리를 파하자는 뜻으로 받아들이면 된다.

- 누군가의 집에 초대받아 갈 때 크로아티아의 가장 오래된 커피 로스터 브랜드인 프랑크(Franck)의 250g 커피를 선물하는 것이 무척 흔한 일로, 이 커피덩이를 벽돌이라는 뜻의 '시글라(Cigla)'라 부르기도 한다.
- 'Plaćam kavu!(프라참 카부)'는 '내가 커피 살게.'라는 표현이다. 크로아티아 사람들이 더치페이를 하지 않는 것이 있다면 바로 카페 계산서다. 친구들끼리 돌아가면서 사거나 하는 일이 일반적이라고.
- 카페에서 커피를 마시는 일은 사람들과 함께하는 시간을 보내는 것이 목적이기 때문에 크로아티아 사람들은 커피를 천천히 마신다. 한잔을 마시며 꽤 오래 앉아 있어도 여느 유럽의 관광 도시들과 마찬가지로 보통 웨이터가 눈치를 주는 일은 없다.

▶ **크로아티아 카페 메뉴**

| | | |
|---|---|---|
| 비엘라 카바 | Bijela Kava | 카페라떼 |
| 카바 스 믈리예콤 | Kava s Mlijekom | 플랫 화이트 |
| 오비츠나 카바 | Obična Kava | 에스프레소 |
| 벨리카 | Velika | 큰 사이즈 |
| 말라 | Mala | 작은 사이즈 |
| 프로두제나 카바 | Produžena Kava | 아메리카노 |
| 카바 믹스 | Kava Mix | 비엔나 커피 |

사모보르 크렘스니타

## 크로아티아의 디저트

### 사모보르 크렘스니타 Samobor Kremšnita

커스터드와 바닐라 크림을 아낌없이 넣어 만드는 크림 케이크. 종류가 다양한데 가장 유명한 것이 바로 자그레브 근교 사모보르의 것이다. 위를 슈크림 빵으로 장식하는데, 자그레브에서는 슈크림 빵 대신 초콜릿을 얹는다. 진한 커피의 맛과 무척 잘 어울리는 달콤한 케이크다.

### 마코브냐차 Makovnjaca

양귀비 씨로 만드는 크로아티아 전통 케이크다. 크리스마스와 부활절을 비롯하여 축제날과 공휴일에 특히 많이 먹는다.

### 프리툴 Fritule

우스티파크(Uštipak), 우스팁치(Uštipci)라고도 불리는 달마티아 지방의 케이크의 한 종류로, 레몬 껍질, 브랜디, 각종 잼 등을 넣어 맛을 내고 파우더 슈가를 뿌려 완성하는 미니 도너츠. 스플리트에서 특히 많이 볼 수 있는 길거리 간식이다.

### ▶ 아란치니 Arancini

오렌지 껍질을 주재료로 하는 남부 크로아티아의 전통 캔디로, 레몬과 자몽으로 만들기도 한다. 식후 입가심으로 좋고, 여행 중 당이 떨어질 때 하나씩 잘근잘근 씹어 먹어도 좋다. 기념품으로도 인기가 많다.

### ▶ 팔라친케 Palačinke

동유럽의 대표적인 길거리 음식으로, 크레페와 비슷한 얇은 팬케이크다. 프랑스의 크레페와 다른 점은 팔라친케의 경우 반죽을 만들어 바로 구워 내지만 크레페는 반죽을 몇 시간 동안 숙성시킨 후 사용한다는 것. 다양한 맛의 속을 넣어 돌돌 말아 먹는다. 달마티아 지방을 포함하였던 고대 로마 제국의 도시 판노니아(Pannonia)에서 처음 만들어졌다.

### ▶ 로자타 Rožata

두브로브니크 지역에서 처음 만들어진 크로아티아의 커스터드 푸딩. 두브로브니크 고유의 리큐르 로잘린을 사용하는데, 로자타의 향을 내는 데 큰 역할을 하여 이것에서 이름을 따 오기도 하였다. 럼주나 체리 리큐르와 함께 서빙하기도 하는데, 역시 자다르의 마라스키노가 가장 맛이 좋다.

| THEME TRAVEL 04 |

# 에너지 넘치는 여행자를 위한
# 크로아티아의 축제

크로아티아는 유럽의 떠오르는 파티 플레이스! 물가가 싸고 자연 경관이 좋아 축제 전후로 여행하기도 좋기 때문이다. 전통적인 지역 축제는 물론 유럽 각지의 젊은이들이 찾아오는 트렌디한 음악 페스티벌도 열린다. 특히 여름 축제가 많아 성수기 시즌에 크로아티아를 찾는 여행자가 더 많아지고 있다.

### 하이드아웃 페스티벌 Hideout Festival

시작한지 몇 년 되지 않았지만 크로아티아의 열정적인 여름을 경험할 수 있는 대표 축제로 급부상한 페스티벌이다. 6월 말~7월 초(해마다 날짜 변경)에 열리며, 자다르 근교 파그 섬의 츠르체 해변이 주 무대이다. 밤새 해변에서 즐기는 음악에 열광하고 싶다면 페스티벌 일정을 알아보자.

홈페이지 www.hideoutfestival.com

### 스플리트 페스티벌 Splitski Festival

1960년부터 해마다 열리는 스플리트 음악 축제. 크로아티아의 중요한 음악 축제 중 하나로, 엄격한 심사 기준에 부합하는 작품들을 심사하여 최고 작품을 뽑는 경연 형식의 축제다. 이 축제를 통해 크로아티아를 대표하는 음악가들의 800여 개 이상의 작품들이 발표되었다. 곡은 반드시 달마티아와 지중해 지역 문화를 바탕으로 한 선율과 가사로 이뤄져야 한다.

홈페이지 splitskifestival.hr

### ▶ 사운드웨이브 크로아티아 Soundwave Croatia

해마다 점점 더 놀라운 라인업으로 돌아오는 음악 축제. 영국의 인디펜던트(Independent)지가 유럽 최고의 음악 페스티벌 중 하나라고 극찬한 바 있다. 어촌 마을인 티스노(Tisno)에 위치한 작은 프라이빗 해변에서 열리는데, 무척 익스클루시브(Exclusive)한 분위기가 특징이다. 라이브 그래피티 페인팅과 현대 미술가, 스트리트 예술가, 행위 예술가들도 종종 참여하며 크로아티아 영화 상영회도 열어, 음악뿐 아니라 다양한 볼거리를 즐길 수 있다. 페스티벌은 5일간 계속되며 세 개의 스테이지로 운영된다. 야외에서 열리는 애프터 파티 바바렐라(Barbarella)가 본 페스티벌만큼이나 신나기로 유명하다. 티스노는 자다르에서 차로 1시간, 스플리트에서 차로 1시간 30분~2시간 정도가 걸린다.

홈페이지 www.soundwavecroatia.com

### ▶ 두브로브니크 서머 페스티발 Dubrovačke Ljetne Igre

47일간의 클래식 음악, 연극, 오페라와 무용 공연이 펼쳐지는 두브로브니크에서 가장 성대하게 열리는 연중행사. 60년 이상의 전통이 있는 지역색 강한 축제다. 공연장은 시의 70여 개 장소를 사용하며 주로 구시가지 안에서 축제가 진행된다. 무료 공연도 꽤 많이 열리며 세계 각국에서 오는 2천 명 이상의 예술가들이 참여한다.

홈페이지 www.dubrovnik-festival.hr

| THEME TRAVEL 05

# 크로아티아의
# 레저와 액티비티

600km에 달하는 크로아티아의 해안가는 그리 긴 편은 아니지만 굴곡이 굉장히 많아 이를 다 펼치면 길이가 세 배는 더 길어질 것이라고 한다. 그만큼 조금만 떨어져 있는 해변을 찾아도 전혀 다른 분위기의 풍경을 감상할 수 있다. 섬도 많고 해안가에 조성된 아기자기한 마을들도 많아 바다를 따라 여행하는 재미가 굉장하다. 멋진 풍경을 눈과 사진으로 담는 것도 좋지만 몸으로 직접 체험하는 것만큼 짜릿한 경험이 있을까?

## 수상 레저

크로아티아 대부분의 큰 해변에서는 패들 보트, 서핑 보드, 카누 등의 장비를 대여할 수 있다. 제트 스키, 패러세일링을 할 수 있는 해변도 굉장히 많다. 래프팅, 스노클링, 다이빙 일일 투어를 제공하는 투어 업체들도 많다. 여행지에 가서도 쉽게 찾아볼 수 있지만 미리 프로그램 구성을 알아보거나 예약을 하고 싶다면 다음의 대표적인 해양 액티비티 업체들을 살펴보자.

### ▶ 액티브 홀리데이스-크로아티아 Active Holidays

매일 아침 9시에 프로그램을 진행하며, 윈드 서핑, 패러글라이딩, 카누, 클라이밍과 수영을 혼합한 딥 워터 솔로잉, 카약, 래프팅 등 굉장히 세부적이고 방대한 프로그램을 지원한다. 생소하고 낯선 액티비티도 있어 모험심 강한 여행자들이라면 시도해 볼 만하다. ATV 사파리, 지프라인, 번지 점프 등 육지에서 하는 액티비티 등 다양한 프로그램이 많다.

홈페이지 www.activeholidays-croatia.com

### ▶ 어드벤처 달마티아 Adventure Dalmatia

스플리트, 브렐라, 트로기르 일대에서의 카누, 캐니어닝(계곡 클라이밍과 수영이 합쳐진 활동), 래프팅, 강 튜빙, 카약, 스탠드 업 패들 보드 프로그램을 제공한다. 일일 투어와 이틀 이상의 프로그램 모두 갖추고 있고, 수상 레저 외에도 사이클링, 페인트볼, 암벽 타기 등의 프로그램이 있다.

홈페이지 adventuredalmatia.com

### ▶ 아웃도어 크로아티아 Outdoor Croatia

카약과 래프팅 프로그램이 주인데, 원하는 것을 의뢰하여 맞춤형 투어를 진행할 수도 있다. 아드리아 해안과 국립공원 주변에서 진행한다.

홈페이지 outdoorcroatia.com

### ◉ 아드리아틱 카약 투어스 Adriatic Kayak Tours
론리 플래닛, 트립 어드바이저, 포도스 등 여러 여행 관련 매체에서 적극 추천하는 업체다. 카약과 스탠드 업 패들 보드 프로그램을 주로 운영하며 반나절, 하루, 1주일 일정 등 구성이 다양하다. 몬테네그로 산악 등반 프로그램도 있으며 주로 두브로브니크와 그 주변 섬에서 프로그램을 진행한다.
홈페이지 www.adriatickayaktours.com

### ◉ 옐로우 캣 YellowCat
크로아티아에서 가장 예쁜 해변으로 손꼽히는 브라츠 섬의 즐라트니 라트 해변에 위치한 카이트보딩 센터. 10년 이상 오로지 카이트보딩만을 전문으로 해 왔다. 시간당 수업과 3일, 5일 프로그램도 있다. 요트 대여도 가능하다.
홈페이지 en.zutimacak.hr

내륙 액티비티

### ◉ 승마
플리트비체 국립 호수 공원 부근에서 승마 프로그램을 운영하는 옐로브 클라나치 목장(Jelov Klanac)은 여행자의 수준과 나이, 체력에 맞추어 다양한 루트를 마련해 두고 있다. 플리트비체를 더욱 특별하게 여행하고 싶은 활동적인 여행자에게 추천한다. 두브로브니크 남부에 위치한 그루다(Gruda)에서도 승마 체험을 할 수 있다. 코얀 코랄(Kojan Koral)의 올리브나무와 소나무로 무성한 숲을 지나 해안가 경치를 감상하며 말을 타는 반나절 11km 프로그램이 인기다. 물위를 달리는 기분을 느끼고 싶다면 자다르 부근에 위치한 자톤 홀리데이 리조트(Zaton Holiday Resort) 소속의 리베르타스(Libertas)를 찾아가 보자. 아이들을 위한 프로그램도 있고, 바닷물을 사방으로 튀기며 해변을 달리는 2시간 비치 투어(Beach Tour)가 대표 프로그램이다.
홈페이지 옐로브 클라나치 목장 www.skedaddle.co.uk / 코얀 코랄 www.kojankoral.hr / 리베르타스 www.facebook.com/Horse-centre-Libertas-261907461611

### ◉ 사이클링

**스케다들 Skedaddle**
스페인, 포르투갈, 프랑스, 영국까지 진출한 사이클링 투어 전문 업체다. 해마다 새로운 루트를 개발한다. 가족, 친구, 연인, 나홀로 여행자 모두를 위한 다양한 주제의 프로그램들이 있는 것이 장점이다.
홈페이지 www.skedaddle.co.uk

**Best 5** 크로아티아 해변

**1** 두브로브니크 - 성 야고보 Sveti Jakov  p.263

**2** 크르크 섬 - 바스카 Baška

**3** 브라츠 섬 - 즐라트니 라트
Zlatni Rat

브라츠 섬은 스플리트에서 보트로 1시간 10분, 흐바르에서 보트로 1시간 정도면 갈 수 있다. 현지에 당일치기 투어를 운행하는 여행 업체도 여러 곳 있다.

**5** 프리모스텐 - 말라 라두차 Mala Raduča  p.240

**4** 브렐라 - 푼타 라타 Punta Rata  p.211

# 여행 정보

- 여행 준비
- 출국 수속
- 크로아티아 입국
- 집으로 돌아가는 길

# 여행 준비

## 여권 발급하기

여권은 외국을 여행하고자 하는 국민에게 정부가 발급해 주는 일종의 신분증명서이다. 여권이 없으면 어떠한 경우에도 외국을 출입할 수 없으며 여권을 분실하였을 경우에는 본인이 신고하여 재발급을 받아야 한다. 대한민국의 경우 2008년 6월 이후로 전자 여권을 발급하고 있는데, 이는 기존 여권과 마찬가지로 종이 재질의 책자 형태로 제작된다. 다만, 앞표지에 국제민간항공기구(ICAO)의 표준을 준수하는 전자 여권임을 나타내는 로고가 삽입돼 있으며, 뒤표지에는 칩과 안테나가 내장되어 있다. 반드시 본인이 직접 방문 신청해야 발급이 가능하다. 종류는 종전과 마찬가지로 5년 또는 10년간 사용할 수 있는 복수 여권과 1년간 단 1회만 사용 가능한 단수 여권이 있다. 복수 여권의 경우 여권 발급 비용은 유효 기간 5년의 경우 45,000원, 5년 초과 10년 이내의 경우 53,000원이고, 단수 여권은 20,000원이다. 여권 발급은 외교부가 허가한 구청 혹은 도청에서 가능하고, 인구 밀도에 따라 별도의 발급 장소를 두고 있다. 여권 발급의 소요 시간은 지역에 따라 차이는 있지만, 보통 5일 정도이다. (단, 6~8월과 11~1월은 여행객들의 신규 접수가 많아 약 10일 정도 소요) 여권 발급에 관련한 자세한 사항은 www.passport.go.kr에서 확인 가능하다.

### ◈ 일반 전자 여권 발급에 필요한 서류

1. 여권 발급 신청서 1통(여권과에 비치)
2. 여권용 사진(3.5×4.5cm 사이즈로 최근 6개월 이내에 촬영한 것이어야 하며, 눈썹과 귀가 보여야 한다.) 1매(긴급 사진 부착 여권 신청 시에는 2매 제출)
3. 신분증(주민등록증, 운전면허증, 공무원증, 군인 신분증)

## ◈ 비자 발급

크로아티아는 비쉥겐 국가이지만 쉥겐 국가와 마찬가지로 무비자 90일 체류가 가능하다.

### Tip 재입국 허가 관련 주의

크로아티아 방문객 중 90일 한도인 크로아티아 관광비자 연장을 위해 인접 국가(슬로베니아, 세르비아 등) 방문 후 다시 크로아티아로 입국하다 거부되는 사례가 있다. 주의할 것은 쉥겐국의 경우 관광비자가 입국일로부터 180일(6개월) 기간 중 최장 90일(3개월)이나 크로아티아는 입국일로부터 90일(3개월)이므로 크로아티아 첫 입국 날짜로부터 90일이 경과할 경우 체류 일수와 상관없이 관광 비자는 소멸한다.

## 국제 운전면허증 신청하기

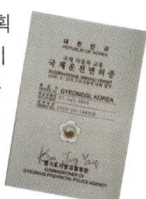

자동차나 오토바이를 렌트할 계획이라면 국제 운전면허증도 준비한다. 신청할 때는 운전면허증과 사진 1장, 여권, 수수료를 지참하고 전국 운전면허 시험장 또는 경찰서로 가면 30분 이내로 발급이 가능하다. 유효 기간은 발급 일로부터 1년이다. 크로아티아 현지에서 차량을 렌트하거나 운전할 때 한국외 면허증을 요청하는 경우가 많으니 한국 면허증도 함께 챙겨 간다.

## 국제 학생증 발급하기

우리나라에서 발급받을 수 있는 국제 학생증에는 'ISEC(International Student & Youth Exchange Card)'와 'ISIC(International Student Identity Card)' 두 가지가 있다. 항공권, 교통, 숙소, 환전 및 금융 서비스, 보험 우대뿐 아니라 명소나 박물관 방문 시 학생 할인을 받을 수 있다. 크로아티아의 대부분의 명소들은 학생 할인 요금이 따로 있으며 할인 폭도 상당하니 준비해 가자. 또한 바(bar), 클럽 등 나이트라이프를 즐길 때 국제 학생증은 여권 대신 신분증 역할을 한다.

### 국제 학생증의 다양한 혜택
1. 학생증이 있으면 전 세계 현금 지급기(ATM)에서 현지 통화로 현금 인출이 가능하다.
2. 국내 계좌 잔고 한도가 있을 경우 전 세계 마스터 카드 가맹점에서 물품 구매 및 서비스 이용 시 신용 카드처럼 편리하게 결제할 수 있다.
3. 포토 ID 겸용 금융 카드로 사진이 들어가 있어 타인이 도용할 위험이 적다.
4. 제휴 은행에서 제공하는 다양한 부가 서비스를 이용할 수 있고, 포인트까지 적립할 수 있다.

### 국제 학생증 발급 조건
국제 학생증은 아래 두 가지 경우 중 하나에 해당하는 만 12세 이상의 학생(Full Time Student : 18시간 이상의 정규 교육 과정에 등록한 학생으로서 이를 서류로 증명할 수 있는 자)에게 발급된다.

1. 정부 기관이 인정하는 교육 기관(중·고등학교, 대학교·대학원 등)에 재학 중인 학생 및 졸업생. 단, 수료생은 발급 불가.
2. 해외 교육 기관의 승인을 받은 유학·연수생 (Full Time Student)

위에 해당하는 학생은 인터넷에서 서류를 다운 받아 신청서를 작성한 후, 발급처에 방문하면 국제 학생증을 발급받을 수 있다. 단, 국제 학생증 발급 기관에 따라 신청서 및 발급처, 발급 절차가 조금씩 다르니 해당 기관의 발급 절차를 꼼꼼히 확인한 후 발급 신청을 해야 한다.

## 항공권 구입하기

대한항공에서 인천~자그레브 노선을 화·목·토 주 3회 운항하며 약 11시간 30분 정도 소요된다. 그 외에도 여러 항공사에서 유럽 도시를 1회 경유하여 자그레브에 취항한다. 아시아나 항공을 비롯하여 러시아 항공, 에어 프랑스, 알 이탈리아 항공, 오스트리아 항공, 체코 항공, 루프트 한자, 헝가리 항공, 터키 항공 등의 외항사도 이용할 수 있고, 경유지는 주로 프랑크푸르트, 런던, 파리, 취리히, 프라하 등이며 한국에서부터 비행 시간은 경유 시간을 포함 총 14~16시간 내외다.

보통 3개월 전부터는 인 아웃 도시에 맞게 항공권을 알아보는 것이 좋다. 항공권은 시간을 가지고 여유 있게 구입하는 것이 가격이나 좌석 확보에 좋다. 특히 6~8월 여름 성수기나 12월의 경우 일찍 좌석이 마감되는 경우가 있으므로 최소 45일 전에 항공권을 구매하자. 유류 할증료를 포함한 최종 가격으로 비교하여 결정한다. 인 아웃 도시를 이미 정했다고 해도, 항공권을 찾다 보면 인 아웃 도시만 살짝 바꿔도 훨씬 저렴한 항공권을 구할 수 있는 경우가 있으니, 여러 방면으로 검색해 볼수록 유리하다. 품을 많이 팔면 팔수록 같은 스케줄, 같은 항공사의 좌석이라도 좀 더 저렴하게 구입할 수 있으니, 항공권을 구할 때 부지런함은 필수다. 항공사들이 할인 폭이 큰 프로모션을 종종 진행하기 때문에 여행 계획이 있다면 주기적으로 여러 항공사 홈페이지나 SNS를 방문하여 프로모션이 있는지 살펴보는 것이 좋다. 여러 항공사들의 가격을 비교해 주는 항공권 전문 판매 사이트를 이용하는 것도 좋다. 출발일 2~3개월 전에 검색 가능한 할인 항공권은 보통 정해진 항공 요금보다 20~50% 정도 저렴하다. 학생 할인, 어린이 할인, 여행 사이트를 통한 구입 등 다양한 방법을 통해서 할인 항공권을 구입할 수 있다. 하지만 할인 항공권을 이용할 경우 불편한 점도 있다. 유효 기간이 너무 짧고 날짜를 변경하기 힘들거나 취소의 경우에 수수료가 따른다. 또한 다른 나라를 경유해서 도착하는 시간이 너무 이르거나 늦는 경우도 많다. 그래서 할인 항공권을 구입할 때는 여러 여행사나 인터넷 사이트에서 꼼꼼히 비교해 보고 구입하는 것이 좋다.

### 항공권 전문 판매 사이트
와이페이모어 www.whypaymore.co.kr
인터파크 tour.interpark.com
탑항공 toptravel.co.kr
온라인투어 www.onlinetour.co.kr
스카이스캐너 www.skyscanner.net
카약 www.kayak.com
구글 플라이트 www.google.com/flights

## 여행 루트 정하기

구체적으로 내가 가고 싶은 도시들의 우선순위

를 정하고, 각 도시의 대표적인 여행 명소를 알아보자. 여행 후기를 찾아보거나 트립 어드바이저(Trip Advisor)와 같은 여행 포털에서 인기 명소를 미리 검색해 보는 것이 도움이 된다. 사람들이 많이 가는 곳은 분명 이유가 있고, 많은 사람이 가는 루트는 그만큼 여행 시 효율적인 이동 경로이기 때문이다. 인 아웃 도시를 정하고 대강의 루트를 잡았다면 며칠 일정으로 여행할지 결정한다.

지도에 표시해 놓은 대강의 루트를 조금 더 구체적으로 정리해서 세부 루트를 결정한다. 너무 많은 도시에 욕심을 내면 자칫 여행이 아니라 극기 훈련이 될 수도 있다. 인 아웃 도시와 너무 거리가 멀거나 루트에서 많이 벗어난 곳은 과감하게 뺀다. 선을 그리면서 기간별 루트를 잡고, 도시 간 이동 방법과 숙박 도시를 정한다. 이동 시 저가 항공을 이용한다면 예약하는 것이 좋다. 단, 저가 항공의 경우 티켓 양도나 환불이 불가한 경우가 많으니 루트가 확정이 되면 예매하는 것이 좋다. 현재 여행을 떠나 있는 사람들의 실시간 글을 참고하거나 최근 다녀온 여행기를 살펴보면서, 공사 중인 도시가 있는지 여행 중에 축제 기간이 있지는 않은지 살펴보고 루트를 확정하자.

### 숙소 예약하기

항공권을 예약한 후 일정을 짜면서 숙소를 알아보자. 성수기에는 인기 명소 주변의 숙소들이 가격이 오르거나 만실인 경우가 많다. 렌터카를 이용한다면 굳이 복잡한 다운타운을 고집할 필요는 없다. 크로아티아는 길도 좋고 연료비도 저렴한 편이니 외곽의 숙박 시설을 이용한다면, 가격 대비 훨씬 좋은 시설을 이용할 수 있다. 한편 지나치게 저렴한 숙소는 위험 지역에 위치한 곳이

거나 시설이 굉장히 열악하므로 숙박 시설에 대한 다양한 평을 꼼꼼하게 살펴보자. 1주일 이상 한 지역에 머문다면 요즘 유행하는 에어비앤비(www.airbnb.com)와 같은 서비스를 이용하여 현지인의 집을 임대하여 머무는 것도 좋다. 보통 짧게는 1주, 길게는 몇 달 이상 집 한 채를 통째로, 또는 단독으로 사용하는 방이나 함께 사용하는 방을 임대할 수 있다. 보통 최소 숙박 일을 정해 놓은 숙소도 있고, 최대로 머물 수 있는 기간을 설정해 놓기도 하니 숙소 각각의 조건을 꼼꼼히 살펴보자. 바닷가 근처 소박한 통나무집부터 부티크 호텔 뺨치는 럭셔리한 저택까지 선택의 폭과 종류 역시 다양하다. 호텔처럼 메이드 서비스나 조식 서비스가 없기 때문에 대부분 직접 청소를 하고 요리를 한다. 입주 시에는 약간의 청소비와 보증금을 내고 주 단위로 계약을 한다. 웹사이트에서 사진과 함께 숙소 정보를 자세하게 볼 수 있다. 여행 루트에 따라 숙소를 알아보고, 처음 두 도시 정도는 예약하는 것이 좋다. 그 외의 숙소는 여행을 다니면서 결정을 해도 무관하다. 세부 일정을 잡았더라도 여행지에서 생기는 변수도 많기 때문에, 숙소를 모두 정하고 가는 것은 오히려 불편할 수도 있다. 하지만 숙소가 유명한 곳이라든지 극성수기에 여행한다면 예약하는 것이 안전하다.

### 환전과 여행 경비

#### ▶ 환전

2013년 7월 1일부터 크로아티아는 EU 소속이지만, 화폐는 여전히 자국의 화폐 쿠나를 사용한다. Kuna로 표기하며 kn으로 표기하거나 HRK로 쓸 때도 있다. 1kn=약 180원(2019년 기준). 쿠나(kuna)의 하위 단위로는 리파(lipa)가 있다. 10lipa는 0.1kn, 100lipa는 1kn이다. 20lipa, 10lipa, 5lipa 동전이 있다.

크로아티아에서 환전은 은행, 환전소, 우체국, 대부분의 관광 사무소, 호텔에서 할 수 있다. 한국에서는 쿠나 환전이 불가하기 때문에 우선 유로로 환전해 가거나 현금 인출로 쿠나를 뽑아 현지에서 쓸 수 있다. 카드로 ATM 기기를 이용하여 쿠나를 인출할 때 유로 또는 달러로 인출, 환전

을 원하는 질문이 나타나면 반드시 NO를 선택한다. 자국 단위로 인출하는 것이 언제나 항상 이득이다. 실시간 환율이 궁금하다면 한국 포털 사이트에서는 검색이 되지 않기 때문에 아래 웹사이트를 이용한다.

**크로아티아 환율 검색** www.xe.com/currency/hrk-croatian-kuna

### 신용 카드
대부분 관광지에서 신용 카드를 이용할 수 있지만 카드 복제가 빈번하게 일어나는 편이므로 항상 유의하자. 카드 사용 즉시 문자 메시지나 이메일로 연락이 올 수 있도록 사전에 알림을 신청하는 것이 좋다. 한국에서 가져온 카드를 쓸 때에는 각종 수수료가 추가되므로 이점도 유의하자.

### 직불 카드
여행 경비를 전부 현금으로 가져가지 않고 현지에서 출금하여 사용하는 경우 인출 수수료가 가장 저렴한 '하나 비바 2 플래티늄 체크카드'가 가장 많이 쓰인다. 연회비가 없고 대한항공 마일리지 적립이 가능하다. 카드가 망가지거나 분실의 가능성을 염두하여 하나 더 만들어가면 좋다. 물론 보관도 따로 하자.

## 여행자 보험

만일의 상황을 대비해 여행자 보험은 필수이다. 여행사를 통해서 간다면 패키지 안에 여행자 보험이 포함되어 있는지 반드시 확인한다. 여행자 보험은 개인적으로도 인터넷에서 손쉽게 가입할 수 있는데, 여행 기간만큼은 반드시 보험을 든다. 여행 도중 사고를 당하거나 물품을 분실한 경우 반드시 현지에서 경찰서에 신고하여 폴리스 리포트(Police Report)를 받아야 하고, 병원에 갔을 경우에는 진단서 원본과 치료비 영수증 등을 반드시 챙겨 와야 한국에 돌아와 보상을 받을 수 있다. 고가의 물품을 가져가는 여행객이라면 분실물 보상액이 높은 보험에 가입하는 것이 유리하다. 여행자 보험은 각종 보험사와 보험사 홈페이지, 여행사, 공항 등에서 가입이 가능하다. 또 연회비가 높은 신용 카드를 가지고 있다면 무료 여행자 보험 혜택이 있는지 확인해 보자.

## 현지에서 일어날 사고 대비

해외여행 시 발생할 수 있는 여러 가지 사고를 대비해서 한국 대사관의 연락처를 알아 두자. 관광객이 여권을 잃어버렸을 때의 임시 여권 발급을 해 주는 등 각종 지원 업무를 담당한다. 여행 중 사고를 당하거나 급히 도움이 필요한 응급 상황의 경우에도 연락을 취할 수 있다.

**한국 대사관 주소 및 연락처**
**주소** Ksaverska Cesta 111/A-B, 10000 Zagreb, Croatia **전화** 01 4821 282 **근무 시간** 월~금 08:30~17:00 (영사 대민 업무 09:00~12:00 / 근무 시간 이외 긴급 연락 091 2200 325) **이메일** croatia@mofa.go.kr **홈페이지** overseas.mofa.go.kr/hr-ko/index.do

### 소지품 도난 분실 시
가까운 경찰서로 가서 폴리스 리포트를 작성한 후 보험 처리를 하면 된다. 교통수단 내에서 실수로 잃어버린 것은 보험 처리가 되지 않는다.

### 병원에 가야 할 경우
여행 중에 갑작스러운 이유로 병원에 가야 할 경우에는 반드시 진단서 원본을 받고, 진료비 영수증도 챙겨 둔다. 하지만 보험의 종류에 따라서 필요한 서류들이 달라질 수 있으니 한국 보험사에 미리 연락해서 필요한 서류들을 알아 두자.

> **Tip 내 손 안의 영사관!**
> 해외에서의 본인의 안전을 위해 휴대폰에 외교부의 <해외 안전 여행 앱>을 다운받아가는 것도 좋다. 해외에서 사건 사고 발생 시 대처 요령을 알려 주며 여행 금지국에 대한 안내, 여행 경보 알림 등 유용한 정보를 포함한다.
> **홈페이지** www.0404.go.kr

## 여행 가방 꾸리기

공항에서 수하물로 부치는 짐은 보통 20kg까지만 허용되며 기내 반입은 20L 또는 10kg을 초과할 수 없다(항공사마다 규정이 다르니 확인). 여행 가방을 꾸릴 때는 꼭 필요한 것만 가지고 간다. 신발은 여행지에서 많이 걷게 될 것을 대비하여 편안한 것으로 준비하고, 해변에서 놀 때 물에 젖어도 상관없는 슬리퍼도 반드시 준비하자. 또한 고급스러운 레스토랑이나 클럽에 방문할 때 신발과 복장에 대한 드레스 코드가 있는 곳이 많으므로 미리 준비하자. 또 휴대할 수 있는 작은 가방을 하나 더 준비해서 꼭 필요한 짐만 작은 가방에 넣어 움직이는 것이 편리하다. 귀중품(여권, 항공권 등)은 가방 안에 넣어 두고, 여권 복사본을 미리 준비한다. 여권을 분실했을 경우 임시 입국 여권을 발급받을 때 유용하다. 짐을 싸고 난 후에는 무게가 어느 정도 되는지, 이동 시 무리가 되진 않을지 점검한다. 이동이 많은 여행이라면 캐리어보다 배낭 사용도 고려해 본다.

### 준비물 체크 리스트

| 분류 | 체크 | 준비물 내용 |
|---|---|---|
| 여권 | | 항상 몸에 소지하는 것을 원칙으로 만약의 사태를 대비해 여권 사진 1~2장과 복사본을 준비한다. |
| 신용 카드 | | 호텔 예약 시, 렌터카 이용 시 필수품이다. 국제 신용 카드인지 반드시 확인한다. |
| 여행자 보험 | | 여행 중 의외로 사고나 물품 분실이 잦다. 여행 일수만큼 반드시 들도록 하자. |
| 국제 운전 면허증 한국 면허증 | | 차량 렌트 시 반드시 필요하며, 한국 면허증을 요구하는 렌터카 업체가 대부분이다. |
| 카메라 | | 메모리 카드는 넉넉하게 준비한다. 수중 카메라는 물놀이에 매우 유용한데, 현지 마트에서도 쉽게 구입할 수 있다. |
| 세면도구 | | 요즘 많은 호텔들이 대부분 환경을 고려해 일회용품 사용을 자제하고 있다. 어메니티를 제공하는지 먼저 숙소에 문의하고 제공하지 않는다면 본인의 세면도구를 챙겨 가도록 한다. |
| 자외선 차단제 | | 현지에서도 구입할 수 있지만, 자신의 피부 타입에 맞는 것으로 준비하자. 차단 지수는 SPF 50 이상인 것이 좋다. |
| 얇은 외투, 긴 바지 | | 겨울에도 온화한 날씨를 보이지만, 저녁에는 바닷가 바람이 꽤 쌀쌀할 수 있다. 긴소매 가디건이나 긴바지는 꼭 한 벌씩 챙기도록 하자. |
| 수영복, 수영 장비 | | 그 어떤 여행지보다 수영하기 좋은 크로아티아에서 수영복은 필수다. |
| 캐주얼 정장 | | 고급 레스토랑을 방문할 때 남자는 옷깃이 있는 셔츠와 자켓, 여성의 경우 노출이 심하지 않은 원피스 한 벌이면 충분하다. |
| 우산 | | 비가 잘 오지는 않지만, 혹시 모를 상황을 위해 부피가 작은 접이식 우산을 준비하자. |

# 스마트폰 사용하기

아무리 일상 탈출을 위한 여행이라도 휴대폰을 사용할 일은 생각보다 많다. 모르는 곳에서 당황스러운 상황에 의지할 것은 온라인상의 정보뿐일 때가 많다. 그리고 여행의 행복한 순간들을 한국에 있는 소중한 사람들과 사진이나 음성을 통해 나누고 싶은 순간도 자주 있다. 그러나 여행을 마치고 돌아와 요금 폭탄을 맞지 않으려면 떠나기 전 나에게 맞는 경제적인 요금제나 SIM 카드 사용법을 알아 두자.

## ⊙ 통신사 로밍

한국에서 본인이 사용하는 통신사의 서비스를 이용하는 방법이다. 전화나 문자를 주고받지 않는 한 추가 비용은 없다. 해외 도착 시 자동으로 통신사에서 해당 국가에서 수신, 발신하는 문자, MMS, 통화에 대한 요금을 알리는 문자를 보내준다.

자동 로밍이 된 상태에서 전화나 문자를 사용하지 않더라도 카카오톡과 같은 메신저 서비스나 기타 애플리케이션, 인터넷을 사용하면 데이터를 소비하게 된다. 휴대폰 설정 메뉴에서 데이터 서비스를 해지하고 와이파이만 켜 놓으면 무선 인터넷을 제공하는 숙소나 카페에서만 데이터를 필요로 하는 애플리케이션과 서비스를 사용하게 되어 아무 문제가 없다. 그러나 무료 와이파이가 없는 지역에서 데이터를 사용하고 싶다면 데이터 무제한 로밍 서비스를 신청하거나 현지 SIM 카드를 구입해야 한다.

SKT www.sktroaming.com
KT globalroaming.kt.com
LG U+ www.uplus.co.kr

> **Tip 데이터를 이용하지 않을 거라면**
> 요금이 걱정되어 데이터를 사용하고 싶지 않다면 이통사에 '데이터 로밍 차단 서비스(무료)'를 신청하거나 환경 설정에서 '데이터 로밍 비활성화'를 체크하면 데이터 로밍을 차단할 수 있다.

## ⊙ 연령대에 특화된 로밍 서비스

통신사 3사 모두 만 24세 이하, 만 55세 이상 등 가입 연령을 구체화하고, 이용 서비스를 한정 또는 무제한으로 하는 다양한 연령별 서비스를 제공한다. 메신저 애플리케이션만 이용하거나 데이터 무제한 이용 등 필요한 서비스에 대하여 연령대별 혜택을 받을 수 있는지 해당 사항을 확인해보고 가입하자.

## ⊙ SIM 카드

언어의 문제가 걱정되거나 미리 준비를 해야 마음이 놓이는 여행자들의 경우 국내에서 미리 해외에서 사용할 유심을 사갈 수 있다. 그러나 유의할 점은 유심을 바꿔 사용하면 전화번호도 바뀐다는 점이다. 한국에서 쓰던 번호로 연락을 취하면 받을 수 없으니 지인들에게 바뀐 번호를 알려줘야 한다.

**한국에서 미리 구매하는 경우 대표적인 구매처**
유심월드 www.usimworld.co.kr
유심스토어 www.usimstore.com

**국내 구매의 장단점**
- 교체, 전원을 켜고 사용하는 전 단계에 관하여 모르는 부분을 미리 물어보거나 현지에서도 메신저나 전화로 한국어로 실시간 상담을 받을 수 있다.
- 유심은 현지에서 구매하는 편이 훨씬 싸다. 현지의 해외 공항이나 티삭(Tisak) 등에서 쉽게 구입할 수 있으며 여러 통신사가 다양한 카드를 판매하여 통화량, 데이터량, 이용 기간을 각각 살펴보고 살 수 있다.

**구입 시 유의할 점**
유심 종류가 굉장히 많기 때문에 크로아티아가 사용 국가 중 하나인지 반드시 확인하고 구입하도록 한다. 또 사용량과 여행 일정 등을 고려하여 한꺼번에 너무 많이 충전하지 않도록 하자. 운이 나쁜 경우 심이 부러지거나 분실되면 쓰지도 못하는 경우가 있으니 구입 시 보상, 교환 정책을 잘 알아보도록 한다.

### ● 휴대폰 사용 시 주의할 점

#### 애플리케이션 자동 업데이트 해지
와이파이가 잡혔을 때만 업데이트가 되도록 앱 설정을 해 두자. 업데이트도 데이터를 잡아먹는 큰 요인 중 하나이다.

#### 부정 사용 피해 요금 보상 서비스
LG U+는 해외에서 휴대 전화(유심)를 도난, 분실하고 발생하는 부정 사용 피해 요금을 보상해 주는 로밍 폭탄 보험 서비스를 제공한다. 별도 보험 가입이나 보험료 납부 없이 자동 가입된다. 휴대전화 분실 후 24시간 이내에 LG유플러스 고객센터(+82-2-3416-7010)로 분실 신고 및 정지 요청을 하면 끝이다. 30만 원을 초과해 발생한 금액에 대해 면제를 받을 수 있다.

#### 휴대폰 도난에 대비하여 비밀번호 설정
휴대폰 안에 담긴 각종 개인 신상과 관련된 정보를 쉽게 도난당하지 않도록 하기 위함이다. 특히 은행 애플리케이션에 쉽게 접속할 수 있게 되면 휴대폰만 잃어버리는 것이 아니라 더 큰 피해를 입을 수 있으니 잠금 설정을 하도록 한다.

### ● 추천 애플리케이션

#### 시티 맵스 투 고 City Maps 2 Go
데이터를 사용하지 않고 미리 다운받은 지도 위에 GPS를 사용하여 현재 위치를 표시해 주는 똑똑한 지도 애플리케이션으로 구글맵보다 이용이 편하다는 호평이 많다. 크로아티아로 떠나기 전 미리 지도를 받아볼 수 있다. 최대 5개의 도시 지

도를 무료로 다운받아 저장할 수 있으며 지도를 삭제하면 새로운 도시의 지도를 받아볼 수 있어 제약 없는 무료 애플리케이션이라 할 수 있다. 단점이라면 업데이트를 자주 하지 않는다.

#### 구글 번역기 Google Translate

도구가 있어도 언어가 통하지 않으면 아무 소용이 없다. 손짓과 표정으로 전달되지 않아 번역기가 꼭 필요한 순간이 있기 마련이다. 가장 보편적으로 사용하는 번역기는 구글 번역(translate.google.com). 수많은 언어를 지원하는 구글 번역 앱을 다운받아 PC뿐 아니라 휴대폰에서도 사용할 수 있다.

#### 트립 어드바이저 Trip Advisor

항공권, 호텔, 교통편, 지역별 명소, 식당, 숙소에 대한 정보와 리뷰를 가장 많이 보유하고 있다. 홈페이지와 (tripadvisor.com) 앱 모두 사용 가능하며 세계 각지의 여행객들이 남긴 여행기를 바로 번역하여 볼 수 있는 기능을 제공한다. 트립 어드바이저에서 해마다 리뷰와 자체 평가를 바탕으로 수여하는 최고의 식당, 최고의 호텔 등의 상은 각 업체들이 자랑스럽게 광고할 정도로 그 신뢰도가 대단하다. 안드로이드와 애플 모두 지원하며, 한국어 버전을 지원한다.

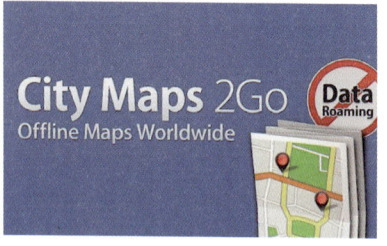

# 출국 수속

### 인천 공항 도착

서울에서 인천 공항으로의 이동은 공항버스를 이용하거나, 자동차를 이용할 수 있다. 공항 고속 전철이 개통되어 김포 공항이나 서울역에서 공항 고속 전철을 이용할 수도 있다. 김포 공항에서 인천 공항까지는 약 30분 정도 소요된다. 서울역을 기준으로 인천 공항까지는 공항버스로 약 1시간이 소요되지만, 서울 시내의 교통 사정을 감안하여 미리 서둘러야 한다. 공항버스 노선도 및 시간은 www.airportlimousine.co.kr에서 미리 확인할 수 있으며, 버스 노선별로 적용되는 할인 쿠폰도 다운받을 수 있다.

### 탑승권 발급

출발 2시간 전에 공항에 도착하여 해당 항공 카운터에 가서 탑승권을 발급받도록 하자. 인천 국제공항은 2018년에 제2여객터미널이 신설되어 제1청사는 아시아나 항공과 제주 항공을 비롯한 저비용 항공사와 외항사(델타 항공, KLM, 에어프랑스 제외)가 이용하고, 제2청사는 대한항공, 델타항공, 에어프랑스, KLM, 아에로멕시코, 알리딸리아, 중화항공, 가루다항공, 샤먼항공, 페코항공, 아에로플로트 등 총 11개의 항공사가 이용하고 있다. 대한항공을 이용해 자그레브에 가고자 하는 여행객은 제2여객터미널을 이용해야 한다. 아시아나 항공의 경우 제1청사 L, M에서, 대한항공의 경우 제2청사 3층에서 탑승권을 발급받을 수 있다.

### 출국장

인천공항 제1청사는 3층에 4개의 출국장이 있고, 제2청사는 3층에 2개의 출국장이 있다. 출국장은 어느 곳으로 들어가도 무방하며, 출국할 여행객만 입장이 가능하다. 입장할 때 항공권과 여권, 그리고 기내 반입 수하물을 확인한다. 또한 출국장에 들어가자마자 양옆으로 세관 신고를 하는 곳이 있는데, 사용하고 있는 고가의 물건을 외국에 들고 나가는 경우 미리 이곳에서 세관 신고를 해야 입국 시 고가 물건에 대한 불이익을 받지 않는다.

### 보안 심사

여권과 탑승권을 제외한 모든 소지품 검사를 받는다. 칼, 가위 같은 날카로운 물건이나 스프레이, 라이터, 가스 같은 인화성 물질은 반입이 안 되므로 기내 수하물 준비 시 미리 확인한다.

## 출국 심사

출국 심사는 항공권과 여권을 검사한다. 우리나라는 2006년 8월부터 출국 신고서가 폐지되었기에 출국 심사관에게 제출할 서류는 따로 없다. 출국 심사를 통과하면, 공항 면세점이 있는데 입국할 때에는 공항 면세점을 이용할 수 없으므로 출국 전 이용한다. 시내 면세점에서 물건을 구입한 경우에는 면세점 인도장에서 물건을 찾는다. 면세 범위는 $600이며, 초과 시에는 세금이 부과된다. 성수기에 면세점 인도장은 굉장히 붐벼 대기 시간이 상당하니 이를 고려해서 공항에 조금 더 일찍 도착하도록 한다.

### 자동 출입국 심사 서비스

2008년 6월부터 시행하고 있는 자동 출입국 심사 서비스가 있다. 출입국할 때 항상 긴 줄을 서서 수속을 밟아야 하는 번거로움을 없애기 위해 시행하고 있는 제도로, 심사관의 대면 심사를 대신하여 자동 출입국 심사대에서 여권과 지문을 스캔하고, 안면 인식을 한 후 출입국 심사를 마친다. 주민등록이 된 7세 이상의 대한민국 국민이면(14세 미만 아동은 법정대리인 동의 필요) 모두 가능하고, 18세 이상 국민은 사전 등록 절차 없이 이용할 수 있다. 때에 따라 자동 출입국 심사대가 붐비는 경우도 있으니, 상황에 맞게 이용한다.

## 비행기 탑승

출국편 항공 해당 게이트에서 출국 30분 전부터 탑승이 가능하므로 이 시간을 꼭 지킨다. 항공 탑승권에 보면 'Boarding Time' 밑에 시간이 적혀 있다. 이 시간이 탑승 시간이므로 늦지 않도록 주의하자.

### Tip 비행기 탑승 시 몇 가지 주의할 점

**Q. 액체류는 기내 반입이 안 되나요?**

2007년 3월 1일부로 액체, 젤류 및 에어로졸 등의 기내 반입이 제한되고 있다. 이는 늘어나는 항공 관련 테러를 방지하기 위한 대책의 하나로, 최근 액체로 된 폭탄 제조 사례가 많이 발견되고 있기 때문이다. 한국 내 모든 국제공항 출발편 이용 시 다음과 같은 규정이 적용된다.

❶ 항공기 내 휴대 반입할 수 있는 액체, 젤류 및 에어로졸은 단위 용기당 100ml 이하의 용기에 담겨 있어야 하며, 이를 초과하는 용기는 반입할 수 없다. 100ml는 요구르트병을 조금 넘는 정도의 크기이다. 로션, 향수 등은 용기에 적혀 있는 용량을 꼭 확인한다.

❷ 액체류 등이 담긴 100ml 이하의 용기는 용량 1리터 이하의 투명한 플라스틱제 지퍼락 봉투(크기 20×20cm)에 담아서 반입하며, 이때 지퍼락은 잠겨 있어야 한다. 지퍼락 봉투가 완전히 잠겨 있지 않으면 반입이 불가하며, 지퍼락 봉투로부터 제거된 용기는 반입할 수 없다. 지퍼락 봉투는 1인당 1개만 허용된다. 1리터까지 기내 휴대가 가능하므로 규정상으로는 100ml 이하의 용기 10개까지 기내 반입이 허용되나, 실제로는 봉투 크기가 작으므로 용기 2~3개 정도를 넣으면 지퍼락이 꽉 찬다.

❸ 기내에서 승객이 사용할 분량의 의약품 또는 유아를 동반한 경우 유아용 음식(우유, 음료 등)은 반입이 가능하다.

❹ 지퍼락 봉투는 공항 매점에서 구입할 수 있다.

**Q. 면세품의 경우는?**

❶ 보안 검색대 통과 후 또는 시내 면세점에서 구입한 후 공항 면세점에서 전달받은 주류, 화장품 등의 액체, 젤류는 투명하고 봉인이 가능한 플라스틱제 봉투에 넣어야 한다.

❷ 봉투가 최종 목적지행 항공기 탑승 전에 개봉되었거나 훼손되었을 경우 반입이 금지된다.

❸ 이 봉투에는 면세품 구입 당시 교부받은 영수증을 동봉하거나 부착해야 한다.

❹ 한국 내 공항에서 국제선으로 환승 또는 통과하는 승객의 면세품에도 위의 조항이 적용된다.

# 크로아티아 입국

크로아티아 출입국에 필요한 특별한 절차는 없다. 단순 관광의 목적인 경우 체류 기간이나 숙소 정도만 간단히 묻는다. 세관 검사대를 거쳐야 하나 특별히 신고할 만한 물건이 없을 경우 X선 투시기를 거치는 것으로 검사가 종료된다. 세관 검사의 경우 견본이라고 할지라도 일정 수량 이상의 견본에 대해서는 정식 통관 절차를 거치도록 요구하는 경우도 있으므로 가능하면 송장 및 증명서 등을 휴대하는 것이 좋다.

### 출입국 유의 사항

크로아티아 입국 시 입국 후 24시간 이내에 체류 장소를 신고할 의무가 있다. 관광 목적 입국이나 호텔 등 지정된 숙박업소 내에 체재하는 경우에는 해당 호텔이나 숙박업소에서 신고를 대행하므로 문제가 없지만, 개별적인 거주지를 마련하는 경우 원칙적으로 집 소유주와 함께 인근 경찰서에 거주 신고를 해야 한다. 특히 관광 비자로 입국하여 장기 체재 비자를 취득하려고 하는 경우 임시 거주지를 신고하는 것이 좋다.

### 짐 찾기

입국 심사를 마신 후, 수하물 찾는 곳으로 이동한다. 전광판에서 자신의 항공편명을 확인한 후 해당 수화물 수취대에서 짐이 나오면 본인의 네임태그를 확인해 짐을 찾는다. 만약, 본인의 짐이 나오지 않았다면 당황하지 말고 항공사 직원에게 도움을 요청하여 조치를 기다린다.

### 세관 심사

세관 신고서는 가족당 대표 1인만 작성하고 육류, 채소, 과일을 포함한 기타 동식물의 반입은 금지되므로 주의한다. 간혹, 가방 검색을 요청하는 심사관이 있으며 이때에는 간단한 질문과 함께 가방 내 소지품 및 기타 물품에 대한 검사를 진행하기도 한다.

▶ **면세품 보유 한도**
담배 200개피(한 보루)
시가 50개
브랜디, 위스키 등 1리터
와인 2리터
향수 50g(50ml)
선물 50달러 이내

# 집으로 돌아가는 길

여행 일정을 마치고 다시 공항으로 돌아갈 때는 입국할 때 시내로 나왔던 교통편을 거꾸로 이용한다. 택시 기사와 미리 약속을 해서 만나거나 묵는 숙소에 부탁하여 몇 시까지 택시를 불러 줄 것을 예약하면 편리하다. 출국하기 2시간 전에는 공항에 도착해 세금 환급 및 출국 수속을 밟아야 한다.

## 세금 환급

크로아티아에서 최소 구매 금액이 740kn 이상이고, 90일 내 출국할 경우에는 관세 환급을 받을 수 있다. 환급 서류를 작성할 때에는 여권이 꼭 있어야 하니 쇼핑할 때 지참하자. 세관에서는 구입한 물건도 함께 제시할 것을 요구하기도 하기 때문에 공항에서 체크인을 먼저 할 경우에는 위탁 수하물로 짐을 부치지 않도록 한다. 물건은 사용하지 않은 상태로 포장되어 있어야 한다. 또한 크로아티아도 2013년 7월부터 EU 국가에 속하기 때문에 EU 국가를 여행하고 마지막 유럽 연합의 도시가 크로아티아라면 크로아티아에서 택스 리펀을 받을 수 있다.

> **택스 리펀 가능 장소**
> **자그레브 공항**
> 월~금 07:00~20:00, 토 08:00~19:00
> **두브로브니크 공항**
> 동절기 05:30~16:00, 하절기 05:30~21:00
> **스플리트 공항** 07:00~23:00

## 탑승권 발급

공항 국제선 청사에 도착하면 해당 항공사에 가서 탑승권을 받는다. 일행이 있다면 같이 여권과 항공권을 제시하여 나란히 붙은 좌석을 받을 수 있다. 탑승권을 받은 후 보안 검사와 출국 심사 시간을 고려해 여유 있게 들어간다.

## 출국 심사

한국에서의 출국과 마찬가지로 보안 검사를 받는데 여권과 탑승권을 제외하고 모두 검사 대상이다.

## 비행기 탑승

출국 심사를 마치면 면세점이 나타난다. 면세점 쇼핑이 끝나면 탑승 게이트로 이동하는데, 출국 30분 전부터 탑승이 시작되므로 늦지 않도록 주의한다. 기내 서비스는 이륙 후 항공기가 정상 궤도에 진입하면 시작되고, 기내 면세점 판매도 이

루어진다. 기내에서 세관 신고서를 미리 작성하면 좋다.

## 입국 심사

인천 공항 도착 후에 입국 심사대로 이동한다. 입국 심사대에 줄을 설 때는 한국인과 외국인 줄이 따로 있는데 한국 국적을 가진 사람은 한국인 줄에 서서 대기하면 된다. 입국 심사를 받을 때는 여권만 제출하면 된다. 세관 신고서는 수하물을 찾은 후 입국장으로 나가기 전에 세관 심사관에게 제출한다. 자동 출입국 심사에 등록한 여행자는 자동 출입국 시스템을 이용하여 좀 더 빠르게 입국 심사를 마칠 수 있다.

## 짐 찾기

입국 심사를 마친 후 아래층으로 내려오면 수하물 수취대가 여러 개 있다. 자신의 항공편명이 적힌 수취대에서 가서 짐을 찾는다. 이때 수하물에 붙어 있는 일련번호를 체크해 자신의 짐이 맞는지 확인한다.

## 세관 검사

기내에서 작성한 세관 신고서를 제출하는데, 세관 신고를 해야 하는 사람은 자진 신고가 표시되어 있는 곳으로 간다. 만약 신고를 하지 않고서 면세 범위를 초과한 물건을 가지고 들어오다가 세관 심사관에게 발각되는 경우에는 추가 세금을 지불해야 한다. 국내 면세점에서 고가의 물건을 구입한 경우 면세 정보가 세관에 모두 통보되기 때문에 $600 이상의 면세품을 구매했다면 꼭 미리 신고하자. 세관 검사가 끝나면 입국장으로 나온다. 인천공항의 입국장은 제1청사에 6개, 제2청사에 2개로 나누어져 있다. 이곳에서 만날 약속을 한 경우 출발 전에 미리 입국 편명을 알려 주면 상대방이 쉽게 입국장을 찾을 수 있다.

> **Tip 세관 신고서는 기내에서 미리 작성**
>
> 입국신고서와 출국신고서가 폐지되어 지금은 출국 심사관에게 항공권과 여권만 제시하면 된다. 입국할 경우에는 입국 심사관에게 여권을 제시하고, 입국장으로 나오기 전에 세관 신고서를 작성해 심사관에게 제출해야 한다.

# 찾아보기
## INDEX

- Sightseeing
- Shopping
- Restaurant
- Hotel

## Sightseeing

| | |
|---|---|
| 가바노바츠 호수 | 131 |
| 건강 성모 성당 | 115 |
| 고고학 박물관 | 158 |
| 고대 유리 박물관 | 159 |
| 공예 박물관 | 75 |
| 공작의 궁 | 190 |
| 구 항구(두브로브니크) | 261 |
| 궁 옆의 종탑(두브로브니크) | 258 |
| 궁전의 지하실 | 204 |
| 그레고리우스 닌의 동상 | 208 |
| 나로드니 광장(자다르) | 158 |
| 나로드니 광장(스플리트) | 206 |
| 니콜라 테슬라 기술 박물관 | 78 |
| 다각형 탑(크르크 섬) | 113 |
| 다리와 신시가지 | 162 |
| 다섯 개 우물 광장 | 160 |
| 도시 탑과 코르조 거리 | 99 |
| 돌의 문 | 74 |
| 두브로브니크 대성당 | 257 |
| 디오클레티아누스 궁전 | 203 |
| 라파드 해변 | 263 |
| 레벨린 | 264 |
| 렉터 궁전 | 257 |
| 로만 포룸 | 156 |
| 로스키 폭포 | 192 |
| 로열 요새 | 286 |
| 로지아(흐바르 섬) | 225 |
| 로지아와 시계탑(트로기르) | 235 |
| 로푸드 | 281 |
| 리바(스플리트) | 207 |
| 리바와 항구(리예카) | 98 |
| 마르얀 공원 | 209 |
| 마린 드르지크의 집 | 264 |
| 막시밀리안의 정원 | 285 |
| 말라 라두차 해변 | 240 |
| 메모리얼 다리 | 100 |
| 모던 갤러리 | 77 |
| 모델로 궁 | 100 |
| 물레방아 | 144 |
| 미마라 박물관 | 74 |
| 밀라노바츠 호수 | 131 |
| 바다 오르간 | 164 |
| 바다의 문 | 161 |
| 바츠비체 해변 | 210 |
| 반 옐라치치 광장 | 68 |
| 반예 해변 | 262 |
| 베네딕트 수도원(로크룸 섬) | 284 |
| 벨라 플라카 | 112 |
| 부르넘 | 184 |
| 부자 문 | 253 |
| 브라체 라디치 광장 | 207 |
| 브렐라 해변 | 211 |
| 브르브니크 교구 성당 | 120 |
| 비쇼바츠 섬 | 183 |
| 사해 | 287 |
| 성 도나트 성당 | 156 |

| | |
|---|---|
| 성 도미니우스 대성당 | 204 |
| 성 로렌스 성당 | 234 |
| 성 로코 성당 | 241 |
| 성 마르크 성당 | 70 |
| 성 베드로 성당 | 237 |
| 성 블라호 성당 | 259 |
| 성 비투스 성당 | 99 |
| 성 스테판 성당과 광장 | 224 |
| 성 아나스타시아 대성당 | 157 |
| 성 야고보 해변 | 263 |
| 성 조지 교구 성당(브르비니크) | 240 |
| 성모 승천 성당(파그) | 189 |
| 성모 승천 성당과 기울어진 탑(리예카) | 101 |
| 성벽(두브로브니크) | 252 |
| 성벽과 성문(자다르) | 161 |
| 수목원(로크룸 섬) | 285 |
| 스르지 언덕 & 케이블카 | 254 |
| 스칼리카 해변 | 287 |
| 스크라딘 | 183 |
| 스크라딘스키 폭포 | 181 |
| 스트로스마이어 미술관 | 76 |
| 스파뇰 요새 | 223 |
| 스폰자 궁전 | 258 |
| 스플리트 도시 박물관 | 205 |
| 스플리트 민족학 박물관 | 206 |
| 시청사(트로기르) | 235 |
| 시판 | 281 |
| 시피코 궁전 | 234 |
| 실연 박물관 | 72 |
| 아스날 | 225 |
| 아시시의 성 프란체스코 수도원 | 114 |
| 아트 파빌리온 | 75 |
| 열주 광장 | 203 |
| 옐로브 클라나치 목장 | 137 |
| 오노프리오 분수 | 256 |
| 오로라 | 241 |
| 오를란도브 게양대 | 259 |
| 육지의 문 | 161 |
| 자그레브 대성당 | 69 |
| 자그레브 현대 미술관 | 77 |
| 전쟁 사진 전시관 | 261 |
| 주피터의 신전 | 205 |
| 즈그리브니카 해변 | 120 |
| 카메를랭고 요새 | 236 |
| 카수니 해변 | 210 |
| 카티네 다리 | 191 |
| 칼루데로바츠 호수와 노바코비차 브로드 호수 | 131 |
| 케이블카와 로트르슈차크 탑 | 71 |
| 코라나 협곡 | 144 |
| 코즈야크 호수 | 133 |
| 코파카바나 해변 | 263 |
| 콜로쳅 | 280 |
| 크로아티아 국립 극장 스플리트 | 208 |
| 크로아티아 국립 극장(리예카) | 101 |
| 크로아티아 나이브 예술 박물관 | 72 |
| 크르카 수도원 | 184 |
| 크르크 대성당 | 113 |
| 크르크 타운 | 112 |
| 태양의 인사 | 165 |
| 트르사트 성 | 102 |
| 트르사트 성소 | 103 |
| 트칼치차 거리 | 70 |
| 파그 레이스 갤러리 | 190 |
| 파그 섬의 해변 | 189 |
| 포르토츠 항구 | 284 |
| 포코니 돌 | 226 |
| 푼타 라타 | 211 |
| 프란체스코 수도원(흐바르 섬) | 226 |
| 프란체스코 수도원과 약국 박물관 | 260 |
| 프랑코판 성채 | 114 |
| 프로스찬스코 호수 | 132 |
| 프로시카 해변 | 191 |
| 플라차(스트라둔) | 255 |
| 플로체 문 | 253 |
| 플리트비체 국립 호수 공원 | 130 |

| | |
|---|---|
| 피크 & 포크 컴퓨터 박물관 | 103 |
| 필레 문 | 253 |
| 항구와 사공배(자다르) | 162 |
| 해변과 항구(크르크 섬) | 115 |

## Shopping

| | |
|---|---|
| 갤러리아 링크 | 84 |
| 군둘리체바 시장 | 266 |
| 그루쉬 시장 | 267 |
| 노츠 오브 자그레브 | 82 |
| 돌라치 시장 | 80 |
| 로바지 로그 실톡 | 83 |
| 마르몬토바 거리 | 212 |
| 마리아 부티크 | 267 |
| 마리발 | 167 |
| 뮐러 | 85 |
| 본보니에르 크라스 | 269 |
| 봉퉁 | 81 |
| 쇼핑센터르 츠비예트니 | 84 |
| 수퍼노바 | 167 |
| 시티 갤러리아 | 168 |
| 아쿠아 | 268 |
| 아트 마켓 | 214 |
| 우예 | 268 |
| 자다르 시장 | 166 |
| 조커 | 213 |
| 중앙 시장(리예카) | 104 |
| 크로아타 | 81 |
| 크로아티아 디자이너스 룸 | 269 |
| 크롭 | 83 |
| 크르크 백화점 | 116 |
| 타워 센터 리예카 | 104 |
| 테이크 미 홈 | 82 |
| 프리마 | 214 |

## Restaurant

| | |
|---|---|
| 달마티노 | 228 |
| 더 가든 | 170 |
| 데즈맨 바 | 89 |
| 드비노 와인 바 | 271 |
| 라 스트무크 | 86 |
| 레스토랑 나 탈레 | 192 |
| 레이디 피 피 | 273 |
| 로켓 버거 | 87 |
| 바르바 | 272 |
| 뷔페 피페 | 215 |

| | |
|---|---|
| 비파 | 216 |
| 빅터 & 코코 | 116 |
| 빈체크 | 87 |
| 아트 카페 | 118 |
| 에바 II 젤라토 오리지널 | 171 |
| 오르산 | 274 |
| 와인 & 치즈 바 파라독스 | 216 |
| 재즈 카페 트루바두 | 271 |
| 진판델 | 217 |
| 카르페 디엠 | 229 |
| 카페 & 바 플럼 | 139 |
| 카페 부자 1 & 2 | 270 |
| 컬트 | 171 |
| 코노바 갈리야 | 117 |
| 코노바 나다 | 121 |
| 코즈야츠카 드라가 뷔페 | 138 |
| 코코로 주스 바 | 217 |
| 쿠카리카페 | 105 |
| 쿠키 팩토리 | 88 |
| 타지 마할 | 272 |
| 투르테이 이 투 | 90 |
| 트라풀라 와인 & 치즈 바 | 192 |
| 티넬 | 170 |
| 페랄 | 106 |
| 페트로 | 145 |
| 펫 부나라 | 169 |
| 피그카페 바 | 228 |
| 피자리아 캄플린 | 117 |
| 호텔 플리트비체 레스토랑 | 138 |
| 홀라 홀라 | 230 |

## Hotel

| | |
|---|---|
| 겟 스플리트 럭셔리 아파트먼트 | 219 |
| 골리 보시 | 218 |
| 그랜드 호텔 보나비아 | 107 |
| 다니네 아파트 | 119 |
| 라이프 팰리스 헤리티지 호텔 | 186 |
| 릴랙스 라운지 & 씨 뷰 인 흐바르 | 230 |
| 바스티옹 호텔 | 174 |
| 부티크 호스텔 포룸 | 175 |
| 부티크 호텔 스타리 그라드 | 276 |
| 스왱키 민트 | 93 |
| 아드리아나 흐바르 스파 호텔 | 231 |
| 아마드리아 파크 호텔 안드리아 | 185 |
| 아트 호텔 라이크 | 92 |
| 아트 호텔 칼레라르가 | 173 |
| 아파트먼트 도나트 | 175 |
| 아파트먼트 마야 | 277 |
| 올드 타운 호스텔 | 276 |
| 주피터 헤리티지 호텔 | 219 |
| 푸치크 팰리스 | 277 |
| 호스텔 1W | 107 |
| 호스텔 크르크 | 118 |
| 호텔 두브로브니크 | 92 |
| 호텔 벨뷰 | 141 |
| 호텔 스크라딘스키 부크 | 186 |
| 호텔 예거호른 | 91 |
| 호텔 예제로 | 141 |
| 호텔 파크 | 218 |
| 호텔 플리트비체 | 140 |
| 흐비로 아웃 호스텔 | 231 |
| 힐튼 임페리얼 두브로브니크 | 275 |

# 인조이 **크로아티아**
### 휴대용 여행 가이드북

넥서스BOOKS

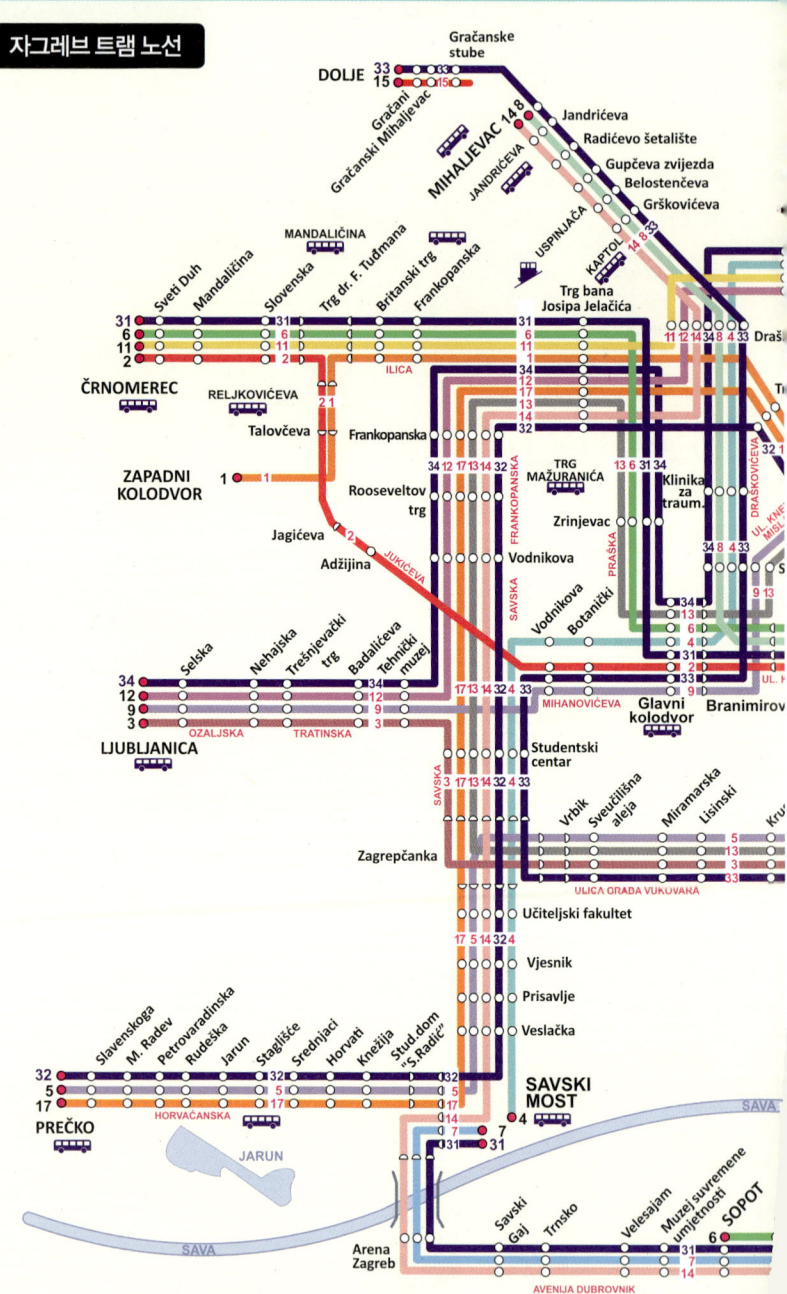

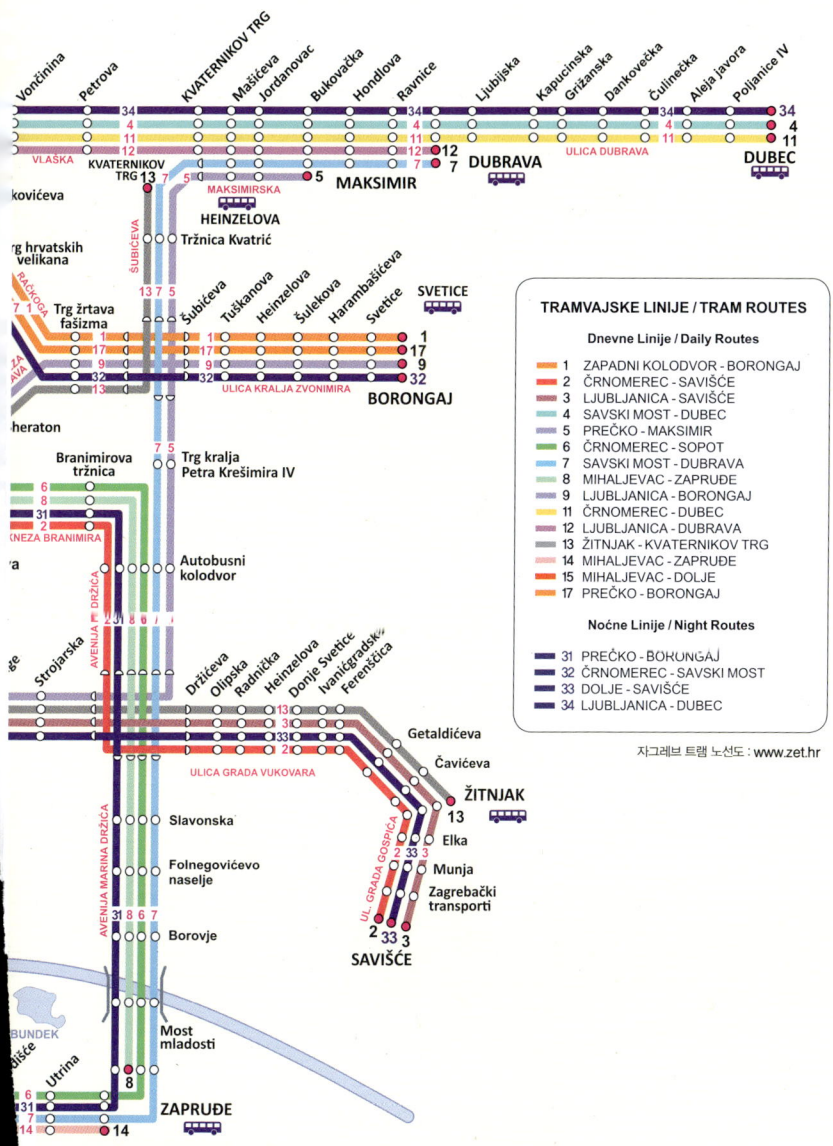

# 자그레브 중심

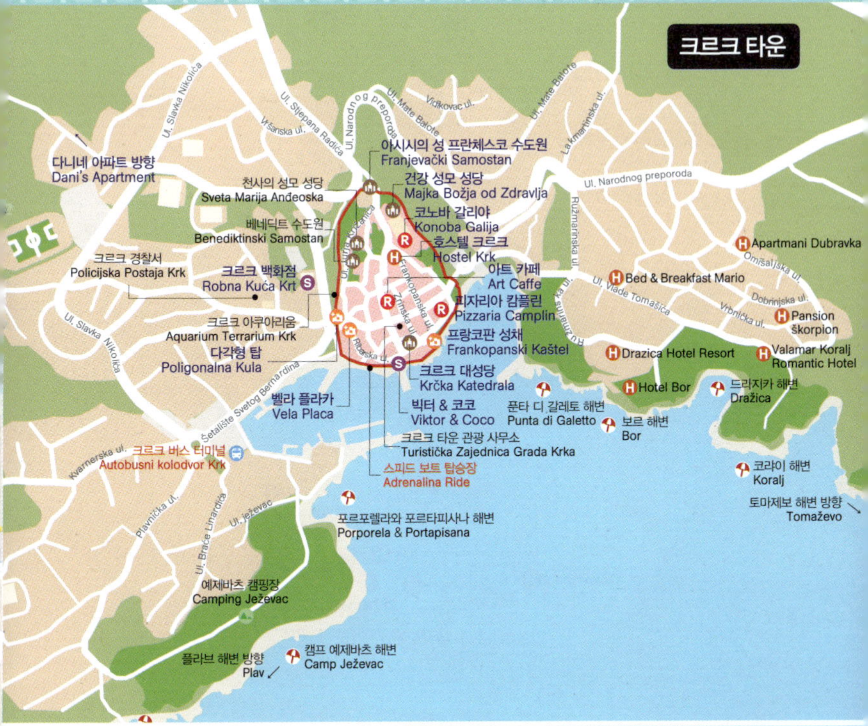

# 플리트비체 코스

## 🚩 A코스  2~3시간 소요

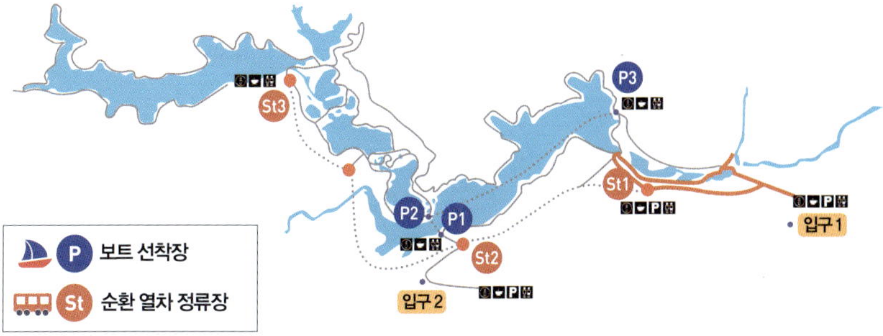

- P 보트 선착장
- St 순환 열차 정류장

## 🚩 B코스  3~4시간 소요

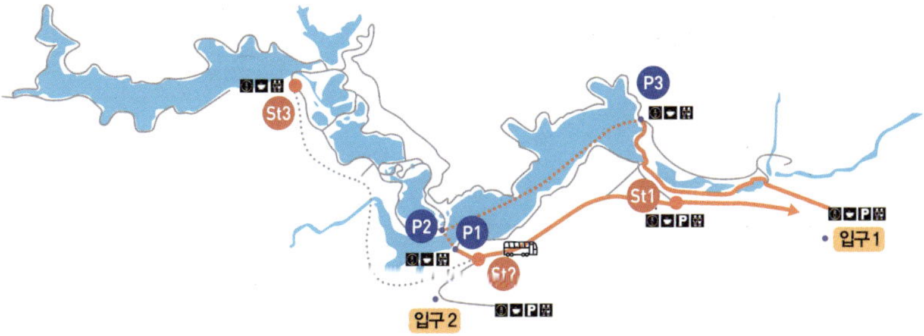

11

 4~6시간 소요

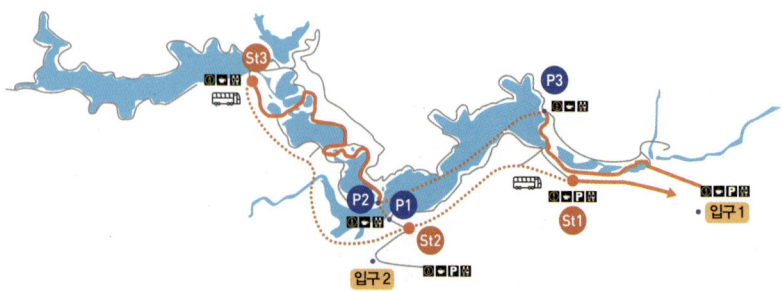

 2~3시간 소요

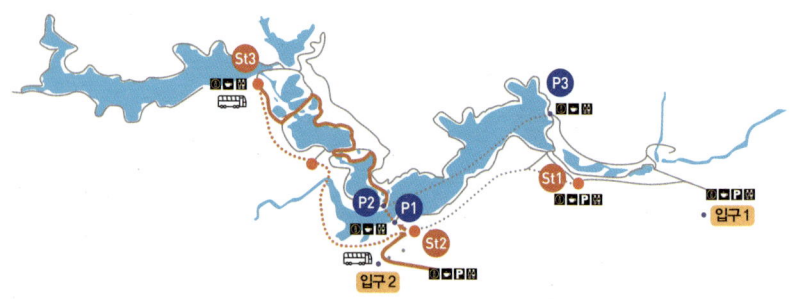

 3~4시간 소요

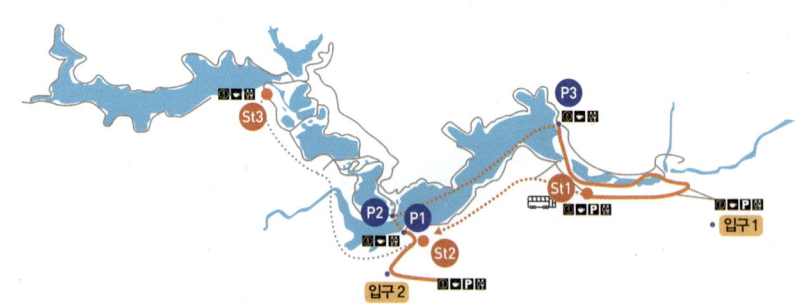

## H코스  4~6시간 소요

## K코스  6~8시간 소요

# 라스토케

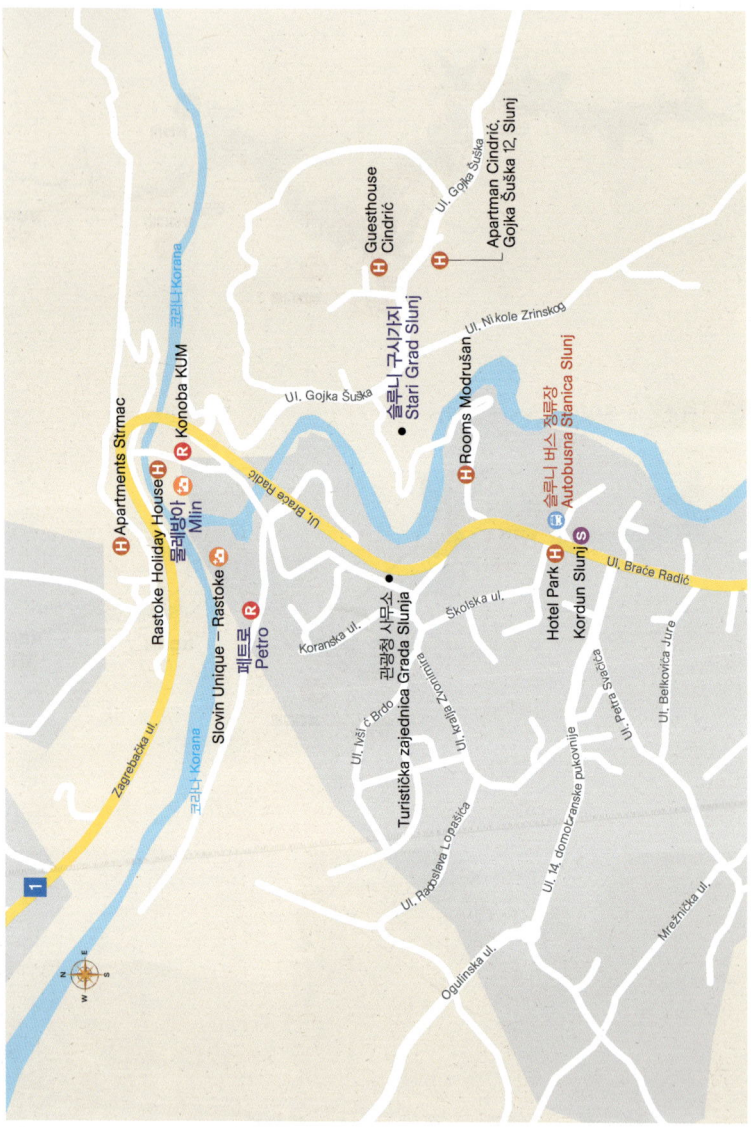

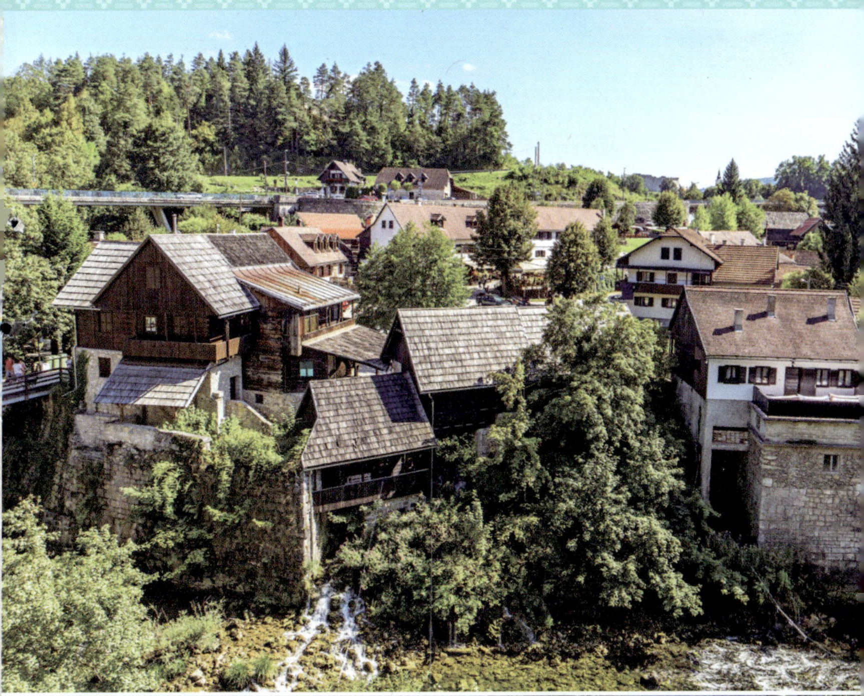

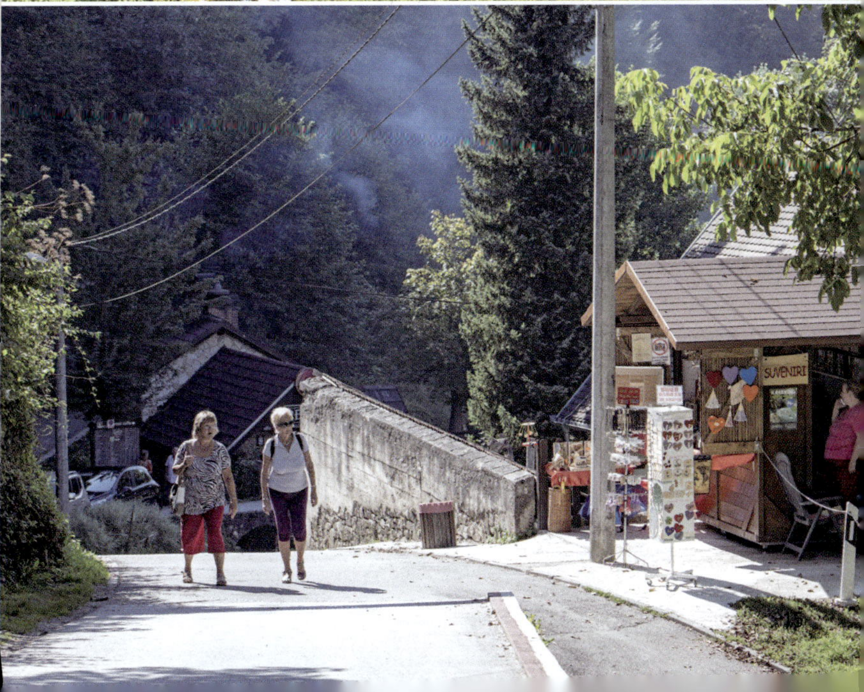
SUVENIRI

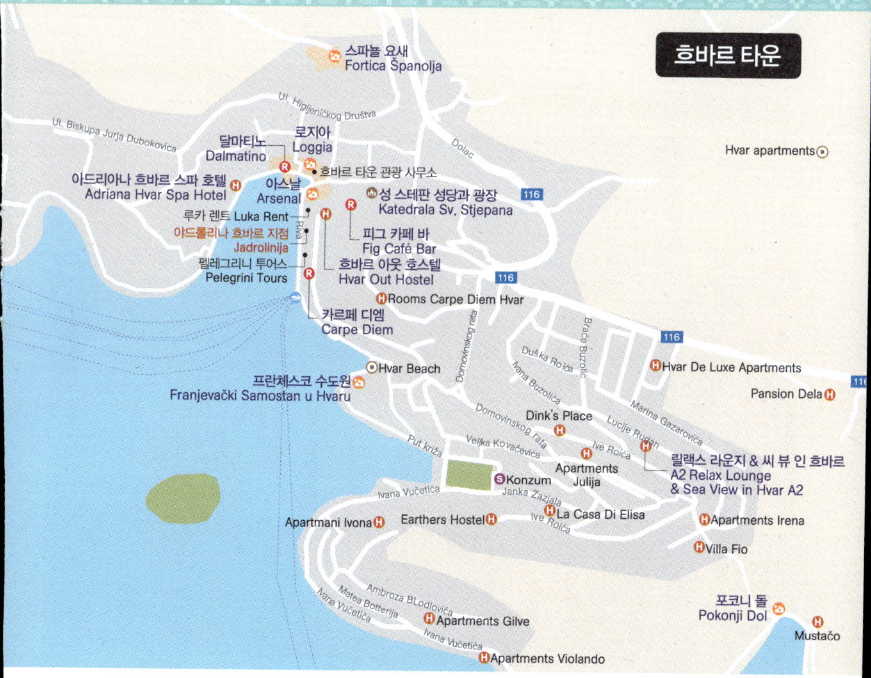

## 흐바르 타운

- 스파놀 요새 Fortica Španolja
- 달마티노 Dalmatino
- 로지아 Loggia
- 아드리아나 흐바르 스파 호텔 Adriana Hvar Spa Hotel
- 아스날 Arsenal
- 흐바르 타운 관광 사무소
- 성 스비판 성당과 광장 Katedrala Sv. Stjepana
- 루카 렌트 Luka Rent
- 야드롤리냐 흐바르 지점 Jadrolinija
- 피그 카페 바 Fig Café Bar
- 펠레그리니 투어스 Pelegrini Tours
- 흐바르 아웃 호스텔 Hvar Out Hostel
- Rooms Carpe Diem Hvar
- 카르페 디엠 Carpe Diem
- Hvar apartments
- 프란체스코 수도원 Franjevački Samostan u Hvaru
- Hvar Beach
- Hvar De Luxe Apartments
- Pansion Dela
- Dink's Place
- Apartments Julija
- 릴렉스 라운지 & 씨 뷰 인 흐바르 A2 Relax Lounge & Sea View in Hvar A2
- Konzum
- Apartmani Ivona
- Earthers Hostel
- La Casa Di Elisa
- Apartments Irena
- Villa Fio
- Apartments Gilve
- 포코니 돌 Pokonji Dol
- Mustačo
- Apartments Violando

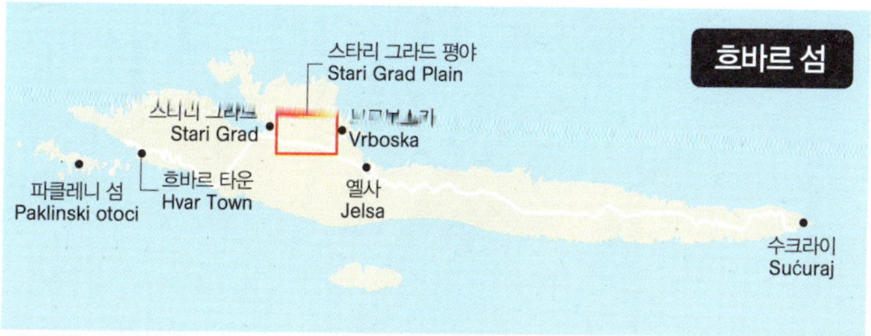

## 흐바르 섬

- 스타리 그라드 평야 Stari Grad Plain
- 스타리 그라드 Stari Grad
- 브르보스카 Vrboska
- 파클레니 섬 Paklinski otoci
- 흐바르 타운 Hvar Town
- 옐사 Jelsa
- 수크라이 Sućuraj

# 트로기르

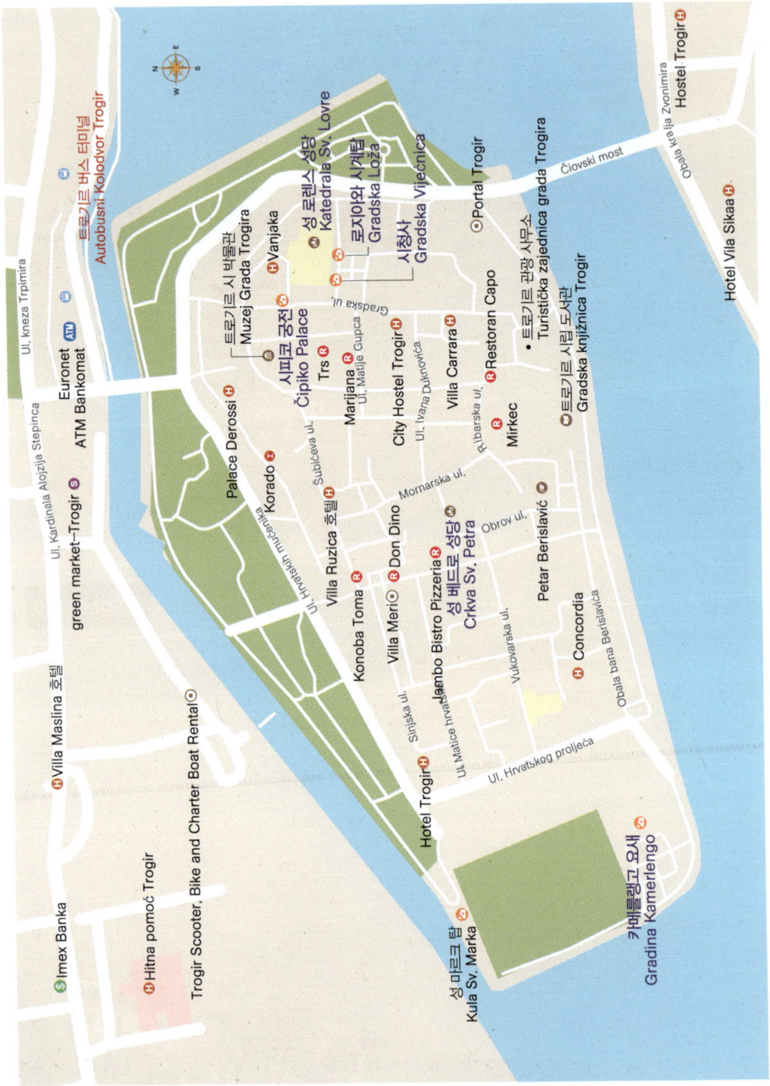
트로기르 버스 터미널
Autobusni Kolodvor Trogir
Ul. kneza Trpimira
Euronet
ATM Bankomat
Ul. Kardinala Alojzija Stepinca
green market-Trogir
Villa Maslina 호텔
Imex Banka
Hitna pomoć Trogir
Trogir Scooter, Bike and Charter Boat Rental
트로기르 시 박물관
Muzej Grada Trogira
Vanjaka
성 로렌스 성당
Katedrala Sv. Lovre
로지아와 시계탑
Gradska Loža
시청사
Gradska Vijećnica
Portal Trogir
Čiovski most
Obala kralja Zvonimira
Hostel Trogir
Hotel Vila Sikaa
트로기르 관광 사무소
Turistička zajednica grada Trogira
트로기르 시립 도서관
Gradska knjižnica Trogir
Restoran Capo
Villa Carrara
City Hostel Trogir
Gradska ul.
Marijana
Ul. Matije Gupca
Trs
시피코 궁전
Čipiko Palace
Palace Derossi
Korado
Šubićeva ul.
Ul. Ivana Dukovića
Ribarska ul.
Mirkec
Mornarska ul.
Villa Ruzica 호텔
Ul. Hrvatskih mučenika
Konoba Toma
Don Dino
Villa Meri
Jambo Bistro Pizzeria
성 베드로 성당
Crkva Sv. Petra
Obrov ul.
Petar Berislavić
Vukovarska ul.
Concordia
Obala bana Berislavića
Sinjska ul.
Ul. Matice hrvatske
Hotel Trogir
Ul. Hrvatskog proljeća
성 마르크 탑
Kula Sv. Marka
카메를렝고 요새
Gradina Kamerlengo

프리모스텐

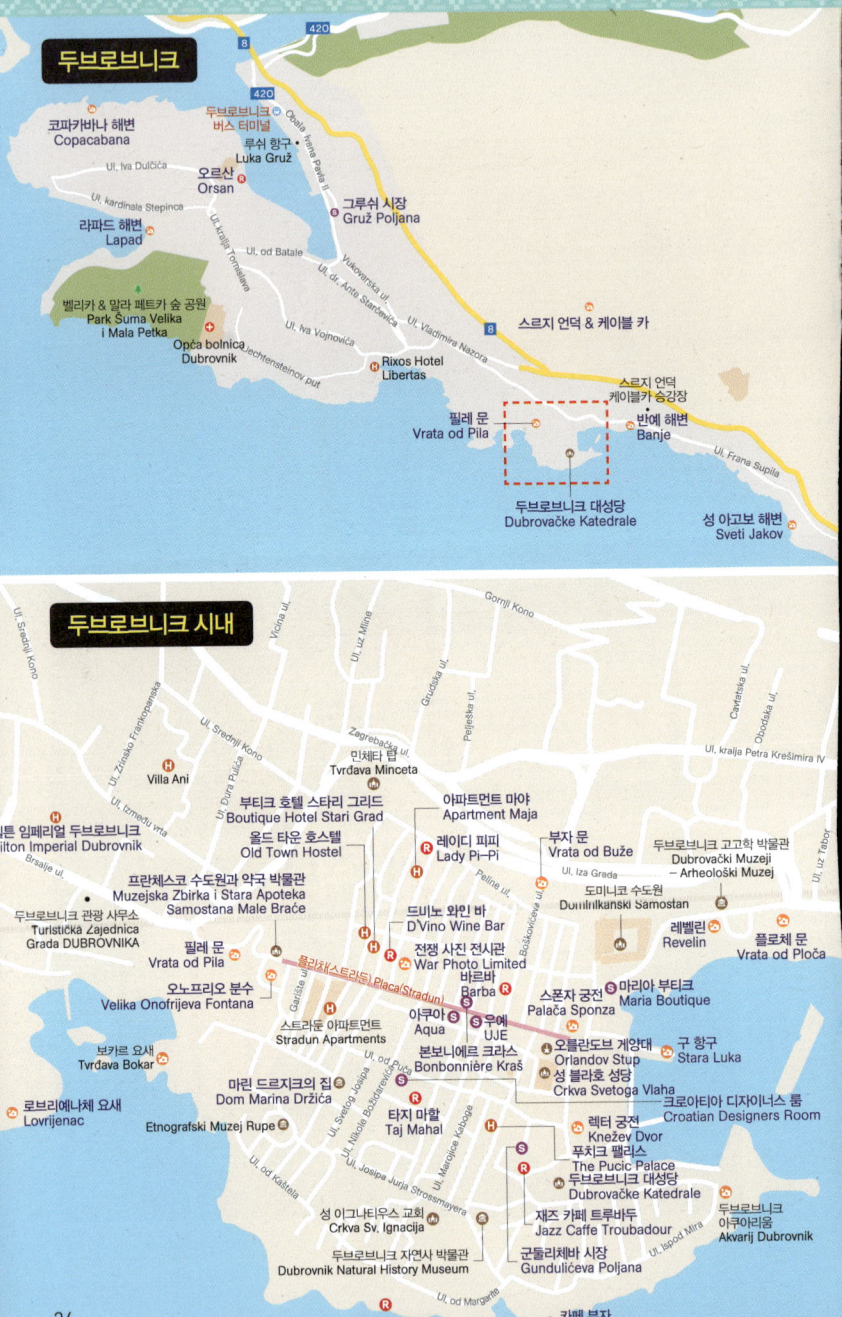

## 엘라피티 섬

Šipanska Luka
시판
Šipan
수즈라즈
Suđurađ
로푸드
Lopud
순이 해변
Plaža Šunj
Donje Čelo
로푸드
Lopud
콜로첩
Koločep
두브로브니크
Dubrovačke


## 로크룸 섬

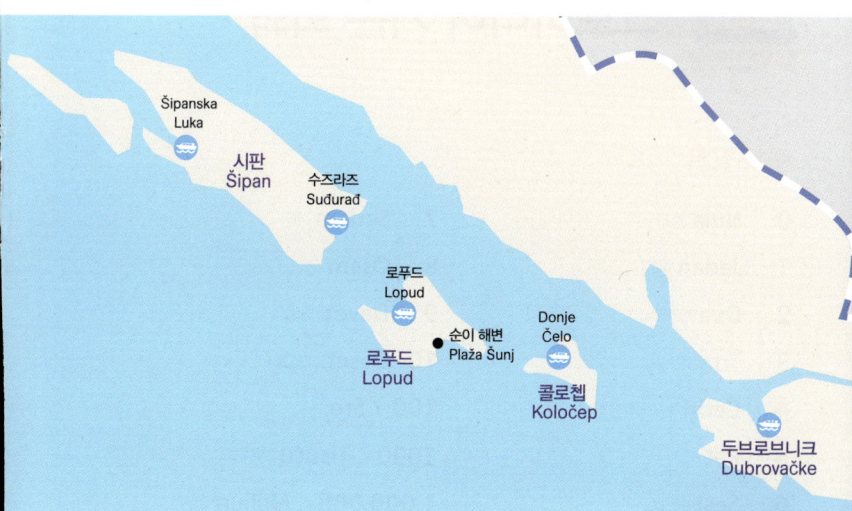

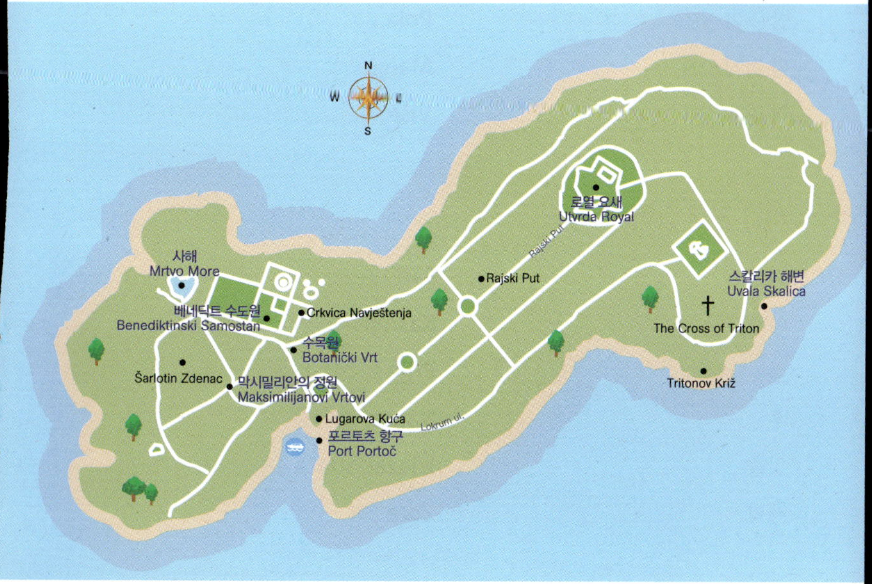

N
W
E
S
로열 요새
Utvrda Royal
Rajski Put
Rajski Put
사해
Mrtvo More
베네딕트 수도원
Benediktinski Samostan
Crkvica Navještenja
수목원
Botanički Vrt
Šarlotin Zdenac
막시밀리안의 정원
Maksimilijanovi Vrtovi
Lugarova Kuća
포르토츠 항구
Port Portoč
Lokrum ul.
스칼리카 해변
Uvala Skalica
The Cross of Triton
Tritonov Križ

# 크로아티아 기본 회화

## 숫자 읽기

| | | | |
|---|---|---|---|
| 0 | Nula 눌라 | 7 | Sedam 세담 |
| 1 | Jedan 예단 | 8 | Osam 오삼 |
| 2 | Dva 드바 | 9 | Devet 데베트 |
| 3 | Tri 트리 | 10 | Deset 데세트 |
| 4 | Četiri 체티리 | 100 | Sto 스토 |
| 5 | Pet 페트 | 1000 | Tisuću 티수추 |
| 6 | Šest 쉐스트 | 1,000,000 | Milijun 밀윤 |

~번 [기차, 버스 등의 번호, 노선을 말할 때]  Broj 브로이
반 (1/2)  Pola 폴라
더 적게  Manje 마녜
더 많이  Više 비쉐

## 시간 관련 단어

지금  Sad 사드
이따가  Kasnije 카스니예
전  Prije 프리예
후  Nakon 나콘
일출  Izlazak sunca 이즈라자크 순차
새벽  Zora 조라

| | |
|---|---|
| 아침 | **Jutro** 유트로 |
| 정오 | **Podne** 포드네 |
| 오후 | **Popodne** 포포드네 |
| 저녁 | **Večer** 베체르 |
| 석양 | **Zalazak sunca** 잘라자크 순차 |
| 밤 | **Noć** 노츠 |
| 자정 | **Ponoć** 포노츠 |
| 분 | **Minuta** 미누타 |
| 시간 | **Sat**(a/i) 사트, 사타, 사티 |
| 일 단 | **Dan**(a) 다나 |
| 주 | **Tjedan** 테단 |
| 달 | **Mjesec**(a/i) 메세츠, 메세차, 메세치 |
| 년 | **Godina**(e) 고디나, 고디네 |
| 지금 | **Sada** 사다 |
| 오늘 | **Danas** 다나스 |
| 오늘 | **Večeras** 밤 베체라스 |
| 어제 | **Jučer** 유체르 |
| 내일 | **Sutra** 수트라 |
| 이번 주 | **Ovaj tjedan** 오바이 테단 |
| 지난 주 | **Prošli tjedan** 프로슈리 테단 |
| 다음 주 | **Sljedeći tjedan** 슬리예데치 테단 |
| 월요일 | **Ponedjeljak** 포네데랴크 |
| 화요일 | **Utorak** 우토라크 |
| 수요일 | **Srijeda** 스리예다 |
| 목요일 | **Četvrtak** 체트브르타크 |

| | |
|---|---|
| 금요일 | **Petak** 페타크 |
| 토요일 | **Subota** 수보타 |
| 일요일 | **Nedjelja** 네데리아 |

## 표지판

| | |
|---|---|
| 열림 | **Otvoreno** 오트보레노 |
| 닫힘 | **Zatvoreno** 자트보레노 |
| 입구 | **Ulaz** 울라즈 |
| 출구 | **Izlaz** 이즈라즈 |
| 미세요 | **Gurati** 구라티 |
| 당기세요 | **Povući** 포부치 |
| 화장실 | **Nužnik** 누즈니크 |
| 남성 | **Muški** 무슈키 |
| 여성 | **Ženski** 젠스키 |
| 금지 | **Zabranjen** 자브라니엔 |

## 인사할 때

| | |
|---|---|
| 안녕하세요 | **Bok** 보크 |
| 만나서 반갑습니다 | **Drago mi je** 드라고 미 예 |
| 좋은 아침입니다. | **Dobro jutro** 도브로 유트로 |
| 좋은 오후입니다. | **Dobar dan** 도바르 단 |
| 좋은 저녁입니다. | **Dobra večer** 도브라 베체르 |
| 좋은 밤 되세요. | **Laku noć** 라쿠 노츠 |
| 잘가요. | **Doviđenja** 도비예냐 또는 **Zbogom** 즈보곰 또는 **Bok** 보크 |

## 기본 회화

| | |
|---|---|
| 네. | **Da** 다 |
| 아니오. | **Ne** 네 |
| 부탁합니다. | **Molim** 몰림 |
| 감사합니다. | **Hvala** 흐발라 |
| 천만에요. | **Nema na čemu** 네마 나 체무 |
| 실례합니다. | **Oprostite** 오프로스티테 |
| 죄송합니다. | **Žao mi je** 자오 미 예 |
| 이름이 뭐에요? | **Kako se zovete?** 카코 세 조베테 [높임]<br>**Kako se zoveš?** 카코 세 조베슈 |
| 내 이름은 ○○○입니다. | **Zovem se** ○○○ 조벰 세 ○○○<br>**Ja sam** ○○○ 야 삼 ○○○ |
| 저는 약간의 크로아티아어를 한 수 있어요. | **Govorim malo hrvatski** 고보림 말로 허브랏츠키 |
| 저는 크로아티아어를 할 줄 모릅니다. | **Ne govorim hrvatski** 네 고보림 허브랏츠키 |
| 영어를 할 줄 아나요? | **Govorite li engleski?** 고보리테 리 잉글레스키 |
| 여기 영어 하는 사람 있나요? | **Govori li ovdje netko engleski?** 고보리 리 오브디예 잉글레스키 |
| 이해합니다. 알겠습니다. | **Razumijem** 라주미옘 |
| 무슨 말인지 모르겠습니다. | **Ne razumijem** 네 라주미옘 |
| 화장실은 어디에 있습니까? | **Gdje se nalazi nužnik?** 그제 세 날라지 누즈니크 |

## 응급 상황 시

도와주세요! **Upomoć!** 우포모츠

조심해! **Pazite!** 파지테 [높임]
**Pazi!** 파지!

경찰 **Policija** 폴리치야

멈춰! **Stanite!** 스타니테

도둑이야! **Lopov!** 로포브

도움이 필요합니다. **Trebam vašu pomoć**
트레밤 바슈 포모츠

응급 상황입니다. **Hitno je** 히트노 예

길을 잃었습니다. **Izgubio sam se**
이즈구비오 삼세 [남자]
**izgubila sam se**
이즈구빌라 삼세 [여자]

가방을 잃어버렸습니다. **Izgubio sam torbu**
이즈구비오 삼 토르부 [남자]
**izgubila**
이즈구빌라 삼 토르부 [여자]

아파요. **Bolestan sam**
볼레스탄 삼 [남자]
**Bolesna sam**
볼레스나 삼 [여자]

다쳤습니다. **Povrijedio sam se**
포브리예도 삼 세 [남자]
**Povrijedila sam se**
포브리예디라 삼 세 [여자]

의사가 필요합니다. **Treba mi doctor**
트레바 미 도크토르

전화기를 빌려 쓸 수 있을까요? **Mogu li se poslužiti tel**
모구 리 세 포스루지티 텔레포놈

MEMO

## 인조이 시리즈가 당신의 여행과 함께합니다

# ENJOY your TRAVEL

### 🧳 세계여행

1. 인조이 도쿄
2. 인조이 오사카
3. 인조이 베트남
4. 인조이 미얀마
5. 인조이 이탈리아
6. 인조이 방콕
7. 인조이 호주
8. 인조이 싱가포르
9. 인조이 유럽
10. 인조이 규슈
11. 인조이 파리
12. 인조이 프라하
13. 인조이 홋카이도
14. 인조이 뉴욕
15. 인조이 홍콩
16. 인조이 두바이
17. 인조이 타이완
18. 인조이 발리
19. 인조이 필리핀
20. 인조이 런던
21. 인조이 남미
22. 인조이 하와이
23. 인조이 상하이
24. 인조이 터키
25. 인조이 말레이시아
26. 인조이 푸껫
27. 인조이 스페인·포르투갈
28. 인조이 오키나와
29. 인조이 미국 서부
30. 인조이 동유럽
31. 인조이 괌
32. 인조이 중국
33. 인조이 인도
34. 인조이 크로아티아
35. 인조이 뉴질랜드
36. 인조이 칭다오
37. 인조이 스리랑카
38. 인조이 러시아
39. 인조이 다낭·호이안·후에
40. 인조이 치앙마이
41. 인조이 스위스

### 🧳 국내여행

1. 이번엔! 강원도
2. 이번엔! 제주
3. 이번엔! 남해안
4. 이번엔! 서울
5. 이번엔! 경주
6. 이번엔! 부산
7. 이번엔! 울릉도·독도

**넥서스BOOKS**